河北省社会科学基金项目

"太平天国北方战场研究"

（项目编号：HB12LS013）

2014年河北广播电视大学学术专著出版资助项目

太平天国北方战场

李惠民 著

中国社会科学出版社

图书在版编目（CIP）数据

太平天国北方战场 / 李惠民著. — 北京：中国社会科学出版社，
2015.4（2016.11重印）
　ISBN 978-7-5161-5667-4

　Ⅰ．①太… Ⅱ．①李… Ⅲ．①太平军北伐—研究
Ⅳ．①K254.107

中国版本图书馆CIP数据核字(2015)第041707号

出 版 人	赵剑英
责任编辑	郭晓娟
特约编辑	段　珩
责任校对	张　敏
责任印制	李寡寡
出　　版	中国社会科学出版社
社　　址	北京鼓楼西大街甲158号
邮　　编	100720
网　　址	http://www.csspw.cn
发 行 部	010-84083685
门 市 部	010-84029450
经　　销	新华书店及其他书店
印　　刷	北京明恒达印务有限公司
装　　订	廊坊市广阳区广增装订厂
版　　次	2015 年 4 月第 1 版
印　　次	2016 年 11 月第 2 次印刷
开　　本	710×1000　1 / 16
印　　张	24.75
插　　页	2
字　　数	367 千字
定　　价	69.00 元

他们现在掌握了南京，要想在这里建立新政府，因为这个城是前明的故都，而这位新皇帝又自称是明朝的合法后裔。这是一个不可抗拒的狂澜，官军每战必败。叛军的目的是进军北京，在我此刻写信时，北京很可能已陷入他们之手。在叛军的官方公告里，革命首领宣言他们有两种目的：驱逐胡虏和摧毁庙宇与僧道，以真上帝的教堂和牧师代之。他们并非徒托空言，因为他们已经毁坏了沿途所有的寺庙，杀死了许多和尚和尼姑。

　　　　　　　　　　　　——［法］加勒利、伊凡：《中国叛乱史》，
　　　　　　　　　　　　　　　　　　　　1853 年巴黎出版

序

　　李惠民教授的《太平天国北方战场》一书即将出版，作为我的学生和朋友，他嘱我为本书作序，我也非常高兴地向读者推荐这部论著。

　　太平天国运动是旧式农民战争的最高峰，敲响了清王朝的丧钟，揭开了近代反帝反封建斗争的序幕。研究太平天国运动史，有利于深入了解农村状况、农民阶级的性格及其历史地位，对当前社会主义现代化建设，解决"三农"问题，具有重要的借鉴意义。

　　太平军北伐是太平天国运动的重要组成部分，它的胜负直接关系太平天国的兴衰。北伐军虽然全军覆没，但却牵制了大批清兵南下，有力地打击了清王朝的统治，配合了南方太平军的斗争。新中国成立以后，太平天国史研究虽然一度成为显学，然而，有关北伐军的研究成果却寥寥无几。1983 年 8 月，由河北、北京、天津史学会在石家庄召开的纪念太平军北伐一百三十周年学术讨论会，是新中国建立以来召开的第一次全国性太平军北伐专题学术研讨会。此次会议编辑出版的《太平天国北伐史论文集》，对以前尚未涉猎的问题进行了较为深入的探讨。此后苏双碧的《北伐风云》，张守常的《太平军北伐资料选编》、《太平军北伐丛稿》、《太平天国北伐史》等一批成果相继问世，把太平军北伐史的研究推向了一个崭新的高度。进入 21 世纪后，太平天国史的研究包括北伐军的研究趋于沉寂。令人欣慰的是，李惠民教授坚持不懈地研究太平天国史，呕心沥血，历经三十余年写成了《太平天国北方战场》一书。

该书具有以下几个特点：

第一，视角新颖，自成系统，独具风格。该书提出了太平天国北方战场的概念，从战略高度出发，全面分析研究了太平天国北伐问题，以整体研究和系统研究为目的，改变了以往太平军北伐研究主要侧重于纵向过程而忽视了横向剖析的状态。该书主要围绕北伐战略及各项战术实际效果，具体研究了太平军北伐的战略实施、战术实施、信息沟通、将士管理、宣传鼓动、卫生勤务、军纪实态、军械粮草、敌方策略、战役评价等问题，并从新的视角对北方战场的军民关系以及导致北伐战略失误的问题进行了独特的诠释，既吸收了现有的研究成果，又有所创新。

第二，内容丰富，涉猎广泛，见解独特。该书总结了此前太平军北伐研究中尚未涉猎的诸多军事战法，对太平天国在北方战场的地道战法、骑兵战法、欺诈战法、夜战战法、化学战法、水战战法等各种战术进行了一一归纳梳理，不仅论题别开生面，而且论述方式独具一格。该书对北方战场通信，即北伐军致天京的通信、天京致北伐军的通信、天京致北援军的通信、北伐军与援军的通信、北伐军内部间的通信、北援军内部间的通信进行了一一考证阐释，并且客观分析了信息沟通失误的原因，对北方战场通信功效做出了恰当的评价，构成了专题的系统研究。众所周知，太平军在天津静海独流受阻被困，经过一段坚守对峙后，便被迫放弃攻打北京而向南撤退了。人们知之甚少的是，部分北伐太平军实际已经进入了北京。作者对北伐军侦察人员进京情况进行了十分详细的研究，不仅考证了北伐军分批分期进京的时间、进京人员构成、具体进京方式、进京行动任务，还对北伐军侦察人员进京的意义等进行了详细揭示。该书还对北方战场上北伐军被俘人员的构成及清军利用、处决、收编、遣返发配被俘太平军的处置方式进行了严谨剖析，上述研究内容可以说是弥补了太平天国北伐研究的一些空白。

第三，资料翔实，考订精当，见微知著。作者做了大量的资料收集和前期研究工作，在20世纪80年代初，曾从近百部河北地方志中收集整理出了三册（15万字油印资料）史料，与张守常的《太平军北伐资料选编》

中地方文献部分相互补充，丰富了北伐史研究的资料。特别是中国第一历史档案馆编辑的26册《清政府镇压太平天国档案史料》出版后，作者阅读了其中有关太平军北伐的全部内容。由于运用了翔实的历史档案，深入挖掘了前人未曾使用过的史料，从而把研究工作建立在了较高的起点之上。作者依据大量可靠史料，具体而微地剖析了众说纷纭的问题，提出了卓尔不群的见解。

　　总之，李惠民教授的这部专著，是用心血凝聚成的结晶，具有重要的学术价值。该书提出了一些值得进一步展开探讨的新问题，深化了太平天国北伐史的研究，拓展了全面认识太平天国运动的视野，是一部视角新颖、见解独特、填补空白的学术论著。"一语天然万古新，豪华落尽见真淳。"史学研究贵在求实、创新，希望惠民教授在学术研究道路上勇攀高峰，取得更大的学术成就。

苑书义

2014 年 12 月 25 日

于石门明月斋

目录

第三章　太平天国北方战场的 战 术 实 施

第四章　太平天国北方战场的 组 织 管 理

第五章　太平天国北方战场的 军 纪 实 态

第六章　太平天国北方战场的军械粮草

第七章　清朝政府北方战场的军事策略

第一章
太平天国北方战场的军事战略

　　从金田起义到永安建制是太平天国萌生"天国梦"的初阶。1853年3月建都南京后，围绕太平天国军事战略的重大抉择问题，农民领袖们是怎样进行的军事决策？继续进攻与建都关系上的决策经过是怎样的？太平天国何时开辟的北方战场？开辟北方战场的战略目的到底是什么？太平军在何时以何种方式进入了京城？进京太平军执行了哪些行动任务？太平天国开辟北方战场究竟发挥了哪些作用？

第一节　建都南京与开辟北方战场的战略

一　建都前军事战略的抉择

金田起义前后，打天下、坐天下、"登天堂"已经成为农民领袖们追求的理想。1851年1月11日，洪秀全宣布建号太平之后，正式向清王朝发起了宣战。3月23日，洪秀全又在广西武宣登基称"太平王"。太平军梦想中的最大期望值，就是建立自己的"天父天兄天王太平天国"。洪秀全在广西永安就开始"封王"进行政权建设，目的"实为同心同力以灭清"，目标直指清王朝的统治，"而反北面于仇敌者也！"[①]所以说，从金田起义到永安建制是太平天国萌生"天国梦"的初阶，这一点应该是毫无异议的。

尽管有的学者根据金田起义之后采取的数次军事行动，指出太平军当时没有什么长远和明确的战略发展意图，"洪秀全等不仅没有进军南京的战略方向，也看不出他们有其他的战略发展意图"，[②]但是，可以肯定此时太平天国有了"小天堂"的梦想目标。可能此时太平天国所说的"小天堂"，还仅仅是个期待，是企盼未来胜利后建立的天朝梦想，但是，每一位太平军在自己的心中注定会把"小天堂"理想目标与现实地理位置联系在一起，无论将来天朝建在哪里，毕竟农民军有了自己的一种构思。永安突围成为太平天国初期打破封锁由防御战转变为运动战的标志，也是在严峻现实中追寻立足发展的开始。由此可知，此时太平天国政治上的战略目标是清楚的，建立未来"小天堂"的意图也是明确的，只是从军事战略上

---

① 《杨秀清萧朝贵为奉天诛妖救世安民事》，《太平天国印书》（上册），江苏人民出版社1979年版，第107页。

② 崔之清：《太平天国战争全史》第1卷，南京大学出版社2002年版，第99页。

如何实现理想的路线图并没有被清晰地勾画出来。如果从"天国梦想"角度去理解军事路线图的话，李开芳所说的"洪逆在广西，便欲到南京"，①应该是指太平军永安突围已经开始将梦想转化为实现梦想的行动，封王建制就意味着要建立自己的政权，梦想未来建立自己的都城也是完全具有可能性的。虽然当时梦想的天堂不一定就是南京，但是，也正因为有了建都南京的事实，北伐主帅李开芳后来才把既成事实追述成为建都前的"梦想"行动。

太平天国从广西永安开始转入战略上的运动战，到1853年3月实现建都南京，围绕太平天国前期军事战略问题，先后出现过几次军事进兵方向的重大抉择。

太平天国第一次针对军事发展方向，谋划军事战略如何进兵的讨论，出现在"踞道州两月"期间。道州系湘粤桂三省的接合部，位于湖南南部，与两广毗邻。太平军在道州休整期间，面对前一阶段军事斗争所遇到的艰险与障碍，在作战方式上一度出现了迷茫，在进攻方向上陷入了困顿。由于一路攻打坚城遭受损兵折将的重大挫败，一味靠休整性防御战的太平军反复陷入重重包围，攻不是，守不行，难以为继的军饷供应使得农民军面对的军事压力越来越大，所以此时五花八门的主张层出不穷。军事史专家张一文研究员总结了当时提出的各种方案，"有的主张南下广东，有的主张东出湖南，有的主张北入四川，还有一部分将领主张回广西活动"。②太平天国到底向何处去？认识上出现分歧，思想上难以统一，"石达开劝令先行入川，再图四扰"，③甚至连洪秀全都有了南返广西的念头，"洪逆欲退回广西"。④

在军事战略抉择上不同意见的反复碰撞，不仅显露了农民军内部的歧义，而且严重地延误了太平军的作战良机。据张德坚《贼情汇纂》记载，

① 《李开芳供词》，中国第一历史档案馆编《清代档案史料丛编》第5辑，中华书局1980年版，第167页。
② 张一文：《太平天国军事史》，广西人民出版社1994年版，第12页。
③ 明心道人：《发逆初记》，中国史学会主编：《中国近代史资料丛刊——太平天国》第4册，神州国光社1953年版，第458页。
④ 汪堃：《盾鼻随闻录》卷2，中国史学会主编：《中国近代史资料丛刊——太平天国》第4册，神州国光社1953年版，第362页。

太平军驻扎道州，"七月成军欲出，群贼怀土重迁，欲由灌阳而归，仍扰广西。秀清独谓非计，曰：以骑虎背，岂容复有顾恋？今日上策莫如舍粤不顾，直前冲击，循江而东，略城堡，舍要害，专意金陵，掠为根本。"[①]在关键时刻，杨秀清力挽狂澜，左右大局，提出了专意金陵的战略目标。可以说，由于东王的主张超越其他而最具系统性，也最具说服力，使得"洪逆等深然之"。虽说这次道州抉择主要解决了军事战略的大方向，但是，杨秀清提出的"略城堡，舍要害"战略方针并未获得领导层的深刻理解，而且将南京"掠为根本"的目标也未达成共识。所以，道州军事战略讨论结束后，依然出现了围攻长沙和进军武昌，这都是没有贯彻"略城堡，舍要害"战略方针的实证。而后在武昌展开的进兵方向讨论，也充分说明了杨秀清在道州抉择的战略思路没有得到内部由衷的认可，当时并未统一太平军的思想。

1853 年 1 月太平天国攻占湖北省府武昌，极大地鼓舞了全军士气。此前太平军攻打广西省府桂林 30 余日无果，攻打湖南省府长沙 80 余日未克，武昌成为太平军攻占的第一座省城，因此这是自金田起义以来取得胜利的最重要的一场攻坚战。武昌这座地处江汉平原东部的长江中游省府之城，还是"九省通衢"的兵家必争之地，太平天国占据了它，就掌握了极为有利的军事主动权，赢得了军事战略的优势地位。在此后的一个月内，太平军在武昌边休整，边规划战略方案，过年期间领导层一直在为谋划下一步军事行动绞尽脑汁，"防守与进攻"问题成为亟待解决的重大军事问题。继太平军"道州争论"之后，内部讨论军事战略的不同主张之间的交锋不可避免地再次展开了。

此次太平军的军事决策的分歧，不在于是否防御武昌，它并没有被视为久居的立业之地，当时的争论主要围绕下一步进兵方向而展开。除了洪秀全明确主张北上河南的意见外，还有"或东下九江，或西上荆州，或南

---

① 张德坚：《贼情汇纂》卷 11，中国史学会主编：《中国近代史资料丛刊——太平天国》第 3 册，神州国光社 1953 年版，第 290—291 页。

返岳州"等主张。① 其实，最主要的分歧在于向北或向东，纷争焦点集中在由湖北继续北上进取河南，还是由武昌东下直取南京。以广西女军为代表的一派，赞同洪秀全撤离长沙时提出的"欲取河南为业"的北上主张。据《盾鼻随闻录》记载，广西下三娘等人"向洪逆献计，由襄樊一路直取河南，进据中原心腹。杨秀清觊觎江浙财富之区，欲由长江径取江宁为巢穴，争论不绝"。②

这场在武昌发生的军事战略问题的争论，以天王的北上和东王的东下两种意见为代表，最后决策则以大举东进而告终。为什么东王杨秀清的意见又一次占据高层决策的主导地位？原因有三：第一，杨秀清提出"专意金陵，掠为根本"的战略思路具有连贯性，早在广西全州时，他已产生了"窥窜江宁之计"，而后逐渐形成了较为系统的战略思想。在杨秀清这一战略思想指导下形成的运动战以及机动灵活的战术战法，在军中实践影响逐步扩大，东王在军事指挥上的权威性也日益增强，所以，东下进兵南京的方案不仅被多数的官兵所接受，而且赢得了领导高层多数人的赞同，在太平军中逐渐出现了"言东下居多"③的局面，天王的声音再次被东王的论调所覆盖。第二，太平军此时已经拥有大批船只，而且依靠两湖的水手船民组建了水营部队。特别是在占领武昌之后，这支水师大军迅速壮大。如果此时北上进入河南腹地，必然会置水师于无用武之地，无异于放弃优势明显的水师于不顾。从这个角度说，日益强大的水师促使了农民军最高层做出了太平军沿江顺流而下的决策。第三，宗教作用介入军事行动决策。东王杨秀清对天王洪秀全北上主张不好直接对抗批驳，变通以宗教方式与之交手，假托天父下凡，挟持天王就范。"秀清遂托天父降凡，令其直犯江

---

① 李滨：《中兴别记》卷5，太平天国历史博物馆编：《太平天国资料汇编》第2册（上），中华书局1979年版，第72页。

② 汪堃：《盾鼻随闻录》卷2，中国史学会主编：《中国近代史资料丛刊——太平天国》第4册，神州国光社1953年版，第367页。

③ 李滨：《中兴别记》卷5，太平天国历史博物馆编：《太平天国资料汇编》第2册（上），中华书局1979年版，第72页。

南。"① 最终，洪秀全不得不再次屈从了杨秀清。少数固执者依然难以接受杨秀清的跋扈，赌气出走，"卞三娘因其言不用，率领女兵自会广西，不知所终"。② 由此可见，进兵金陵的战略决策致使内部出现分裂，只是此时沿途队伍迅速扩充，掩盖了微不足道的意见分歧。

太平天国水陆大军从武昌出发，沿江东下，浩浩荡荡，势如破竹。"长江万艘，悉为贼有，顺流东下，势极鸱张。"③ 有了攻克武昌的气势和经验，太平军长驱直入，连克九江、安庆、池州、铜陵、芜湖等，1853 年 3 月攻取了金陵城。从广西永安到南京，太平天国从模糊朦胧的战略梦想，经历了一系列生死拼搏探索过程，战略方向逐渐清晰明朗，最终攻占"六朝古都"的南京，实现了太平天国军事战略的第一步计划，达到了太平天国前期军事战略发展的鼎盛。

二　太平军建都战略的决策

太平天国在从广西到南京的征战进程中，可能曾萌生出一些关于将来建都的梦想，或者不乏有人设想建都地点，但是，太平天国不可能在攻占南京之前就决定了建都于南京。正如太平天国史学专家崔之清教授所说："攻克南京前，洪杨并未决定建都何处，就是说小天堂的地理位置没有落实"。④ 其实，太平天国不仅不可能在攻占南京前决定了建都于南京，就是占领南京后，也没有能够马上决定建都于此。攻克南京只是完成了太平天国军事战略的第一步目标，与清王朝的斗争远未结束，所以，太平天国接下来采取什么样的军事发展战略？如何处理继续进攻与建都的关系？领导人之间怎样进行正确决策？这些都是太平天国前期军事战略中极为关键的重大问题。

---

① 汪堃：《盾鼻随闻录》卷 2，中国史学会主编：《中国近代史资料丛刊——太平天国》第 4 册，神州国光社 1953 年版，第 367 页。
② 同上。
③ 明心道人：《发逆初记》，中国史学会主编：《中国近代史资料丛刊——太平天国》第 4 册，神州国光社 1953 年版，第 458 页。
④ 崔之清：《太平天国战争全史》第 1 卷，南京大学出版社 2002 年版，第 735 页。

众所周知，攻克南京是太平天国政治上取得的重大胜利，在军事上也是一个重大转折点。此前从永安到南京的征战，主要采用了运动战和攻坚战，即攻一城弃一城，对沿途攻克岳州、武昌、九江、安庆等重要城市皆弃而不守。占领南京之后，太平天国领导高层在"镇守南京"的问题上，首次取得了高度一致，洪秀全和杨秀清都是赞同分军镇守南京的。李秀成在自述中说："此时天王与东王上（尚）是计及分军镇守江南。"[1] 杜文澜在《平定粤寇纪略》中也说："洪秀全与杨秀清计，欲分贼守江南。"[2]

洪秀全与杨秀清在对待南京军事地位问题上，都同意改变以往"攻一城，弃一城"的运动式战法，并就分军镇守南京达成共同认识。但是，由谁分兵镇守南京，由谁率领大军继续出击，则是各自都有自己的打算，意见并非一致。从史料记载分析，洪杨两位领导人似乎都有继续统兵出击的意向。杜文澜的《平定粤寇纪略》说：洪秀全虽同意分兵把守南京，但他要亲自统帅大军主力继续北上，"自统全众由淮安北趋"。[3] 李秀成对洪秀全北上意图了解得更为清楚，"天王心欲结往河南，欲取得河南为业"。[4] 洪秀全打算以河南为业，可以充分说明当时他并未计划建都于南京。而杨秀清在指挥太平军实现占领南京的军事战略目标后，也具有继续统兵北上进攻的意愿，他并不像以往许多学者们所说的很早就确定了建都于南京的主张。据《瓮牖余谈》记载，"既陷金陵，东贼意欲分党踞守江南，而自往攻河朔。"[5] 另据《粤寇起事纪实》记载，"金陵已破，洪杨二贼议欲分军，洪留南而杨往北"。此外，咸丰三年三月初三日琦善提供的审讯奸细记录更能证明东王有意北上，"因闻江北有大兵，伪东王差伊同张、朱、陈、于、林六人来江北探息"，"如江北兵少，伪东王欲由江北进京"。[6] 由上述

① 罗尔纲：《李秀成自述原稿注》，中华书局1982年版，第111页。
② 杜文澜：《平定粤寇纪略》，太平天国历史博物馆：《太平天国资料汇编》第1册，中华书局1980年版，第15页。
③ 同上。
④ 罗尔纲：《李秀成自述原稿注》，中华书局1982年版，第111页。
⑤ 王韬：《瓮牖余谈》卷6，《纪东逆事》，台湾商务印书馆1976年版，第9页。
⑥ 《琦善奏报拿获奸细葉桂及讯供情形片》，中国第一历史档案馆编：《清政府镇压太平天国档案史料》第5册，社会科学文献出版社1992年版，第456页。

不同的史料记载透露出来的信息分析，可以明确肯定洪杨二人当时皆有意亲自带领大队人马继续北上。

那么，洪秀全与杨秀清为什么都要争相统兵北上呢？根据目前掌握的史料分析，可能存在以下几个原因：其一，如果是分兵留守南京的话，那么主力大军肯定是继续北上，谁带领主力大队进兵，谁就掌控了太平天国实际军政大权。其二，率兵北上与建都河南逻辑关系紧密，如果实现了大军主力北上，建都地点便会选择在河南，那么谁能带领主力攻占河南，就很可能成为天朝首都的奠基者。其三，洪秀全如果能够亲自统兵北上河南，不仅可以由此改变杨秀清越权指挥凌驾天王之上的局面，摆脱其代天父下凡传言对其权威所构成的挑衅和威胁，而且天王还可以顺理成章地主持开国大业，统携太平天国大部主力实现建都。由谁统兵北上问题，既牵扯到洪杨二人军政指挥的实权问题，又关系太平天国建都等重大战略问题，故此，成为太平天国亟待解决的重要议事日程。

由于大军继续北上与建都的战略关联极为密切，谁留守南京与谁带队北上难以定夺。王安定在记载这一决策过程时，其撰写的《湘军记》将决策人物关系表述得非常清晰明了，他说："伪东王杨秀清曰，河南局天下中，古东京也，立都便。秀全以为然，议留党守金陵，自将由淮安北犯。"①正当太平天国高层决策焦点集中在由谁统兵北上之时，洪杨为此讨论难解难分之际，谁料一位湖南老水手的话竟然掀起巨大波澜，扭转了议论话题，颠覆了此前的北上主张，深深地影响了太平天国领导层的决策。这位曾驾东王坐船的舟人的一番话，特别打动了掌控着军政大权的杨秀清，意外地使北上河南建都军事计划搁浅，洪杨二人均决定不再统兵北上。许多涉及建都的史料都谈及了这位水手，据最可信的《李秀成自述》记载说："后有一老年湖南水手，大声扬言，亲禀东王，不可往河南，云河南水小而无粮，敌困不能救解。尔今得江南，有长江之隍（险），又有舟只万千，又何必往河南。南京乃帝王之家，城高池深，民富足余，上（尚）不立都，

_____

① 王定安：《湘军记》卷 8，岳麓书社 1983 年版，第 102 页。

尔而往河南何也。他又云河南虽是中洲（州）之地，足备稳险（险），其实不及江南，请东王思知之！后东王复想，见这老水手之言，固（故）而未往。此水手是驾东王坐舟之人。被该水手诡白，故而改从，后即未往，移天王驾入南京。"① 由李秀成自述的记载可知，在建都问题上太平天国参与决策的高层领导存在分歧，杨秀清则是太平天国实际上最具影响力的决策者，他不仅改变了自己打算北上的主张，也阻止了天王带队北上的意图。东王对决策具有决定性的影响力，特别是表现在与天王意见相左时，东王坐天国的第二把交椅，却能够凭借丰富的智慧才能，灵活多变的高超手段，日益上升的特殊威信，牢牢掌控了军事战略决策大权，左右了建都地点的选择。洪秀全虽然身为最高首领，面对建都这样重大的军事战略决策，在气场上明显逊色于东王，在军事指挥上大权旁落于二把手。

对太平天国建都问题的学术讨论由来已久，批评建都南京的决策也占据主流。最早否定在南京建都的是当年参加过太平军的英人奥古斯塔斯·弗雷德里克·呤唎，他在《太平天国革命亲历记》中指出："南京的占领完全改变了天王的战略。他没有乘胜进攻，迅速击溃惊慌失措的清朝军队，反而停留下来决定在南京建都，把军队集中在南京和附近各城市。"② "天王在南京停留下来，开始防守自己的阵地，实在是犯了一个致命的错误，而且是一个使他失去帝国的致命的错误。如果他不让敌人有时间喘息，从惊慌失措之中恢复过来挽回颓势，而集中兵力直捣北京，那么毫无疑问，他的光辉灿烂的胜利进军就会使他几乎不遇抵抗地占领清朝京城，而清王朝的崩溃就会使他一举得到整个的帝国了。"③ 由于呤唎曾热情支持并积极参加太平天国的活动，他的记述和观点得到众多学者的关注和认可。著名历史学家范文澜认为，洪杨放弃了进攻河南和取河南为业的正确计划，"决计定都南京。这个战略上的失策，说明了太平军领导思想上保

① 罗尔纲：《李秀成自述原稿注》，中华书局 1982 年版，第 111 页。
② 呤唎：《太平天国革命亲历记》（上册），上海古籍出版社 1986 年版，第 119 页。
③ 同上书，第 120 页。

守成分战胜了进取成分，安富尊荣观念战胜了刻苦战斗观念。"① 简又文先生的观点也是如此，他说："天王、东王之定都南京，实是政策与军略上之绝大错误，终成为太平天国革命运动失败之一重要原因。此于其时清吏及与太平军同情者双方论调均可看见此建国大计之误。故在清方视之，殆以为是天赐的幸事。"②

放弃攻取河南以及确定建都南京是太平天国前期战略中至关重要的军事决策，影响太平天国这一决策的重要因素主要有三：其一，河南地势少水，不利于发挥太平天国的水师优势，而清军的马队骑兵难以对付，如果移师河南实属舍长就短。其二，河南的经济条件不如江南富庶，如果大军挺进腹地河南，难以为天朝实现经济上的保障。相比之下，江南的后勤补给条件明显处于优势地位。其三，在军事上，河南无险可守，为易受攻击的四战之地，死战之地，但是金陵则不然，既有长江天险屏蔽，有高墙深池的军事设施护佑。有鉴于此，太平天国高层领导感到难操胜券，最终放弃了大军北上进行战略决战的选项。罗尔纲先生的《太平天国史》一书，对这一决策选项的评价是"铸成了大错"，而对挺进河南建都的战略方案则大加赞赏，他说："洪秀全是早已主张建都河南的，在长沙北出时，已采取过要到常德经鄂北出河南的行动。只因到益阳忽得民船数千，才改作顺流而下。到这时候，洪秀全主张分军镇守江南，大军向河南挺进，取河南建都。这一个主张，不论是在战略思想上或政策上都是十分英明正确的。"③

其实，在评论太平天国前期军事战略问题时，不应将建都南京与建都河南放置在并列遴选的角度进行比较，两者没有相同的可比的现实可行性。太平天国在已经占领了南京的基础上，决定建都于此具有现实可能性，而在尚未决定攻打河南的前提下就能断定建都河南一定成功吗？洪杨高层在决策时，正是基于对挺进河南缺乏胜算，两人"皆讳其语，北犯之

---

① 范文澜：《中国近代史》（上册），人民出版社 1947 年版，第 110 页。
② 简又文：《太平天国全史》上册，（香港）猛进书屋 1962 年版，第 513—514 页。
③ 罗尔纲：《太平天国史》第 1 册，中华书局 1991 年版，第 34 页。

谋遂止"。① 在洪杨二人决定都不再亲自统领主力北上,而且否定了进攻河南的方案之后,才产生了建都南京的决定。而建都河南当时仅仅只是一个概念,连具体都城地点在哪都不明确,所以并不具备现实可能性基础。评价太平天国建都的决策正确与否,不仅应该考虑当时占领南京之后的实际军事态势,还应该考虑建都决策的政治意义,建都南京平息了洪秀全和杨秀清争相统兵北上的分歧。建都南京的一个积极客观效果,是避免了太平天国高层因分兵而提前分裂,统一了农民军内部的思想认识,促使太平天国的军事斗争继续发展,不断掀起了新的高潮。当年太平天国统一印行的《建天京于金陵论》一书,集中地表达了天朝官员对建都金陵的态度。何震川认为,太平天国"金陵定鼎,平成永固之基",② 从此有了根据地。吴容宽认为,南京建都具有防御、储备、地势等优势,"金陵之城郭则坚且厚,金陵之仓库则实且充,金陵之形势则虎踞而龙蟠"。③ 叶春森认为,建都金陵在军事地理上有利,"出可以战,处可以守"。④ 姜大成认为,建都于此凝聚了人心,"经之营之,建天京于金陵,城池固而人心炼正;美矣,备矣!"⑤ 沈世祁认为,建都南京拥有丰厚物质保障,"惟金陵地势崇隆,民情富厚,且天下粮食尽出于南方,如江西、安庆等省,顺流而下,运粮亦甚便宜。至浙江、江苏其地更近,尤为迅速"。⑥ 这些评论是比较客观的,是符合实际的,并不能一味地斥之为"歌功颂德"。而且,评价太平天国建都的决策正确与否,更不能简单地将太平天国最后的失败完全归罪于建都南京,这两者其实并不存在必然的因果关系。

---

① 半窝居士:《粤寇起事记实》,太平天国历史博物馆编:《太平天国史料丛编简辑》第 1 册,中华书局 1961 年版,第 15 页。
② 何震川:《建天京于金陵论》,《太平天国印书》(下),江苏人民出版社 1979 年版,第 417 页。
③ 吴容宽:《建天京于金陵论》,《太平天国印书》(下),江苏人民出版社 1979 年版,第 417 页。
④ 叶春森:《建天京于金陵论》,《太平天国印书》(下),江苏人民出版社 1979 年版,第 419 页。
⑤ 姜大成:《建天京于金陵论》,《太平天国印书》(下),江苏人民出版社 1979 年版,第 422 页。
⑥ 沈世祁:《建天京于金陵论》,《太平天国印书》(下),江苏人民出版社 1979 年版,第 424 页。

三 建都后北方战场的开辟

如果说太平天国建都与太平天国最后的失败不存在直接的必然因果关系，那么建都南京与北伐失败有没有直接的因果关系呢？李秀成在自述中认为，"误国之首，东王令李开芳、林凤祥扫北败亡之大误。"[①]洪仁玕在自述中也认为，"发兵扫北，虽所到以威武取胜，究系孤军深入，数月之间，北京日夜戒严，各有准备，覆没忠勇兵将不少。"[②]显然，二人都认为由于北伐军兵力单薄，林李悬军深入，后援不及，遭僧格林沁所部围困，终于全军覆没。他们不仅在为北伐失败而惋惜，而且也在反思建都之后的北伐决策。这就涉及一个问题需要解释，即洪杨高层在决策是否大军挺进河南时，分明接受了老水手的劝告，清楚了"河南水小而无粮，敌困不能救解"，因为"皆讳其语"权衡再三之后，感到缺乏胜算，才最终放弃亲自统领全力或主力北上。为什么洪杨二人在建都后却仍要作出让林凤祥、李开芳分兵北伐的决策呢？

太平天国建都南京不仅意味着建立了自己的根据地，而且标志着正式建立起与清王朝分庭抗礼的农民政权，这些无疑都是太平天国在政治上、军事上取得的伟大胜利。但是，建都南京并不意味着太平天国在与清王朝对抗的战争已经完成了敌强我弱的态势转变，而是迫切需要巩固和壮大已有阵地，迅速在各地继续扩大胜利成果，从而推进在全国取得最后的胜利。所以，太平天国高层决策者在建都后很快就做出了派遣精锐部队北伐的战略部署。北伐是太平天国前期带有全局性的重大军事行动，具有极为重要的战略地位，它不仅仅是太平军的一场扫北战役，而且是要开辟一个北方战场。洪杨二人所以要制定开辟北方战场的战略，作出让林凤祥、李开芳分兵北伐的部署，其实完全是为了满足了太平天国建都之后在政治、宗教、军事等多方面斗争形势的需要。

---

① 罗尔纲：《李秀成自述原稿注》，中华书局 1982 年版，第 348 页。
② 《洪仁玕自述》，太平天国历史博物馆编：《太平天国文书汇编》，中华书局 1979 年版，第 553 页。

首先，天京农民政权与北京满清政权是水火不容的对立政权，在太平天国看来，"天下万郭帝无二，京亦无二，天京而外皆不得僭称京"。[①]"今以鞑子混乱中国，占中国之土地，害中国之人民，改中国之服制，变中国之形容，其所以害累中国。"[②] 因此，为彻底推翻满清王朝的反动统治，决定分兵大举北伐，以图迅速攻克清朝统治中心——北京。1853 年太平天国在攻克南京后即宣布建都于此，在六朝古都的金陵建立农民政权，无疑对全国各地的反清起义产生极大影响，特别是对北方农民起义增强了巨大的政治号召力。太平天国通过开辟北方战场，就是要不断扩大其政治影响，同时在政治上完成彻底消灭清王朝的"扫北"使命，因为天下苦于胡虏久矣。"胡虏获罪于天下久矣，率民变妖逆天，足上首下，倒置尊卑，狗党狐群，败坏风俗。以贪官污吏剥民脂膏，其为罪指不胜屈，甚矣妖之为祸烈矣。"[③] 在太平天国看来，天兵扫北既是政治上为民除害，也属于替天行道。开辟北方战场就是要"同心勠力，翼赞天朝，上为上帝报瞒天之仇，下为中国解倒悬之苦，民之福也，天父权能之所赐也。凡有血气心知者，所当奉天诛妖而同享太平之乐也已"。[④] 当太平天国北伐大军进入河北后，在城乡各处张贴布告中宣布，太平天国大举北伐目的就是"扫除妖孽"、"恢复中原"、"力拯人民于水火"。

其次，作为以"拜上帝教"为信仰的政治组织，太平天国将宗教作为动员民众反抗清王朝的思想武器。从太平天国的"拜上帝教"主张来看，"天父皇上帝为天下万国之父，今妖居北地二百余年，不知礼拜，其罪大矣。"[⑤] 满清统治者就是获有大罪的异乎于人的妖，"而妖之所匿迹者则为妖穴"。[⑥]"今以妖穴论，概自妖胡窃据直隶以来，其中之颓风恶俗，即罄南山

① 洪秀全：《天王诏旨》，《太平天国印书》（下），江苏人民出版社 1979 年版，第 439 页。
② 吴容宽：《贬妖穴为罪隶论》，《太平天国印书》（下），江苏人民出版社 1979 年版，第 440 页。
③ 周际昌：《贬妖穴为罪隶论》，《太平天国印书》（下），江苏人民出版社 1979 年版，第 445—446 页。
④ 同上书，第 446 页。
⑤ 袁名杰：《贬妖穴为罪隶论》，《太平天国印书》（下），江苏人民出版社 1979 年版，第 441 页。
⑥ 宋永保：《贬妖穴为罪隶论》，《太平天国印书》（下），江苏人民出版社 1979 年版，第 449 页。

之竹简都写不尽满地淫污，即决北海之波涛，亦洗不尽弥天罪孽。"① 太平天国宣布与清政府势不两立，扫除妖氛，清除魔党自然也就成为太平军的北伐使命。"自来人妖不能并立，我天王奉天伐罪，除暴救民，迅扫群魔，妖氛几尽，而乃余烬犹存，匿迹燕省，尚不知将沙漠之地，速献王师；奉烟瘴之区，爰归天国。"② 所以，派兵扫北的军事部署是为了实现除妖的一种担当，开辟北方战场的终极目的即要灭亡北地燕省的妖魔。东王杨秀清在答复外国洋人问询时曾宣布："征剿妖穴，天父自有主张，天兄自有担当，妖魔定必灭亡。"③

太平天国编辑颁行的《贬妖穴为罪隶论》，收录了洪秀全的天王诏旨以及何震川等群臣三十二人的论文各一篇，它既是对满清王朝黑暗统治的声讨，也是太平天国陈述开辟北方战场的誓师动员令。由于直隶是清朝的畿辅之地，出自对清朝黑暗腐朽统治的极大愤恨，太平天国"贬北燕地为妖穴，是因妖现秽其地"，将"直隶省"称之为"罪隶省"，要求"速行告谕守城出军所有兵将"。④ 按照天王的旨意，只有太平天国攻克北京推翻满清统治之后，"方复其名为北燕"，才能再将"罪隶省"，更名为"迁善省"。

最后，开辟北方战场是对建都南京之前洪杨二人谋划大军北上方案的调整，绝不是简单的仓促草率之举。如前所述，洪秀全早在长沙北出时，就曾主张要到常德经鄂北出河南，甚至占领南京后，太平天国最高层领导还曾试图亲率大队人马挺进河南，以主力在北方与清军决战。虽然考虑难操胜券之后采纳了老水手的劝谏，决定暂时避免主力决战。但是，在建都南京之后，洪秀全和杨秀清为了迅速摆脱清军对天京构成的围剿重压，依然坚持了进行北伐的战略方向，决定开辟外线的战场，还是派遣林凤祥、李开芳立即分兵北上开辟了北方战场。太平天国作出这样的战略部署，说

① 何震川：《贬妖穴为罪隶论》，《太平天国印书》（下），江苏人民出版社 1979 年版，第 439 页。
② 宋溶生：《贬妖穴为罪隶论》，《太平天国印书》（下），江苏人民出版社 1979 年版，第 442 页。
③ 《东王杨秀清答复英人三十一条并质问英人五十条诰谕》，太平天国历史博物馆编：《太平天国文书汇编》，中华书局 1979 年版，第 302 页。
④ 洪秀全：《天王诏旨》，《太平天国印书》（下），江苏人民出版社 1979 年版，第 439 页。

明并没有完全彻底放弃原先的北伐战略思路，只是调整了北上用兵的战略方针，将洪杨二人准备亲率大军北上决战改为由林李北上出击，说明放缓了扫北战略的决战节奏，推迟了北伐战略的决战时间，先由偏师直插北方腹地，开辟北方战场创造决战条件，稳操胜券之后再增兵合力进行决战。正如李开芳所说，洪秀全"打发我们过黄河，到天津扎住，再告诉他，再发兵来"。①

开辟北方战场的北伐之役从何时开始？北伐军从何处出发？共有多少人马呢？学者们表述并不一致，有的说从扬州出发，有的说从浦口出发，其实，北伐起始时间与出发地点有着直接关系，地点不同，时间肯定不一。例如，罗尔纲先生说："北伐军于癸好三年四月初八日从扬州出发。"②张守常先生说，"1853 年 5 月初，洪秀全和杨秀清把一直打先锋的大将林凤祥和李开芳从扬州招回天京，面授机宜，派他们统兵北伐。林凤祥、李开芳率九军共两万多人，从浦口上岸，打败西凌阿部黑龙江马队，长驱北进。"③北伐主帅都承认曾从扬州回天京的史实，林凤祥在自述中谈道："杨秀清叫我回金陵，派我同伪地官正丞相李开芳、春官副丞相吉汶沅（文元）、检点朱姓，带九军兵渡黄河。"④李开芳在自述中，也谈道："我自浦口同林凤祥、吉汶沅（文元）统带贼匪二三万人，过黄河直入直隶境。"⑤这就进一步证明林凤祥、李开芳确实是自扬州奉诏回到了天京，具体时间应为 1853 年 5 月 8 日。在天京"面授机宜"后，林凤祥、李开芳、吉文元奉命出征北上，1853 年 5 月 13 日，太平军共九军两万多人分三路在浦口登岸，正式打响了开辟北方战场的第一仗。

① 《李开芳又供》，中国第一历史档案馆编：《清代档案史料丛编》第 5 辑，中华书局 1980 年版，第 167 页。
② 罗尔纲：《太平天国史》第 1 册，中华书局 1991 年版，第 35 页。
③ 张守常：《太平军北伐丛稿》，齐鲁书社 1999 年版，第 1 页。
④ 《绵愉奏审录林凤祥等人供词折》，中国第一历史档案馆编：《清代档案史料丛编》第 5 辑，中华书局 1980 年版，第 161 页。
⑤ 同上书，第 169 页。

第二节　开辟北方战场的战略目的与步骤

一　北方战场的直接目标与根本目的

太平天国开辟北方战场的战略目的是什么？具体目标是什么？有哪些实施步骤？这是研究太平天国北方战场的首要问题。

开辟北方战场之初，太平天国最直接的战略目的是希望马上能够缓解南京承受的军事压力，通过分兵北伐牵扯和阻止北方清军南下，吸引和转移长江流域清军后退至北方，逐步等待与清军主力决战的有利时机，为最后推翻清王朝创造和积累条件。正像当年英驻华领事麦迪乐所说的那样："北伐军之目的，不在大举进攻北京，而只是作为牵制之师，以图分散清军北方兵力，使其不能大举南下进攻太平军。如此则北伐之役究是成功的——即完满其牵制之任务也。"[①] 而且，太平军开辟北方战场直接目的所发挥的作用也非常显著，这种要牵扯和阻止北方清军南下的意图使对方也非常明白，正如《粤氛纪事》所言，北伐军"自皖、豫一带，纠集捻匪，以图侥幸一决，借以牵制南下之师"。[②]

开辟北方战场的最根本的终极目的则是要彻底扫除妖穴，东王杨秀清的表述与天王洪秀全的表述高度一致，他在针对外国洋人问询时曾宣布说，"征剿妖穴，天父自有主张，天兄自有担当，妖魔定必灭亡，至兵士天父日日四路调有，合入平定该处也。"[③] 本来林凤祥和李开芳的北伐军只是将来合围的"四路调有"的其中一路，只是"合入平定该处（妖穴）"

---

① ［英］麦迪乐：《中国人及其革命》，1856 年英文版，第 18 页，转引自简又文《太平天国全史》上册，（香港）猛进书屋 1962 年版，第 562 页。
② 谢山居士：《北路奏肤》，《粤氛纪事》卷 5。张守常：《太平军北伐资料选编》，齐鲁书社 1984 年版，第 1—2 页。
③ 《东王杨秀清答复英人三十一条并质问英人五十条诰谕》，太平天国历史博物馆编：《太平天国文书汇编》，中华书局 1979 年版，第 302 页。

的其中一支。按照起初的设计，其他几路调有的"合入平定该处"部队还应该源源不断地增援北方战场，李开芳说，"在南京时，听说要打发人到长安、河南"。① 这些准备筹建的援军都是将来合围妖穴的机动之师，从开辟北方战场的原本战略方案看，并非是派遣林凤祥、李开芳孤军北伐。但是，天京周边由于江南大营和江北大营的清兵钳制，以及长江流域的战事进展并未按照洪秀全和杨秀清想象的那样顺利，没有足够的战略力量保障北方战场战略按步骤实施，而在 1853 年 3 月太平天国建都后，"清方调兵已达 12 万人左右，其布置偏重于防御太平军北上"。② 北伐援军两度北上，皆未能与北伐军会合，终以失败结束。太平天国与北伐军通信联系中断，使得战略计划失去控制，未能实现太平天国开辟北方战场的战略意图。

在大多数论著中，一般都认为攻克北京是北伐的战略目标。但是在 20 世纪七八十年代，围绕北伐战略目标和战略步骤的学术讨论中，这个问题的焦点似乎一度变得比较模糊了，学者们根据北伐实际行军路线判断，对其战略目标和步骤形成了三种不同的表述。

第一种表述是，北伐军的直接目标不是进攻北京，而是首先占领天津。根据公布出来的清代档案史料看，北伐战略部署分作两步走，第一个目标是占领天津；实现第一步目标之后，与北伐援军取得会合，再一起合攻北京。

第二种表述是，进攻北京与进攻天津是同一个战略计划，先进攻北京，还是先进攻天津，都不会改变北伐军的战略目标，两者并不矛盾。

第三种表述是，北伐军的原计划是先到天津扎住，待与援军合攻北京，但是，北伐途中改变进军路线，决定由保定直取北京，受到清军堵截后，继续执行天津待援计划。

其实，攻打北京的战略目标是太平天国分兵北伐的根本方向，是之所以派北伐军开辟北方战场的总体设想。因此，就战略目标的终极性而言，它是可以分解成某些具体目标、具体任务和具体要求的，在时间上可以把

---

① 《李开芳又供》，中国第一历史档案馆编：《清代档案史料丛编》第 5 辑，中华书局 1980 年版，第 167 页。
② 郦纯：《太平天国军事史概述》上编，第 1 册，中华书局 1982 年版，第 132 页。

终极目标分解成一个阶段具体目标和又一个阶段具体任务。太平天国文献是研究北方战场军事战略的最重要依据，从目前发现的太平天国文献材料看，北伐军攻打北京的战略意图非常清晰，战略目标非常明确。

1853年4月23日，东王杨秀清在给林凤祥等北伐将领的诰谕中，赏封北伐军通信员彭福兴、张大里为监军，并明确指示："至到北京之日，即与监军袍帽，光宠其身。"①到北京才能"光宠其身"，说明攻占北京是北伐军此次行动的最终目的地。

客观地说，最高领导层在制定北伐战略时过于轻敌，在洪秀全、杨秀清看来，北伐军攻下北京的时间不会太长。北伐出征当年7月2日，洪秀全等在给先期进京侦察的刘六等三兄弟的信中说："吾等大兵不久到京，汝等速宜整备团练，以备接应。"②当时速胜论观点占据主导地位，太平天国将领罗大纲在《致上海英国领馆书》中表达的北伐进程更加顺利，"依揆情势，须俟三两月之间，灭尽妖清。"③上述文献材料均可说明，太平天国北伐战略方针是在短时间内迅速拿下北京，一举推翻清王朝的统治。

为了迅速实现北方战场的目标，洪秀全制定了北伐军的行动原则，"师行间道，疾趋燕都，无（毋）贪攻城夺地縻时日。"④由此也可以发现，北伐的战略原则与战略方针是一致的，且不论农民军高层领导如何低估了清军防御力量，仅就体现攻取北京的战略目标而言，应该是十分明确的。

中国第一历史档案馆公布《李开芳供词》后，不少学者提出了"北伐军战略目标是先攻天津"的论点。有的学者认为，北伐目标的第一步就是派林、李部队，打到天津扎住待援。⑤也有的学者认为，杨秀清4月23日诰谕通篇没有出现北京的字样，天津是北京的门户，急速北征到天津扎住，也可

① 《东王杨秀清西王萧朝贵命天官副丞相林凤祥等封彭福兴张大里等为监军诰谕》，太平天国历史博物馆编：《太平天国文书汇编》，中华书局1979年版，第175页。
② 《洪秀全等致京都刘六等人密信》，中国第一历史档案馆编：《清政府镇压太平天国档案史料》第9册，社会科学文献出版社1993年版，第69页。
③ 《殿左伍检点罗大纲致上海英国领馆书》，太平天国历史博物馆编：《太平天国文书汇编》，中华书局1979年版，第295页。
④ 《清史稿》卷475，《列传262·洪秀全传》，中华书局1977年版，第42册，第12872页。
⑤ 严夫章：《关于太平天国北伐战略决策问题的考察》，《光明日报》1979年12月25日。

以说是"疾趋燕都"。① 后者不仅将天津与燕都画了等号，而且提出了一个很值得研究的问题，为什么太平天国文献中很少出现"北京"字样？其实，这与太平天国制度规定有直接关系，太平天国建都天京以后，宣布"天下万郭帝无二，京亦无二，天京而外皆不得僭称京。""既贬北燕地为妖穴，是因妖现秽其地……俟灭妖后，方复其名为北燕。"② 正是缘于此，在太平天国文献中将北京泛指为北燕、燕都，或贬称妖穴，很少直呼北京。但是，并不能因为太平天国文献中缺少北京字样，而否认"疾趋燕都"就是进攻北京。太平天国文献中很少北京字样，并不等于北伐直接目标不是北京，况且 1853 年4 月 23 日东王杨秀清在给林凤祥等北伐将领的诰谕中，已经明确提到了"到北京"的要求。不能因为天津是进入北京的门户，就将"扎驻天津"视为抵达了燕都，而燕都只能是北京，绝不应该与任何一个门户画等号。

二 实施战略中审时度势的步骤调整

李开芳被俘后，在供词中曾说过，洪秀全"打发我们过黄河，到天津扎住，再告诉他，再发兵来"。③ 许多学者根据李开芳所言，便把先占领天津当做北伐战略的第一个目标，认为进攻北京与进攻天津是同一个战略计划，先进攻天津，后进攻北京，只是实施这一战略的两个步骤而已，两者并不矛盾。那么，扎住天津究竟是事先战略部署，还是不得已而为之的步骤呢？不妨在此回顾一下北伐的艰辛进程。

太平天国最高领导层对北伐军北上路线的选择，有水路和陆路两种方案。水路则走扬州，沿运河北上；陆路则由浦口登岸，经安徽、河南北上渡黄河。④ 北伐军最终选择了走陆路，在挺进黄河之前，势如破竹，浩浩荡

---

① 黄国盛：《太平军北伐的战略意图和失败原因新探》，《福建师范大学学报》1982 年第 3 期。

② 《天王诏旨》，太平天国历史博物馆编：《太平天国印书》上册，江苏人民出版社 1979 年版，第 439 页。

③ 《李开芳供词》，中国第一历史档案馆编：《清代档案史料丛编》第 5 辑，中华书局 1980 年版，第 167 页。

④ 在北伐军出征前，这两个路线预选方案，已经被清军抓获的太平军外出侦察路线的人员泄露。据《琦善等奏报审讯奸细叶桂情形并将供词呈览片》记载，咸丰三年三月十三日，接据滁州直隶州知州潘忠裘禀报，盘获奸细叶桂，经悉心研讯，"究诘江北进京一层，系该犯听闻之间。水路由扬州、清江运河，旱路由六合、浦口、河南进京"。见中国第一历史档案馆编《清政府镇压太平天国档案史料》第 5 册，社会科学文献出版社 1992 年版，第 589 页。

荡。到刘家口渡河不顺，进军计划被打乱，此后北上路线和行动进程开始
发生变化。北伐军沿黄河西行，直到汜水与巩县之间，才找到数十条运煤
船只，得以强渡黄河。由于"船少人多"，"贼未及渡河者，尚有千余人，
不敢北渡，折回巩县。"①

主力渡过黄河后，明显感到黄河以北前来围堵的清军非同一般，加之
渡河造成士兵减员，粮草短缺，不得不改变此前计划，暂缓急进北上。于
是重新调整行动方案，一边围攻怀庆（今河南沁阳），一边休整部队。"盖
知怀郡殷实，且产火药兵器，势必得之。"②谁曾料到这一仗竟然持续了两
月，在滞留怀庆期间，北伐军中有人提出了绕道天津侧攻北京的方案。
"当贼之困怀庆也，诸边劲旅未集。贼党有献计扑天津者，贼酋欲甘心怀
庆，以必破为期，未从其议。"③

怀庆之战，耗时两个月之久，仍未攻克，清军增援陆续抵达，北伐军
终于撤围，迫不得已绕道山西。"时东北、正南皆我军壁垒，北阻太行，
西滨大河，惟西北一径达济源界，连山西阳城、垣曲，其地有封陵口、邵
原关诸隘，重山沓岭，马不连骑，步不骈踵。"④毫无疑问，这种艰难跋涉的
道路绝不适合"疾趋燕都"的要求，显然绕道山西的进军路线是不得已的
选择。

太平军从山西攻入直隶临洺关之后，一日攻克一城，连克沙河、任
县、隆平、柏乡、赵州、栾城，进兵神速，直抵正定城南，兵锋直指北
京。僧格林沁和胜保一并在北路拦截，太平军折向东路，挺进晋州、深
州、沧州，进而攻下静海，准备取道天津，侧击北京。太平军在津郊与清
军交火受挫，津城西北芥园河堤决口，"津邑地势东凹于西，乃水不东趋，

---

① 陈善钧：《癸丑中州罢兵纪略》，中国史学会主编：《太平天国》第 5 册，神州国光社 1953 年版，第 174
　页。
② 同上书，第 175 页。
③ 杜文澜：《平定粤寇纪略》卷 2，太平天国博物馆：《太平天国资料汇编》第 1 册，中华书局 1980 年版，
　第 26 页。
④ 尹耕云等：《豫军纪略》卷 1，中国史学会主编：《中国近代史资料丛刊——捻军》第 2 册，上海人民出
　版社、上海书店出版社 2000 年版，第 161 页。

反灌西南"，"静海、沧州一带弥望汪洋，歧途皆为水没，仅余大道，津城西南亦然。"①北伐军被阻于静海、独流后，胜保与僧格林沁纷纷在天津周边设置大营，进行围堵，时值严冬，加之粮草匮乏，所以，北伐军处境异常艰难。

综上所述，应该说北伐军扎住天津是审时度势的一种选择，是由具体战况决定的不得已之举。在扎住静海期间被俘的北伐军王自发，在供词中说："现在众头目商议，天津既不能破，意攻扑王家口后，直奔保定，仍要北犯。上年十二月二十九日，由静海分股出来，先行占据东河头等村，乘空攻扑王家口。……现在独流、静海分踞五里庄、东河头村，正是要往王家口逃窜。所供是实。"②由此可见，北伐军当初未能从深州北进，攻打北京，改由天津东击京城仍然受阻，所以，林凤祥、李开芳等将领们商议，准备突破围堵再次由保定方向继续北上进军，这充分说明北伐军将士一往无前，直捣黄龙的英雄气概和决心。但是，此时北伐军受困于窘境，只有固守招架之份，而无反击北上之力了。

根据太平天国文献以及北伐军的实际行动分析，北伐攻打北京的目标是毫无异议的，至于是直取北京，还是先打保定、天津，这只是实现北伐目标的具体进军途径而已，至于由南攻打，或由东攻打，当然可以根据南京"再发兵来"的后援实际情况随机而定，未能得到北援军如期配合的行动肯定需要随机应变，北伐的实践完全证实了这一点。所以扎住天津，既是北伐出征前的战略部署，也可以说是北伐军不得已而为之的一种被动选择。李开芳在《供词》中，关于"扎驻天津"的交代，一方面或多或少存在避重就轻的意味；另一方面则反映出原本在北方战场打算部署的兵力并非只有林凤祥和李开芳的孤军作战。

---

① 吴惠元：《天津剿寇纪略》附录，张焘：《津门杂记》，光绪十年刻印本，见李惠民编：《河北地方志中的太平天国捻军史料（二）》1984年油印本，第100—101页。

② 《王自发供词》，中国第一历史档案馆编：《清代档案史料丛编》第5辑，中华书局1980年版，第176页。

第三节　太平军进入京城的侦察行动揭秘

一　进京时间及其人员构成

进攻北京是太平天国北伐的既定目标，攻克北京是北伐的最终目的。为配合北伐军攻打北京，洪秀全先后从南京派出数批侦察员提前进入了北京。据文献记载，太平军最早进入北京的时间，是洪秀全派先遣人员李丙银于 1853 年 4 月，秘密进京打探北京城内清军部署的军事情报。李丙银于四月初二日到京，当时住在了骡马市大街附近路南的德胜小店。当探听到京城调兵甚多的消息之后，李丙银离京南返送信，不幸走到沙河县时被清军抓获。[①] 五月南京又派侦察员一行三人到达北京，住进了"通盛"旅店。洪秀全还曾于咸丰三年七月初二日，给住在京城里的刘六等人写密信，告知"以备接应"，"吾等大兵不久到京"。[②]

北伐军挺进直隶后，虽然攻打北京的战略目标最终未能实现，但却仍有大批太平军被秘密派遣进入了北京。北伐军派遣的侦察员前往北京周围地区及进入北京的时间，大致是从咸丰三年九月下旬开始的。被清军巡防东路士兵抓获的太平军侦察员马世杰在供词里说：过沧州之后，"众贼往北去了，徐姓、阎姓并不知姓名十个人，带我们二人假充大同镇官兵，往涿州北河来。十月十一日到北河，徐姓、阎姓等均在彼店住下守候，给我们钱一吊，……叫我同帐帼帼到涿州、良乡县、卢沟桥、马驹桥、通州各处 看地势"。[③] 由此可知，林凤祥和李开芳率领的北伐军到沧州后，就开始

---

① 《附署顺德府知府高午禀文》，中国第一历史档案馆编：《清政府镇压太平天国档案史料》第 10 册，社会科学文献出版社 1993 年版，第 151 页。

② 《洪秀泉等致京都刘六等人密信》，中国第一历史档案馆编：《清政府镇压太平天国档案史料》第 9 册，社会科学文献出版社 1993 年版，第 69 页。

③ 《总理巡防事宜处奏报》，中国社会科学院近代史资料编辑部编：《近代史资料》总 65 号，中国社会科学出版社 1987 年版，第 27 页。

分派人员赴北京周围地区进行侦察活动。太平军侦察员李小二的供词也证实，"到了沧州城东扎营，管我的贼目叫我同刘三、崔香、黑老包儿来京，探听各城门守门官兵的数目"。①

北伐军主力部队在静海、独流驻扎待援时，一方面连续派出大量南下送信的通信员，另一方面接连不断地派出大批侦察员进入北京，为日后完成攻打北京的战略任务积极进行准备。此刻是北伐军派遣入京侦察员数量最多、最频繁的一段时间。

到咸丰四年正月退守到直隶束城，北伐军仍在继续派遣侦察员进京。直到阜城驻扎期间，这是向北京派人的最后阶段。太平军侦察员王沛山，系直隶饶阳县人，在深州加入太平军，在阜城受命入京。他在供词中说："在阜城县营内，马付沅给了我红马一匹，……叫我来京。"②再譬如，直隶新乐县人马二雪，于咸丰三年九月在正定城东入北伐军后，一直英勇拼杀立功受奖赏，"到阜城县，三月十一日黎合王……给我京钱一吊，叫我来京探听官兵数目并进城的道路。如路上有人盘问，就说进京找我哥哥。定于四月初三日回去报信，以便贼匪由祁州、张登等处绕西山来京。"③这说明北伐军在阜城期间仍未改变攻打北京的战略目标，对战局尚未失去信心，依然企盼与援军会合后，继续完成捣毁清朝统治中心的使命。

咸丰四年四月，北伐军退出阜城而困守连镇之后，军事形势每况愈下，部队处境更为艰难，再也无力顾及进入北京的问题。

北伐军对派出人员进行挑选，首先考虑的一个因素是侦察员必须在京有一定的熟人关系，或亲属，或同乡，特别注意挑选那些去过京城或对京城情况有所了解的人。因为太平军攻克山西平阳府以后，从咸丰三年八月起，清廷采取了严厉的防范措施，北京开始戒严，设巡防处，由王大臣

---

① 《联顺等奏报拿获从敌戏官之李二小并请严审折》，中国第一历史档案馆编：《清政府镇压太平天国档案史料》第14册，社会科学文献出版社1994年版，第59页。

② 《联顺等奏请将从敌戏官之王沛山交巡防王大臣严审折》，中国第一历史档案馆编：《清政府镇压太平天国档案史料》第14册，社会科学文献出版社1994年版，第394页。

③ 《联顺等奏报拿获从敌打仗之马二雪请交巡防处严讯折》，中国第一历史档案馆编：《清政府镇压太平天国档案史料》第13册，社会科学文献出版社1994年版，第413页。

统之，外地人入京已非易事。进京侦察员王汰，回忆当时被选派的情景时说："李头目问我与静海县人孟喜、交河县人张十，谁在京内熟悉。是我说我在青龙桥地方卖过布，随派我们三人进京踩探京中何门可入。"[1]魏陇贤被选派时，也曾有一位北伐军中姓李的司马问他，京中是否有认识之人，他说有他哥哥、侄儿、侄孙俱在京中居住，才被选中。直隶大城县人郭常青加入北伐军后，在一次与太平军下层军官说闲话时，被问"曾进过京没有，并问我京中可有亲友，我随（遂）将我于十八岁时曾进京找佣工地方，是找乡亲……在天坛内居住，向他告知"，后便被派往北京。[2]侦察员王合儿也谈过自己之所以到京，是由于"伪大司马陈初因我熟悉京城道路"，才被派到京城执行任务。太平军所制定的这一选派条件显然是非常必要的。

太平军选派的进京人员大多是北方人，基本上都是沿途加入太平军的新兵，经过一阶段的考验后取得上级信任，才可能被确定为侦察员。从进京人员的籍贯看，天京政权方面派出的侦察员有湖北人，但北伐军抵静海后派出的侦察员除少量山西和山东人外，几乎全是直隶籍人。据记载，以深州、饶阳、枣强、武邑、沧州、河间、盐山、独流、静海、天津等地的人为多，还有大城、怀来、祁州、宛平等籍贯的太平军。另一个特点是所有进京侦察员中没有一例是"老长毛"，即两广人。显然是由于广西籍太平军职务一般比较高，他们的口音形体等特征因素，在京城极易暴露身份，况且不符合在京城有熟人关系或熟悉北京道路等基本条件。

北伐军对进京侦察员的年龄，并没有太多的限制，老少都有。当然，侦察员的年龄比较多地集中在 20 岁至 40 岁，应该说青壮年占绝大多数。

进京侦察员加入太平军前的身份相当复杂，五行八作各色俱全。有做生意的，如卖粮食的、卖布的、开饭店的；有手艺人，如剃头理发的、磨剪子磨菜刀的、唱戏的；有做工的，如当学徒的、扛长活的、种地的、为

[1]《联顺等奏报拿获敌探王汰等请交巡防处严讯折》，中国第一历史档案馆编：《清政府镇压太平天国档案史料》第 11 册，社会科学文献出版社 1994 年版，第 647 页。

[2]《联顺等奏报拿获奸细郭常青等请交巡防处严讯折》，中国第一历史档案馆编：《清政府镇压太平天国档案史料》第 11 册，社会科学文献出版社 1994 年版，第 475 页。

清军当民夫的；还有僧人、乞丐、犯人等。

根据目前掌握的史料记载进行统计分析，进入北京的太平军总数应在千人以内。

二 进京方式及其行动任务

太平军进京侦察是一项艰巨而又危险的任务，出发前须作必要的准备。主要是改换装束，按特定的伪装身份打扮一番，如有的人"剃了头，扮作僧人模样"，有的"扮作小买卖人"，还有的"扮作讨饭吃的花子"。外表上都有所变化，最大变化就是改变太平军蓄发不剃的做法，将所留长发剪短，或者"剃了头"。再就是更换服装，脱去军服换上民装。例如，侦察员马二雪临行前，"黎合王叫我将身穿的整衣脱下，换上这破棉袄单裤……"①他们有时也利用缴获的清兵军服，扮成清军模样，以避路途关卡的检查。例如，有一次到卢沟桥等地侦察时，"贼匪伪都统派出长毛贼一人，扮作官人，带着红顶大翎的官帽，穿着袍褂，坐着紫哈喇围四人轿一顶。前有骑马贼一人，后跟骑马长发贼四人，步行贼三人。叫我同贼匪丁五扛着大刀一把，共是十五人"。②

太平军进京人员是分期、分批、分行动组活动的，而为了隐蔽和缩小目标，又采取分散行动，单独进城，到京会齐。以侦察员司二等十人行动组的活动为例，"十七日我们到了固安县小店居住。十八日到了黄村小店居住。十九日我们商量如进了城，在各店内分住。二十五六日在前门外裕丰轩茶馆会齐见面。如不能进城，仍回黄村小店见面"。③为了躲避盘查减少嫌疑，部分侦察人员先回自己家乡居住地，再从家里出发，直接进入京城。绝大多数进京人员皆因任务紧迫，直接由北伐军营地出发向北京进发。应当指出，在回家转赴京城的人员中，属事前设计有意改变进京路线

① 《联顺等奏报拿获从敌打仗之马二雪请交巡防处严讯折》，中国第一历史档案馆编：《清政府镇压太平天国档案史料》第 13 册，社会科学文献出版社 1994 年版，第 413 页。
② 《联顺等奏报拿获从敌打仗之王二请交巡防处审折》，中国第一历史档案馆编：《清政府镇压太平天国档案史料》第 12 册，社会科学文献出版社 1994 年版，第 251 页。
③ 同上书，第 207 页。

者有之，擅自做主者有之，也不乏趁机脱离太平军后又进京从事做生意或打工等个人行为者。

在太平军侦察员进京的前期，其路线以京城东南方向为主，从通县、大兴入京。清政府增设兵营加强盘查防范之后，便改从西南和西北方向入京。礼部左侍郎、光禄寺卿宋晋，在《奏请严防京城西路卢沟桥等处片》中证实了这种变化，"闻近日擎获奸细刘成辙、李登科等皆从贼中窜出，并供称东南各路盘诘甚严，该匪等均由西路绕来。查西路宛平县属之磨石口、门头沟、三义店、又昌平州所属之沙河，均系来京要道，该匪等既有此言，似防守未能严密。又磨石口所扎营盘，距口门尚有二里许，亦照管不到。又闻李登科供同伙之张凤仪等十三人均由卢沟桥经过，并有二十二日在东四牌楼及精忠庙会齐等语。该逆匪等胆敢窜越来京，并探明何路疏防，即从何路诡入，实属包藏巨测。"①

太平军进城后，首先要投亲靠友，选好落脚点。有的住亲戚家，有的住同乡处，再者就是找客栈旅店住下。如果没有住所而到处游荡的话，打"野盘"很容易被巡逻的清兵抓去盘查。在京侦察员的活动基本上是独自行动，然后按照约定联络点碰头。例如，刘澄彻、崔五、艾三一行三人行动组，十一月初六进京后，当天在正阳门桥头分手，各自行动，约定初八在护国寺见面，如见不到，则仍在正阳门桥头会齐。

北伐军派出的进京人员有先有后，任务不同，各司其职。有负责侦察的，有负责传递信息的，两者接头地点都是事先商定的。下面一段被俘太平军的供词记录了他们是如何传递情报的："后来他们又打发张士奎、曹得力、王老得、沈顺、李六、杨二格、鲍五七人，在马驹桥等我们回信。我与李老四们都约在前门外天桥地方同太鱼店左右见面。"②

为了保证侦察员之间顺利接头联络，太平军严格规定了相应的暗号和

① 《宋晋奏请严防京城西路卢沟桥等处片》，中国第一历史档案馆编：《清政府镇压太平天国档案史料》第11册，社会科学文献出版社1994年版，第229—230页。
② 《讯明从逆邢海山拟凌迟处死》，中国社会科学院近代史研究所编：《近代史资料》总65号，中国社会科学出版社1987年版，第14页。

一些特殊识别标记。有的行动组将火镰片作为"我们贼营来的人作暗号",①
有的以身体某一部位的统一标志为识别依据,例如,"李老四们四人,发
后都烙有月牙痕迹",②在京城里投毒的行动组,则"各人手拿白鸡翎为记"。
早期进入京城进行侦察的情报组,将木莲蓬、绿皮靴掖、青色针包作为暗
号的特别标记,当相互传送口信,或与其他联络人接头时,均以这些特定
的物品为凭,并还约定了以"洋货"二字为暗语。③

　　在北伐军侦察员出发前都要发给一种特定的信物,作为完成任务返回
营地时证明其身份的依据。例如,有一个行动组在出发前,"交给刘三字
帖一张,作为记号,说定探听明白,到独流送信,将字帖交出,便可收
留"。④有了上述联络手段和暗号的保障,侦察员的隐蔽性得到了增强,所
以上述措施也反映出太平天国农民军组织具有了极高的严密程度。

　　太平军进入北京的目的十分清楚,即了解把握敌情,为攻打北京做准
备工作。首要任务是进行侦察。侦察的内容有探路、了解敌军分布情况、
京城地理环境以及清军调动部署等情况。侦察员分配的任务,或是"探听
各城门守门官兵的数目",或是"进京踩探京中何门可入"。由此可见,掌
握各处敌军数量和选择进攻北京的道路是太平军侦察的重点目标。良乡籍
的侦察员王二格,在进京前接受的具体任务是"叫我们到固安县卢沟桥等
处,探听官兵数目并营盘数目"。⑤负责侦察城内道路的太平军,"将棋盘街、
海岱门(哈德门即崇文门)、顺治门(宣武门)、西直门、天灵寺等处都画
了图样"。侦察的内容甚至包括要掌握清朝皇帝的行踪,有的太平军要负

①　《联顺等奏报拿获敌派来京城差探之刘澄澈等请交巡防处审办折》,中国第一历史档案馆编:《清政府镇
　　压太平天国档案史料》第11册,社会科学文献出版社1994年版,第211页。
②　《讯明从逆邢海山拟凌迟处死》,中国社会科学院近代史研究所编:《近代史资料》总65号,中国社会科
　　学出版社1987年版,第14页。
③　《桂良奏报顺德府密禀获犯供情并请饬查奸细折》,中国第一历史档案馆编:《清政府镇压太平天国档案
　　史料》第10册,社会科学文献出版社1993年版,第151页。
④　《联顺等奏报拿获从敌戕官之李二小并请严审折》,中国第一历史档案馆编:《清政府镇压太平天国档案
　　史料》第14册,社会科学文献出版社1994年版,第59页。
⑤　《联顺等奏报拿获从敌打仗之王二请交巡防处严审折》,中国第一历史档案馆编:《清政府镇压太平天国
　　档案史料》第12册,社会科学文献出版社1994年版,第251页。

责专门"探听皇上何日进坛,何日出坛,并在何处住宿,说定打听明白,于十一月初二回去给他们送信"。①

太平军侦察员进京的第二项任务是建立联络站,为进攻北京作好内应的准备工作。太平军主力在独流静海驻扎期间,曾先后派出几批人员到京城租赁房屋。当年十月中旬派的一个行动组,被明确指令"到前门外租赁房间,如租妥回去送信,他们再给房钱"。②到十一月初,又派人"到前门外租房,以备逆匪陈初居住,作为内应"。据被俘的侦察员在供词中说:"如房子租妥,我仍回去送信,他们再来"。③北伐军迫切需要在京找房居住,不仅把在北京完成找房任务返回营地的人员再度派往北京继续找房,而且找房的标准和条件也很低,甚至"或破庙亦可,以为来往探信之人住宿作接应"。④只要在京城有了自己的立足地,建立了联络站,进京人员的活动才有可能具备相对安全的保障,这关系到侦察任务能否顺利完成和情报能否顺利传递,因此北伐军在京城找房问题上花费了一定的人力和财力。

太平军侦察员进京的第三项任务是搜寻军火信息,购买或夺取清军火药武器。太平军侦察员杨长儿,在谈到他赴京前接受任务的情景时说,"初三日,贼目韩姓派我同高二、刘套儿、王套儿、黄姓来探听火药防守。"宛平县籍侦察员张三顺在供词中说,他被派出侦察时要他同时了解如何购买火药,"并说通州南门内于姓家卖火药,叫我打听明白,回去送信"。⑤太平军急需火药,不仅准备在京城收购军火,还策划了一项夺取北京西山正红旗火药库的大规模行动。杨明(又名杨二)是策划和实施者之

① 《联顺等奏报拿获奸细郭常青等请交巡防处严讯折》,中国第一历史档案馆编:《清政府镇压太平天国档案史料》第11册,社会科学文献出版社1994年版,第475页。
② 《联顺等奏报拿获从敌打仗之司二请交巡防处严讯折》,中国第一历史档案馆编:《清政府镇压太平天国档案史料》第12册,社会科学文献出版社1994年版,第207页。
③ 《巡防处大臣奏报审拟从敌打仗并来京赁房人犯王大折稿》,中国第一历史档案馆编:《清政府镇压太平天国档案史料》第11册,社会科学文献出版社1994年版,第249页。
④ 《联顺等奏报拿获敌派来京城差探之刘澄澈等请交巡防处审办折》,中国第一历史档案馆编:《清政府镇压太平天国档案史料》第11册,社会科学文献出版社1994年版,第210页。
⑤ 《巡防王大臣奏报审明被敌裹胁来京探信之张三顺定拟处斩稿》,中国第一历史档案馆编:《清政府镇压太平天国档案史料》第11册,社会科学文献出版社1994年版,第513页。

一，他曾在该火药库当过更夫，后参加北伐军。据他本人供述，在太平军营地"见了大头目，大头目说，现在火药空虚，叫我设法弄取。我因在火药库打更，深知火药可以抢取"，①于是进京抢火药的计划就决定下来。参加实施此次抢火药计划的太平军秦五（直隶冀州人），在供词中描述了一些详细计划内容，"约定在桂兰斋茶馆见面，林贼目又派一百多人由深河过来接应。十二日，我由葡萄洼贼营与杨二约定会齐。杨二写一个字儿，叫我同李喜儿先到香山找见郑大投递。杨二又叫我把抢药的大概先与郑大说说，叫郑大预备蒲包口袋等物装药。"②太平军深知火药在攻城中有强大威力，在北伐途中始终特别注意对火药的收集、购买、保管、运输和自制。

太平军侦察员进京的第四项任务是从事破坏性活动，通过进行恐怖性的破坏活动，在清王朝统治的心脏地区制造混乱，给京城官吏施加紧张威胁，制造京城的危机气氛，扰乱军心。例如，派侦察员在京城四处张贴告示，实施一些公共场所的投毒事故等。咸丰四年四月上旬，太平军曾派直隶饶阳籍王沛山，带断肠散一大包约有十余斤，"叫我来京，在各处井内洒药，我应允。叫我先来，说定随后打发贼匪多人来京洒药。"③

三 搜捕审讯与进京的意义

如果说太平天国建都南京，在长江流域中下游给清军以沉重打击，那么太平军进入北京，不仅牵制了大批清军南下，而且给清王朝的统治中心形成了巨大震动。北伐军驻扎独流、静海，犹如眼中钉，肉中刺，清廷远近皆忧。然而，北伐军又派侦察员潜入京城就像雪上加霜、火上浇油，在其心脏部位又插上了一把尖刀，这使清朝工公贵族产生极大的恐惧，有的

---

① 《总理巡防事宜处奏报》，中国社会科学院近代史研究所编：《近代史资料》总65号，中国社会科学出版社1987年版，第24页。

② 同上书，第25页。

③ 《联顺等奏请将从敌戕官之王沛山交巡防王大臣严审折》，中国第一历史档案馆编：《清政府镇压太平天国档案史料》第14册，社会科学文献出版社1994年版，第394页。

人纷纷搬出京城，北京瞬间陷入摇摇欲坠的危险境地。

清左副都御史富兴阿，在奏折里对当时的危局状况流露出了极度的担心，"贼之踞独流也，遣其伙党，或来京探听虚实，或来京租赁房间，……京中兵数甚为空虚，虽尚有两万余名，大半老弱无能，……京中设有不虞，鞭长莫及"。[1] 该奏折确实代表了相当一批在京官吏的心境，于是他们纷纷上书，提出"为京师重地，恐有贼溷迹，请旨饬下地方官严密盘诘，以昭慎重事"。有的奏折有意无意地加重渲染了危急的气氛，"据署单县知县卢朝安禀称，前次生擒各逆内有李姓一名，讯系伪军师，并据供称逆匪改装易服，陆续潜入都城，四散藏匿，已有九军。……仰恳皇上密敕巡防王大臣及步军统领一体严密查拏"。[2]

清朝最高统治者根据太平军进入京城的情况，相应采取了如下一些措施：

第一，加强京城各门戒备。三令五申地要求巡防王大臣、步军统领衙门、顺天府各级官员委派妥员，督率官兵、昼夜梭巡，严密侦缉。并在京城内外较偏僻的地方一体搜查。

第二，切断太平军的进京之路。在近畿州县，如大城、文安、霸州、雄县、固安、涿州、良乡、房山、昌平、顺义、三河等处，设保甲编查，严稽可疑之人，以阻止北伐军进京。

第三，京城内加大搜捕力度，扩大巡察范围，拘捕一切来历不明之人。对不明身份者，必须取具切实保人证明非太平军侦察员方准释放。对寺庙、客寓、饭铺等有藏匿可能之处，除时常进行暗访试探外，也不断进行突击搜查，对容留可疑人之铺户一并拿获。

这三项严厉措施实行后，使不少进京太平军侦察员落入清军布下的网罗之中。太平军侦察员进入北京者近千人，从京城东南方进城的约有六百人，从西南和西北方进京者有三四百人。除少数完成任务顺利出城返回营

---

[1] 《富兴阿奏陈大兵待剿灭阜城之敌后全数南下断不可行折》，中国第一历史档案馆编：《清政府镇压太平天国档案史料》第 13 册，社会科学文献出版社 1994 年版，第 84 页。

[2] 《张亮基奏报禀敌有九军潜匿都城请饬查拏片》，中国第一历史档案馆编：《清政府镇压太平天国档案史料》第 13 册，社会科学文献出版社 1994 年版，第 164 页。

地者外，有些侦察员在城内被捕，有些尚未进城就被查获。被捕的情况大致分为三种：其一，是因京城巡防处大规模搜查行动而遭逮捕，而且大多是在夜间挨门逐户的搜查中被带走的。其二，是在城内活动时被巡逻清兵抓获。京城内关卡极严，发现一丝可疑之处便立即将其抓走，宁可错抓一千，不可放过一名。在阜成门、广安门、右安门、漳仪门、安定门，被盘查抓获的侦察员最多。其三，是进京前和完成任务返回时，在途中被盘查抓获。

有些侦察员之所以暴露身份，有几方面的原因：第一，太平军对京城的情况不熟，一问三不知，或言谈举止与京城人格格不入，引起怀疑。第二，有些太平军在京城没有固定的住所，流动人员在此时备受怀疑。第三，身体某一部位保留着太平军留下的印记。第四，随身带有太平军的某些特定器物。第五，没有经过缜密的训练，遇有盘查，惊慌失措。第六，经不住敌人严刑拷打和哄骗，供出自己的真实身份。

面对刑讯逼供，被捕侦察员的口供，多有水分。根据供词分析，具体招供情况有三种类型：首先，一种是彻底坦白交代，既承认自己被太平军裹胁，参加过太平军的战斗，在作战中杀死过清朝官兵或百姓；也承认自己受太平军派遣进京进行侦察活动。其次，一种是承认曾加入太平军，参加过打仗，在战斗中杀过人。但否认自己进京为太平军指使，为掩盖进京真实目的，竭力表明自己是逃出"贼营"，为谋生而来京投亲靠友。最后一种是在清军掌握一定证据或发现一些破绽后，只承认曾经被"贼"裹胁，没打过仗，没杀过人，从太平军营地逃出后自己到京谋生。尽管三种口供反映出被捕者"罪行"轻重有所区别，但是清政府在处理时都是按照奸细处理，给予极为严厉的惩处。太平军侦察员只要承认自己参加过北伐军，那么关于进京缘由的任何辩解，都会无济于事。清政府以"来京难保为贼探听消息"为由，不肯放过任何一名侦察员，况且有的人承认曾打过仗、杀过人，此类太平军落入敌手者无一例外均被处斩。

清政府对拿获的形迹可疑人犯，均交巡防王大臣等审明虚实，核其情罪重轻，分别定拟具奏。在此期间巡防处办理的冤假错案甚多。兵部右侍郎王茂荫的奏折就反映了刑讯逼供的详细情况，"闻各处拿获形迹可疑人犯，先自严讯取供，熏以香烟，往往有实未杀伤官兵者，因熏急难受，又不知杀伤官兵之必死，遂亦妄供，迨至辗转交审，前供难改，因而诬服"。[1]甚至，有的精神病人亦被抓捕，遭受酷刑，他们"跪炼轧杠，毫不觉苦，语多讪笑"，最终亦被斩首，充当战果统计的基数。一些南方做生意的人或乡下进城者，特别是有严重皮肤传染病的，皆无辜受到从严处理。当时"京城设巡防局，拿获奸细，问明即斩。其中拿获者，并有南来贸易，及乡村愚稚，但头有一瘢，身有一疥，鲜不死者，王大臣意在从严"。[2]故时人有曰："巡防处稽查形迹可疑之人，拘捕过严，有无辜而死于西市者。"[3]

太平军为了完成侦察京城敌情任务，付出了巨大的牺牲，消耗了很大的人力和物力，进京人员中遭到逮捕、关押、变节、走失的比例很高。同时也产生了一定积极影响，不仅表现在给清政府统治中心的打击和对最高统治者的威胁和震动，而且也迫使清政府加强京城的防守力量，从而加剧了清军兵力的调配困难，牵制了部分清军南下，在某种程度上缓解了北伐军被困的压力。

太平军进京把战线推进到敌人的心脏，把宣传告示贴到北京城内，扩大了太平天国的影响，起到了瓦解敌人军心的目的，加剧了清政府摇摇欲坠的危局。进京太平军完成任务胜利返回营地者有之，但是因为没有实施主力攻打北京，致使进京侦察成果付之东流，北方战场没有完成其战略目的。但是，北伐军进入北京的行动，把太平天国开辟北方战场的目的鲜明地表现了出来。太平军战士们用自己的鲜血和生命，再次展示了太平天国推翻清王朝统治的意志和计划。北伐军在阜城极为艰难的情况下，仍然派一批又一批战士潜入北京，由此充分说明，林凤祥、李开芳对贯

① 《王茂荫奏陈被胁人犯情节可矜请暂缓定拟折》，中国第一历史档案馆编：《清政府镇压太平天国档案史料》第14册，社会科学文献出版社1994年版，第392页。
② 张集馨：《道咸宦海见闻录》，中华书局1981年版，第247页。
③ 谢兴尧：《总理巡防事宜奏报——太平天国北伐新史料》，中国社会科学院近代史研究所编：《近代史资料》总65号，中国社会科学出版社1987年版，第6页。

彻太平天国北方战场战略意图的坚决态度，对天国事业忠贞不渝的情怀。假设太平天国北方战场的主帅仅仅出于敌军围困局势，只考虑保存实力和生存问题，放弃北方战场的战略目标，早早就从静海直接撤退南返，最终结局肯定是另一种状况。北伐军在直隶坚守待援，企盼着与援军合师北上，直捣黄龙，直到退守连镇自身难保，实在无力顾及执行攻打北京的计划。

综上所述，太平军进入北京对清政府形成了直接威胁冲击，是太平天国开辟北方战场以后最为光彩夺目的一页，它充分体现了太平天国北伐的战略意图，对太平天国前期军事形势发展具有重要的作用和意义。

第四节　北方战场的军事牵制和政治冲击

一　对清军兵力的牵制

随着太平天国北方战场的逐步拓展，北伐军挺进清朝腹地，沉重地打击了封建统治势力，摧毁了清朝地方统治秩序，牵制了大量清军主力，打乱了清军围剿天京的部署，缓解了太平天国在长江流域的抗敌压力。北伐军的壮举不仅仅为稳固太平天国江南根据地提供了有力的保障，而且也为西征战役取得胜利予以了支持配合。

太平天国北方战场对清军兵力的有效牵制，首先表现在北伐军开辟了广阔的北方战场，北伐军长驱直入，转战千里，震撼畿辅。太平天国北方战场拓展的区域越广阔，运动战线越长，对清军兵力牵制的幅度就越宽，牵制兵力就越多，牵制的力度就越大。林凤祥、李开芳带领的太平军从南京出发，经由江苏浦口登陆北上后，先后途经江苏、安徽、河南、山西、直隶、山东6省，共计途经19个府境，7个直隶州境，73个县境，行程约 5860 里。其中，直接攻克府级城池 3 座，直隶州城 3 座，县城 35 座。[①]

　　在江苏省，北伐军途经了江宁府的江浦县、六合县。北伐军在江苏浦口登陆，由此展开的北伐战斗，不仅打跑了在此驻守的西凌阿，而且将江北大营清军原本部署在运河东路防御的注意力，开始吸引向中路做部分的转移。

　　在安徽省，北伐军途经了滁州直隶州的滁县；凤阳府的定远县、凤阳县、怀远县；颍州府的蒙城县、亳州县。北伐军在安徽的战斗，不仅吸引了大量清军向此聚集，而且打乱了江北清军的部署计划。清朝皇帝"以抚军李公嘉端、藩司奎公绥布置无方，均褫职。……遂命琦公善以钦差大臣统领江北各路官兵，均归节制。滁凤一带，命内阁学士胜公保与周公天爵、江宁将军托公明阿、贵州提督善公禄等，统兵合力兜剿"。[②]

　　在河南省，北伐军途经了归德府的商丘县、鹿邑县、宁陵县、睢县；开封府的杞县、陈留县、祥符县、中牟县、郑州县、荥阳县、氾水县；河南府（府治洛阳）的巩县；怀庆府的温县、河内县、济源县；彰德府的涉县、武安县。北伐军在河南的战斗，不仅进一步吸引了更多清军加强黄河防堵，而且突破了清军在黄河防御的部署。清朝皇帝"以巡抚陆公应穀不能先事预防，褫职留任，并以赛公尚阿、徐公广缙不得以失律置身事外，赛公发往直隶交纳公差委，徐公发往河南交陆公差委。……上以大河南北

---

① 1988 年至 2003 年，笔者曾利用各种外出的机会，沿着北伐军在直隶活动的足迹进行过一些实地考察。主要依照笔者 1984 年至 1985 年编辑的《河北地方志中的太平天国、捻军史料（一）（二）（三）》所提供的线索展开，考察活动走马观花，浅尝辄止。虽然这些浮光掠影式的考察并不深入，但是对自己研习太平天国北伐史，还是增强了不少感性认识。2009 年经中国太平天国史研究会会长、南京大学教授崔之清先生介绍，认识了山东球墨铸铁管有限公司退休职工蔡树荣先生，他在 2003 年至 2006 年三年期间，用了将近 8 个月的时间，骑自行车对当年由北伐军的行军路线进行了全程的详细考察，并撰写了《考查"太平军北伐进军路线"之路简单回顾》一文。2010 年承蒙蔡先生赏光曾专程到石家庄与笔者交流过研习考察的体会，两人一见如故，相知恨晚。蔡先生的考察活动可谓是细针密缕，相当详尽，他坚持沿波讨源、追根究底，并在考察中收集了许多在民间流传的关于太平军的故事和传说，亲自丈量了北伐军全程的详细距离。本文在统计北伐军途经府州县数量时，参考了蔡树荣先生考察回顾一文中，关于太平军攻克河南省地方城池数量和北伐总行程的统计。
② 姚宪之：《粤匪南北滋扰纪略》，中国史学会济南分会编：《山东近代史资料》第 1 分册，山东人民出版社 1957 年版，第 15 页。

官兵云集,不可无人统领,以一事权,特命讷公尔经额作为钦差大臣,颁给关防,并令河南、河北各路官兵统归节制。又命恩公华、托公明阿、胜公保帮办军务,并给河南巡抚陆公应毂、陕甘总督舒公兴阿、山西巡抚哈公芬、山东巡抚李公僡,均着督兵会剿"。①

在山西省,北伐军途经了绛州直隶州的垣曲县、闻喜县、绛县;平阳府的曲沃县、襄陵县、临汾县、洪洞县、岳阳县;霍州直隶州的赵城县;潞安府的屯留县、长子县、潞城县、黎城县。北伐军在山西的战斗,不仅攻城拔寨,突破清军的诸道防线,直逼畿辅,迫使清军密集收缩。清朝皇帝"震怒,将晋抚哈公芬褫职。……时胜公保由怀庆追贼,于八月二十一日特授为钦差大臣,命各路官兵及地方文武统归节制,颁给康熙年间安亲王所进神雀刀,交新授山西巡抚恒公春赍往,仍命恩公华、托公明阿、善公禄帮办军务"。②

在直隶省,北伐军途经了广平府的永年县;顺德府的沙河县、邢台县、任县、唐山县;赵州直隶州的隆平县、柏乡县、赵县;正定府的栾城县、获鹿县、藁城县、晋州县、无极县;定州直隶州的深泽县;保定府的束鹿县;深州直隶州的安平县、深县、武强县;河间府的献县、河间县、交河县、阜城县、东光县、景县、吴桥县;天津府的南皮县、沧州县、青县、静海县、天津县;顺天府的大城县。北伐军在直隶长驱直入,转战千里,震撼畿辅。清朝皇帝"赫然震怒",将钦差大臣、直隶总督讷尔经额革职,"以讷公坐误事机,九月初三日特旨褫职。……讷公因是又特旨逮至京师"。③"上调蒙古各部兵,于九月初九日命御前大臣科尔沁札萨克多尔郡王僧邸格林沁将之,并颁给讷库尼素光刀,令统领蒙古诸王及京营各将军、都统等,驰往合剿,与胜公保等前后夹击。九月二十五日,又派领侍卫大臣土默特贝子德公勒克色楞统带东三盟官兵,驰赴胜营帮办。"④

---

① 姚宪之:《粤匪南北滋扰纪略》,中国史学会济南分会编:《山东近代史资料》第1分册,山东人民出版社1957年版,第16页。
② 同上书,第17页。
③ 同上。
④ 同上书,第18页。

北伐军鏖战畿辅，兵临天津城下，直逼北京，震撼清朝统治心脏。"发逆北犯，直逼天津。所过府邑成墟。京师益惶惑，内外城均设严防。"[1]大批太平军潜入京城，深入虎穴，虽似鱼游釜中，生死攸关。但是，他们却搅得整个京城惊魂不定，使清朝皇帝如坐针毡，心力交瘁。当时，清朝政府内部"有奏北狩盛京者，有奏迁都长安者，有奏谕各省督抚兴师勤王者，有奏派王大臣督兵出战者，有奏闭城与民死守者"。[2]而且京城百姓人心靡定，市肆哗然，许多商铺纷纷关闭，典当各行不敢收票。

太平天国开辟北方战场的最终目标，是扫除清妖，"捣穴犁巢"，清政府设定的战略防御底线是保障畿疆，"直隶为京师保障，贼势剽悍异常，必须急派重兵严密堵御"。[3]所以，当太平军突入京畿之后，其兵峰越逼近北京，对清政府形成的挟制压力就越大，对清军兵力的牵制力就越大。清政府设置的京城巡防处，此刻完全承担起了军事防务和社会治安的职能。据京城《巡防纪略》记载，清政府再次调集各路重兵，加强京城内外的防守。

"调齐旗营兵册内载：从前已调出征之兵不在数内。八旗满洲骁骑领催马甲养育兵三万一千三百九，蒙古八千二百五十九，汉军九千六百六十五，内有炮手敖勒布。两翼前锋千三百五十七，八旗护军万四千八十一，内火器营四千一十一，外火器营三千一百三十九，健锐营三千九百三十三，圆明园五千三百一十一，八旗亲军营千一百六十五，八旗技勇营千八百，内务府三旗护军千八十，骁骑马甲九百，精锐营护军马甲三百七十五，以上均旗营；又巡捕五营兵万人，汉兵居多；共兵十一万六千三百八十五。

除拟定出队守城，守护园庭、巡查街道及听调游兵六万五千四百五人外，余兵四万九百八十一，以二万七千五百一十一分拨各旗营充当杂差，其老幼废疾，仅食养赡钱粮，盖万三千四百七十焉。于是城上有兵，闸门

---

① 文祥：《文文忠公自订年谱》，张守常：《太平军北伐资料选编》，齐鲁书社 1984 年版，第 548 页。
② 邓文滨：《哭不足以济事》，《醒睡录初集》卷 3，张守常：《太平军北伐资料选编》，齐鲁书社 1984 年版，第 542 页。
③ 奕䜣等修，朱学勤等纂：《剿平粤匪方略》第 40 卷，第 20 页，中国书店 1985 年影印本。

有兵，街堆有兵，侦探有兵，棋布星罗，倍昭严密。又拟于城内设十队，城外设十一营，兵各千人，均以王公大员及侍卫领之，各有扎营处所，绘图贴说呈览。

又抽拨旗营兵三千二百，分驻近京一带，以资巡防：驻通州曰东路兵千名，黄村曰南路兵千名，卢沟曰西路兵千名，磨石口曰北路兵二百。迫贼窜天津，复于高碑店、定福庄、八里桥添拨三千人，曰中、左、右三营，营各千名，为东路应援，均以文武大员及侍卫等分领之。颁给领队大臣暨翼长关防，均木镌。其马驹桥、田村，另有绿营官兵防守盘查。始参赞屯兵于武清县之王家口，嗣移营追剿，复于固安、雄县多拨官兵，派员驻扎，曰总统各路防兵大臣，颁给木镌关防，诸路悉听调遣，而声威愈壮矣。"①

由上述可见，北伐军广大将士的转战千里，不仅吸引了从南方一路尾追的清军转移至京津附近，而且吸引了大量北方清兵向京师聚集，客观上分散了南下兵力，所以说，明显起到了牵制清军的巨大作用。

除此之外，太平天国北方战场对清军兵力的有效牵制，还表现在北伐军于极其艰难困苦的环境条件下，与清军在津京地区的持久对峙，有力地拖住了大量清兵，消耗了其人力和财力。从静海、独流南撤，经束城、阜城，再到连镇、冯官屯失陷，北伐军在困守中又一直坚持了一年零五个月之久。北伐军的坚守对清军兵力南下产生的牵制作用，通过咸丰皇帝对僧格林沁、胜保等前线统兵大员三复斯言的督令催促，便显示得清清楚楚，明明白白。

咸丰四年二月二十七日上谕曰：

"究竟此股逆匪何时可以殄灭？大兵何时可以南下？朕日夜焦灼，迫不能待。该大臣等徒事迁延，不即剋日歼除，坐令南北大局为此垂毙之贼所牵掣，岂不更堕逆贼奸计！"②

---

① 《巡防纪略》，《主善堂主人年谱》，张守常：《太平军北伐资料选编》，齐鲁书社1984年版，第552—553页。
② 《寄谕僧格林沁等胜保暂缓分兵亦系通筹全局并著传知善禄驰奏进剿等情》，中国第一历史档案馆编：《清政府镇压太平天国档案史料》第13册，社会科学文献出版社1994年版，第9页。

咸丰四年二月三十日上谕曰：

"该大臣等奏称，先将此股逆匪殄除，再以大兵全力南注。该大臣等自必胸有成算，不致徒托空言。但该逆窜扰畿疆，已逾五月，屡陷城邑，久抗王师。……时事至今，万难再宽期限。著僧格林沁、胜保即日将此股贼匪扫除，或可不加罪谴。讷库尼素光刀、神雀刀之赐，非为该大臣等饰宠示威。"①

咸丰四年三月一日的上谕曰：

"该大臣等既不肯分兵南下，又不能立将此股殄除，徒事迁延，是何意见？……倘僧格林沁、胜保仍前大意，不即速筹剿办，致令南贼乘虚北窜，复有勾结蔓延情事，朕必将该大臣等身家性命相抵，别无他谕也。"②

只要太平军在北方战场坚持一天，清军就不可能分大股兵力南下。仅林凤祥率众在连镇坚守的 10 个月，已将僧格林沁拖累得精疲力竭。僧格林沁曾在奏折中表示，"窃此股贼匪占据连镇，十月有余，节经官兵痛加剿洗，殄毙无算，究未能及早藏事，迁延日久，奴才曷胜焦急。"③显而易见，太平军在北方战场的战势持续的时间越长久，对清军的消耗就越多，对清军兵力的牵制力就越大。

太平军在"粮米断绝"的困境中，仍能够"或战或守，从容不迫，毫无溃乱情形"。林凤祥在连镇率领数千太平军，竟牵制了四倍以上清朝精锐之师，"全股贼匪约尚七千余名。奴才统带官兵三万之众，止因多系八旗精兵及东三省马队，国家劲旅。倘贪功锐进，必致挫失，所关匪细。奴才虽然焦急，究不敢孟浪从事，不得不时与各营统带熟筹妥议，非计出万全，断不敢轻易进攻"。④李开芳率领六百余名太平军，在高唐、冯官屯坚

① 《寄谕僧格林沁等著即日扫除阜城之敌》，中国第一历史档案馆编：《清政府镇压太平天国档案史料》第 13 册，社会科学文献出版社 1994 年版，第 42 页。

② 《寄谕僧格林沁等著派得力兵勇等前往大名并速剿阜城之敌》，中国第一历史档案馆编：《清政府镇压太平天国档案史料》第 13 册，社会科学文献出版社 1994 年版，第 56—57 页。

③ 《僧格林沁等奏攻占连镇生擒林凤祥等情形折》，中国第一历史档案馆编：《清代档案史料丛编》第 5 辑，中华书局 1980 年版，第 158 页。

④ 同上。

守一年有余，牵制清军两万人马，使胜保因旷日绵岁，"糜饷劳师"，遭革职，被遣戍新疆。与曾国藩同榜进士的毛鸿宾，在上奏所参胜保时说，"逆贼初踞高唐，仅止四百余人，合之裹胁之众，犹不满千。高唐州城，一蕞尔之区，兵勇陆续调集，数逾二万"。[①]特别是后来驻扎冯官屯后，既拖垮了胜保，又耗费僧格林沁大兴土方，挖掘了120余里的引水河道工程，用以水攻军营，其消耗清军人力和财力的程度可想而知。

众所周知，太平军北方战场展开的战势越激烈，杀敌越多，对清军有生力量的消耗就越大，对太平天国江南局势的支持贡献就越大。太平军在北方广阔战场上浴血奋战，与清军短兵相接，特别是北伐军抵达天津之后，战场厮杀尤为激烈，交战场景极为残酷。战场上尸横遍野，血流成河，损兵折将，双方死伤惨重。在北方战场上，清军被太平军击毙的最高级别的将领是蒙古副都统、二品大员佟鉴，太平军被清军射杀的最高级别的将领是春官副丞相、平胡侯吉文元。

清军钦差大臣胜保，在第一时间向咸丰皇帝汇报了佟鉴被击毙的详细情况：

咸丰三年十一月二十三日，"午刻，忽见贼垒拥出二三千人，分三路扑来，我兵奋力迎击，毙贼无数。其正定、宣化等营官兵，在南面杀毙逆匪百余名，夺回黄头巾三个，鸟枪四杆，刀矛四十余件。贼营屡出贼接应，屡被杀退，力战将两时之久。时已申刻，逆众倾巢尽出，我兵亦分头掩杀，贼势溃败，顺南堤而逃。副都统佟鉴用炮横击，黄旗纷倒，堤面贼尸填积，约毙四五百名，夺回刀矛、器械一百余件。逆众未能入垒，其势已慌，南北两面又有候选知府朱镇、知府用天津知县谢子澄带勇追杀，该逆沿堤上下狂奔，窘促万状。佟鉴见贼势大溃，飞马亲赴濠边，欲掣贼营搭濠板片，断贼归路，随行兵丁不过二三百人。逆情愈急，拼死从佟鉴背后冲去，兵丁分为两截，其事遂孤。佟鉴到岸，即饬兵丁并力拽取板片，

---

① 《毛鸿宾奏参胜保折》，中国第一历史档案馆编：《清代档案史料丛编》第5辑，中华书局1980年版，第214页。

不意为冰所胶，急不能拔，亲自下马督拽，足滑而踣，贼众蜂拥来刺。朱镇、谢子澄遥见佟鉴被困危急，不及督勇，策马赴前救护，谢子澄即与佟鉴同时阵亡，朱镇亦受枪伤。幸大队官兵继至，贼众夺桥奔回，仅将朱镇扶救回营，而护炮官兵及抬炮丁夫被冲失散。达洪阿所督北路健锐、火器两营官兵，离垒北最近，收队时先急退下，全队兵勇亦遂掣动。逆匪胆敢复从垒中悉数扑出，德勒克色楞原带到营之兵仅二百名，急督吉林马队、蒙古各兵极力抵御，又经奴才从河北督放枪炮，始将贼匪击回。而健锐、火器两营兵丁仍复奔回，不能列队，以致二品大员失援阵亡，四百斤神威炮八尊，仅夺回四尊，遗失一半。"[1]

佟鉴、谢子澄此次被太平军击毙，胜保、德勒克色楞均被降四级留任，拔去花翎，以示薄惩。达洪阿即行革职，仍交胜保责令戴罪自效，其家产亦被查封。镶黄旗蒙古副都统佟鉴，被加恩追赠将军，即照将军阵亡例赐恤。而刺死蒙古副都统、二品大员佟鉴的太平军叫王小勇，他是山东恩县人，1853年9月参加北伐军，因作战勇猛，受到林凤祥器重而被录为亲兵。

当天作战时，王小勇"首统前队，往来冲突，用长矛刺一红顶将官倒地。又见一官趋救，该犯认系天津谢知县，即在阵前大喝群贼活捉谢妖。贼众蜂拥向前，枪炮齐施，旋见后队官兵继至，始各退去。嗣闻谢知县已死，群贼惮其威名，互相庆贺。林逆以该犯首先督阵，超授该犯伪总制，甚为信用"。[2]

太平军南下撤退之时，林凤祥考虑到王小勇系山东人，比较熟悉当地情况，就派他潜出到直隶与山东交界地带探路。王小勇趁着太平军夜间偷袭范九庄清军营垒时，潜出侦查，不料未至山东地界就被清军截获。清军本想将王小勇押解至天津寸磔致祭，担心中途生出变故，便实施了挖心的

① 《胜保奏报静海接仗失利并自请与达洪阿等交部议处折》，中国第一历史档案馆编：《清政府镇压太平天国档案史料》第11册，社会科学文献出版社1994年版，第313—314页。
② 《张亮基奏报截获敌目王小勇等究出图窜等情折》，中国第一历史档案馆编：《清政府镇压太平天国档案史料》第12册，社会科学文献出版社1994年版，第466页。

酷刑，在德州城外为蒙古副都统、二品大员佟鉴、天津县知县谢子澄设位遥祭。

关于吉文元被清军射杀的详细情况，按照清军统帅僧格林沁的奏折说法是：

咸丰四年二月二十五日，"奴才僧格林沁在阜城西门外督队，奴才胜保在东门督攻贼巢，连用大炮轰击，逆匪情急出拒，即令我兵开放枪炮，并传令吉林马队由东北抄杀。见贼队中有大黄方旗一面，骑马贼目头戴黄风帽，我兵即开炮向击，吉林、黑龙江马队枪箭齐施，射中该逆腰胁等处。旋见该贼目身带三箭，跌马倒地，群逆抢回，我兵乘势追杀数十人。逆众奔回垒中，枪炮死拒，我兵阵亡一人，未能攻入。伏查二十五日在东门外打仗射死贼目系吉林甲兵金陞、黑龙江甲兵伊勒喜二名"。事后据投出难民供称，其为"伪丞相吉文元额角中有炮伤，腰胁中箭数枝，登时毙命，逆匪当将尸身抬回，埋在县署后院"。①

咸丰四年三月初二日，清朝内阁奉上谕，对射杀吉文元的吉林甲兵金陞、黑龙江甲兵伊勒喜赏给六品翎顶，予以奖赏，以示鼓励。

太平军陈思伯在回忆录中，记述的吉文元被清军射杀详情则略有不同：

"驻阜城约有两月，忽一日伪春官副丞相吉明远与马队中一蓝顶花翎官员比枪，吉明远枪药是贼营所造，磺少力缓，枪声同响而吉枪子甫出，即先中喉身死。其弟吉小麻年甫十三，誓为其兄复仇，次早素服一马冲入官军队中，寻杀昨日放枪官员，入阵二次，取其首级，始行回马，周身无伤，可谓初生之犊不知畏虎。"②

关于吉文元牺牲细节的两段记述，虽然略有差异，但是透过这些文字可以反映出作战双方短兵相接、扣人心弦的厮杀场景。吉文元能够冒着枪林弹雨，亲临阵前，一马当先，既体现他对太平天国事业的赤胆忠心，也展示了他勇冠三军、临危不惧的勇敢品质。太平天国癸开十三年，吉文元

---

① 《僧格林沁等奏请将射死敌目吉文元之吉林甲兵奖励片》，中国第一历史档案馆编：《清政府镇压太平天国档案史料》第13册，社会科学文献出版社1994年版，第45页。
② 陈思伯：《复生录》，《近代史资料》1979年第4期（总41号），中华书局1980年版，第43页。

被追封为"祝王"，全称为"殿前秋季电察天军顶天扶朝纲祝王洽千岁"。

太平军在北方战场究竟消灭了清军多少兵马？对于这个问题清政府没有相关的具体记载，目前学界也没有相关的具体研究成果。以冷兵器为主的时代，杀敌一千，自损八百，有时可能杀敌八百，甚至自损一千。如果按照冷兵器作战的一般伤亡比率进行大致推断的话，太平军自开辟北方战场以后，人马一直在不断扩充之中，最高的数值可达到3万余人，所以，太平天国北方战场消灭的清军有生力量的总数应该不低于3万，甚至可能达到4万有余。

总之，太平天国开辟北方战场后，在近两年的时间内，对北方清军大量兵力实现了最有效的牵制，由于清政府被迫抽调江北兵力进行层层防御，使太平天国江南排兵布阵减轻了一定压力，为石达开的西征胜利创造了条件。

二　对地方官吏的打击

太平天国开辟的北方战场，不仅对清政府统治中心形成了直接军事威胁，而且猛烈地冲击了清政府北方地方基层政权的统治秩序。北伐军在北方战场形成的政治冲击，震慑了地方团练的气焰，焚烧了沿途的学宫孔庙，缴获了沿途的州县仓库，斩杀了沿途的基层官吏，摧毁了沿途的衙署建筑。"此股贼众，于江北陷城七，于河南陷城六，于山西陷城七，其围攻未下之地指不胜屈。"[1] 特别是进入直隶后，从临洺关北上，一日一城，攻无不克，先后占领直隶州县城池15座。北伐军对许多攻克的城池往往仅是穿城而过，攻一城弃一城。例如，到达安徽滁州后，太平军从"南门入城，劫掳仓库，抢掠典铺，复由西门出城"。[2] 无暇据守，并不恋战。北伐太平军攻打的北方府州县城，只有六合县、开封府、怀庆府、广平府、顺德府等极少数几个未克，其中，只有怀庆府城是太平军真正下工夫攻

---

① 姚宪之：《粤匪纪略》，张守常：《太平军北伐资料选编》，齐鲁书社1984年版，第457页。

② 奕䜣等修，朱学勤等纂：《剿平粤匪方略》中国书店1985年影印本，第35卷，第11—12页。

打，而未能攻克的城池。

北伐军在沿途对清政府基层官吏的打击情况有以下几种：

其一，太平军在攻打城池的战斗中，面对最多的是那些组织乡勇抵抗的清朝基层官员，这些基层官吏为了坚守城池，全部被直接击毙。

太平军攻入安徽蒙城县时，将知县宋维屏击毙。据安徽巡抚李嘉瑞报告说，"知县宋维屏率同典史及守备赵应试、把总耿如盘等各带兵勇，五门堵剿，杀贼数十人。战至酉刻，贼由东门并附城而入。宋维屏身受多伤，立时阵亡。"① 安徽亳州城池失守后，知州孙椿被太平军直接击毙，"署知州孙椿临阵遇害"。②

太平军攻入河南后，很快攻陷了归德府城，击毙知县钱文伟，以及知州衔守备、把总等。林凤祥等北伐军将帅在给天京的回禀中说，"卑职等统带兵将，于五月初九日（6月13日）至归德府"，将"城内妖兵妖官尽杀"。太平军攻陷河南宁陵、睢州，先后击毙了通判章光熊、知县钱文伟、孙惠霖、吕赞扬、钱世瑞、县丞吕钟堉等清朝基层官员。

太平军攻入山西后，先后打下了山西垣曲县、绛县、曲沃县、平阳府、洪洞县、潞城县、黎城县。被太平军击毙的地方基层官员有垣曲县知县晏宗望、河东道张锡藩、绛县知县潘名魁、曲沃县知县丁璜、平阳府知府何维墀、临汾知县周春阳等。据《山西省志》记载，垣曲"城陷，知县晏宗望、教谕韩澄、训导高一元俱骂贼不屈死。河东道张锡藩带兵防堵，亦殉难"。临汾"城陷，太守遇害，眷属并幕友杨某殉难者三十余人"。③ 其中，河东道张锡藩可能是太平军北伐以来被击毙的最高级别的地方官员。

北伐军出山西攻入涉县，将知县李毓珍击毙。"涉县知县李毓珍，于该逆由黎城窜入县境，登陴守御，杀贼多名，力竭被害。"④ 北伐军攻陷直隶沧州时，将知州沈如潮、城守尉德成、署吏孙文璁、北堡千总刘世禄等

① 李嘉端：《蒙城失守安庆再陷折》，张守常：《太平军北伐资料选编》，齐鲁书社 1984 年版，第 200 页。
② 李嘉端：《查明亳州失守文武情形折》，张守常：《太平军北伐资料选编》，齐鲁书社 1984 年版，第 205 页。
③ 曾国荃等修，王轩等纂：《山西通志》卷 78，《历年兵志》，光绪十八年刻本。张守常：《太平军北伐资料选编》，齐鲁书社 1984 年版，第 338—339 页。
④ 《邸抄》，咸丰三年九月十五日上谕，张守常：《太平军北伐资料选编》，齐鲁书社 1984 年版，第 295 页。

击毙。在静海、独流镇作战时，天津知县谢子澄被击毙。北伐后期，李开芳攻入山东高唐州时，将知州魏文翰击毙。

其二，面对太平军猛烈攻城，堵防无策的基层官员，又不敢擅离职守，只好坐以待毙。太平军攻破城池后，这些被俘的地方基层官员，因拒不投降，并公然辱骂北伐军，也被全部处死。

北伐军攻克直隶临洺关后，被俘的同知周宪曾，因拒不投降而被处死。“贼至，众走，宪曾公服坐饷鞘上，骂贼死。”[①] 北伐军攻克直隶沙河后，知县玉衡亦是如此下场。“城陷，衡公服坐堂上，骂贼死之。”[②] 在直隶被攻破的府州县中，类似这种被俘不肯投降而被杀的地方基层官吏，还有栾城县知县唐盛、典史陈虎臣；晋州知州杨元鳌；深州知州陈希敬、州判颜希敏；交河县知县孔庆圭等。在这些清朝基层官吏意识中，既然不能战死沙场，就只有杀身成仁，舍生取义，以死对朝廷表示效忠。清人陈钟祥在《咸丰癸丑畿辅诸君殉难事略》中评论说，“诸君或骂贼而死，或守饷、守狱而死，或巷战阵殁而死，其死不同，而死于王事则一也。”[③]

其三，许多清朝地方基层官员承平日久，养尊处优，武备废弃，城池虚设，因兵事突起过于恐惧，不能组织起有效抵御，往往导致城池失守，此时放弃职责的官员，一般皆望风而逃。他们虽然侥幸一时躲过太平军的打击，却因未曾履职抵抗，难辞其咎，终不能逃过这场兵燹灾祸。

这些临危逃避的清朝地方基层官员，一般都要脱去官服化装而行，所到之处遭遇的处境极为尴尬，令其失尽颜面。这在清人笔记中均有记述，太平军攻至河南某县，“知县某君穿蓝布衫，徒步逃至邻邑东北乡。入乡农家，争言‘太爷勿来害我’。连拒数家，几无地容身，三日而还”。[④] 他

---

① 方宗诚：《记任随成事》，《柏堂集》续编，卷 14，张守常：《太平军北伐资料选编》，齐鲁书社 1984 年版，第 387 页。

② 林青扬修，王延升纂：《沙河县志》卷 10，《文献志下·官绩》，民国二十九年排印本；李惠民：《河北地方志中的太平天国、捻军史料（三）》，1985 年 8 月油印本，第 5 页。

③ 陈钟祥：《咸丰癸丑畿辅诸君殉难事略》，《夏雨轩杂文》卷 3，张守常：《太平军北伐资料选编》，齐鲁书社 1984 年版，第 376 页。

④ 龚泾：《耕余琐闻》甲集，张守常：《太平军北伐资料选编》，齐鲁书社 1984 年版，第 266 页。

们有的出逃事后，恐被清廷追究失职，而主动自杀殉节。例如，山西黎城县被攻破，知县李仲杰"愤甚，遇道旁井，奋身投入，为县人韩富所救不死"。① 有的官员出逃后，死于非命。例如，北伐军攻陷的第一个清朝地方基层政权安徽滁州，其知州潘忠裘出逃后，得暴疾而亡。"知州潘忠裘具衣冠欲以身殉，家人拥避北乡，贼去数日返署。俄传贼又至，复走，得暴疾，卒于丰乐亭。"② 直隶静海县县令江安澜，面对危局，首鼠两端，窘急无措，仓皇出走，竟遭土匪虐杀。"邑令江澜仓皇出走，至各乡，众皆不纳。后抵西寨村庙，不食两日矣。庙有老道士怜之，为具食，无调和物，持盏别村乞醯。甫出，有土匪二随入，识江，持刀逼索金赀，江无以应，遽斫江臂。江惊奔而出，投庙外水洼中。两匪坐岸旁伺之，虑其起而复活也。道士还，急呼村人捞救，令虽绝，胸膈微温。匪强置窖中，以土覆之而去。"③ 有的出逃官员，躲过了初一，却没躲过十五，最终也都被迫采取自杀方式，结束其生命。例如，河南武安县④知县钱应升，闻讯太平军由涉县挺进武安，便弃城潜逃。后来感到没有出路，最终畏罪服毒自尽。"太平军林凤祥部犯武安，应升闻讯弃城走，城陷，杀戮甚惨。事后反以贼未入城，百姓乘机倡乱闻于上。绅民公愤，联名控诉。应升知不免，服毒自尽，众怒始平。"⑤

其四，还有一些清朝基层地方官，以出城应剿为借口，实则躲出城外，既未被太平军攻城时击毙，又未自尽殉节。他们后来也都因城池失守，被清政府革职查办，分别受到不同程度的惩处。

---

① 郑灏等修，杨思树纂：《黎城县续志》卷1，《纪事》，光绪六年刻本；张守常：《太平军北伐资料选编》，齐鲁书社1984年版，第359页。

② 熊祖诒纂修：《滁州志》卷1，《兵事》，光绪二十二年稿，宣统元年印本；张守常：《太平军北伐资料选编》，齐鲁书社1984年版，第213页。

③ 郑士蕙纂修：《重辑静海县志》卷8，《杂记》，同治十二年刻本；张守常：《太平军北伐资料选编》，齐鲁书社1984年版，第497页。

④ 清朝和民国时期，武安县隶属河南省，1949年8月1日，河北省人民政府成立，将武安县划归河北省邯郸专区。

⑤ 李绳武修，郄济川纂：《武安县志》卷14，《职官表》，民国二十九年排印本；李惠民：《河北地方志中的太平天国、捻军史料（三）》，1985年8月油印本，第1页。

安徽凤阳府县的知府裕恭、知县黄元吉以分路应剿为名，逃避城外，"贼率大股分两路夹攻，堵击不利，两城失守"。① 由于安徽巡抚李嘉瑞极力为其掩饰，上奏说"因兵力太单，以致受伤失守"，所以，"裕恭、黄元吉均著革职。现值防剿吃紧之时，仍责令该革员等效力赎罪。"② 而怀远县知县杨昌拔则化装出逃，却谎报在渡口力战，浑水摸鱼，企图蒙骗过关。最终，还是被逐一确查，从严参办，按律惩处。河南宁陵、睢州被太平军攻陷后，因失职被革职的有知州梁协南、吏目张守清、知县蒋大森、典史周世裕。山西潞城县城池被太平军攻克后，知县段金瓯、典史宋绅等弃城逃窜。"事后失守逃匿诸官，得罪有差。"③ 另据咸丰朝清实录记载，山西巡抚恒春奏参了山西潞城县知县段金瓯、黎城县知县李钟杰，他们未能履行守土职责，放弃城池，任由太平军肆意窜入。并谎称自己先期出城下乡，试图幸逃法网。经皇帝批准，段金瓯、李钟杰均被革职拿问，讯明后即行正法。直隶许多地方基层官员，都是因平日毫无戒备，当太平军兵临城下，猝不及防，纷纷出逃，慌不择路。但是，兵过事后，他们却编织了各式各样的理由和借口，或称出城守御，或称交战受伤，希图掩饰。例如，献县知县刘富春，声称带队出城拦截，结果连河间知府都不知道他的下落。献县地方志记载，"贼至，邑侯遽退，众心遂摇"。④青县知县亦是如此，胜保等追兵到达时青县时说，"奴才已行抵青县，贼又窜过，知县并无下落"。⑤北伐后期，太平军撤退时曾攻占了阜城县城，此前知县曾锡龄打着率乡勇出城迎战之名，出城行至县城北7里，乡勇不战而溃，知县曾锡龄躲过一劫。但是，所有城陷之地的官吏几乎都被清政府处罚或革职，无一人例

① 谢永泰等增纂：《凤阳县续志》卷16，《杂志·纪事》，光绪十三年增刻本；张守常：《太平军北伐资料选编》，齐鲁书社1984年版，第215页。

② 李嘉端：《凤阳失守查明文武下落折》，张守常：《太平军北伐资料选编》，齐鲁书社1984年版，第196页。

③ 崔晓然等修，杨笃纂：《潞城县志》卷4，《杂述》，光绪十一年刻本；张守常：《太平军北伐资料选编》，齐鲁书社1984年版，第358页。

④ 李昌祺纂修：《初续献县志》卷1，《忠节》，咸丰七年刻本；张守常：《太平军北伐资料选编》，齐鲁书社1984年版，第418页。

⑤ 《胜保奏报股众窜过青县窥伺天津及督师追剿情形折》，中国第一历史档案馆编：《清政府镇压太平天国档案史料》第10册，社会科学文献出版社1993年版，第313页。

外。直隶总督桂良对所属部分失职官吏做出处理的决定是，"除夺门逃遁现无下落之署柏乡县知县费懋德，饬属查拿到案，另请从重治罪外，相应请旨将署任县知县陈登汉、典史李翚、外委李承膏；隆平县知县陈瑄、典史练朝桢；柏乡县典史张琪、外委赵年泰；赵州直隶州知州胡允植、守备德山；栾城县把总张锦增；藁城县知县胡塍、典史赵秉熙革职拿问，解省讯明，分别治罪。其同城之教谕、训导，先行交部，照例议处。"①

太平军北方战场猛烈地冲击了清政府北方各地基层政权的统治秩序，致使许多府州县地方的基层政权陷于瘫痪，被摧毁的那些清朝基层政权在后来的较长时间里都是处在一种空缺状态。例如，河南"归德府及所属之宁陵、睢州，开封之兰仪、中牟、郑州、新郑、荥阳、汜水、密县，汝宁之西平、遂平、确山、罗山，怀庆之温县，许州之临颍，十余州县，经贼匪窜陷之后，竟有经旬累月无地方官者。前任已离，后任不赴。任听捻匪、土匪乘机掳掠"。②直隶沧州城陷之后，整整一个月无官治理，当地社会秩序处于一片混乱之中。"自九月二十五以后，一月无官，居民纷纷逃避，土匪乘间掠取财物者指不胜屈。"③在直隶任县，无官失治的状况竟然长达三年之久，"逆匪窜扰，县城失守。兵燹之余，委署补选之员咸未到任，旷然无官者三载，书差星散，瓦木之存者，渐归无有者"。④清政府的许多地方基层衙署被北伐军冲击过后，"重门洞开，并无一兵一将分布其间，地方官满目疮痍，从何著手"。⑤

综上所述，由于北方许多地方基层政权创巨痛深，各地支离破碎，环堵

---

① 《桂良奏报股众窜扰直隶各州县及失事官员情形折》，中国第一历史档案馆编：《清政府镇压太平天国档案史料》第 10 册，社会科学文献出版社 1993 年版，第 286 页。

② 《崇福奏报豫省捻股肆起请抚豫速派兵剿捕折》，中国第一历史档案馆编：《清政府镇压太平天国档案史料》第 9 册，社会科学文献出版社 1993 年版，第 494 页。

③ 陈钟祥：《沧州失守后地方情形状》，《夏雨轩杂文》卷 2，张守常：《太平军北伐资料选编》，齐鲁书社 1984 年版，第 427 页。

④ 胡桂芬：《咸丰十一年修署记》，谢炳麟修，陈智纂：《任县志》卷 2，《建置·城池》，民国四年排印本；李惠民：《河北地方志中的太平天国、捻军史料（二）》，1984 年 8 月油印本，第 3 页。

⑤ 瑛棨：《瑛兰坡藏名人尺牍墨迹》第 27 册，第 7 信，张守常：《太平军北伐资料选编》，齐鲁书社 1984 年版，第 247 页。

萧然，动乱不堪。"贼过后，民心思乱，河、武、温、获、新、辉、汤阴各县，悉聚众立团，抗差抗粮。"① 地方基层官府对局势失控以后，还出现了更严峻的土匪四起局面，造成北方各地的人心惶惶，面面相觑，惊恐万状。国子监司业崇福在奏折中汇报说，"逆匪窜入豫境，归德、陈州一带捻匪、土匪乘机窃发。近复啸聚裹胁，千百为群，大肆劫掠，均有枪炮旗帜，公然为逆。地方官不敢过问。夏邑商丘等县城乡集抢掠一空，二百余里路无行人。然此犹乱之初生也。"②

三 对监所牢狱的破坏

清政府地方衙署是统治的执行机关，地方监狱是府州县各级政权关押犯人的场所。监狱不仅关押着判决后的罪犯，也是未决犯的羁押场所。清朝府州县的监狱直接由各级地方衙署机关管辖，是维护清朝统治阶级利益和统治秩序的专政工具之一。清代省级以下的一般的府设司狱，州设吏目，县设典史，分别管理各自的监狱，可以说，各地监狱就是衙门机关的附属物。

太平天国农民起义把推翻清王朝的统治作为直接斗争目标，1853 年 5 月抽调精兵强将开辟了北方战场，准备一举捣毁清王朝的统治中心北京。太平军北伐转战六省，扩大了农民战争的政治影响，推动了北方人民的反清斗争。洪秀全号召天下众兄弟姐妹，共同行动消灭阎罗妖，故此，从遵循着敌人的敌人就是朋友的逻辑判断，逢遇监狱就砸，有犯人就放。北伐军所经之地焚烧衙署，砸狱劫囚，被清政府视为心腹之患。

北伐军所到之处，辄先砸狱放因，籍为向导。北伐军在安徽蒙城，将"监狱仓库军装火药焚掠一空"，"狱署咸毁"。③ 在山西黎城，"贼破狱，焚

① 王兰广：《自著年谱》，《王香圃先生文集》卷1，张守常：《太平军北伐资料选编》，齐鲁书社 1984 年版，第 275 页。

② 《崇福奏报豫省捻股起请饬豫抚速派兵剿捕折》，中国第一历史档案馆编：《清政府镇压太平天国档案史料》第 9 册，社会科学文献出版社 1993 年版，第 493 页。

③ 李嘉端：《蒙城失守安庆再陷折》，张守常：《太平军北伐资料选编》，齐鲁书社 1984 年版，第 200 页。

城隍庙"。① 到河南涉县，"开放监犯"。② 在河南武安，"杀吏民，劫罪囚"。③ 到直隶沙河，"贼劫狱放囚"。④ 在直隶隆平，"监狱，咸丰三年，发逆损坏"。⑤ 在直隶献县，"贼匪进城，将监门砸开，放出犯人"。⑥ 在直隶交河，"先毁牢门，放出罪囚。胥役星散"。⑦ 到直隶沧州，"打监放囚，焚烧衙署"。⑧ 在直隶青县，"杀了知县、将官，放出监犯"。⑨ 由于太平军在所到之处"劫狱放囚"，已成为一种定式和惯例，清政府为此将各地监狱是否被劫，囚犯是否逃窜，当成判断地方官汇报太平军入城是否属实的重要依据。

北伐军砸狱劫囚的行动目的和影响，首先，是从军事斗争需要出发的，吸收监犯参军不仅壮大了北伐军的队伍，增强了与清军开展军事斗争的实力。其次，北伐军沿途焚署劫狱，在政治上沉重地打击了清朝统治的地方机构，破坏了其统治秩序。最后，在宗教思想上传播了太平天国"皇上帝"与"阎罗妖"相对立的观念，将以清朝皇帝为首的封建统治势力确立为"阎罗妖"的形象。

另外，大量犯人出狱后，在各地相继出现了许多抢劫现象，对广大城乡民众的生活秩序造成威胁，所以，"劫狱放囚"在北方民众心目中，对

---

① 郑灏等修，杨思树纂：《黎城县续志》卷1，《纪事》，光绪六年刻本；张守常：《太平军北伐资料选编》，齐鲁书社1984年版，第359页。

② 《陆应縠奏报敌大股由山西回扰涉县知县殒命折》，中国第一历史档案馆编：《清政府镇压太平天国档案史料》第10册，社会科学文献出版社1993年版，第28页。

③ 李绳武修，郅济川纂：《武安县志》卷17，《人物传》，民国二十九年排印本；张守常：《太平军北伐资料选编》，齐鲁书社1984年版，第296页。

④ 陈钟祥：《咸丰癸丑畿辅诸君殉难略》，《夏雨轩杂文》卷3，张守常：《太平军北伐资料选编》，齐鲁书社1984年版，第374页。

⑤ 孙传栻纂修：《赵州属邑志》卷1，《建置》，光绪二十三年刻本；张守常：《太平军北伐资料选编》，齐鲁书社1984年版，第397页。

⑥ 《联顺等奏报拿获从敌打仗之贾大等请交巡防处严审折》，中国第一历史档案馆编：《清政府镇压太平天国档案史料》第12册，社会科学文献出版社1994年版，第297页。

⑦ 高步青修，苗毓芳等纂：《交河县志》卷5，《宦绩》，民国五年刻本；张守常：《太平军北伐资料选编》，齐鲁书社1984年版，第419页。

⑧ 陈钟祥：《沧州满汉文武官绅被难情事状》，《夏雨轩杂文》卷2，张守常：《太平军北伐资料选编》，齐鲁书社1984年版，第426页。

⑨ 《京城巡防处奏审录贾大王四供词折》，中国第一历史档案馆：《清代档案史料丛编》第5辑，中华书局1980年版，第184页。

太平军形象构成许多不良的负面影响，揆情度理，鲜有其比。

四　对城池建筑的摧毁

《礼记·礼运》篇有曰："城郭沟池以为固。"一般来说，清朝各地基层政权所在地的城池建筑，作为军事防御设施的属性，无论府州县皆无本质区别，均具备城防功能也。但是，由于行政等级的差异，历史上各地军事战略地位的差别，在城邑的硬件基础设施的配置、规模、坚固程度等方面，显然也有着许多的不同。一般而言，城池行政等级愈高，城垣规模愈大，城墙愈高，城池愈宽，配置的护城河、城门、城楼、炮台、马面、敌楼、瓮城等设施数量亦会愈多，防护功能和效率愈强。而且，城内的衙署、市街、庙宇、学校、仓库等基本设施的也大不相同，建筑规模亦有很大差别。譬如，有护城河与没有护城河，显然其军事防御的成效大不一样。再如，直隶广平府城四周环水，易守难攻，太平军面对广平府宽阔的护城河，"贼诇知城固濠深，不之逼也"，[①]只能作罢。"是晚，贼趋郡城，至护驾村，遇水而止，旋由洺北窜。"[②]

在太平天国开辟的北方战场上，沿途攻克的城池大多都是州县一级，未能攻克的城池大多皆为府城，像开封府、怀庆府、广平府、顺德府、正定府、河间府、天津府均未能占领，更没有任何一座省城被北伐军所攻破。当然，北伐军也曾占领凤阳府、归德府、平阳府，但是，这三座府城的失守应该另当别论。实际上，凤阳府、归德府、平阳府并非由北伐军全凭硬碰硬的方式攻打下来的。凤阳府失守，基本上也属于知府、知县以分路应剿为名，逃避出城所致；归德府是基层官员弃城而逃，拱手相让的。"当贼众之逼近府城也，与丁艰御史某开门先遁，故贼众乘机而入"；[③]而平阳府则是由于城内有暗中策应，开城破门而入的。"平阳府城俗名卧牛城，

---

① 夏诒钰纂修：《永年县志》卷25，《官迹·陈政典传》，光绪三年刻本；李惠民：《河北地方志中的太平天国、捻军史料（一）》，1984年6月油印本，第6页。

② 夏诒钰纂修：《永年县志》卷24，《兵事》，光绪三年刻本；李惠民：《河北地方志中的太平天国、捻军史料（一）》，1984年6月油印本，第5页。

③ 龚澎：《耕余琐闻》甲集，张守常：《太平军北伐资料选编》，齐鲁书社1984年版，第258页。

本坚固可守，缘有匪人为内应，开门放入，故不及准备。"①

太平天国开辟北方战场后，之所以对各地基层衙署冲击程度不同，有的是直接端掉了该地域的统治中心，有的只是途经该县域地界未触及县域中心的衙署。凡属太平军拼死力争攻克的城池，其军事防御设施一般都被摧毁，其城内的衙署、市街、庙宇、学校、仓库等建筑均遭到不同程度的焚烧。特别是各种庙宇被破坏得极为严重，北伐主帅李开芳说，北伐军严格遵照洪秀全的军令，在北方战场的沿途遇庙就拆。

总之，凡被攻克的城池，即意味着摧毁了该地的清朝基层封建政权，标志着该地方基层政权陷入了瘫痪状态，并且预示着短期内根本无法恢复正常秩序。

中国传统建筑多为砖木结构，太平军摧毁北方各地城池设施的手段，主要有两种方式：一是炸毁砖石建筑；二是焚烧木质建筑。北伐伊始，太平军在江苏、安徽就曾烧毁了浦口军营，轰塌了滁州城门。安徽巡抚李嘉端在奏折中说："浦口斗岗营盘火药被贼烧毁，山东、黑龙江官兵退回滁州南关。初九日，贼至滁州，用炮轰开城门拥入。"②

太平军攻陷临淮关后，将其"濠梁驿号舍烧毁"。③

太平军攻陷安徽凤阳县，"贼焚四关"。④

太平军攻陷安徽蒙城县后，"蒙陷，狱署咸毁"。⑤

太平军攻陷安徽亳州后，将"各衙门尽皆烧毁"。⑥

太平军攻陷河南巩县，"南大寺、石窟寺、神堤大王庙概遭毁烧，石关被祸尤惨"。⑦

① 龚洤：《耕余琐闻》丙集，张守常：《太平军北伐资料选编》，齐鲁书社 1984 年版，第 353 页。

② 李嘉端：《贼扰滁州分路防剿折》，张守常：《太平军北伐资料选编》，齐鲁书社 1984 年版，第 179 页。

③ 李嘉端：《贼踞临淮遍扰滁凤折》，张守常：《太平军北伐资料选编》，齐鲁书社 1984 年版，第 181 页。

④ 谢永泰等增纂：《凤阳县续志》卷 16，《杂志·纪事》，光绪十三年增刻本；张守常：《太平军北伐资料选编》，齐鲁书社 1984 年版，第 215 页。

⑤ 李炳涛：《奉宪修监狱捕署碑记》，张守常：《太平军北伐资料选编》，齐鲁书社 1984 年版，第 216 页。

⑥ 李嘉端：《查明亳州失守文武情形折》，张守常：《太平军北伐资料选编》，齐鲁书社 1984 年版，第 206 页。

⑦ 刘莲青等纂修：《巩县志》卷 5，《大事记》，民国二十六年刻本；张守常：《太平军北伐资料选编》，齐鲁书社 1984 年版，第 265 页。

太平军攻陷河南涉县，"抢劫县署，焚烧学宫"。①

太平军攻陷河南武安，将城内仓库点燃后，"仓积库储悉为灰烬"。②

太平军由河南济源进入山西，在开辟的北方战场诸省中，北伐军途经山西的时间最短，大约只有 20 余天，攻陷 7 座府州县城池。后由山西黎城县，再度进入河南涉县。

太平军攻陷山西垣曲县，"焚烧庙宇"。③

太平军攻陷山西绛县，"庙宇多为焚毁，城中及东关尤甚"。④

太平军攻陷山西黎城县，"焚城隍庙"。⑤

太平军由河南武安进入直隶临洺关。在开辟北方战场的诸省中，太平军途经停留直隶的时间最长，大约有 17 个月的时间，攻陷 15 座州县城池。所以，在北方战场的诸省中，直隶是被太平军摧毁基层州县城池数量最多的，其城内的建筑设施被毁坏的程度最为严重。

太平军攻陷直隶任县，"城关庙宇俱毁于火"。⑥

太平军攻陷直隶隆平县，"元帝庙，在北城上。咸丰三年，发逆焚毁"。⑦

太平军攻陷直隶赵州，"州署悉被焚毁"。⑧

---

① 《陆应穀奏报敌大股由山西回扰涉县知县殒命折》，中国第一历史档案馆编：《清政府镇压太平天国档案史料》第 10 册，社会科学文献出版社 1993 年版，第 28 页。

② 李绳武修，郄济川纂：《武安县志》卷 17，《人物传》，民国二十九年排印本；张守常：《太平军北伐资料选编》，齐鲁书社 1984 年版，第 296 页。

③ 薛元钊修，张于铺纂：《垣曲县志》卷 4，《兵防·武事》，光绪六年刻本；张守常：《太平军北伐资料选编》，齐鲁书社 1984 年版，第 346 页。

④ 刘斌修，张于铺纂：《绛县志》卷 12，《祥异》，光绪六年刻本；张守常：《太平军北伐资料选编》，齐鲁书社 1984 年版，第 346 页。

⑤ 郑灏等修，杨思树纂：《黎城县续志》卷 1，《纪事》，光绪六年刻本；张守常：《太平军北伐资料选编》，齐鲁书社 1984 年版，第 359 页。

⑥ 谢炳麟修，陈智纂：《任县志》卷 7，《纪事·寇乱》，民国四年排印本；李惠民：《河北地方志中的太平天国、捻军史料（二）》，1984 年 8 月油印本，第 8 页。

⑦ 孙传栻纂修：《赵州属邑志》卷 1，《建置》，光绪二十三年刻本；张守常：《太平军北伐资料选编》，齐鲁书社 1984 年版，第 397 页。

⑧ 孙传栻纂修：《赵州志》卷 2，《祥异·兵事》，光绪二十三年刻本；李惠民：《河北地方志中的太平天国、捻军史料（三）》，1985 年油印本，第 5 页。

太平军攻陷直隶晋州，"城郭衙署俱无"。①

太平军在沧州遭遇乡勇的顽强抵抗，士兵伤亡较大，故攻克城池后，完全出于报复，他们四下放火，闯入州署，将其焚掠一空。"城门已被烧毁，西南各城垛口城身均有攻坍烧毁痕迹，州署吏目署实片瓦全无，印信卷宗均已荡然，仓廒已有打捐痕迹，谷石所余无几，驿号马匹实已无存。"②

太平军攻陷直隶静海县，在城西门内的县署，"咸丰三年遭发逆焚毁"。③此外，据《重辑静海县志》卷二《坛庙》的记载，该县的仓廒、文庙、城隍庙、关帝庙、三皇阁、药王庙、真武庙、文昌阁也均被"发逆焚毁"。

李开芳所部太平军，南下山东高唐州，将该地所有衙署、仓库、监狱、庙宇以及居民铺户房屋全部烧毁。北援军在山东临清，将"城内庙宇、廨署、市庐、民舍，悉付焚如，榛莽瓦砾。百年间元气不复，洎建城以来，未有之浩劫也"。④

经过太平天国开辟北方战场的猛烈冲击之后，北方各地在咸同年间，纷纷掀起了一次修葺城郭的高潮。例如，曾被兵燹和土匪血洗的直隶柏乡县，迅速地修复了残缺的城池，以保护城内民众免受侵扰。"发贼过去，临近流氓莠民接踵而至，将城厢富商大贾以及各住户抢掠一空，如此大劫，十余年不能恢复原状。谓非城池失修之祸哉？迨后，庄施全接任柏乡。鉴于以前惨状，亡羊补牢，急急修筑，而垣堑又称完善。自此，以至同治六七年期间，捻匪、马匪往来如织，四外被蹂躏者，不知凡几，而柏乡屹立无恙。城内农商及避难来城之民，俱庆安全，足见城池真堪恃为保障也。"⑤

筑城修郭对于任何一个府州县而言，都是本地几十年间最大的土木工

---

① 方炳奎：《说梦录》，张守常：《太平军北伐资料选编》，齐鲁书社 1984 年版，第 381 页。

② 陈钟祥：《沧州满汉文武官绅被难情事状》，《夏雨轩杂文》卷 2，张守常：《太平军北伐资料选编》，齐鲁书社 1984 年版，第 426 页。

③ 郑士蕙纂修：《重辑静海县志》卷 2，《建置·公署》，同治十二年刻本；李惠民：《河北地方志中的太平天国、捻军史料（二）》，1984 年油印本，第 90 页。

④ 徐子尚修，张树梅等纂：《临清县志》，《大事记》，民国二十三年排印本；张守常：《太平军北伐资料选编》，齐鲁书社 1984 年版，第 612 页。

⑤ 牛宝善修，魏永彌等纂：《柏乡县志》卷首，《城池》，民国二十一年排印本；李惠民：《河北地方志中的太平天国、捻军史料（二）》，1984 年油印本，第 24 页。

程，不免劳民伤财。筑城修缮工程的建设费用，一般皆由地方官以保护黎民生命财产安全为名，向四乡百姓征捐，因此也成为各地百姓的一项巨大经济负担。经过咸丰三年太平军的打击，直隶栾城"城东北隅及西门南偏三处倾颓，历有年"，由于大伤元气，财力上多年缓不过劲来。直到咸丰十一年，知县马河图才劝捐修葺，动工修复了城垣。① 直隶藁城的城垣是一座砖面实土的城池，从康熙年间重修算起，已有百余岁的城池，到咸丰年间出现"四周坍塌"现象，再加之太平军的冲击，其防御功能丧失已尽。同治二年，邑侯"深虑城不足恃，乃议重修，会集绅耆，令各劝谕捐输，鸠工饬材，于六月朔兴工"。经此次重修之后，藁城"城周围广七里，高三丈，宽二丈，门五，桥四，楼橹具备，栏楯悉完。"整体的修复工程，"至同治三年工始竣，计用制钱四万一千有奇。"②

由于修复城垣耗资巨大，仅靠富家大户捐款，已经远远不能满足需要。直隶任县的修筑集资方式，采取了照差徭例，按土地多寡捐资。"咸丰三年，粤匪渡河北犯，仓猝入县城，居民率以被害。至是乡民惩前事无敢避入城者，继而乡间遭贼蹂躏，衣粮骡马尽失，男妇伤亡及被掳者数百名口，而城内安然无恙。自是贼屡犯境，乡民皆以入城为安矣。前此议及修城，咸以为无与乡间事，至是不复言。予因是遂邀集四乡绅士劝令捐修，众议以邑无钜富，除殷户输捐外，请照差徭例，按亩多寡捐资，予从其请。于是，随捐随修，陆续兴工。外砌砖，内筑土，添造城楼，更制门扉，女墙仍用土坯未能易砖。以捐数，仅得原估之半也，大工粗就，复集四乡丁壮挑挖城壕，至三年十一月，而城工始竣。是役也，费资巨万之多，历时二年之久。"③ 两年修毕的任县城池，相对而言，并不算用工时间最长的，直隶赵州城池的修缮则花费了三年之工，而且历经先后两届知州的

① 陈詠修，张惇德纂：《栾城县志》卷3，《事略》，同治十一年刻本；李惠民：《河北地方志中的太平天国、捻军史料（一）》，1984年油印本，第26页。
② 汪度修，张毓温纂：《续藁城县志》，《重修藁城邑城垣碑记》，民国二十二年重排印本；李惠民：《河北地方志中的太平天国、捻军史料（一）》，1984年油印本，第83页。
③ 谢炳麟修，陈智纂：《任县志》卷2，《建置·城池》，民国四年排印本；李惠民：《河北地方志中的太平天国、捻军史料（二）》，1984年油印本，第2页。

主持。工程久拖不竣的主要原因是资金不足，缺乏足够的财力支持，修一修，停一停。赵州"垣墉郛郭，岁久倾圮，人人可越。咸丰三年九月，粤逆北犯，飘忽驰突，防御不及，城遂陷。同治七年，知州刘公锡谷典工缮治，用亩捐法。九年，知州高公维翰以亩捐不时集，改劝富民出赀，迁延畏缩至十年乃蒇事"。①

在此次北方各地掀起的修葺城郭的高潮中，无论是否曾被太平军攻陷过，都会以强化城防抵御能力为由，大兴土木。许多太平军北伐之役根本未涉足的区域，同样参与到了筑城修垣的大潮之中。例如，冀东的遵化县，"咸丰三年，发逆窜扰畿南，远近戒严。矧距郡仅十舍，居人不能无恐。顾斯城半败堵也，俯斯池半平路也。设有不测，倾溃堪虞。"于是，先后由梁临桂、何兰馨两任知州，出面组织捐款修城，先后共计集资13000两白银，加固坍塌城墙130余丈，加固护城河1500余丈，并引乌龙泉水，环绕全城。②

此外，还有直隶中部一些较大的乡镇，出以自保的考虑，也加入到筑堡修寨的行列之中。许多村镇无法建筑高墙壁垒，于是挖沟成壕，构筑起一道"地下城垣"，以阻隔贼匪侵入抢掠。据直隶束鹿县志记载，当地建起了数十个村寨式城堡。"只因乡村廖远涣散不聚，无深沟高垒可资防守，猝遇寇至，趋避不遑，辄遭荼毒。故北地平衍，非坚壁清野，别无良法可行。束鹿团练既成，佥议不结寨以自固，非万全也。于是，富者出财，贫者出力，筑土成垒，掘沟成濠。云集雷动，不半载而告成者数十村。"③据直隶无极县的《东侯坊村新修墙濠碑记》曰：咸丰三年，粤匪北窜。"皇上轸念民艰，谕以练勇筑堡为自保计。滹沱南境，焚劫频径，堡寨相望。"④

① 孙传栻纂修：《赵州志》卷3，《建置志·城池》，光绪二十三年刻本；张守常：《太平军北伐资料选编》，齐鲁书社1984年版，第400页。
② 何崧泰、史朴纂修：《遵化通志》，《同治十年重修遵化城碑》，光绪十二年刻本；河北省唐山市政协文史资料委员会编：《唐山文史资料》第22辑，2003年12月内部出版，第55页。
③ 宋陈寿纂修：《同治束鹿县志》卷6，《武事类·村寨》，民国二十六年排印本《束鹿五志合刊》之一；李惠民：《河北地方志中的太平天国、捻军史料（一）》，1984年油印本，第59页。
④ 耿之光修，王重民纂：《无极县志》卷18，《金石志》，民国二十五年排印本；张守常：《太平军北伐资料选编》，齐鲁书社1984年版，第413页。

第二章
太平天国北方战场的信息沟通

麦迪乐于1856年出版的《中国人及其革命》（英文版）一书，在叙述北伐军深入清朝腹地时，曾断言北伐军从"一离开南京对面长江北岸之日起，他们即与其所在南京之亲友断绝交通，只间有乔装密使往来传递通讯情报为例外耳"。那么，北方战场上太平军之间往来通信的成功率有几成？北方战场往来传递通信情报到底起到什么样的作用？导致战场通信失误的原因有哪些？应该如何看待北方战场通信失误的影响和教训？

太平天国在北方战场的失败，是建都后遭受的第一次也是最大的一次严重挫折，其影响波及后期军事战略态势。探析北伐惨败的诸项因素及其相互关系，无疑是研究太平天国前期军事史的重要内容。

麦迪乐于 1856 年出版的《中国人及其革命》（英文版）一书，在叙述北伐军深入清朝腹地时，曾断言北伐军从"一离开南京对面长江北岸之日起，他们即与其所在南京之亲友断绝交通，只间有乔装密使往来传递通讯情报为例外耳"。那么，往来传递通讯情报到底在战争中起过什么样的作用？众所周知，军事通讯在战争中担负着传递指令和反馈战况的使命，是关乎军事战场整体行动的神经，因此考察北方战场通讯及其往来成功率，对于深入研究北伐惨败的原因有着非常重要的意义。史学界虽有学者提及此问题，但尚无系统研究，本章试图就北伐军致天京的信、天京致北伐军的信、天京致北援军的信、北援军致北伐军的信、北援军内部之间的通信、北伐军内部之间的通信、北伐通信失误的原因、北方战场通信失误的影响和教训等问题，进行一系列考证和探讨。

第一节　天京向北方战场发送的指令

天京致北伐军的通信担负着传递战令的使命，是指挥中心连接战区的神经，关系到北伐战略的执行和战术变化，所以，这是太平天国北方战场通信研究中最重要的一个问题。

一　对北伐军的指令均未送达

天京致北伐军的第一次通信，在咸丰三年三月，当时杨秀清给驻守扬州的林凤祥、李开芳去信，命其统兵北伐。《贼情汇纂》中的《林凤祥传》、《李开芳传》分别记载说："三日（月）杨贼行伪诰谕，令凤祥率众北犯"；"三月初旬，杨贼行伪诰谕，遣来（开）芳等率众北犯。"这次通信相当于下达北伐的出征令，于是北伐军就迅速从扬州奉命出发了。与此同时，天京又致信吉文元、朱锡琨、黄益芸，命其会同林凤祥、李开芳共同北上，这些均在《贼情汇纂》里有明确记载。

考察北伐军出征后的天京致其信件问题，首先，需要以天历癸好三年四月二十三日的两件东王诰谕为支点。该支点提供了两个线索，其一，是从北伐出征后至天历四月二十三日前，天京曾给北伐军发过信件。《东王杨秀清命林凤祥等速急统兵前进诰谕》里讲，"前时既行诰谕示知，未识收到否？"[1]但具体有多少次并未写明。其二，东王诰谕由北伐军通信员彭福兴递送，并另下一件诰谕专门说明封彭福兴职务，"蒙恩批准，封他为监军之职，以奖其忠。"[2]以此激励他将诰谕送至北伐军之手。根据这两个依据，可以肯定"前时既行诰谕"无疑失落敌手，因为北伐军致天京的信中没有提到收悉之语。而且就连此次两件诰谕北伐军也没有收到。通信员彭福兴虽被东王许封监军之衔，还是在半路出逃被清军俘获了。这个后果应该引起研究者格外注意，即东王下达给北伐军"格外灵活灵变"、"赶紧行事"、"不必悬望"的指示，未能及时传达至北伐军。

东王派彭福兴送信时，另派另一位"湖南人跟随，装扮哑子，先后行走。"有的学者认为，彭福兴虽投敌了，而这位湖南人也有可能将诰谕送至北伐军，况且陈思伯在《复生录》曾说过林凤祥收到了天京来信。林凤祥、李开芳"六月底，林逆复奉伪旨扫北"。[3]史学界基本认可北伐军奉行了"放胆灵变"的行动指南，例如，有学者说："整个北伐战争的军事行动基

---

① 《东王杨秀清西王萧朝贵命天官副丞相林凤祥等速急统兵前进诰谕》，太平天国历史博物馆编：《太平天国文书汇编》，中华书局1979年版，第175页。
② 《东王杨秀清西王萧朝贵命天官副相林凤祥等封彭福兴张大里等为监军诰谕》，太平天国历史博物馆编：《太平天国文书汇编》，中华书局1979年版，第175页。
③ 陈思伯：《复生录》，《近代史资料》1979年第4期（总41号），中华书局1980年版，第38页。

本上是按照洪杨指示行事的"。①其实,学界并没有意识到北伐军未曾收悉东王诰谕的问题。

根据目前所见史料分析,北伐军自出征到连镇、高唐失败,天京致北伐军的通信工作基本归于失败,天京方面的信件没有一封送抵北伐军,具体理由有如下几点:

其一,通信员彭福兴北上递送东王诰谕时,虽有一位湖南人跟随,但是,"湖南人"没有下落,并不能说明他已持同样的一份诰谕送至北伐军手中。由于彭本人上次曾带回北伐军的回禀,已经取得了东王信任,并又许官爵,所以东王未料他会"变妖",诰谕被一式两份的可能性在当时并不太大。彭福兴投降清军后的口供,也没有提及东王将诰谕一式两份,由两人分带。

其二,林凤祥等北伐将帅在朱仙镇发出的禀报中说:"临怀(淮)至此,着人带文回朝数次,未知至否,如此山遥水远,音信难通。"②这番话如实地反映出北伐军将领为失去天京指示,中断双方音信而所带来的苦恼和忧虑,据此可以断定北伐军渡黄河前不可能接到过天京杨秀清四月二十三日的诰谕。否则,在渡河前发出的《北伐回禀》中一定会有所表示。

其三,陈思伯虽然在《复生录》中说,林凤祥和李开芳"督带九军,约十一万人,先由庐州、亳州窜至凤阳、临淮关,驻扎月余。六月底林逆复奉伪旨扫北"。③他在这里强调的"扫北"是林凤祥在六月底"复奉伪旨"的结果,实在令人有所不解。首先,北伐军在临淮关驻扎月余的说法有误。北伐军于天历癸好三年四月十三日(咸丰三年四月十一日)占领临淮关,十天后旋即放弃。接下来的"六月底"再收天京来旨后扫北,在时间上也与史实不符。六月底北伐军早已渡过黄河,已经围攻怀庆府达一个月之久,并且在此又继续围攻了一个月,怎么会在此时才收到扫北指令呢?

① 苏双碧:《论太平军北伐的战略问题》,《太平天国北伐史论文集》,河北人民出版社 1986 年版,第 2 页。
② 《林凤祥李开芳吉文元朱锡琨回复北伐战况上北王韦昌辉禀报》,太平天国历史博物馆编:《太平天国文书汇编》,中华书局 1979 年版,第 218 页。
③ 陈思伯:《复生录》.《近代史资料》1979 年第 4 期(总 41 号),中华书局 1980 年版,第 38 页。

如果北伐军此时收到了"放胆灵变"、"急速起行"的诰谕,他们根本不会在怀庆继续再坚持一个月的围攻。在怀庆出逃的北伐军张维城在供词中说:"现在南京无来信",[①]可以进一步证明北伐军在怀庆时仍没有收到天京的来信。

其四,北伐军彻底失败后,李开芳被押送北京受审时,在供词中所说,"我总未接到洪秀全来信"、"未见回信",可以进一步印证北伐军始终没有收到天京来信。李开芳此时没有必要隐瞒收悉天京来信,因为没有任何实际意义。

其五,从北伐军事行动的时间表上看,在怀庆围攻两个月,在深州驻扎近半个月,在静海、独流停顿三个月,这些行为对于东王的"灵活多变"、"赶紧行事"的要求格格不入。这都可以说明北伐军自离开长江北岸后,实际上等于完全失去了天京的直接领导和控制。但是,北伐军血洒疆场、饮恨直鲁的结局,不能归结于林凤祥、李开芳背弃天京指示,因为根本就没有接到东王的指示。

有的学者说,北伐军至少在束城或很可能在静海、独流就得知天京将派援军的消息,并引用曹大德口供"南贼回报,许以本年二月春融遣贼党北来应援"作为根据。[②]到底应该如何看曹大德口供呢?如果天京方面确实遣人送信到静海或束城,为什么连李开芳都不知道呢?曹大德的口供与李开芳的供词相比,我们当然相信最高将帅所言应该更可靠一些。或许曹大德也没有任何造假动机,但是,致使或者影响曹大德认为收到了天京来信的人,就不一定没有目的。首先,曹大德招供时,北伐军在静海为稳定军心,以天京来信作为鼓舞士气的缓兵之计,这也是极为可能的。当时使用"来信救援"来稳定将士,安慰自己的心理完全可以理解,这剂安慰药也确实产生了一定效果。既然曹大德在口供中交代了"天京来信"传言,在

---

① 《张维城口述》,中国科学院近代史研究所近代史资料编辑组:《近代史资料》1963年第1期(总30号),中华书局1963年版,第16页。

② 尹福庭:《太平天国定都天京后的战略重点究竟在哪里》,《太平天国北伐史论文集》,河北人民出版社1986年版,第104页。

清军方面自然难免引起反响。所以，僧格林沁向清廷上奏时说，"南省之匪二月可到等语，虽似逆匪捏造之言，未足尽信。"①僧格林沁之所以采用如此含混、语焉不详的字句汇报，说明清军并不清楚北伐军是否收到过天京来信，这个谜底直到李开芳被押送北京审讯时，才得到证实。而李开芳临终前做出的解释和回答——《李开芳供词》也为了解通信真相提供了最为可靠的史料依据，其结论就是：北伐军未曾收到过天京来信。

二 对北伐军的指令因何未达

天京致北伐军的通信失误，直接对北伐战争的结局产生一定的严重影响。那么，天京方面的信件失落的原因何在呢？

首先，天京方面忽视了与北方战场通信的困难。太平天国在辖区内以及南方的一些战区，设立了驿站式的疏附衙，实践证明发挥了一定的积极作用，而在北方战场一直使用全程序独往独来的通信方法。这种全程独往式的通信方式，对通信员的素质条件要求极高，既要机智勇敢，又必须有对天国事业的赤胆忠心，并且熟悉北方地理。天京方面没能采取切实有效的方法，改善限制性很大的通信方式，只是一味凭借奖赏手段以刺激送信人北上。其结果恰恰相反，奖励许诺不可能帮助改变"音信难通"的被动局面。通信员彭福兴宁肯丢弃东王许的高官厚禄而中途畏惧脱逃，这就是明显的一例。

其次，北伐军处于漂泊不定的流动状态，没有固定的联系地点，也是北方战场通信中所面临的一项特殊的困难。由于天京方面长期收不到北伐军的汇报，无法得知队伍行动进程的信息，难以确切地找到通信收端的方位，这就为天京派出的通信员增加了极大困难。既便说北伐军出征前可能商定过大致地点，但北伐军的遭遇会使他们迫不得已地自动改变前约。天京方面无论如何也不会料到北伐军绕道山西的行踪，再加上清军关卡林立，通信更是千辛万苦，困难重重。由于天京的指令不能送达北伐军，便

---

① 奕䜣等修，朱学勤等纂：《剿平粤匪方略》中国书店 1985 年影印本，第 74 卷，第 23 页。

等于失去对北伐军的指挥控制，这样一种局势的持续发展，是造成北伐军孤军深入的原因之一。

三 对北援军的两次通信指令

尽管天京与北伐军的通信完全被切断，可是天京还是通过其他途径得知了北伐军在天津困守的消息，于是迅速调拨兵马北上救援。《清史稿·洪秀全传》说："秀全念河北不能支，遣皖党由丰豆工偷渡黄河，窜山东金乡，进扑临清州，冀抒阜城之困。"①其中"遣皖党"一句说明北援军并非都是发自天京，这与其他史料记载是一致的。杜文澜撰写的《平定粤匪纪略》卷三记述，"河北贼势穷蹙，惟屯扎各乡村拼死固拒，计剿期可擒，乃金陵首贼密令安徽贼众由丰工阙口偷渡黄河，窜扰山东，冀分兵势，以抒阜城之困"。②援军收到天京的"密令"后，起兵北上，这便是天京对援军的首次通信。

北援军是以抽调安徽兵力为主，另配备扬州和天京的部分人马。天京致北援军的首次通信，就是发至各部起兵的诰谕，以后发至援军各部的信函次数，现已无从考证。但是从文字记载的材料分析，天京致北援军的通信，援军至少收到了两次。

北援军肯定收到了天京的北援出兵谕。《胜保亲供》对此提供了确凿的证据，"所有贼首曾立玱等三人，续行北犯缘由，有夺获杨逆给发之黄绫伪谕可凭，当经解交巡防处存案备查"。③胜保当时负责堵截北援军，此间缴获了援军保留的这件东王诰谕。如果以后能发现该诰谕原件，那么，不仅有助于我们进一步澄清援军北上的具体缘由和目的，而且也必将会解决北援主帅等一系列重大悬案。既然这是东王给援军的起兵北上出发令，那么发出该信的时间应在天历正月中旬以前，因为援军在当年正月中旬，

---

① 赵尔巽编修：《清史稿》卷475，《列传262·洪秀全传》，中华书局1977年版，第42册，第12875页。
② 杜文澜：《平定粤匪纪略》卷3，太平天国历史博物馆编：《太平天国资料汇编》，第1册，中华书局1980年版，第32页。
③ 《咸丰五年二月十五日胜保亲供》，中国第一历史档案馆编：《清代档案史料丛编》第5辑，中华书局1980年版，第226页。

已出征并北上攻下了六安州。不少史料记载都说北援军北上目的是"以抒阜城之困"，而北伐军退至阜城的时间则在天历二月初四日（农历二月十四日），宣布北援目的的出兵诰谕在正月中旬，这就使我们不难发现，追记材料与援军出征存在一个时间差问题，所以前往阜城救援的说法肯定不对。

北援军在渡黄河（故道）之机，收到另一封天京来信，当时援军主力刚刚过河，就接到天京命令，又抽调部分人马南下增援庐州。《张大其自述》里对此有所记载，他说北援军大部队自蟠龙集渡过河后，"接到南京探报，说庐州府被攻紧急，许丞相带着后起人马赶回安徽，说明随后仍来直隶"。①

北援军过河后，通信便中断了，此后再也没有收到天京的指令，最后北援军重蹈了北伐军的覆辙。

第二节　北方战场向天京发送的回禀

北伐军是太平天国北方战场通信的一个重要发端，北伐军发往天京的信件次数是研究者绕不开的一个问题。北伐将帅之一李开芳，在自述中有"寄信三次"的表述，那么，北伐军发往天京的信件到底有多少？

一　北伐军到底发送了几次回禀

有的研究者根据李开芳供词认为，北伐军给天京的三次通信，"是指朱仙镇一次，到天津附近驻扎后一次，在阜城备文请援一次"。②如果据此理

---

① 《张大其口述》，中国科学院近代史研究所近代史资料编辑组：《近代史资料》1963年第1期（总30号），中华书局1963年版，第18页。关于许宗扬率北援军改救庐州的这次行动，还可参见《剿平粤匪方略》中国书店1985年影印本，卷82，第20页；卷84，第20页；卷84，第22页；卷87，第7页。

② 苏双碧：《论太平军北伐的战略问题》，《太平天国北伐史论文集》，河北人民出版社1986年版，第17页。

解成北伐军发往天京的信件仅有 3 次，这既不符合李开芳自述的本意，也不符合北伐史实。只有从李开芳自述的上下文全面理解，才能够发现他关于通信次数问题的本意和引申意。李开芳在自述中的原话是："……过黄河直入直隶境。我总未接到洪秀全来信，后我给南京贼营中寄信三次。"① 这段话特别需要注意"入直隶境"这一前置语境词，"后我给南京贼营中寄信三次"的说明，也就是说进入直隶后他寄出了 3 次信。既不包括入直隶前的信，也不包括由林凤祥给天京寄出的信。总之，李开芳在自述中提及的 3 次信，并不是北伐军给天京寄出全部通信次数。

有以下两点理由可以说明：其一，北伐军在北方战场的两年战斗中经常是分股行动，林凤祥、李开芳各带一支队伍，特别是据守独流、静海、连镇、高唐期间，这两部分人马分开行动的时间较长，在北伐军发布的告示中有林、李共同署名的，也有分别署名的。当然可以联名写信，也可以单独分别写信。其二，从北方战场的史实看，他们发往天京的信件远不限于 3 次，根据确凿的太平天国文书记载，北伐军在过黄河前最少也发过 5 次信件。下面对此依次进行一些具体考察。

杨秀清于癸好三年（1853）四月二十二日，给北伐军的诰谕是考察北伐军渡黄河前发往天京信函次数问题的第一个可靠依据和分析支点。东王在给北伐军的诰谕中说："兹于四月二十三日，尔等差来递文之人彭福兴、张大里等果是真心"，并在诰谕中还提到了在彭福兴、张大里送信之前的三件北伐军回禀，"至于尔等前在初十、十一、十二等日所具各禀，至今未曾接到"。② 从北伐军出发的时间推算，东王没有收到的初十日、十一日、十二日的回禀可能就是北伐军最初发出的 3 封信，即 5 月 15 日、16 日、17 日。第四封信才是东王在天历四月二十三日接到的彭福兴、张大里送去的回禀，即东王"兹于四月二十三日午刻，接阅来禀"的信。毫无疑问，

---

① 《绵愉等奏续讯李开芳等人供词折》，中国第一历史档案馆编：《清代档案史料丛编》第 5 辑，中华书局 1980 年版，第 169 页。

② 《东王杨秀清西王萧朝贵命天官副丞相林凤祥等封彭福兴张大里等为监军诰谕》，太平天国历史博物馆编：《太平天国文书汇编》，中华书局 1979 年版，第 175 页。

北伐军发出此信的具体时间肯定在天历二十三日之前，因不知途中所用时间，故此只有等待今后发现原件或其他能说明问题的新史料才能予以确认。

考察北伐军发往天京信件的第二个依据和分析支点，就是林凤祥、李开芳在朱仙镇发出的《北伐回禀》，此乃目前发现的唯一信函原件。《北伐回禀》发出时间是太平天国天历癸好三年五月十六日（咸丰三年五月十四日）。林、李在《回禀》中说："临怀（淮）关至此，着人带文回朝数次，未知至否？"①北伐军是在天历癸好三年四月十三日（咸丰三年四月十一日）占领临淮关的，②从时间上计算，北伐军发往天京的第一、第二、第三封信都在抵临淮关之前。占据临淮关之后的收发信件，即北伐军累计发出的第四封信。从临淮关到朱仙镇之间，又"着人带文回朝数次"，据此推断，朱仙镇发的《北伐回禀》绝不可能是北伐军的第五封信，因为此前的多次发信已无法推断。可以肯定的是朱仙镇发的《北伐回禀》应是北伐军渡黄河前发出的最后一封信。《北伐回禀》中明确强调："兹今在朱仙镇酌议起程，过去黄河成功，方可回禀。"林凤祥等把过河前的最后一封信交给了朱增发和严光道二人，命其分路行动，送往天京。尽管朱增发采用了伪装措施，将信件"缝于衣襟夹层内"，但是，最终仍没有躲过清军的严密盘查，使《北伐回禀》失落敌手。而另一位送信人严光道则下落不明，当时他与朱增发在睢州分手后，并没有直奔天京，而是踏上了去扬州探亲之路，名曰"询江南之路"。他的归宿有三种可能：首先，有可能中途逃脱，他是扬州人，改道奔回老家了。第二种可能是他中途被捕，因为朱增发被捕后，马上就得到了严光道"赴仙女庙探亲"的下落，琦善当即就给雷以诚致函，"迅派弁兵，就近查拿"。③第三种可能，是将禀文送到了天京，但目前还没有证据予以说明。

北伐军围攻怀庆期间，曾试图恢复与天京的通信联系。但是，过黄河

---

① 《林凤祥李开芳吉文元朱锡琨回复北伐战况上北王韦昌辉禀报》，太平天国历史博物馆编：《太平天国文书汇编》，中华书局 1979 年版，第 218 页。

② 奕䜣等修，朱学勤等纂：《剿平粤匪方略》卷 35，中国书店 1985 年影印本，第 33 页。

③ 《琦善奏陈拿获奸细供出贼匪情形片》，《忆昭楼时事汇编》，太平天国历史博物馆编：《太平天国史料丛编简辑》第 5 册，中华书局 1962 年版，第 308 页。

后的通信环境更为艰难。对北伐军在怀庆展开的长达两个月之久的围攻之战，学者们分析的角度不同，对其目的和意图的看法存在着一定差异。综合而言，北伐军攻打怀庆之举，既有休整队伍，补齐粮弹的考虑，无疑还有等待天京指令的意图。既然在朱仙镇报告说过黄河成功后再禀报，那么过黄河的重大行动完成后，向天京汇报应当是顺理成章的事。然而，从怀庆出逃的张维城却在口供里证实北伐军的愿望并没有实现，他说："现在南京无信来，怀庆之贼亦不能给南京信。"①北伐军之所以在怀庆停留两个月依然没有能够取得与天京的通信联系，除北伐军本身通信系统存在问题外，黄河天险无疑为通信构成了难以逾越的一道险关，身后清军的追兵与封锁也为北伐军通信构成了重重障碍。

北伐军在怀庆攻城不下，候信不至，大批清军增援部队纷至沓来，出自迫不得已，便绕道山西。北伐军于天历八月二十六日攻克直隶重镇临洺关后，又以一日一城的神速于天历九月初五日攻占深州，在此停留 13 天。此间北伐军已经是逼近了京津，在选择进兵方向问题上显示出一度的犹豫徘徊，举棋不定。经查僧格林沁、胜保等堵住了继续北上之路，北伐军便正式确定进攻天津的路线，于是此时再派通信员张生南返送信，将最后行动的决定方案禀报天京。然而不幸的是，此次信件又一次被清军截获。据《剿平粤匪方略》卷 61 记载，当月二十一日山东布政使崇恩曾奏报："馆陶、邱县及臣委弁先后拿获由贼营逃回之张生等"，据供"意欲在天津卫扎营"。②

北伐军挺进天津受挫后，在静海、独流困守三个月之久，北伐军在此期间向天京发信求援更为迫切。"贼踞静海、独流几及三月，僧邸围攻之，屡有斩获。贼不能支，潜通杨秀清信，乞拨众救援。"③围攻静海北伐军的僧格林沁，在咸丰三年十二月二十七日奏报中说："近获由贼营逃出之人供，

① 《张维城供词》，中国科学院近代史研究所近代史资料编辑组：《近代史资料》1963 年第 1 期（总 30 号），中华书局 1963 年版，第 16 页。

② 奕䜣等修，朱学勤等纂：《剿平粤匪方略》卷 61，中国书店 1985 年影印本，第 5 页。

③ 姚宪之：《粤匪滋扰南北纪略》。中国史学会济南分会编：《山东近代史资料》第 1 辑，山东人民出版社 1957 年版，第 18 页。

有逆匪妇女扮作乞丐，往南乞援。"①北伐军从静海发出的信件是否送抵天京
暂且不论，北伐军受困后生存艰难，向天京求援理所当然，再次派员南下
送信无疑。据山东巡抚张亮基奏折透露，他们在直隶与山东交界查获的太
平军通信员王小勇、刘凤彩交代说："本年正月间林逆以久困独流，因该犯
与南京贼目广西人张玉才交好，商令该犯赴南京投张玉才，转求总逆首分
拨贼伙北来救援。约以由山东小路至保定府会齐，同攻北京。"②

　　北伐军由静海经束城退至阜城后，处境条件更加窘迫，军力和士气状
况也逐步低落。僧格林沁认为，北伐军自束城撤出，所盘踞阜城的地方狭
小，比在束城时更易合围。北伐军到达阜城后环境更加恶化，其自身根本
无法摆脱困境，只好继续派人催促天京增援。"楚粤相从之老贼，迭经斩
馘，亦丧其十之四五，于是遣奸谍求援于江宁。"③其实，北伐军此时要派
通信员已经十分困难，此前发出的求援信都泥牛入海，杳无回音，他们心
里非常清楚此时南下送信的危险和艰辛。但是，出于无奈，只有寄希望于
天京闻讯后能够派人救援。据被俘的北伐军军帅曹大德、师帅齐德等人
说，撤至阜城以前，"贼首自困于静海，节次分遣贼目往南路求援，已有
三四十人。"④但是，在阜城派出的送信人员屡屡被清军截获。咸丰四年四
月上旬的一件清帝上谕证实了这一史实，"惟擒获生贼搜出阜城逆匪书信，
仍有催其迅速救援之语，是阜城一日不靖，贼心一日不死。"⑤

　　从阜城撤至连镇后，由于各方面困难进一步加剧，北伐军已经缺乏再
派人赴天京送信的条件和信心，至此与天京的通信完全中断了。

①　奕䜣等修，朱学勤等纂：《剿平粤匪方略》卷74，中国书店1985年影印本，第23页。
②　《张亮基奏报截获敌目王小勇等究出图窜等情折》，中国第一历史档案馆编：《清政府镇压太平天国档案史
　　料》第12册，社会科学文献出版社1994年版，第466页。
③　谢山居士：《北路奏肤》，《粤氛纪事》卷5，张守常：《太平军北伐资料选编》，齐鲁书社1984年版，第
　　6页。
④　《张亮基奏报审逃敌目曹大德等讯明正法片》，中国第一历史档案馆编：《清政府镇压太平天国档案史
　　料》第12册，社会科学文献出版社1994年版，第521页。
⑤　奕䜣等修，朱学勤等纂：《剿平粤匪方略》卷89，中国书店1985年影印本，第11页。

二　天京收悉北伐回禀证据不足

北伐军从静海向天京发信求援确凿无疑，但是从静海发出的信件是否到达了天京呢？所见论者几乎众口一词，认为天京方面无疑收到了信函。然而认真拜读有关论著，便会发现这种结论仍缺乏有说服力的证据。下面不妨评析两例：

简又文先生说："于三年秋冬间，天王洪秀全、东王杨秀清等，接到北伐军主帅李开芳、林凤祥两侯叠次报告军事进行不利的情势，及切请援兵的奏章，（据清方奏报，捉获此项秘密送信的太平军间谍多人，又有不知下落者，当是到达天京。又据向荣情报，东王颁李林等谕文有未接某某日奏报等语，当是失落在清军手者，亦可证明其曾接报告多次）于是亟图抽调队伍北上应援。"[1]

从简又文先生论证的天京多次接到北伐军报告的这段说明性文字可见，他并没有拿出有力的论据。他说"捉获此项秘密送信的太平军间谍多人"，只能证明北伐军曾多次派人南下送信，证明不了信件送抵天京的问题。既然是不知下落，又怎么能说"当是到达天京"呢？两者不能画等号。再者说东王在天历四月二十三日的谕谕所讲"初十、十一、十二"三次信件未收，可以被认为是"失落在清军手者"，但却与是否接到静海信件根本无关。

著名学者张守常先生，在 1986 年出版的《清代人物传稿》下编第二卷的《林凤祥》里说："北伐军到静海、独流，使北伐达到最高峰，捷报到天京，论功封林凤祥靖胡侯，李开芳定胡侯，吉文元平胡侯。"其实，关于静海的捷报到天京并论功封侯的说法，也有些欠妥。如果要判定林李被封侯是不是收到静海捷报的产物，只要略考一下北伐军到静海的时间，或者注意一下林李被封侯的时间，问题便可迎刃而解。

林凤祥、李开芳何时受封的呢？《贼情汇纂》卷三《伪朝内官》载：

---

[1] 简又文：《太平天国全史》上册，（香港）猛进书屋 1962 年版，第 624—625 页。

"命诸剧贼率兵北寇，更封靖湖侯、平湖侯、定湖侯、剿湖侯、灭湖侯诸爵。"关于林李被封一事没有写明确切时间，包括张德坚写的《林凤祥传》[①]《李开芳传》也没有说明时间。但是，在《贼情汇纂》里记载了朱锡琨、黄益芸是在九月被封的侯，罗尔纲先生据此推论林凤祥、李开芳、吉文元可能与他们同时封侯，绝不可能晚于他们，在《太平天国史稿》增订本里，就将他们封侯的时间断定在九月。我们姑且按九月来计算，北伐军到达杨柳青的时间是九月二十八日（天历九月二十六日），即便是报捷送信的人于抵达杨柳青的第二天出发，在两天时间内是肯定无法到达天京的。那么，天京又怎么会为了庆祝抵达静海之功而在九月对林、李封侯呢？况且，林、李、吉的封侯时间只能在朱锡琨、黄益芸之前，或同时封侯，时间上决不会落于其后。所以说，林、李封侯不是收到北伐军在静海所发捷报的直接产物。

总之，北伐军确实屡次派出众多通信员冒死往天京送信，也存在着将信件送达目的地的可能性，但是，目前还缺乏确凿史料证据。起码以上有关论著中的观点，说明这种结论仍缺乏有说服力的证据。

第三节　北方战场各支部队间的通信

太平天国开辟北方战场的部队，共有三支，即北伐军、南归军、北援军。北伐军是开辟北方战场的主力，这支部队由主帅林凤祥与李开芳率领，其所部也曾几度分股行动，两者之间也存在书信沟通联系。南归军是在黄河岸边掩护主力渡河，因担任阻击任务未及渡河的队伍。这支有数千

---

① 张德坚：《贼情汇纂》卷 3，中国史学会主编：《中国近代史资料丛刊——太平天国》第 3 册，神州国光社 1953 年版，第 104 页。

名太平军组成的部队，后来折入巩县南下，转战于河南、湖北，后于安徽并入西征军，至今尚未发现南归军在北方战场上使用通信。太平天国天京领导者还曾派遣一支北上救援队，于 1854 年 2 月 4 日出发，前往直隶接应北伐军，他们曾到达山东临清州，这支部队被称为北援军。北援军是分股行动的，相互间有着通信联系，而且也与北伐军之间有过通信联系的尝试。

一　北伐军内部之间的通信

在开辟太平天国北方战场的两年征战中，主帅林凤祥与李开芳所部也曾几度分股行动，两者之间也存在书信沟通联系。

北上天津途中，虽有分股进兵之时，但他们的进军方向相同，进军路线始终是一致的，先后相差无几，左右呼应，形影不离，构成了一股冲击清廷心腹的强大洪流。只是在行军途中忽分忽合，所以相互间书信联系的困难并不突出。

分兵驻守静海和独流期间，双方虽相隔十几里，但中间地带的村庄多数也控制在北伐军手里，两者联系未曾中断。他们互为犄角，遥相呼应，配合基本默契。后来，李开芳由独流撤回静海，使得清军试图将其分割两地的阴谋终未得逞。

咸丰四年五月初二日以后，北伐军再度分成两支单独作战的部队，但当时他们却未料到此次分手竟为永别。林凤祥的部下欧振彩在供词里说："林凤祥令李开芳领人往攻高唐州，后被围住，不能通信。"[1] 其实，从连镇分兵后，林凤祥与李开芳都曾给对方写过信，试图取得沟通，但结果却如欧振彩所说，未能如愿，没有"通"罢了。

李开芳出奔高唐后，得知北援军失败的消息，便派遣属下通信员杜有仲回连镇送信，告知林凤祥不必再候援军，立即率余部南下。但是，非

---

① 《绵愉奏审录林凤祥等人供词折》，中国第一历史档案馆编：《清代档案史料丛编》第 5 辑，中华书局 1980 年版，第 163 页。

常不幸，杜有仲和所带信函在途中被清军崇恩所部截获，该信未能送达连镇。当时，正在山东海丰家乡养病的陕西布政使吴式芬听到了此事，在给瑛棨的一封信里说："高唐距敝县三百余里，此股贼匪，闻贼只一千余人，胜帅围剿多日，现仍负嵎。近日拿获奸细，搜出贼信，招连镇之贼同赴高唐，似有南窜之势"。[①] 林、李分兵时曾商定，李出奔后探明援军如果没来或被清军消灭，仍与连镇合并。由于林凤祥在连镇始终没收到李开芳的来信，故一直按原计划在连镇等候。

南下高唐的李开芳部，被胜保重重包围。当时他要突围回连镇，确有很大的实际困难，而林凤祥部久候无信，于是他主动派人与其联系，结果也被胜保俘获。此信主要内容在胜保奏折里有反映，"拿获奸细讯称，连镇之贼被困，遣伊送信，此股令其回窜救援，一同南窜"。[②] 连镇与高唐被清军分别隔离包围，音信不通，孤掌难鸣。首先，连镇被僧格林沁攻克。当僧格林沁移营增援胜保围攻高唐后，前诈降之北伐军刘自明借为清军掘地道攻高唐之机，复投李开芳部。此时李开芳方知连镇已经被清军攻克，于是，决定迅速从高唐突围，奔至冯官屯。虽然，李开芳在冯官屯也曾试图寻找机会，重返南京，但最终未免厄运。

二 北援军内部之间的通信

由扬州、天京、安徽三地太平军组成的北援军，并非实现合股汇聚，同时北上。袁甲三奏报说，北援军"由安庐舒桐六安正阳一路，分为三起，陆续前行"。[③] 另据百胜、王梦龄的奏报说："臣等驰抵丰工，于附近各处搜获奸细并逃出难民研讯，佥称此股逆匪分三起来徐。"[④] 既然是为分股北上，其相互通信就成了协调各部行动的媒介。虽然，可以从一些史料中窥见援军内部通信的蛛丝马迹，但详细情况却不易考明。

---

① 《吴式芬致瑛棨信》，《瑛兰坡藏名人尺牍墨迹》第3册，第3信，张守常：《太平军北伐资料选编》，齐鲁书社1984年版，第642页。

② 奕䜣等修，朱学勤等纂：《剿平粤匪方略》中国书店1985年影印本，第100卷，第8页。

③ 奕䜣等修，朱学勤等纂：《剿平粤匪方略》中国书店1985年影印本，第81卷，第29页。

④ 奕䜣等修，朱学勤等纂：《剿平粤匪方略》中国书店1985年影印本，第82卷，第20页。

目前，史料上仅见一次通信，也是一次失败的通信，即北援军先头部队致后续部队的通信。当北援军主力渡过黄河故道后，有部分后续部队返回安徽，救援庐州。此后不久，援军主力致信庐州，催其北上。担任此次南下庐州送信的张大其，后来在供词里不仅交代了此次发信地点、时间、收端地点、信件主要内容，还详细讲述了此次通信的伪装方法以及被俘的经过。他说："二月二十八日到张秋镇扎营，贼内头目传下令来，说蟠龙集渡口现虽没兵，日后必有官兵防守。派小的合（和）张万祥、张文周、孙学礼、陈文桂五人赶到庐州送信，叫他们赶紧北来，由河南兰仪口过河。给了小的每人二两银子，五百大钱，并叫人替小的剃了头发，辫顶左边留一小缕长发作为记认。二十九日，小的们在张秋镇起身。因恐被人盘诘，就合（和）张文周们分路行走。小的合（和）张万祥走到案下地方，就被差役盘获的。张文周们现往何处，小的不知道。"①

此次五人南下庐州送信，张大其和张万祥被捕，而张文周、孙学礼、陈文桂亦未能幸免，所以，可以断定此次通信没有成功。何以见得张文周等三人未能成功抵达庐州呢？为此略作小考。当时，咸丰帝在上谕里证实了清军曾捕获南下催行的通信员，"前据桂良奏，开州拿获奸细及署提督张殿元所报，均有贼目催令安徽后起贼匪，由兰仪渡河之说。"②北援军先头部队告诫后起部队，由兰仪渡口过河，正好与张大其所说相吻合。而咸丰帝获知此事的来源不一，便可说明张文周等人均被截获。既然此次南下送信人员未有幸免者，那么便可以肯定通信失败了。除桂良奏折提到此事外，胜保也截获了北援军之间的这次信件，"讯据贼供，并拿获逆信，果有嘱令后队渡黄多带火药口粮来北接应之语。是北贼之情急求救，南贼之希图续渡已属显然。"③北援军之间的通信被破坏，导致了后续增援被切断，没能按原设想得到火药及军饷补充，这也对援军在临清失败产生了一定的影响。

_____

① 《张大其口述》，中国科学院近代史研究所近代史资料编辑组：《近代史资料》1963年第1期（总30号），中华书局1963年版，第18页。
② 奕䜣等修，朱学勤等纂：《剿平粤匪方略》中国书店1985年影印本，第85卷，第24页。
③ 奕䜣等修，朱学勤等纂：《剿平粤匪方略》中国书店1985年影印本，第89卷，第8页。

从援军通信人员派出数量看，他们吸取了北伐军"音讯难通"的教训，在通信人员方面略有加强。但只是单纯增加人数，由两人同行改为五人分股递送，这在清军加强严密稽查以后，成为几乎没有任何实效的改进措施。

三　北伐军与援军的通信

以林凤祥、李开芳为首的北伐军在天津受挫后，长期驻扎于直隶静海、独流。1854 年 2 月，天京派出以曾立昌、陈仕保、许宗扬为首的北援军前去接应。北伐军与北援军能否顺利会合，重返天京，一个重要前提就是冲破清军封锁，沟通双方信息，进而取得北伐军与北援军的通力配合。

北伐军与北援军之间是否取得过通信联系？目前学者们尚存异议。认为两者之间取得过通信联系的依据，主要来自《复生录》的记载。陈思伯是这样记述的："四月底，移扎河间府属连镇，林逆接得伪探，广东妇人能道各省言语者，送来密信，始知南京继派十三军，已到山东临清州。随商令伪地官丞相李开芳，督带一千马队前往会合。……选得悍贼千人，复挑壮马千匹，交李逆带去。嗣闻临清兵力甚厚，营垒重叠，不能入城。此股马贼进退两难，始窜踞山东高唐州城。临清州贼后亦被围战败，率领残贼已窜过黄河，复回南京矣。"[①]

其实，仅凭上述文字记载，就断定北伐军与北援军互通过信件的结论，很值得怀疑。理由如下：第一，北伐军到连镇的时间在天历三月三十日（农历四月初九日、公历 5 月 5 日），而援军早在天历三月十七日（农历三月二十五日、公历 4 月 22 日）撤出临清。林凤祥在援军撤退半个月后，才接收了援军到临清的密信，时间上不能吻合。第二，援军总兵力虽无法得到精确的数字，但其编制为十五军似可成为定论，陈思伯所说"南京续派十三军"明显与实际不符。如果真正得到援军来信，其基本编制"十五军"肯定不会写错。陈思伯说的"十三军"很可能与降清后的道听途说有关，其消息来源决不是援军信函。第三，李开芳率马队从连镇突围南下，

---

① 陈思伯：《复生录》，《近代史资料》1979 年第 4 期（总 41 号），中华书局 1980 年版，第 43 页。

并不是所谓在连镇收援军密信之后的军事行动。李带人马突围的目的在供词里说得非常清楚,"我在连镇时,我与林凤详(祥)商议,须另择一处,可以牵制官兵之所,方可作声援之势"。①另外,林凤祥后来在供词中也没讲李开芳出奔高唐是收到援军来信后采取的"会合"行动。因为北伐军根本不知道援军抵达过临清以及此时已经后撤的消息。第四,陈思伯说李开芳部到临清与援军会合,因"不能入城",才又到高唐。李部的马队根本也没有驰至临清。所以,陈思伯关于北伐军与北援军互通过信件的说法,不足为凭。

尽管目前没有其他任何直接文献证明北伐军得到了援军抵达山东临清的确切消息,但是不能否认北伐军对援军北上的情况有所推断估计或间接了解。据清朝官员通信可知,存在着北援军与李开芳所部取得联系的可能性,譬如,"高唐旧闻有奸细,是临清余匪数名,现已查出正法"。②李开芳出奔高唐的目的虽然是为了与连镇互为犄角,"作声援之势",可是这支北伐军的精锐部队突围南下,也不可能在没有探听援军失败的消息,便通知连镇要冒死突围撤离。清军已抓获多名高唐派往连镇的通信员,内容都是说连镇不可再守。譬如,书信资料说得非常明白,"日内连次经查卡兵勇拿获赴连镇之奸匪多名,其意大约不能久守孤城矣"。③在北伐军将士心中,天京不会置之不顾,一直企盼着北援军的早日到来。再说清军调拨胜保等分股堵截援军北上,这对与清军对垒的北伐军来说,也不可能丝毫没有觉察。另外,由各地协调拼凑而成的清军,具有分散性和相对独立性,他们对援军消息的封锁口径并非完全一致,北伐军一系列侦探活动,以及分化和收买清军兵卒的策略,或多或少会对援军北上有些耳闻。参加堵截太平军的张集馨对于这一点感触颇深,他说当时"川楚各勇,复有通贼者,是以官军声息,贼尽知之"。④

---

① 《李开芳又供》,中国第一历史档案馆编:《清代档案史料丛编》第5辑,中华书局1980年版,第166页。
② 《周尔墉致瑛棨信》,《瑛兰坡藏名人尺牍墨迹》第16册,第12信,张守常:《太平军北伐资料选编》,齐鲁书社1984年版,第650页。
③ 《周士镗、周士键致瑛棨信》,《瑛兰坡藏名人尺牍墨迹》第114册,第7信,张守常:《太平军北伐资料选编》,齐鲁书社1984年版,第643页。
④ 张集馨:《道咸宦海见闻录》,中华书局1981年版,第152页。

同样，抵达临清的援军也不曾获得北伐军的具体信息。北援军在临清举棋不定的一个重要原因，就是没有取得与北伐军的联系，没有得到北伐军的信件和接应。由此从心理上对完成救援使命产生了悲观的情绪，对继续北上逐渐失去信心。加之粮草弹药被烧毁，军心出现了不稳因素，北援军便做出了"不可再进"的决定。当然，北援军诸位将领之间对继续北上的问题存在严重分歧，假设与北伐军取得了联系，双方军事上能够相互配合，援军也不致于作出南撤的决定。北援军南返在很大程度上是取决于进兵救援的方位不明，不知北伐军是否依然存在。把援军决定南撤仅仅说成源于弹药粮草短缺和军心不稳，既不合一般情理，也无法解释得通。因为粮草缺乏并不是占领临清之后才出现的，况且撤退也无法根本解决，再就是撤出临清前援军将帅并没有丧失对军队的控制，相反开始撤退后，便顷刻涣散，甚至不能驾驭。

第四节　北方战场通信的失误与批评

造成太平天国北方战场的失败原因是多方面的，通信失误就是其中之一。北方战场通信的失误，不仅使天京与北伐军、北伐军与北援军之间断绝了联系，而且信函情报屡屡被清军截获，给整个北伐军事行动带来了极大的被动。曾国藩的情报官张德坚说，清军所获"伪谕不可胜计"。事实的确如此，再也没有比他在《贼情汇纂》中收集的诸多太平天国文书更能说明问题了，以致学者们如今研究太平天国历史，都不得不去阅读《贼情汇纂》中搜集的太平天国文书。尤其令人难以置信的是，太平天国在黄河以北的战场上所有的通信联系，几乎全都遭到清军的破坏和截获，这不能不说是一个惨痛的历史教训。

一　通信失误的五个原因

太平天国在北方战场的通信之所以屡屡失误，有以下五个主要原因：

第一，太平天国在战略上过分轻敌，错误地估计了北方战场的基本态势。导致对北伐通信工作缺乏应有的周密安排和必要的认真准备。对北方地理和民俗不熟，对交通要道缺乏必要的了解调查，对通信中将会出现的种种困难没有予以充分考虑。太平天国高层军事指挥以及北伐军主帅，也就不可能制定出适应深入敌后作战的诸项有力措施。

第二，北伐通讯方式单一，不能适应战时的客观需要。北伐之役的通信方式仅采用专人全程的递送，没有将太平天国占领区和南方各战场之间建立的疏附衔制推行到北方战场。不管通信线路多长，机密程度和紧急程度如何，一律依靠专人全程递送，其缺陷和弊端是不言而喻的。由于在逐步深入敌人腹地时，没有建立起较为固定而又秘密的通信站或联络站，没有建立起一套较完备的制度和强有力的通讯组织队伍，这正是日后北伐通信工作，不仅没有加快通信频率，反而全部尽被清军破坏的症结之一。由此导致北伐军给天京发信的次数逐步减少。如果说，过黄河前北伐军的通信是"山高水远，音信难通"，那么，过黄河以后，路途则更为遥远，而且有清军的围追堵截，加上黄河成为一道天然屏障，通信更是难上加难。

随着北伐军深入直隶，战线的延长，战况复杂多变的形势决定北伐战场不仅要保持与天京的联系，还要不断增快联络频率。只有使北方战场的状况及时送达天京，才能让天京方面对北方战场的指挥及时做出调整。

第三，由于专人全程式递送的缺陷，决定了通信人员的选派困难。作为专人全程式的通信员，除要求其具备对太平天国赤胆忠心、机智顽强、熟悉南北地理道路等基本素质外，还要具备听说各地方言土语的能力。而合格通信员的奇缺注定会影响到通信工作的顺利展开。"因长发贼恐被盘获，新胁的又怕他跑去，所以音信不通。"[1] 就通信员挑选条件而言，便成为

---

[1] 《张维城口述》，中国科学院近代史研究所近代史资料编辑组：《近代史资料》1963 年第 1 期（总 30 号），中华书局 1963 年版，第 16 页。

北伐军十分棘手的一个困难，南方人因对北方地理环境不熟，口音又会被重点盘查。在北方被新裹挟入伍者，则对南下道路和天京情况不熟悉，况且北伐军对其还不放心，恐其半路逃跑。有鉴于此，太平军只能采取减少通信次数，在迫不得已之时，还是由南方籍"老长毛"承担起重任。由于减少次数致使必要的通信频率人为降低，而频率降低后信息重要含量的必然提高，所以对通信成功率又提出了更高要求，一旦通信出现失误，导致的后果可能弊病更大。李开芳说，他"写过三次信"，基本上是可信的，在被俘的《供词》里压缩写信次数是没有什么意义的。

由于通信员的条件要求比较高，送信人员遭遇风险的几率大大提高。迫不得已之时，便采取加大奖励力度"许以显官厚赏"的办法，实行重赏刺激等办法，来进行通信工作。重赏之下挑选的"勇夫"，在清军的盘查中难免露馅，往往会遭遇人员被俘和信件被截。尽管不断有挺身而出的人充任通信员，仍然于事无补。同时，通信员选拔不当，还会为蓄谋出逃者提供可乘之机。从清方的各种史料记载来看，借送信之机出逃者的确是屡见不鲜。

第四，北伐军抵达静海前，处于飘忽不定的流动作战状态，没有较为固定的联络地点，所以导致收端难寻，天京发出的信函递送极为困难。例如，天京致北伐军的信、天京致北援军的信、北援军致北伐军的信，之所以失落，难以完成顺利投递，在很大程度上也与北伐军这种流动作战有关。

第五，太平天国在北方缺乏群众基础，北伐军深入清朝统治的腹地之后，清军处于高度戒备状态下，并采取了一系列严密稽查的措施，致使通信人员仅靠简单伪装的方法，难以蒙混过关。由于清军层层设卡、重重立关，封锁了黄河渡口在内的各交通要道，非当地人则插翅难过。特别是地方乡团对外地人的搜查甚严，他们对太平军通信员的威胁更甚于一些关卡哨岗。由于地方团练严密检查，太平军的各种化装大都无济于事，纷纷露出了马脚。总之，敌人的封锁稽查对太平军通信工作是一个致命的打击。由于通信人员本身所处的险恶环境，加上清军无休止地恐吓和诱降，不免促使部分通信员中途脱逃或变节投敌。

二　北方战场通信的批评

北方战场与天京无法保持最基本的信息传递，最直接的严重后果就是使北伐军成为孤军深入。尽管天京派出了北援军前去接应，北援军与北伐军也由于"音信难通"，使双方丧失了会合良机，最终使挽回或减轻北伐损失的唯一可能性也彻底泯灭了。由于"音信难通"，北援军不仅没有完成接应任务，自己也重蹈了北伐军的覆辙。

通信员还是北伐军中的"老长毛"最可靠，但是，由于人生地不熟，他们并不适宜从事抛头露面的侦察探路任务，反之，则是自投罗网。鉴于通信困难和遴选通信员困难，北伐军也积极采取了一些应对措施，例如减少文字通信，适量派人传口信的办法，以降低通信员被俘的风险。由于通信方式上有了这些新的变化，重视传口信而减少使用书信，便为通信人员减轻不少压力。北伐军通信员为了避免口音失误，往往采用装聋作哑的措施，以蒙混过关。有一则史料，比较贴切地反映了北伐军通信的这种特点，即"遣人南北送信，或装聋，或装哑，各营及州县盘获甚多，只据口词，未得片纸。供称或密藏笻杖及鞋底者，急则抛弃道旁，以是不得确据"。[①]之所以出现这些送信新形式，完全是险恶的通信环境所迫。从怀庆之战到连镇困守，清军虽多次俘获太平军通信员，但是他们截获的文字信件不多，这也是研究者目前在清方各种记载中很难见到北伐军这一时期有关信件内容的一个重要原因。

由于太平天国北方战场的情报信函屡屡被清军截获，使其自身军情实态彻底暴露于清军面前，这就为他们制定围困战术提供了可靠的根据。僧格林沁作为参赞大臣，坐镇围堵北伐军的前沿，他之所以敢于不顾咸丰帝"该大臣所谓智取者何在"的指责，一直坚持包围困剿的方针与实施诱降瓦解策略并举，也正是基于多次截获北伐军的求援信。僧格林沁从信中

---

① 姚宪之：《粤匪纪略》，张守常：《太平军北伐资料选编》，齐鲁书社 1984 年版，第 659 页。

得知北伐军"粮草将尽，欲守不能，欲战不敢"的基本态势，故而稳扎稳打，采用挖筑长濠包围的战术，试图将北伐军困死拖垮。他认为，唯有如此，才可能既最大限度地避免清兵伤亡，又能严防北伐军残部趁机逃散南下。僧格林沁的这个军事策略的实施，进一步封锁了北伐军的通信联络，致使北伐军每况愈下，日甚一日，最终无力挽回被动局面。

太平天国北方战场出现被动局面，固然与北伐战略部署有一定关联，但是，"音信难通"则是导致军事被动的重要原因。北伐军从出师后，始终没有与天京取得一次往返成功的通信联系，洪秀全的"面投机宜"在实践中到底执行如何？也始终没有得到反馈和调整，北伐军"胜则进，败亦进"，在独流、静海被困数月后逐渐不支，直至全军覆没。当年太平天国几乎同时进行的西征则与此大不相同，西征战场与天京基本上保持了正常联系。

整个西征之役的战略意图在实际执行中得到不断反馈，不断调整，由于增援联系及时，战术灵活多变，所以军事形势出现了另一种局面。两个战场出现两种大不相同的结局，原因是多方面的，但不能不承认这样一个事实，这就是北伐与西征的通信成功率有着天壤之别。

一部太平天国北方战场战史清楚地告诉我们，天国政权的生存和天国大业的发展，必须有一整套健全的通信系统来保障，及时地疏通上下，使之融为一体，才能确保强大战斗力。只有及时获取战场各种信息反馈，才能保证自己的决策及时调整，才可能使得军事形势向着有利方向发展，使自己立于不败之地。太平天国北伐战场军事失利的教训充分说明了这个浅显的道理。

太平天国在北方战场的失败是整个太平天国军事失败的开端，这已被李秀成总结为天国"十大误"的前三项重大失误。无独有偶，值得人们关注的太平天国后期历史上另一次重大军事行动——"二次西征"，也由于通信失灵等原因，使陈玉成与李秀成武昌会师竟相差三个月之久。这次失误不只贻误了战机使"二次西征"战略落空，更为严重的后果是，此次失利波及太平天国后期的军事形势。

　　综上所述，太平天国通信系统不能适应大规模战争的需要，太平天国较之以往农民起义而言，虽然在设置疏附衙等通信机构和建立通信制度方面有了一定的新起色，但是通信系统并未充分发挥其职能作用，尤其是无法满足整个系统需要，无法从整体上把握战场态势，所以，它又是太平天国军事失败的重要原因之一。

第三章
太平天国北方战场的战术实施

太平军在北伐前后两个阶段中，根据不同的地理环境和不同的作战条件，分别运用了一些适合自己的战术手段，即在前期实施了进攻型地道战，并在后期将地道防御的效能发挥到了极致。此外，太平军在北方战场的舞台上还演绎了哪些精妙的军事战例？在实施欺骗和反欺骗战术中存在哪些明显失误和教训呢？为什么北伐军会频繁采取夜战？北伐军的化学战是一种什么样的战法？北伐军是如何组建起自己的马队？北伐军的骑兵在战场上到底发挥了哪些功效和作用？为什么比清军更熟悉水战的太平军却被清军"水攻"所击败？

第一节　北伐军的地道战法

地道战又称为坑道战，是在地下进行的一种特殊的攻防战术手段。在中国古代战争史中地道战很早就受到了重视，韩非子说，"干城距冲，不若埋穴伏橐"。[①]在西汉末的昆阳之战、三国时的诸葛亮二出祁山攻打陈仓（宝鸡）、隋末瓦岗军进行的仓城之战、唐代李光弼在太原大战史思明等战例中，都运用了地道战的手段。特别是在发明火药以后，将地道战与攻城爆破相结合的战术运用更为广泛。太平天国农民战争中也有许多成功的地道战实例，所有攻打重要城池的战斗几乎无不与地道战相关。太平天国从事地道战的专门部队——"土营"，在清军看来，"在逆党中此贼之功甚巨，论法实贼之魁"。[②]

"土营"即工兵。太平天国工兵的主力最早是由湖南矿工充任，"攻我坚城，则全恃开挖地道，特籍所掳挖煤山人为土营"。[③]由于失业矿工们于太平军途经湖南时被吸收入伍，他们将打井、开矿等地下施工技术运用于军事斗争，并结合坑道的爆破技术，使之成为太平军攻城战中一支举足轻重的力量。"贼起广西，犹不善攻城。至湖南，得掘煤者数百人，用以穴地道，故所向城池多被陷。闻此数百人者，由湖广总督某禁掘煤，无所归，遂为贼用。"[④]从此太平军正式成立了土营，"贼到处俱用湖南煤夫揠掘

---

① 《韩非子》,《八说篇》,中华书局2010年版,第672页。

② 涤浮道人:《金陵杂记》,中国史学会主编:《中国近代史资料丛刊——太平天国》第4册,神州国光社1953年版,第618页。

③ 张德坚:《贼情汇纂》卷4,中国史学会主编:《中国近代史资料丛刊——太平天国》第3册,神州国光社1953年版,第117页。

④ 方宗诚:《记任随成事》,《柏堂集》续编,卷14,张守常:《太平军北伐资料选编》,齐鲁书社1984年版,第294页。

地道，恃为长技，无坚不破"。①太平军攻克武昌、南京两座省城，都是首先以地道爆破炸塌城墙。"而土营之贼，则屡次穴地轰裂坚城，陷我省会如摧枯朽，贼优养之以备急需，并以功授伪将军、总制等职，矜宠之以固其心。"②

太平天国开辟北方战场后，保持了工兵"土营"的建制，核心人员是部分湖南煤矿工人，进入河南后又进一步扩充了"土营"队伍，吸收巩县等地的一些矿工。"为贼之穿地道者，皆系裹胁巩县煤窑人为之。"③北伐军中工兵的技术力量得到加强。

太平天国北方战场的地道战，主要有两大类，即进攻型和防御型的地道战。

一　进攻型地道战

在太平天国开辟北方战场前期，进兵攻城几乎没有受到太多抵抗，"沿途攻打各县城，一攻即克。多因军民并不接仗，先期逃遁"。④即便遇到比较强劲的抵抗，北伐军并不是一味硬拼，而是采取屡试不爽的地道攻城战术。即太平军在城墙下挖掘地道，然后放置炸药，轰塌城墙后，由缺口地段快速冲进城内。但是，在北方战场上，有些城池并非用地道就可攻破，譬如，沙地或水位较高的地区，或者城外十分开阔，就很难实施挖掘地道，还有雨天潮湿不能点燃火药时，也只能放弃攻城。"贼攻城长技惟恃地雷，自牟工、祥工黄水两溢，汴城外浮沙深丈余，近郊无大村落，不能成隧道。……雷雨交作，野旷无蔽，贼火药不能燃。"⑤

---

① 汪堃：《盾鼻随闻录》卷4，中国史学会主编：《中国近代史资料丛刊——太平天国》第4册，神州国光社1953年版，第385页。

② 张德坚：《贼情汇纂》卷11，中国史学会主编：《中国近代史资料丛刊——太平天国》第3册，神州国光社1953年版，第294页。

③ 李棠阶：《李文清公日记》，第13册，张守常：《太平军北伐资料选编》，齐鲁书社1984年版，第273页。

④ 《绵愉等奏续讯李开芳等人供词折》，中国第一历史档案馆编：《清代档案史料丛编》第5辑，中华书局1980年版，第168页。

⑤ 沈传义修、黄舒昺纂：《祥符县志》卷23，第11页，光绪二十四年刻本；张守常：《太平军北伐资料选编》，齐鲁书社1984年版，第260页。

北伐前期，太平军以进攻型地道战为主，其典型战役是怀庆之战。北伐军开展的这次地道战，其规模是北伐前期最大的一次。

北伐军攻打怀庆之初，虽然用地雷轰塌了其城墙，由于被炸塌的城墙缺口小，城墙以外开阔地距离比较远，所以对太平军迅速强攻行动造成不利影响。当时守城者一方不仅使用枪炮火力封锁住冲锋的太平军，同时又迅速地抢修炸塌的缺口，致使太平军冲锋进攻未能取得成功。"初围怀庆时，贼用地雷打破城墙，因城内枪炮打的利（厉）害，贼大受伤，所以不能再上。"[①]针对这一情况，太平军又采取了多处挖地道，轰炸多处缺口的对策，以使其防不胜防，顾此失彼。"贼因明攻不利，暗设地雷，又虑一处易于救应，故十八日东西两门同时开发，意其救东则不及顾西也，其计可谓周密矣。东门地雷先发，城墙倒塌，守城者各负砖石上城，顷刻补完。及西门将发，时正近午，日色满天，忽起东风，上黑云大雨如注，火药为水漂没，且因土松倒压死者不少。"[②]此役终因天公不作美，太平军在东西两路的攻城，均未取得成功。

北伐军从扬州出发一路北上，势如破竹，从未遇到过像怀庆这样难啃的骨头。太平军的地道战为何在怀庆之战中未获成功呢？

其一，太平军主观上有轻敌倾向，没有做好充分准备。主要表现在挖掘地道的工作及各项辅助性工序过于粗糙、仓促，致使地道口的隐蔽性太差，被守军侦察后轻易暴露，使以地道炸塌城墙的效果大打折扣。

其二，当时自然条件不利于挖地道，正值中原雨季，天气因素构成影响地道战的重要原因。由于雨水渗入地下，造成挖掘中的地道多处塌陷。据《粤匪犯怀庆实录》记载，"忽晚间大雨，城濠水涨，所告地雷穴道三处，又尽塌陷。此是神佑"。[③]

其三，太平军工兵中有叛逃告密者，泄露了即将挖掘竣工的地道方

① 《张维城口述》，中国科学院近代史研究所近代史资料编辑组：《近代史资料》1963年第1期（总30号），中华书局1963年版，第16页。
② 龚汭：《耕余琐闻》癸集，张守常：《太平军北伐资料选编》，齐鲁书社1984年版，第284页。
③ 田桂林：《太平军攻怀庆实录》，《近代史资料》总第81期，中国社会科学出版社1992年版，第98页。

位，使其轰炸城墙方案提前失效。据《粤匪犯怀庆实录》记载："有河南巩县人被贼裹胁至怀，投城下求生，系到城上，密告贼由南关祖师庙穿穴二道，将以轰城；由西隅穿穴一道，将以入城，计甚毒险。"①

其四，太平军攻城速度稍逊守城者一筹。在太平军的宗教军纪中，有些形式主义的规定，如临阵前总要祈祷上帝眷顾，贻误了稍纵即逝的攻城战机。相比而言，守城方是严阵以待，早做好事先准备。"凡贼将发地雷，必先用猪羊祭之，故城中闻炮声，早已预为备之。"②守城方全力加强城防，闻地雷爆炸后，守城指挥下令拼死封锁炸塌的缺口，利用城上居高临下的优势，以火力阻止太平军的冲锋。"裴公因城被轰塌，下体已陷，坐墙中犹呼众开枪击退扒城之贼。"③抢占被炸塌城墙缺口的关键，就是抢时间争速度，先者为胜。令北伐军始料不及的是，怀庆守军竟能够如此负隅顽抗，"贼向人言，他处皆畏地雷不敢前，唯城中民一闻响声，即群趋缺口，深相诧怪，以为异事"。④

其五，守城一方，破釜沉舟，孤注一掷的作战决心也是防御成功的重要原因之一。正如，怀庆绅士战后总结的那样，"闻湖北、南京城坚，兵多十倍于怀，皆以地雷破城，守城者胆怯退散，贼遂入城。而湖南亦被贼轰破城墉，兵勇齐集缺处抵御，如怀庆之守，贼虽恶攻，卒不能进城，乃去。古人云：死中求活"。⑤

从怀庆守方的防御策略分析，应承认守城者运用的反坑道战术，也发挥了不小作用。"时任怀庆府知府余炳焘、河内县知县裴宝铺，督带官兵绅团，登埤固守，昼夜巡防，贼屡攻地道不克，先后破其地雷十三处。"⑥那么，怀庆守方到底采取了哪些反坑道战术的措施，让太平军挖掘的这十几

① 田桂林：《太平军攻怀庆实录》，《近代史资料》总第 81 期，中国社会科学出版社 1992 年版，第 98 页。
② 龚浔：《耕余琐闻》癸集，张守常：《太平军北伐资料选编》，齐鲁书社 1984 年版，第 284—285 页。
③ 姚宪之：《粤匪南北滋扰纪略》，中国史学会济南分会编：《山东近代史资料》第 1 分册，山东人民出版社 1957 年版，第 16 页。
④ 龚浔：《耕余琐闻》癸集，张守常：《太平军北伐资料选编》，齐鲁书社 1984 年版，第 285 页。
⑤ 田桂林：《太平军攻怀庆实录》，《近代史资料》总第 81 期，中国社会科学出版社 1992 年版，第 93 页。
⑥ 谢山居士：《北路奏肤》，《粤氛纪事》卷 5，张守常：《太平军北伐资料选编》，齐鲁书社 1984 年版，第 3 页。

处地道最终落空，没有成为太平军攻破怀庆的突破口呢？

首先，怀庆守方对太平军使用地道战攻城有提前防备，专门针对挖掘地道举动，采取了探测监听等防范措施。当守城者发现太平军在护城河上搭浮桥时，就意识到"此做地雷也，谨防之"。[①]第二天，便在"西门口向城根下挖坑一个，用聩者枕瓮而听之，可以知地雷响动在于何处。……始通知四门挖沟堵截"。[②]

其次，及时发现盲目挖沟堵截的方法过于简单，马上就采取了其他有效措施补救。由于检测初期总与太平军的地道方位相左，于是广泛搜罗善坑道之工，千方百计寻求破坑道攻城之术。不仅进行全城总动员，甚至借助了在押监犯为城防出招。"贼屡于城外偷挖地道，裘公提出监犯任随成等十五名，设法察听。"[③]任随成何许人也？[④]任随成原是煤窑佣工，能识煤脉，因擅杀窃贼下狱。当官府悬赏征招之机，他便站出来，"言能破地道"，[⑤]希望抓住这个将功赎罪的机会。经地方官获准后，怀庆府也有了一批具备地下作业经验的专业人员参与反坑道战。

最后，怀庆守军实施了反地道进攻的有效战术。这就是先侦察判断太平军地道所在位置，然后有针对性地挖地道迎击，或横向九十度挖掘深沟，切断通往城内的地道。探查地道位置的方法，主要采用了三种：其一，将大水缸埋在地下，利用声波判断挖掘行动来自何方，判断挖掘距离的远近。其二，登城居高临下，举目向四方张望，观察地道口树立的井架，以及由此往外运土方情况，综合分析地道走向和方位。其三，派人潜出城外，观察周围地面植物上有无露水，由此判断地下是否正在进行施工活动。怀庆守方的专业人员，"随成专防地道，每于昧爽时验之，谓草上

① 田桂林：《太平军攻怀庆实录》，《近代史资料》总第 81 期，中国社会科学出版社 1992 年版，第 87 页。
② 同上书，第 88 页。
③ 姚宪之：《粤匪南北滋扰纪略》，见中国史学会济南分会编《山东近代史资料》第 1 分册，山东人民出版社 1957 年版，第 16 页。
④ 任随成，济源人，亦有史料记载为"任遂成"。
⑤ 李棠阶：《李文清公日记》第 13 册，张守常：《太平军北伐资料选编》，齐鲁书社 1984 年版，第 273 页。

无露则下有地道，远近曲折，一目了然"。① 专业人员在现场进行侦察勘测后，太平军挖掘的地道便被一一识别出来。"其他地道十余处，皆被城中任遂（随）成破之"，② 于是便在"城内迎掘，其地道无或舛者"，③ 并"于城外横掘深堑以待，隧道至立破"。④ 与太平军的地道挖通后，"则贼甬道之气亦泄，即不能用矣。再用稻草蘸桐油燃着，入甬道中，穴内有贼即被熏蒸而死，贼亦不敢再入，屡试屡验"。⑤

太平军在怀庆战役中，共挖掘十几条地道，多数被守城方发现，只有三处安装了炸药实现爆破。"贼来怀庆，本恃以地雷破城，凡穿十七处，已成而响者三，未成者四，被剜破者七，天雨塌陷者三。"⑥ 由于守城者的拼死填补堵筑，太平军也没有从这三处缺口冲进城去。"贼围怀庆，屡次挖地道，因城内民人有缒城下来者，被丞相拿去，问知城内有濠，所以不敢再挖。"⑦

在围攻怀庆两个月之久以后，最终放弃了攻打，转而绕道山西继续北上。虽然北伐前期运用地道战的战役并不多，怀庆地道战也未能奏效，但并不能因此否认工兵在太平天国北方战场的作用，因为在北伐后期的防御型地道战中，北伐军将工兵的防御效能发挥到了极致。

二 防御型地道战

北伐后期，太平军的地道战术运用很普遍，凡太平军的驻地，无论是独流、静海，还是束城、阜城、连镇、高唐、冯官屯，几乎都挖有地道，它成为太平军防御中的一个有效战法。

① 方宗诚：《记任随成事》，《柏堂集》续编，卷14，张守常：《太平军北伐资料选编》，齐鲁书社1984年版，第294页。

② 李棠阶：《李文清公日记》第13册，张守常：《太平军北伐资料选编》，齐鲁书社1984年版，第273页。

③ 同上。

④ 方宗诚：《记任随成事》，《柏堂集》续编，卷14，张守常：《太平军北伐资料选编》，齐鲁书社1984年版，第294页。

⑤ 田桂林：《太平军攻怀庆实录》，《近代史资料》总第81期，中国社会科学出版社1992年版，第98页。

⑥ 同上。

⑦ 《张维城口述》，中国科学院近代史研究所近代史资料编辑组：《近代史资料》1963年第1期（总30号），中华书局1963年版，第16页。

在独流驻扎时，太平军曾挖有"两个地窖"。① 在阜城停留时候虽然不长，太平军也进行了地下施工，当时因胜保调宛平、房山两县煤窑匠役 80 余名，在阜城东北半里村内挖掘地道，企图通过地道埋置地雷进攻营地木城，于是太平军以地道来对付清军的地道进攻。北伐军的有些地道挖掘工程量很大，如在连镇"时贼之地道深数十里，纡迴曲折，皆有暗门，故其藏于窟室之中，其上皆瓦砾榛莽，踪之不可得也"。② 由于地道口隐蔽性很强，清军攻克连镇后，寻找林凤祥下落费了很大工夫，直到搜索的第 4 天，"始在中营颓垣下查出有一地道，洞口盖有石板，板上堆砌砖瓦累累"。③ 在此地道内，配备的设施相当齐全，"内设有灯，床帐木器齐全，并存有月余之粮"。④ 李开芳所部南下高唐后，马上就修建了军事工事，特别是修筑的坑道工程，后来对防御清军炮火攻击发挥了至关重要的防护作用。"贼于城外挖深濠三道，于城根开暗门通入濠内，又于第一濠开洞，通至第二濠、第三濠。濠内伏贼匪十余名，官军枪炮皆不能击，兵勇逾沟，贼即用矛上戳，或用小枪轰击，鲜有脱者。城门或启或闭，明明见贼往来，而兵勇不得向前。"⑤ 再往后，李开芳所部撤退到冯官屯，更加注重修筑地道。他们"将村内掘挖土壕，盘旋纡绕三匝，可以由地下通行，即在沟内挖窖潜藏，以避炮火。围壕之外复挖小孔，逆等伏于地下向外瞭视，俟我军逼至鸟枪可及之处，即向上开枪，是以日日进攻，兵勇皆有伤亡。"⑥ 太平军还挖掘了可以外出偷袭敌人的地道，"贼首李开芳在内掘一地道，将王炮台轰倒，击死炮队弁兵多名。王谕施肇恒连夜修围，并令设法以防地道"。⑦

纵观太平天国北伐军的防御性地道战，可知其发挥的作用主要有四点：

---

① 《张兴保供词》，中国第一历史档案馆编：《清代档案史料丛编》第 5 辑，中华书局 1980 年版，第 171 页。
② 谢山居士：《北路奏牍》，《粤氛纪事》卷 5，张守常：《太平军北伐资料选编》，齐鲁书社 1984 年版，第 9 页。
③ 陈思伯：《复生录》，《近代史资料》1979 年第 4 期（总 41 号），中华书局 1980 年版，第 48 页。
④ 同上。
⑤ 张集馨：《道咸宦海见闻录》，中华书局 1981 年版，第 151 页。
⑥ 《僧格林沁等奏报近日围剿情形并设法引水灌淹冯官屯折》，中国第一历史档案馆：《清政府镇压太平天国档案史料》第 17 册，社会科学文献出版社 1995 年版，第 160 页。
⑦ 陈思伯：《复生录》，《近代史资料》1979 年第 4 期（总 41 号），中华书局 1980 年版，第 50 页。

其一，北伐军可以利用地道来隐蔽，从而躲避清军的猛烈炮火攻击。正如，太平军张维城所说："所占村庄，俱由屋内地下挖窨，可避官兵。"[①]地道使太平军的防御工事将地上与地下连成整体，当清军炮击时，便及时转入地下，大大减少了伤亡人数，清军对此无计可施。"胜帅奏铸万六千斤大炮，又铸八千斤炮，并安置地雷叠次轰击，奈贼藏地窟，不能遽伤，所塌城墙，辄于黑夜修筑完固，策无所施。"[②]

其二，北伐军开展地道战的主要目的是防御，但并非是一味固守，即防御中有进攻，这种进攻多数又是通过坑道工事来实现的。太平军的地道挖出木城工事之外，成为攻击清军营垒的通道。正如，《粤匪南北滋扰纪略》一书所说：

北伐军"又挖地窟，贼皆潜居，并有地道直通城外，每黑夜偷营，半由城门往还，半由地道出入"。[③]

外出奇袭的太平军往往是来无影去无踪，特别是由地道返回，让清军十分无奈。"贼复暗中潜遁，钻入附城地洞，杳然无踪。"[④]

其三，有时北伐军突围，也借助地道。由于主要交通道口往往被清军封锁，北伐军便选择其防御相对薄弱的地方，从地下挖地道突围。据连镇的逃出难民反映，"闻该逆制造吕公车及掘挖地道，总要舍死扑出"。[⑤]

其四，以挖地道来对付清军的"地下进攻"，以其人之道，还治其人之身。清军在地面长期围攻不见效的情况下，也曾尝试着将地面上的较量转移到了地下，双方又展开了地道战。钦差大臣胜保与僧格林沁的攻剿战术不同，他一直主张对北伐军营垒实施地道进攻，妄图凭借地下埋雷轰塌

---

① 《张维城口述》，中国科学院近代史研究所近代史资料编辑组：《近代史资料》1963 年第 1 期（总 30 号），中华书局 1963 年版，第 17 页。
② 姚宪之：《粤匪南北滋扰纪略》，中国史学会济南分会编：《山东近代史资料》第 1 分册，山东人民出版社 1957 年版，第 24 页。
③ 同上。
④ 《胜保等奏复十四日廷寄高唐未克缘由片》，中国第一历史档案馆：《清政府镇压太平天国档案史料》第 15 册，社会科学文献出版社 1994 年版，第 68 页。
⑤ 僧格林沁：《奏陈逆匪被围倍蹙连次扑冲皆被击回折》，太平天国历史博物馆编：《太平天国史料丛编简辑》第 6 册，中华书局 1963 年版，第 44 页。

城池，趁势攻入太平军的营垒。但他在阜城围剿作战中实施的地道攻势，始终未能奏效，随后被派去迎击北援军。后来，他在高唐围剿李开芳时，再次下令雇佣民夫疏挖地道，不惜工程浩大，屈曲而进。他在《奏报连日围剿高唐及暗挖地道情形片》中说：

"现复于西南、东南、东北、正北就营盘内暗挖地道四处，现已动工十余日，如挖掘得手，再旬余日可抵城根。贼之全力俱在东北，四路动手，谅贼万不及防。"①

太平军凭借着外围三道深壕工事，有效地遏制了胜保所率清军的地道进攻。当时在胜保营中效力的张集馨，仔细听取了太平军被俘人员李采卿分析的其中缘由，"贼有三壕，其深无比，我所挖地道，数月来尚未能过贼壕，安能及城用地雷轰摧耶？"②清军要想把地道挖至太平军的城下，必须从太平军防御壕之下通过，这使胜保的工兵束手无策。"凡挖地道，只可在平地，断不能在壕下，贼已挖有深壕，若我再挖，则壕底必塌，自取覆压。且闻挖壕者，屡被贼匪用铁签戳伤，敌已知之，何补于事？"③太平军以掘洞迎击，或制造塌方，或在坑道内灌烟等各种方式，抵御清军的地道进攻，并且依托坑道口以铁锹等工具刺伤由地道进攻之敌，成功地阻止了清军的地道挖掘。所以，胜保所部挖掘地道工事的进度遥遥无期。此时，驻守高唐的太平军，也没有一味消极防御等待，特别是知道北援军失败后，非常明确只有靠自己救自己。因此，他们所修地道，也反映出了最终突围的意向。"该逆情急思窜，胆敢向东北炮台偷挖地道，欲用地雷轰倒营墙，乘机奔窜。经我兵预先知觉，禀明奴才，当即于川楚各勇中挑选善挖地道之人，令其分两路横挖，将其地道破毁。"④

———————

① 《胜保奏报连日围剿高唐及暗挖地道情形片》，中国第一历史档案馆：《清政府镇压太平天国档案史料》第 15 册，社会科学文献出版社 1994 年版，第 633 页。

② 张集馨：《道咸宦海见闻录》，中华书局 1981 年版，第 156 页。

③ 同上。

④ 《胜保等奏报高唐进攻未下并筹办地道完竣愆期折》，中国第一历史档案馆：《清政府镇压太平天国档案史料》第 17 册，社会科学文献出版社 1995 年版，第 1 页。

胜保对地道配地雷的攻剿计划一直寄予极高的期望值，他在咸丰四年（1854年）九月二十一日的《奏报连日筹剿高唐情形片》中说："现在破城之计，惟有设法先破其壕内伏贼，仍须安用地雷，将其缺口左右城上栅垒再行轰开，使贼万不能御，必能一举而成。"①

在他看来，地道竣工之时，就是剿匪军务功成之日。他哪里知道负责挖掘地道的施工下属，经常谎报进度，往往欺骗愚弄于他。张集馨伤愈抵营后，发现了地道挖掘中的溢水等严重问题，但是，与其他人一样也不愿对胜保谈及工程的真正缺陷和隐患。他分明知道地道里使用了木支架，用以预防塌方，而且洞内存在严重的溢水现象，本来进行地道掘进的目的是实施火药爆破，那么地道里如此阴湿，火药到底还能不能有效呢？这一切明摆着棘手的问题，"同人非无知者，而皆不敢言。"②张集馨在《道咸宦海见闻》里，还记述了胜保煞费苦心、耗费巨大、历时数月的地道工程的最终结局。

"（咸丰五年正月）十九日更鼓时，淡月昏黄，忽闻崩塌一声，黑烟四起，兵勇走报曰：'地道自焚，轰毙弁兵夫役无数，胜帅亦被伤。'""次早打听，始知地道尚未过濠，遂用火药二万斤，以巨篓分载运入，又用棉布缝为药信长袋数百尺，外裹油纸，派定守备带领夫役运入窟中，逐节安放。人数既多，贼早知觉。贼知其无成，是以静待，城中寂无声音，但见女墙人影幢幢。夫役弁兵因地道深黑崎岖，各携手灯蛇行匍匐，不料地风忽起，将灯吹灭，夫役倾跌，灯煤碰至药筐，一时并著，数十百人登时灰烬。在洞口者，如定守备诸人，形如黑炭，遍体流水，转瞬亦死。是役也，不但州城无恙，贼濠固无损也。贼在城上大肆喧笑，锣鼓并作，殊属可恨。"③

这场精彩激烈的地道战就这样告终了。四天以后，胜保被革职问罪。

---

① 《胜保奏报连日筹剿高唐情形片》，中国第一历史档案馆：《清政府镇压太平天国档案史料》第15册，社会科学文献出版社1994年版，第631页。

② 张集馨：《道咸宦海见闻录》，中华书局1981年版，第156页。

③ 同上书，第156—157页。

僧格林沁接替胜保之后，与李开芳所部在冯官屯展开的地道战中，依然不能占得先机。以李开芳为首的北伐军从高唐突围抵达冯官屯后，立刻就修建防御工事，夜以继日地挖掘地道和围绕村边的深壕。这些与地道互通的壕沟，一方面有效地躲避清军炮火，并且掩护了太平军的行踪；另一方面又形成了阻隔清军进攻时难以逾越的障碍。所以，僧格林沁也多方商酌地攻之法，决定与李开芳展开地道对攻。为此专门利用在连镇抓获的太平军土官将军刘自明，由村外向村内挖地道，试图"一面布置壕垒，一俟该逆防守稍懈，即督饬兵勇合力进攻"。①刘自明系湖南人，参加太平军后一直在土营效力，进攻武昌、南京之时，刘就是参与在城脚下挖掘地道并用炸药轰塌城垣的功勋，随林凤祥北上，被封为土营将军。连镇失陷后，他被清军俘获并随营带至冯官屯，僧格林沁让他挖地道，企图以此消除太平军来自地下的攻击。让其始料不及的是，刘自明却借机重新返回太平军队伍，反戈一击，给清军西南炮台以重创，此招失算，让僧格林沁不得不放弃了与太平军的地道对攻计划。"因刘自明挖至贼壕，该犯畏罪携带同挖地道六人，趁夜逃入贼垒后，复又改道开挖至十余丈，现在该逆亦迎头挖来，是地攻之法断不可为。"②此后，僧格林沁便将攻冯官屯的地道战术改为了水攻。

三　地道战术评价

从北伐战术角度分析，太平军北方战场的地道战，提高了进攻的有效性，强化了防御的地上工事与地下设施的连通性，极为有效地提高了农民军的战斗力，尤其在北伐后期，大大提高了防御的稳定性。太平军之所以能在连镇、高唐、冯官屯长时间坚守，拥有极强的生存能力，与采取地道战术有着直接的关系。正如胜保所说："至暗挖地道，为贼之惯技。……

① 《僧格林沁等奏报连日进攻冯官屯等情折》，中国第一历史档案馆：《清政府镇压太平天国档案史料》第17册，社会科学文献出版社1995年版，第92页。
② 《僧格林沁等奏报近日围剿情形并设法引水灌淹冯官屯折》，中国第一历史档案馆：《清政府镇压太平天国档案史料》第17册，社会科学文献出版社1995年版，第160页。

近城掘濠，深至丈许，揣度贼所从来之处，即自内向外迎挖，以破其奸。并多设瓮听，密发侦探，随方拒守。"[1] 僧格林沁在冯官屯围剿北伐军时，也深感李开芳所部挖掘的地道令清军十分头疼，无可奈何。"逆匪窜踞冯官屯，经我兵用大炮轰击，房屋坍塌，乃该逆在沟内挖窖潜藏，以避炮火，实属狡悍异常。"[2] 北伐军使用地道战术，进可攻，退可守，增加了游刃余度。

从北伐战略角度分析，太平军与围剿的清军相比实力悬殊，由于不能及时得到天京方面的增援，从驻扎独流、静海之后，始终处在被动军事态势之下，所以北伐后期的地道战带有明显的防御功能。虽然，太平军也有些地道口挖至工事之外，有利用地道偷袭外围敌军的进攻之举，但是，在孤军作战条件下，根本不可能与据点外的援军取得联系，形不成内外线的配合，无法实现内外夹击敌人，难以改变被动的态势。所以说，地道战延长了北伐军防御坚守的时间，却不可能从根本上改变太平天国在北方战场最终失败的结局。

第二节　北伐军的骑兵战法

学者们讨论太平天国开辟北方战场的得失时，有一种意见认为，太平军到北方没有马队，无法与清军形成抗衡之势，所以，太平天国当时不宜北伐。随着对太平天国北方战场研究的逐步深入，学者们又发现，北伐太平军不仅建立了自己的马队，而且在北方战场上还发挥了一定的作用。黎

---

① 《胜保奏报连日进攻叠获胜仗破其木垒并现筹攻剿情形折》，中国第一历史档案馆：《清政府镇压太平天国档案史料》第 13 册，社会科学文献出版社 1994 年版，第 253 页。
② 《寄谕僧格林沁著妥办挑河灌敌并设法攻敌毋令久居》，中国第一历史档案馆：《清政府镇压太平天国档案史料》第 17 册，社会科学文献出版社 1995 年版，第 170 页。

仁凯在《北伐太平军在直隶》一文中，提到太平军马队始建于围攻怀庆之时，特别是在直隶的征战中，马队已逐渐发挥了它的作用。[①] 张守常在《太平天国北伐史》中，论及李开芳出奔高唐的兵马，是北伐军"骑兵精华中的精华"。[②] 徐伟民在《太平军马队述论》中，也提出了"北伐马队兵力严重不足是北伐失败原因之一"的看法。[③] 由此可知，学者们认为到北伐太平军确实具有了自己的骑兵，并修正了此前"北伐军没有马队"的认识。但是，认识不应该仅仅停留于此，太平天国北方战场的马队建设、马队战术和作用、马队的困境和消亡，到底是何种状况呢？尚须进行更详尽、系统、深入的研究。

一　北伐军的马队建设

由于地理条件决定了交通运输工具的使用前提，"南人利舟而不利骑"，便成为传统时代人们的一种惯性共识，甚至传统的军队兵种的设立和建设，也会受到地理环境的很大影响。

在太平天国大举北伐之时，清廷朝野上下几乎一致认为，北方平原地形不利太平军。在采取何种应对措施上，官僚们均强调应该突出清军兵强马壮的平原作战特色。例如，山东巡抚张亮基就特别主张强化清军的骑兵马队作用，"南贼甫窜北路，必畏马队，且东省地多平衍，利于骑兵。闻僧格林沁所带马队甚为骁健，可否酌派来东，以扼北窜"。[④] 骑兵作战特点是机动快捷，尤其在平原作战中，马队对步兵阵形的冲击具有十分明显的优势。因此，在选择作战方式上，清军意在突出兵种优势，准备在黄河以南阻止住太平军挺进的步伐。甚至试图在太平军没有建立相应兵种的情况下，给太平军以沉重打击。"该逆舍舟登陆，豕突狼奔，此时必无现成马

---

① 黎仁凯、傅德元：《北伐太平军在直隶》，河北、北京、天津历史学会编：《太平天国北伐史论文集》，河北人民出版社 1986 年版，第 161 页。

② 张守常、朱哲芳：《太平天国北伐西征史》，广西人民出版社 1997 年版，第 194 页。

③ 徐伟民：《太平军马队述论》，《历史档案》1998 年第 4 期。

④ 《张亮基奏报敌股渡河请敕阜城大营拨兵防守折》，中国第一历史档案馆编：《清政府镇压太平天国档案史料》第 12 册，社会科学文献出版社 1994 年版，第 577 页。

匹供其掳掠，我朝军威向以马队为最，似须趁其立足未定之时，用我所长，攻其所短，势必易于得手。……自以迅发马队精兵，迎头截击为第一要策。"①

北伐前期，虽然太平军进兵速度较快，但是，清军的骑兵对太平军构成了实实在在的威胁。林凤祥等在朱仙镇发出的回禀中说："自临怀（淮）至此，……将兵日日加增，尽见骑马骡者甚多。"②清军骑兵的参战给太平军阵形造成很大冲击，尤其对步兵构成极大威胁，那些与骑兵交战的场景给太平军官兵留下相当深刻的印象。北伐主帅之一李开芳真切地感到"到北边来，马队利（厉）害"。③太平军士兵金有也曾回忆说："见官兵步队，不甚害怕，唯怕马队冲扑。"④作战实践说明，要应对清军骑兵马队，唯有组建北伐军自己的马队。

其实，太平军自北伐出征后，就开始有意识地组建一支骑兵队伍。⑤因为北伐将领在与清军交锋中，很强烈地意识到骑兵在平原作战中的极大威力，故不惜代价组建了新型兵种——马队。骑兵是一种骑马作战的兵种，马匹成为马队建设的基础条件，故此太平军非常注意收养马匹。可以说，太平军在所到之处，几乎将征集马匹作为了首当其冲的急迫任务之一。"据滁州禀报，逆匪于初八日辰刻，自浦口上岸，将江浦县之东葛驿马抢去。"⑥驿马是驿道上的主要传送工具，来自驿站的马匹一般都比较健壮，善于奔跑，所以，太平军沿途驿站的马匹被悉数收缴。例如，太平军

---

① 《孙瑞珍奏报豫省被窜请速拨马队精兵前赴河南迎剿以防北窜折》，中国第一历史档案馆编：《清政府镇压太平天国档案史料》第 7 册，社会科学文献出版社 1993 年版，第 225 页。

② 《林凤祥李开芳吉文元朱锡琨回复北伐战况上北王韦昌辉禀报》，太平天国历史博物馆编：《太平天国文书汇编》，中华书局 1979 年版，第 218 页。

③ 《李开芳又供》，中国第一历史档案馆编：《清代档案史料丛编》第 5 辑，中华书局 1980 年版，第 167 页。

④ 《金有口述》，中国科学院近代史研究所近代史资料编辑组：《近代史资料》1963 年第 1 期（总 30 号），中华书局 1963 年版，第 17 页。

⑤ 太平天国开辟北方战场之前，已拥有一定数量的马匹，也具有了部分管理人员，但是，并没有真正形成一支专门的骑兵作战队伍。当时太平天国的马匹，主要用于交通工具和仪仗等，还没有形成执行特殊作战任务的兵种存在。据《金陵杂记》记载："贼由广西以至金陵掳得马骡，设有伪典天马专管。胁掳各处百姓为其牧放，喂养并不知何法，可以喂米饭，不知用料料，水草亦不调匀，故马匹多见羸瘦也。"

⑥ 李嘉端：《滁州被扰请兵协防片》，张守常：《太平军北伐资料选编》，齐鲁书社 1984 年版，第 177 页。

占领直隶沧州后，城内的"驿号马匹悉行抢去"。①到直隶河间府，同样收集了驿站的驿马，而"河间王县令，因驿站马匹被抢，自己用刀将脖项抹伤"。②总之，太平军经过的驿站，几乎全部陷于瘫痪状态。舒兴阿当时在奏折中，谈及驿马被抢导致山西驿站传递信息中断，"自因曲沃一带被贼滋扰，驿递夫马多致逃匿，是以文报延缓"。③所以说，北伐太平军组建马队的过程，也是摧毁沿途清方文书递送系统的过程。

太平军骑兵马匹的另一个来源出自民间，从民间获取马匹的方式有三：

其一，依靠沿途"打先锋"的方式，收缴地方豪绅的马匹。如在怀远县，太平军勒令"孙、宋诸富室献骡马千头，得以免死"。④兵部侍郎周天爵在咸丰三年五月初五日的奏报中说，太平军"所到之处，不敢多杀人，不过多掳骡马，以为走计"。⑤特别是太平军进入河南后，到各乡村收缴马匹的行动明显加大了力度。相关史料记载，屡见不鲜，譬如，太平军在安徽，"（五月）初十日至睢，掳掠丁壮骡马而去"。⑥太平军进入河南，"到汴后，强占村庄民房，并在城外游弈（弋），有骑马者，有骑驴者，其马驴皆抢自民间"。⑦"贼遂分遣匪徒，于平皋、陈家沟、赵堡镇等村抢掠牲畜。"⑧"贼匪屯聚温县张乡村，夺取骡马。"⑨在围攻怀庆期间，因停留近两月，邻近

① 陈钟祥：《沧州满汉文武官绅被难情事状》，《沧州失守后地方情形状》卷2，张守常：《太平军北伐资料选编》，齐鲁书社1984年版，第426页。

② 《京畿巡防各路及各州县探报》，中国第一历史档案馆编：《清代档案史料丛编》第五辑，中华书局1980年版，第190页。

③ 《舒兴阿奏报遵旨催郝光甲等追剿并驮载缺少贻误军行片》，中国第一历史档案馆编：《清政府镇压太平天国档案史料》第9册，社会科学文献出版社1993年版，第424页。

④ 耕石老农：《皖碧吟》，《太平天国资料丛刊简编》第6册，中华书局1962年版，第430页。

⑤ 《周天爵等奏报所拿获之杨宗传等人供称北窜股众组成情形片》，中国第一历史档案馆编：《清政府镇压太平天国档案史料》第7册，社会科学文献出版社1993年版，第47页。

⑥ 王枚纂修：《续修睢州志》卷12，《兵寇》，光绪十八年修，民国年间排印本，张守常：《太平军北伐资料选编》，齐鲁书社1984年版，第259页。

⑦ 《沈兆沄等奏报连日缒城斩杀股众西窜及援兵渐集防剿折》，中国第一历史档案馆编：《清政府镇压太平天国档案史料》第7册，社会科学文献出版社1993年版，第262页。

⑧ 李棠阶：《李文清公日记》第13册，张守常：《太平军北伐资料选编》，齐鲁书社1984年版，第269页。

⑨ 《太平军攻围怀庆府史料二则》（一），《档案管理》1991年第6期。

地区马匹几乎收缴殆尽，"贼已尽搜附近民间马骡，以图疾走"。① 太平军途经山西时，扩建马队的工作取得较大进展，马匹数量大增。"八月，贼由济源一带窜垣，……掠人畜无算。"②

其二，是从民间接收沿途乡绅们的"赠送"。例如，在山西"赵城、霍州等处，竟有馈贼骡马，预备粮石之事"。③

其三，是向民间收购马匹。例如，在清政府档案中就发现了太平军向民间购买马匹的史料记载。"在途盘获从逆贼犯张玉环又名张继承一犯，在腰间搜出令字红绸一块。据供代贼买马两次。"④ 据该供词交代，他本人曾两次至济源县合庄，用银九十两，买回四匹马。

其实，在太平军马匹的来源中，更重要的途径是从清军手中夺取的，因为这是一种此消彼长的关系。林凤祥等在朱仙镇发给天京的回禀里说，在归德一战中，"得马骡五百余匹"。⑤ 从清军手中夺取的马匹中，有些是战场的战利品，有些则是直接从偷袭敌营中缴获的敌军马匹。例如，咸丰四年正月二十七日夜，太平军通过夜袭西安右翼副都统佟双成的营帐，一举缴获清军战马三百多匹。时任布政使的张集馨在日记中详细记述了太平天国北伐军这次劫营的情景，"双成狼狈来营。知营已被劫，杀毙满兵，抢掳马匹，……次日，双成检点营马，已失三百余匹"。⑥

太平军在收缴马匹的同时，非常注重挑选和训练自己的骑兵。骑兵作为一个特殊的兵种，不仅需要掌握骑术，还要在马背上操持兵器，因此必须经过学习训练才能胜任。太平军主要是在实战中进行的训练，没有固定

---

① 《李僡奏报怀庆被围紧急请就近征调兵折》，中国第一历史档案馆编：《清政府镇压太平天国档案史料》第 8 册，社会科学文献出版社 1993 年版，第 325 页。

② 薛元钊修，张十铺纂：《垣曲县志》卷 4，《兵防·武事》，光绪六年刻本；张守常：《太平军北伐资料选编》，齐鲁书社 1984 年版，第 346 页。

③ 《寄谕胜保著严饬各路官兵围剿并晓谕绅民助饷》，中国第一历史档案馆编：《清政府镇压太平天国档案史料》第 9 册，社会科学文献出版社 1993 年版，第 317 页。

④ 《哈芬奏请将获犯之唐需霖等鼓励片》，中国第一历史档案馆编：《清政府镇压太平天国档案史料》第 9 册，社会科学文献出版社 1993 年版，第 94 页。

⑤ 《附盘获之林凤祥等关于北伐战绩禀文》，中国第一历史档案馆编：《清政府镇压太平天国档案史料》第 7 册，社会科学文献出版社 1993 年版，第 518 页。

⑥ 张集馨：《道咸宦海见闻录》，中华书局 1981 年版，第 138—139 页。

的学习期。譬如，在直隶深州，刚刚参军几天的荣雪儿，就开始骑马打仗了。据他后来的供词介绍说，当时，太平军头目"吴四给我扎枪一杆，鬼头刀一把，白马一匹，叫随着马队打仗"。①对新手的培训和练习，太平军一般要指定专人负责指导。例如，太平军士兵张兴保，首次训练骑马时，就指定一位姓计的驯马总制专门指导他学习。"黄贼目叫我跟巡（驯）马总制计姓出来学习打仗，给我短刀一把，白马一匹骑着出来。"②

　　太平军骑兵配备的武器，主要是刀、扎枪和弓箭，极个别的配备了火枪。太平军张二丑在"供词"里说："有贼头目山东人王毛子给我马一匹，鸟枪一杆。"③在太平军南方籍老长毛中，由于缺乏具备骑术的教练，特别是一些骑兵训练工作中高难度技术动作，像马上操练和舞枪等练习项目，很少有人能胜任教练资格。于是，太平军便让俘虏的清军骑兵出任教练工作。"贼营中裹胁吉林官兵马队甚多，且逼令教演马枪。"④北伐军对骑兵队伍训练的重视程度，由此可见一斑。

　　北伐太平军进入河南地界后，骑兵队伍已具雏形，到围攻怀庆期间，达到了一定规模。当时，"贼在城外，或跃马直驰，或按辔徐行，往来络绎不绝"。⑤有的太平军说：在怀庆时，"骡马共有一万多匹"。⑥显然，这个数字有所夸张。但是，河南许昌文人庐硕煦的诗句所形容的"一闻贼骑至，相率登城保。贼骑遮日月，贼声聒人脑"，⑦则表明太平军马队的阵势，此时确实已达到了相当规模。北伐军马队的建置规模，在挺进到天津附近时达

---

① 《京城巡防处奏审荣雪儿供词折》，中国第一历史档案馆编：《清代档案史料丛编》第五辑，中华书局1980年版，第180页。

② 《张兴保供词》，中国第一历史档案馆编：《清政府镇压太平天国档案史料》第12册，社会科学文献出版社1994年版，第144页。

③ 《联顺等奏报拿获从敌打仗之张二丑请交巡防处严讯折》，中国第一历史档案馆编：《清政府镇压太平天国档案史料》第12册，社会科学文献出版社1994年版，第325页。

④ 《寄谕胜保著查奏营中有无兵勇不协等情迅筹攻剿之法》，中国第一历史档案馆编：《清政府镇压太平天国档案史料》第11册，社会科学文献出版社1994年版，第215页。

⑤ 《太平军攻围怀庆府史料二则》（三），《档案管理》1992年第2期，第43页。

⑥ 《张维城口述》，中国科学院近代史研究所近代史资料编辑组：《近代史资料》1963年第1期（总30号），中华书局1963年版，第15页。

⑦ 庐硕煦：《纪乱略》，曹慕时修，张庭馥纂《许昌县志》卷18，《艺文·诗词》，民国十二年石印本；张守常：《太平军北伐资料选编》，齐鲁书社1984年版，第304页。

到鼎盛。据丁运枢等编的《防剿粤匪》说：当时"贼首乘舆者九人，骑马者三千有奇，余皆徒步"。①据清方探报说，太平军在津南行军时骑兵队伍非常壮观，"闻系七起行走，连踪二十余里，两岸马匹无数"。②据另一路跟踪太平军北上的探告说："计逆匪占据静海、独流之时，老贼及裹胁者不下数万人，骑马贼目约有数千。"③

北伐太平军的所谓"马队"，实际上由马、驴、骡等多种牲畜组成，并非清一色的战马。其马队虽在数量绝对值上没有超过清军，但毕竟是有了一支骑兵队伍，并且发展到了可以在一定程度上能与清军相抗衡的地步。正如，《见闻琐录》所说："王（僧格林沁）所恃者马队，而贼马队亦甚多。逸而四出，击东则走西，击南则走北。"④清军骑兵原有的绝对优势已经被打破，北伐军的快速移动能力得到加强，它给清军造成了巨大的威胁，使众多清朝地方官和地主武装真切地感到，没有坚固的城防，"贼之马队冲来，即难立脚矣"。总之，骑兵达到了空前的发展程度，足以证明北伐军建立马队决策的正确，它是太平军全体将士为建立马队所做努力的结果。

伴随着马队在北方战场的建立和壮大，北伐军初步建立了一支专门的骑兵管理人员队伍。在怀庆战斗中，清军曾"击毙执旗骑马黄衣贼目一名"。⑤从现有史料看到，北伐军骑兵中的最高官员为圣马总制一职。清军在围剿阜城期间，曾俘获"圣马伪总制□名"。⑥在北伐军分兵高唐期间，清军曾俘获过一名身受重伤的黄姓圣马总制，他是广西永安州人。⑦

---

① 丁运枢等编：《防剿粤匪》，《张公襄理军务纪略》卷2，张守常：《太平军北伐资料选编》，齐鲁书社1984年版，第470页。

② 《巡防东路领队大臣呈报武清等处军情文》，中国第一历史档案馆编：《清政府镇压太平天国档案史料》第10册，社会科学文献出版社1993年版，第361页。

③ 《胜保奏陈连日筹划切断独流静海接应联络及敌军情势折》，中国第一历史档案馆编：《清政府镇压太平天国档案史料》第11册，社会科学文献出版社1994年版，第518页。

④ 欧阳昱：《老童生献策》，张守常：《太平军北伐资料选编》，齐鲁书社1984年版，第442页。

⑤ 《讷尔经额等奏报连日督兵进剿叠获胜仗折》，中国第一历史档案馆编：《清政府镇压太平天国档案史料》第8册，社会科学文献出版社1993年版，第307页。

⑥ 《僧格林沁军营抄存谕折稿》，《僧王奏稿》第2册，张守常：《太平军北伐资料选编》，齐鲁书社1984年版，第69页。

⑦ 《胜保为督剿高唐州太平军情事奏折》，《太平军北伐史料选辑》（上），《历史档案》1990年第2期。

马队建立和扩大，使马匹的饲养工作量迅速增加，北伐军配备了相应的专职饲养人员。在独流被"裹胁"进来的张三顺就当过饲养员，"王大海将我辫后头发剪去一绺，作为暗号，叫我给他们喂马"。[①]再如，安徽含山县的黄相林参加太平军后，一直在"司马唐顺太手下喂马，均未充胜兵打仗"。[②]太平军中饲养员的主要工作是喂马、牵马，其中一部分人并不直接参加打仗。直隶任县的地主文人马昆，在《谕贫民》里记述了部分乡民担任太平军饲养员，"吾任失守，从贼者数百人，或为负重，或为抬舆，或为牵马"。他认为，饲养员均为太平军苦力，并奉劝那些"无家室之系念"者，勿要萌生"从贼不妨"的念头。其实，有些饲养员也会轮换，例如，张三顺先当饲养员，后来又任侦察员。有的饲养员本身就是骑兵，骑手养护自己的坐骑自然也顺理成章。北伐军管理这样一支处于流动作战的马队，其实并不是一件易事。马队扎营时，既要充分考虑马棚、马厩的安排，还要利于饲养，并且要保证马匹的安全，特别是在紧急情况下能够使骑兵迅速骑马出战。在怀庆期间，太平军"其马匹俱拴在西关、南关、北关木城外，东关常打仗，并不拴马匹"。[③]总之，马夫的第一位责任，就是保护马匹的安全。

太平军骑兵的马匹，主要配备给一线作战人员使用，目的是发挥其战斗力，除北伐太平军将领的坐骑外，非骑兵兵种的一般头目并不给配备马匹当作交通工具使用。在《李开芳供词》中，讲述了一个具体实例，"林凤祥说，有一个（地方官员）想将来做先生，跟他五六天，没得马骑，不见了。"[④]在太平军马队中，马匹根据骑手的身份级别不同，配置的马鞍及装饰物也不同。据从怀庆出逃的太平军张维城介绍说："丞相出来骑马，有串

① 《巡防王大臣奏报审明被敌裹胁来京探信之张三顺定拟处斩折稿》，中国第一历史档案馆编：《清政府镇压太平天国档案史料》第 11 册，社会科学文献出版社 1994 年版，第 512 页。
② 《舒兴阿奏报孟津口盘获奸细多名研讯情形片》，中国第一历史档案馆编：《清政府镇压太平天国档案史料》第 9 册，社会科学文献出版社 1993 年版，第 140 页。
③ 《附获逃敌张维城供词》，中国第一历史档案馆编：《清政府镇压太平天国档案史料》第 9 册，社会科学文献出版社 1993 年版，第 274 页。
④ 《李开芳又供》，中国第一历史档案馆编：《清代档案史料丛编》第五辑，中华书局 1980 年版，第 167 页。

铃一挂，打龙凤黄旗，有三四百人，手持捍子春秋刀。"①另外，在独流被俘的太平军张兴保也证实说："贼中三个丞相，李姓、林姓、计（吉）姓出来，马上俱挂铃铛。以下的官，皆不准挂铃铛。"②这些资料相互印证，可以充分说明北伐军的马队管理中是有着区分等级的严格制度。因史料缺失，太平天国北方战场骑兵的编制状况尚无考。

二 马队的作用与战术

由于北伐太平军组建了骑兵，从而在战场上发挥出它的一些明显功效，其主要作用有以下几个方面。

其一，作战中发挥正面快速冲击敌军的作用。北伐军马队所发挥的最大的作用，就是在战场上以迅雷不及掩耳之势向清军阵形发起突击，以迅猛的攻击阵势压制对方，冲散其队形，打乱其阵脚，取得战场交锋的优势地位。例如，在深州之战中，"西凌阿、明庆、魁福带领马队迎击。该逆亦有马队七八百名，直冲阵前"。③这说明太平军马队充分发挥了自己的快速反应能力，起到以快制快的应急作用。另据记载，一次北伐军正临敌军追杀，"突有骑马贼数百人，俱用刀矛弩箭结队冲来，练勇退出林外，势渐不支"。④北伐军利用马队的快速冲击，击退了敌人的攻势，粉碎了清军使用的包抄身后的诡计。在战场上，太平军马队对冲击清军阵式确实产生出一定的威力，曾多次与太平军马队交手并领教过这种威力的胜保，在给清朝皇帝的奏折中曾不时流露出其排兵布阵上的恐惧，"恐该逆用马队冲突，致乱我阵"。⑤

其二，作战中发挥侧翼快速包抄敌军的作用。从两翼实施包抄是太平

① 《附获逃敌张维城供词》，中国第一历史档案馆编：《清政府镇压太平天国档案史料》第9册，社会科学文献出版社1993年版，第272页。

② 《张兴保供词》，中国第一历史档案馆编：《清代档案史料丛编》第五辑，中华书局1980年版，第170页。

③ 《胜保奏报深州进剿获胜待催兵到齐即行围剿等情折》，中国第一历史档案馆编：《清政府镇压太平天国档案史料》第10册，社会科学文献出版社1993年版，第187页。

④ 《胜保奏报官兵行抵深州及攻剿获胜情形折》，中国第一历史档案馆编：《清政府镇压太平天国档案史料》第10册，社会科学文献出版社1993年版，第235页。

⑤ 《胜保奏报进剿杨柳青大获胜仗情形折》，中国第一历史档案馆编：《清政府镇压太平天国档案史料》第10册，社会科学文献出版社1993年版，第432页。

军常用的战法之一，战场上要成功地施展这种战术的威力，那么负责包抄的兵力必须具备隐蔽性和快速性的特点。北伐军建立马队之后，使侧翼部队提高了运动速度，从而增强了运用侧翼快速包抄战术的成功率。由于骑兵具有了快速运动能力，北伐军相应增加了运用此项战术的机会。我们在清军战况汇报中，可以看到北伐军使用马队出击行动的侧翼包抄的许多战例。例如，在静海的一次交战中，清军企图使用诱兵之计，却反被太平军的佯败所诱惑。"据那敷德报称，初三日会同桂龄、关保、丰山、邱联恩带兵分四面前进，攻剿东河头贼匪，将贼诱出。那敷德督兵开放枪炮，伤毙贼匪多名。该逆大败奔回，官兵追击。距村半里，忽由东面扑出骑马贼数百名，又静海扑出贼四五百名，将我兵围裹。"①再如，在独流的一次交战中，北伐军又是利用马队快速机动的特点，用骑兵压制住了清军的攻势。"贼见我兵并无马队，因从东面拥出马队数百，自深林中抄出，冲入河州队中，欲将天津各队围裹在内，（朱批：危急之至。）势甚凶猛。"②太平军马队经过北方战场战火的洗礼，身经百战的骑士们形成了自己的一些基本战术。"诱敌追击"和"包抄敌后"成为了北伐军骑兵的常用战术，例如，在怀庆的一次战斗中，"该逆骑马头目八十余人，由西面奔来，欲抄我兵后路"。③再如，在怀庆之冉华的一次交战中，"是日在关前打仗，有骑马贼队抄后疾驰"。④再如，在舒城的一次战斗中，"我兵正欲乘势攻入，又有贼马步千余名由舒城、陈官村扑出，将我兵抄裹"。⑤总之，上述骑兵作战实例，既反映了马队与步兵配合实施侧翼包抄的战术，又突出了太平军

① 《胜保奏报初三日那敷德等进剿东河头情形片》，中国第一历史档案馆编：《清政府镇压太平天国档案史料》第 12 册，社会科学文献出版社 1994 年版，第 224 页。

② 《胜保奏报督兵攻剿独流大获胜仗情形折》，中国第一历史档案馆编：《清政府镇压太平天国档案史料》第 10 册，社会科学文献出版社 1993 年版，第 484 页。

③ 《谕内阁著胜保会同统兵大员迅速进攻务歼怀庆城外之敌》，中国第一历史档案馆编：《清政府镇压太平天国档案史料》第 8 册，社会科学文献出版社 1993 年版，第 442 页。

④ 《哈芬奏报分兵布置隘口并官兵获胜情形折》，中国第一历史档案馆编：《清政府镇压太平天国档案史料》第 8 册，社会科学文献出版社 1993 年版，第 533 页。

⑤ 《僧格林沁等奏报二十六日进攻获胜等情折》，中国第一历史档案馆编：《清政府镇压太平天国档案史料》第 12 册，社会科学文献出版社 1994 年版，第 380 页。

马队行动快速的特点。

其三，作战中发挥战场救援掩护的作用。太平军马队救援及时，能不失时机地快速出动，所以，在战场的紧急关头往往出动骑兵，解除清军对北伐军的包围和攻击。例如，在束城的一次战斗中，"经正定、宣化官兵近前接应，伤毙贼匪数十名，贼众丧胆奔回。忽由小李文庄拥出骑马贼二百余人，飞奔前来护救"。^① 太平军出动骑兵进行较大的军事行动，往往是马队、步兵、炮兵相配合，即骑兵与步兵共同出击，骑兵与炮兵协同作战的特点。例如，胜保在一次奏折里曾记载说："且此次抗拒之骑马贼，尚有数百人，并有大炮，似尚非十分穷蹙。"^② 讷尔经额在奏折里也曾记载说："贼之两边忽出马步二队，摇旗擂鼓，绕扑我后。……贼匪连开大炮，以遏我兵，相持至晚。"^③

其四，作战中发挥乘虚闪袭清营的作用。以往的太平天国北方战场研究中，一般都认为太平军自从在静海、独流驻扎以后，就是一味消极防御待援。其实，在这一待援阶段，零星地主动出击行为也是存在的。这种出击有利于摧毁外围敌军营盘，巩固自身的防御阵地，并且打击清军的气焰，而马队就是担任这一任务的主力。清政府派出的密探在汇报时说，在独流"探得本月十三日至十五日，大兵连日出队，贼匪在内盘踞不出。至十六日大兵复行出队，加以辱骂，贼匪仍复不出。至晚撤队，贼匪乘雾，马队拥出，伤我兵二三十名"。^④ 在交战中，北伐军发现清军的劣势，乘虚而入，或击其软肋，都要依靠马队的快速闪击。否则，有利的战机就会稍纵即逝。北伐军出动马队之时，往往利用了清军的一些空当或漏洞，乘虚发动奇袭。例如，静海一次交战中，"由静海潜出马步贼匪约近二千名，

① 《僧格林沁等奏报连日击退扑营之敌及初一日获胜折》，中国第一历史档案馆编：《清政府镇压太平天国档案史料》第12册，社会科学文献出版社1994年版，第398页。
② 《寄谕胜保等著查明深州有无余股并保奏怀庆出力员弁》，中国第一历史档案馆编：《清政府镇压太平天国档案史料》第10册，社会科学文献出版社1993年版，第243页。
③ 《讷尔经额等奏报移营攻剿续获胜仗折》，中国第一历史档案馆编：《清政府镇压太平天国档案史料》第9册，社会科学文献出版社1993年版，第22页。
④ 《京畿巡防各路及各州县探报》，中国第一历史档案馆编：《清代档案史料丛编》第五辑，中华书局1980年版，第191页。

揆度贼情,知我分兵西路大营兵力正单之时,乘虚来扑"。①

其五,撤退时发挥迅速突围撤离的作用。在北伐后期,如何预防北伐军突围的问题上,让清军最头痛的难题就是太平军的马队。因此,清军的重要策略就是首先制约其马队,太平军一旦丧失了骑兵优势,清军便可以轻松解决追剿问题。"现因临清贼匪被大兵扫灭,孤立无援,急思逃回。不惟高唐之贼不敢久踞,即连镇之贼亦图续窜,若被溃围而出,势必拼命狂奔。亟须设法使其弃马而步,该逆无可冲突,即可悉数歼除。"②北伐军在失利撤退过程中,骑兵显然要比步兵撤离迅速,其间马队所起作用是不言而喻的。北伐军多次转移撤退的实践充分证明,马队在撤退中的作用尤其明显,帮助许多太平军官兵死里逃生,摆脱了追兵,撤离了险境。"惟该逆马队百余名沿河向南先逃,我兵马队未到,不能追及杀尽,曷胜愤恨。"③北伐军在从舒城撤退时较为匆忙,步兵落后被清军追上,由于马队撤离迅速而最终摆脱清军追兵。正如相关笔记史料所言,"探马从深泽回,言打听马队贼众均已逃尽,所余步队贼在舒城、辛庄者,多系于足茧瘃不能行之人,其言大为可信。"④李开芳从连镇出奔高唐,所带领的部下是清一色的骑兵,当时"带了六百三十多人,骑马潜出连镇东南,幸该处大营兵少。我们到彼时,离营盘之左两箭多远,纵马闯过"。⑤由此可知,当时他唯有率领骑兵才可能冲出清军包围,甩开追兵而南下高唐。这支马队之所以被称为"北伐军中精华中的精华",皆因都是从北伐军骑兵中精选出来的优等骑手和强壮马匹。当时,"在营挑选健卒,名曰'先锋',伪示能跃一丈宽沟,能抛丈二高火球,能于马道旁并马跑出马道者,即为合式,

① 《胜保奏报初五日进攻独流大获胜仗折》,中国第一历史档案馆编:《清政府镇压太平天国档案史料》第12册,社会科学文献出版社1994年版,第218页。

② 奕䜣等修,朱学勤等纂:《剿平粤匪方略》卷94,中国书店1985年影印本,第11—12页,。

③ 《胜保奏报进剿杨柳青大获胜仗情形折》,中国第一历史档案馆编:《清政府镇压太平天国档案史料》第10册,社会科学文献出版社1993年版,第432页。

④ 黎锦熙:《黎吉云〈藁城除夕诗〉校记》,张守常:《太平军北伐资料选编》,齐鲁书社1984年版,第380页。

⑤ 《李开芳供词》,中国第一历史档案馆编:《清代档案史料丛编》第五辑,中华书局1980年版,第166页。

选得悍贼千人，复挑壮马千匹，交李逆带去"。① 这支马队在长途奔驰过程中，马歇人不歇，"每过乡庄，逼胁民人牵马听用，节节替换"，② 一昼夜奔跑了 300 多里，才得以摆脱清兵骑兵的追赶。

其六，战场上发挥侦察敌情和递送情报的作用。骑兵的行动迅速，时常被用于探查敌情。北伐军在天津驻扎待援期间，"时有贼马赴天津附近十余里之曹家庄一带窥探"。③

有时为了保证探查安全，竟然安排骑兵成群结队出营。"该逆臣遣马三四十匹，赴梁王庄一带窥探我兵消息。"④ 到北伐军南下撤退阶段，李开芳率部突围高唐之后，与坚守在连镇的林凤祥所部保持联系的重要方式，依然是依靠骑兵承担送信和侦察等任务。当年六月二十一日，据清军探报说，连镇尚保留着"骑马贼五十余名，来往窥伺"。⑤

其七，进军中发挥运输驮载物资的作用。太平军马队不仅仅单一用于冲锋陷阵，它也是一种重要的运输工具。"该匪旋于三十日窜入蒙城县内掳掠财物，或装入船内，或用骡马驮载，于初一、二等日即窜出城"。⑥

其八，进军中发挥着"打先锋"征集军需的作用。马队也用于太平军打先锋，收集军需。"初，贼踞州城，未尝劫略（掠）。辛酉，贼谋他遁，乃出百余骑劫村落。"⑦

北伐军不仅重视发挥骑兵马队的上述八个作用，并且也非常重视采用一些防范清军骑兵马队的措施，例如，在阵地前沿和清军可能偷袭之路径上设置了许多陷马坑。"贼于沿沁河堤筑土圈，高一身有半，阔四五尺，

① 陈思伯：《复生录》，《近代史资料》1979 年第 4 期（总 41 号），中华书局 1980 年版，第 43 页。
② 奕诉等修，朱学勤等纂：《剿平粤匪方略》卷 92，中国书店 1985 年影印本，第 31 页。
③ 《胜保奏报进剿杨柳青大获胜仗情形折》，中国第一历史档案馆编：《清政府镇压太平天国档案史料》第 10 册，社会科学文献出版社 1993 年版，第 432 页。
④ 《文谦等奏报股众在独流构筑木垒等情折》，中国第一历史档案馆编：《清政府镇压太平天国档案史料》第 10 册，社会科学文献出版社 1993 年版，第 387 页。
⑤ 《青县探报》，中国第一历史档案馆：《清代档案史料丛编》第五辑，中华书局 1980 年版，第 204 页。
⑥ 《周天爵等奏报凤阳府县两城现已收复并分兵追剿折》，中国第一历史档案馆编：《清政府镇压太平天国档案史料》第 7 册，社会科学文献出版社 1993 年版，第 46 页。
⑦ 吴汝纶纂修：《深州风土记》卷 5，《历代兵事》，光绪二十六年刻本，张守常：《太平军北伐资料选编》，齐鲁书社 1984 年版，第 416 页。

中实以土，连接三里有余，圈内设陷马坑，上加席而以浮土掩之。大道上到处开沟，深丈余，阔五六尺，圈边沟内密排竹签，其外则覆以断树枯枝。贼退后，城根空如獾穴，密似蜂窝，见者寒心。"①通过北伐军的实战证明，在驻地周边设置的这种防御敌骑兵的陷马坑措施，的确起到了预防清军马队偷袭的很好作用。例如，在怀庆期间的一次战斗中，"木栅之内声如鼎沸，势甚急迫，即见有骑马贼数百人向南逃窜。当经御前侍卫副都统托云保等督令马队追击，又复杀毙百余贼。吉林兵富升奋勇当先，所乘马匹误陷贼设濠沟，被贼枪伤右胁，幸该兵向来骁勇，弃马跃上平地，忍痛归队"。②

　　在冷武器时代，骑兵交锋使用的武器不外乎刀、枪、剑、戈等。进行面对面的马上搏击，厮杀双方在阵前往往会遇到许多意想不到的惊险场面，骑兵与骑兵之间交手是你死我活，击不中对方，就有可能被对方击中。如果不考虑马队整体战术和数量优势等因素，就单兵较量而言，胜负主要取决于骑手的勇猛及骑术以及武艺的熟练程度。北伐军的马队组建时间短暂，从将对将、兵对兵的马上厮杀来说，与清军专职训练出来的骑手相比，可能不占什么明显优势。在与清军的正规骑兵大战中，北伐军曾"遇直隶沧州将军，所练梅花阵马队连环枪炮"，但是，太平军依靠马队的整体协同作战，凭借狭路相逢勇者胜的信念，新建的骑兵队伍也能够打出一些漂亮仗。据史料记载，北伐军马队中也有一些武艺高强的骑手，例如，北伐军吉小麻的马上搏击技艺就极为精湛高超。陈思伯的《复生录》里对此有一段精彩且神奇的记述，"驻阜城约有两月，忽一日伪春官副丞相吉明远（吉文元）与马队中一蓝顶花翎官员比枪，……中喉身死。其弟吉小麻年甫十三，誓为其兄复仇，次早，素服一马冲入官军队中，寻杀昨日放枪官员，入阵二次，取其首级，始行回马，周身无伤，可谓初生之犊

---

① 龚淬：《耕余琐闻》癸集，张守常：《太平军北伐资料选编》，齐鲁书社1984年版，第285页。
② 《讷尔经额等奏报丹河连日攻剿大获胜仗折》，中国第一历史档案馆编：《清政府镇压太平天国档案史料》第8册，社会科学文献出版社1993年版，第608页。

不知畏虎"。①

三 马队的困境与瓦解

北伐军马队在组建和发展过程中，遇到了许多难以想象的困难，抢渡黄河和翻越太行山的经历，即因自然条件而受到的两次较大影响。

太平军抢渡黄河天堑时，因船只小和数量少，后又有清军追击，加之渡河时间紧迫，忍痛割爱丢弃了大部分马匹。"渡河之贼，将骡马辎重弃去，抢船四十余只蜂拥而至。"据托明阿、西凌阿、善禄等清军将领说，他们率领的追兵赶到黄河南岸边时，"贼俱上船，……随令由南岸用炮轰击，毙贼百余名，落河骡马不计其数"。②随后清军在汜水一带搜剿，"夺获军械骡马甚多"。③太平军马队遭遇的另一个天然困难，是撤离怀庆后的崎岖的行军路线。"惟西北一径达济源界，连山西阳城、垣曲，其地有封陵口、邵原关诸隘，重山沓岭，马不连骑，步不骈踵"。④马队途经群山峻岭时，经历了惊心动魄的艰难险境。当时曾骑马走过这段险境的陈思伯回忆说："山路崎岖多石，极险难行，下望万丈深岩，沿途险处，跌毙贼人马不少。予信马自走，曲折处皆化险为夷，至今思之毛发犹竖"。⑤太平军极险难行的路况，同样也让率领追兵尾随的胜保所部经历了，他在的奏折中说："而山路崎岖，备历艰险，官兵疲于奔走，竟有马不能行之处甚多。"⑥经过这两次艰难的磨难，北伐军的马队坚持了下来，并逐步增强实力。

随着太平军马队的日益发展壮大，于是清军千方百计地遏制其骑兵行

① 陈思伯：《复生录》，《近代史资料》1979 年第 4 期（总 41 号），中华书局 1980 年版，第 43 页。
② 《托明阿等奏报汜水攻剿连日续获胜仗折》，中国第一历史档案馆编：《清政府镇压太平天国档案史料》第 7 册，社会科学文献出版社 1993 年版，第 425 页。
③ 《托明阿等奏报汜水攻剿连日续获胜仗折》，中国第一历史档案馆编：《清政府镇压太平天国档案史料》第 7 册，社会科学文献出版社 1993 年版，第 425 页。
④ 尹耕云等：《豫军纪略》卷 1，中国史学会主编：《中国近代史资料丛刊——捻军》第 2 册，上海人民出版社、上海书店出版社 2000 年版，第 161 页。
⑤ 陈思伯：《复生录》，《近代史资料》1979 年第 4 期（总 41 号），中华书局 1980 年版，第 39 页。
⑥ 《胜保奏报跟踪追剿敌复西窜并请饬山陕迅速严防折》，中国第一历史档案馆编：《清政府镇压太平天国档案史料》第 9 册，社会科学文献出版社 1993 年版，第 155 页。

动，他们利用太平军地形不熟的弱点，时常设法在行进道路上暗算其马队。天津的地方武装配合清军行动，也采用了一系列遏制太平天国骑兵行动的相关措施。地主团练组织民众，在天津南关挖梅花坑 2000 个，每个坑深三尺，宽三尺，暗插竹签，用以防备太平军马队。由此，导致太平军的马匹常常因慌不择路，而陷入泥潭。"该逆随死随窜，步贼及骡马陷于泥淖，死者不计其数。"① 由于骑兵屡遭暗算，北伐军马队行动受到约束，出动骑兵开始慎之又慎，以致缚住手脚，甚至裹足不前。

北方战场的太平军与前来围剿的大量清军相比，明显处于势单力薄的下风，而两军的骑兵力量对比，其差距更是悬殊。在北方战场上，北伐军马队最多曾达 3000 匹，但是这个数量没有保持多久，相对稳定的数量约在 1000 多匹，而清军中有陕甘马队、察哈尔马队、黑龙江马队、吉林马队、蒙古马队，先后调集补充的数量累积总额竟达上万匹。随着北伐后期太平军实力的逐步削弱，而且愈往后期，太平军骑兵与清军骑兵的实力差距愈来愈大。李开芳率马队出奔高唐时，所率人马共计 630 余骑，而胜保率清军追击的马队有"黑龙江、吉林马队二千名，哲里木盟马队二百五十名，凉庄马队三百余名"。而太平军骑兵精锐南下，在连镇留守的马队则已经无法以骑兵阵式出战，后来随着防御环境的逐渐恶化，马队最终丧失了战斗力。

在北方战场上太平军马队数量有限，与清军的骑兵力量对比固然差距悬殊，但是，不考虑北伐军所处的环境一味强调扩充骑兵也是片面的，而且未必可行。非常现实的困难是粮草问题难以解决，马队存在势必会对给养供应形成更大压力，无疑会间接地削弱北伐军整体力量。北伐前期，太平军处于主动进攻状态，军马饲料基本没有问题。在怀庆期间，"贼所夺骡马，谷穗、田苗尽食，头头肥壮。"② 自北伐军在静海转为被动受围之后，

---

① 《僧格林沁军营抄存谕折稿》，《僧王奏折》第 2 册，张守常：《太平军北伐资料选编》，齐鲁书社 1984 年版，第 65 页。
② 《太平军攻围怀庆府史料二则》（三），《档案管理》1992 年第 2 期。

马队的饲料问题日益短缺，"马匹没有草吃，喂的是秫秸"。^①再往后，秫秸也越来越少，部队的口粮都成了困难，马队的饲料就更加难以解决。

北伐军因粮草短缺，以致严重影响到部队士兵的战斗力，后来在万般无奈的情况下，只能迫不得已宰食骡马，骑兵的马匹此时竟然变成维持官兵们生存的口粮补充。其实，太平军"沿途宰食骡马"的情况，并非由静海受困开始，早在河南时就出现过。^②北伐军在怀庆攻城期间，也曾有过类似情况，"该逆等现在粮已不继，日宰骡马为食"。^③不过当时的军粮问题只是暂时的，毕竟是处在北上主动作战状态，发生粮荒的时间很短，尚不构成长时间的主要困难，临时宰杀一些不便骑乘的老弱骡马，也带有改善伙食的意味。但是，到了连镇后期，军粮严重短缺构成部队生存的大问题。"数月粮尽，杀马而食"，^④实属无奈之举。咸丰五年正月，"在贼巢仅剩林凤祥骑马一匹，余俱宰食"。^⑤所以说，粮草短缺是太平军马队陷于困境且最终丧失战斗力的直接因素之一。

之所以造成这种状况，从根本原因上分析，主要是太平天国北伐后期战略战术不适合骑兵特点，马队的运动特性受到了限制，作战优势不能发挥。北伐后期，除李开芳带骑兵出奔高唐的行动和部分小规模出击偷袭、侦察活动外，太平军几乎难以使马队的作用得到发挥。按克劳塞维茨等军事家的理论来说，防御的实质是坚守固卫，进攻的实质是运动，而骑兵的特性是运动，马队只适合于进攻，并不适用于防守属性。因而北伐军待援防守的基本状态，就决定了自己的骑兵必将失去北伐前期运动战的优势，北伐后期的马队名存实亡。因为此时太平军骑兵的主要功能只在于后撤转移中起交通工具作用，再也无法施展其原本的性能。清军对北伐军骑兵性

① 《张兴保供词》，中国第一历史档案馆编：《清政府镇压太平天国档案史料》第12册，社会科学文献出版社1994年版，第144页。
② 贾臻：《请调兵断贼粮道第二禀》，张守常：《太平军北伐资料选编》，齐鲁书社1984年版，第279页。
③ 《王履谦等奏报会查渡口盘获逃敌并归德等处被扰情形折》，中国第一历史档案馆编：《清政府镇压太平天国档案史料》第8册，社会科学文献出版社1993年版，第368页。
④ 欧阳昱：《老童生献策》，张守常：《太平军北伐资料选编》，齐鲁书社1984年版，第442页。
⑤ 《东光县探报》，中国第一历史档案馆编：《清代档案史料丛编》第五辑，中华书局1980年版，第209页。

能丧失的判断分析也是比较清晰的，例如，安排在固安县的清军探报分析说：太平军"马贼现匿各庄不出，被我兵四面圈围，不难剿除尽净"。①

　　处于被动防守的马队，不仅失去应有的战斗力，而且还消耗了大量粮草，构成北伐军的一种意外负担。北伐军从静海、独流向南逐步撤退的一个重要原因，就是粮草不敷食用，马队以消耗粮草开始，最终又变成补充太平军粮草不足的替代品，这完全是由于进攻转入防守的战略战术而造成。由此可知，北伐军的马队消亡，主要不是战场上被消灭的，而是被太平军在防守中作为"食物"吃掉的。

第三节　北伐军的欺骗战法

　　军事欺骗是以各种诈骗、伪装、战术佯动等行动，制造虚假情报，屏蔽和欺骗敌人的情报系统，造成误导，使敌方作出错误判断和决策，使其犯错误而失利或失败的军事行动措施。太平军在北方战场的舞台上演绎了许多精彩绝妙的军事欺骗战例，也有设计失误招致欺骗败露，酿成悲剧的教训。所以，总结北伐军在军事欺骗的方法、手段、特点及规律，无疑有助于丰富军事谋略的宝库，有助于人们认识军事欺骗在战争中的作用。从太平军北方战场军事欺骗的规模上分析，它集中在战术欺骗、单兵欺骗两个层面。军事欺骗方法，主要是示形法和诈骗法。

一　示形佯动战法

　　太平军在北方战场的进攻、防御和撤退中，实施过大量示形佯动性的欺骗。以示形法来进行的军事欺骗，就是通过假冒的目标以及组织佯动等

---

① 《固安县探报》，中国第一历史档案馆编：《清代档案史料丛编》第五辑，中华书局1980年版，第201页。

手段，形成某种军事假象，来达到欺骗敌人的目的。"示形"是与"隐形"相对应的一个概念，隐形欺骗是掩盖真相，不让敌人发现或难以辨别自己的军事目标和军事行动；示形欺骗则是通过假象迷惑敌人，使其作出错误的分析和判断。

1. 进攻中的示形佯动

其一，诱敌暴露，分兵两翼包抄。在直隶临洺关战役中，两军"战良久，贼退屯于聪山之阴，复张两翼前进。官兵矢药皆尽，势不支"。[①] 太平军的打法可以直接摧毁对方阵脚，而清军则往往是无计可施，正如张集馨所总结的一样，"贼知我兵之技，是以分抄。我兵见抄其后，弃械而逃，几于千篇一律"。[②] 以上说明，这已经形成北伐军的一种常用的战法。

其二，在进兵方向上，制造假象，让清军无法判断太平军北上路线。太平军利用了清朝各地府州县官员草木皆兵的恐惧心理，所以实施这种欺骗战术多次获得成功。如太平军抵达五台的消息，没有地方官的惊慌失措和风声鹤唳的错觉，恐怕也难以产生效果。当时僧格林沁"接准直隶督臣桂良咨，准山西抚臣恒春六百里加紧咨称，贼匪已据五台县属陈家庄地方。……不敢稍涉大意，是以派拨侍郎培成管带所统马队一千二百五十名，立即驰往西陵以西"。[③] 当然有时也并非是北伐军有意所为，纯属敌军乱了方寸而导致的判断失误。清政府"不敢稍涉大意"的用兵原则，否定和削弱了清军的正常怀疑成分，"是否道路讹传，抑或系逆匪伪作谣言，意图分我兵力，以为他窜之计"。[④] 各地方官和军事将领不敢承担责任的状况，又促使太平军的欺骗战术不能尽早被揭晓，疑问和困惑致使清军不能左右自已，直到有军事行动证明，方才能彻底解除。正如《胜保奏请饬参赞大

---

① 夏诒钰纂修：《永年县志》卷24，《兵事》，光绪三年刻本，张守常：《太平军北伐资料选编》，齐鲁书社1984年版，第385页。

② 《张集馨致瑛棨函》，《瑛兰坡藏名人尺牍墨迹》，第86册，第5信，张守常：《太平军北伐资料选编》，齐鲁书社1984年版，第255页。

③ 《僧格林沁奏报派侍郎培成带兵往紫荆关驻扎折》，中国第一历史档案馆编：《清政府镇压太平天国档案史料》第10册，社会科学文献出版社1993年版，第191页。

④ 《寄谕恒春着速查明五台敌踪饬属严防并妥筹捐输》，中国第一历史档案馆编：《清政府镇压太平天国档案史料》第10册，社会科学文献出版社1993年版，第211页。

臣派员查明五台是否有敌窜入片》所说的一样,"十四日接仗,尚有贼匪几及万余,何以此时五台地方忽有贼匪?实不可解。奴才揣度情形,近来地方州县传闻未确,多涉张皇。即如定州前报有贼窜扰,及至奴才到境,已无贼匪。蠡县屡禀告急,奴才经过,亦仅探路数贼窥伺。总因逆氛未平,人心惶惑"。①

2. 防御中的示形佯动

典型欺骗方式是伪装工事,设置假阵地。"那贼营木城上多用房柁涂抹颜色,做成假炮排列。"②其实就是实施障眼法,再如,太平军,"且无大炮,其所抬以前行者,多系木段,恐吓民人,一经进捕,则弃之而逃"。③这对于隐藏自己真实力量部署,分散清军注意力,吸引其火力,增加太平军防御系统的稳定性,以及有效保存实力起到了重要作用。

3. 撤退中的示形佯动

北伐军放弃攻打目标,或放弃所驻扎村庄向其他地点转移之时,为了减少受到清军伏击、截杀、追击,一般都是采用欺骗性军事行动来掩护,采用的主要方法有如下几种:

其一,以假进攻掩饰真撤退。当北伐军要撤退转移之前,有时佯装准备实施攻势,将敌军的注意力吸引到其他方面以后,从而趁机迅速撤走。如在山西平阳府,"入夜,贼于北门张镫击鼓,伪为出战状,而潜开东门以遁"。④北伐军撤离阜城时,为分散清军注意力,拖住追兵,争取时间,主动以火攻清营,"冒死转斗,遂以四月初三日夺围而出,惧大兵追及之,则人持一火器,且走且投。僧邸方督兵驰御,突大营火起,官兵内溃。贼

---

① 《胜保奏请饬参赞大臣派员查明五台是否有敌窜入片》,中国第一历史档案馆编:《清政府镇压太平天国档案史料》第10册,社会科学文献出版社1993年版,第190页。

② 《联顺等奏report拿获从敌打仗王二请交巡防处严审折》,中国第一历史档案馆编:《清政府镇压太平天国档案史料》第12册,社会科学文献出版社1994年版,第250页。

③ 《张之万奏请饬带兵各官迅速进剿以绝蔓延折》,中国第一历史档案馆编:《清政府镇压太平天国档案史料》第8册,社会科学文献出版社1993年版,第61页。

④ 曾国荃等修,王轩等纂:《山西通志》卷78,《历年兵事》,张守常:《太平军北伐资料选编》,齐鲁书社1984年版,第339页。

乃乘间疾走，于初九日南陷连镇，大兵之追者至，则贼已树栅起濠堑矣"。①

其二，是金蝉脱壳。太平军撤退怀庆时，为防止周围敌军追击，制造了一些假象，在敌军不知不觉中摆脱了纠缠，将大队人马顺利地撤退。《复生录》对此有详细记载："因城外扎有多兵，恐被追袭，密令各营县（悬）挂羊犬，使脚击鼓，并焚草入灶，俾官兵远望有烟，然后拔队北窜。贼去数日，官军始探知，已偷越八百里太行山矣。"②时为怀庆候选教谕的田桂林，作为本地士绅参加了城防，他写的《粤匪犯怀实录》从另一个角度证实了北伐军的欺骗战法。"二十六日，贼仍数放铜炮，……贼在城外仍是鸣金击鼓，野叫胡号。早晨千百成群向西北来往驰骋，晚归或抬或驮，络绎不绝。……二十七日，贼分路出者更多，马步排队西行，至晚亦有归者。夜间鸣锣击鼓，巡更如故。二十八日晚间，西门上见关内人声稀少，鼓音亦微，有八个人怀带火弹，手执刀矛，下城烧贼。入其木圈则空空如也，但见贼倒悬羊于鼓边，羊蹄蹋鼓，所以鼓声甚微。又见城门米面堆积为山，遏我出路。此贼恐城内追伊之计也。"③

其三，撤退时，故意丢弃一些物品，趁敌军捡战利品之机，加速撤离，以此赢得撤退时间。有时还会意外地杀回马枪，突然反击追兵，置敌于死地。对此战法，僧格林沁在一些奏折中均有记录，他说，太平军撤退时往往将"火药、铅丸、衣服、食物相属于道，意在我兵捡拾物件，以便脱逃"。④在河南一次战斗中，"将要入城，贼出急计，将器皿、衣服乱抛路上，官兵爱物只顾拾取，贼匪蜂拥而至，官兵大败而逃，至尚香村方才归队，伤官兵四百有余"。⑤

其四，撤退中，伪装惊慌失措，极力扮作败退状，并设陷阱、陷坑，

① 谢山居士：《北路奏牍》，《粤氛纪事》卷5，张守常：《太平军北伐资料选编》，齐鲁书社1984年版，第8页。

② 陈思伯：《复生录》，见《近代史资料》1979年第4期（总41号），中华书局1980年版，第39页。

③ 田桂林：《太平军攻怀庆实录》，《近代史资料》总81期，中国社会科学出版社1992年版，第99页。

④ 《僧格林沁奏报舒城村连日进剿大获胜仗折》，中国第一历史档案馆编：《清政府镇压太平天国档案史料》第12册，社会科学文献出版社1994年版，第253页。

⑤ 田桂林：《太平军攻怀庆实录》，《近代史资料》总81号，中国社会科学出版社1992年版，第90页。

引诱追兵受骗上当，借机消灭追兵。例如，有一次在静海、独流与清军作战，"因贼佯败，乌合之众走入歧路，一时宁夏、岷州各营追贼误陷冰坑而死者，游击、守备及千总以下同时阵亡"。[①]

二　实施诈骗战法

用诈骗方法达到军事欺骗目的，历来是兵家常用的手段之一，古代兵训有"兵者诡道"、"兵以诈立"的名言，太平军在北方战场也采用了许多诈骗敌人的方法。因诈骗比示形欺骗的成本相对要少，故诈骗比示形欺骗更简单、更实惠。

1. 夸大军队人数，虚张声势

太平军的人数问题一直是个难以说清的数字，究其原因就在于太平军的军事欺骗战术。张集馨在《道咸宦海见闻》里曾指出了这一点，他说"贼伪张声势，虚称三十万。李采卿派叶桂芳往探，亦云至多不出十万"。[②] 关于人员数量问题，太平军从部队的编制上就带有军事欺骗性，"贼来九军，每军诈称一万，其实所称一万者，只二千五百人耳"。[③] 夸大北伐军人数意在壮大声势，给北方统治者及防御力量造成心理压力。同时必然也能在北方战场吸引或牵制更多清军，有效地减轻太平天国在长江流域的压力。因此，有的学者认为北伐的目的就是牵制敌人，战略目标并非是要攻占北京。这种观点的实质，是把太平军北伐看成一个战役欺骗。太平军把攻克北京作为北伐战略目标，是有充分证据可以肯定的，不容置疑，但是，攻占北京与牵制北方清军是不矛盾的，开辟北方战场必然牵制北方的大部分清军。所以，太平军开辟北方战场的战略，是否称作战略欺骗的问题有待进一步研究。

---

① 《粤匪纪事》卷5，张守常：《太平军北伐资料选编》，齐鲁书社1984年版，第6页。

② 张集馨：《道咸宦海见闻录》，中华书局1981年版，第145页。

③ 陈善钧：《癸丑中州罹兵纪略》，中国史学会主编：《中国近代史资料丛刊——太平天国》第5册，神州国光社1953年版，第174页。

2. 冒充敌军

冒充敌军就是借以进行各种与其假冒身份相适应的活动。太平军有时扮成清军，有时扮成乡勇。服饰是特定身份的象征，因此这种冒充主要是一种服饰冒充。穿清军的服装，佩戴清军标识，是冒充清军的最基本的手段。例如，太平军"欲窜景州，伪为官军以赚城"。① 再如，在深州入伍的荣雪儿曾被要求"扮作四川乡勇模样"。② 由于冒充的用意是使敌军相信或承认其所冒充的身份，所以说，冒充某种角色身份都存在一定的目的。一般而言，以个人身份外出侦察很容易会遭遇盘查，而集体冒充反而可能被敌人忽视。太平军为攻打北京所作侦察时，曾派十五人一起冒充官兵行动，"贼营毛姓、党姓贼头目，叫我们扮作假官人，戴着红顶大翎，穿着袍褂，坐著紫哈喇围四人轿一顶，前有顶马一人，后跟骑马长发贼四人，步行长发贼三人，我同丁五扛着大刀一把，共十五人，给了我们五天限，要到固安县等处探得听官兵，并营盘的数目"。③

冒充与乔装略有不同，冒充行为往往主动性强。太平军的先锋队往往冒充官兵去骗取城池大开，或获取物资等。如在进入直隶境界时，先头部队曾打着清钦差大臣的旗号，要求开城门，为后续人马创造减少伤亡的破城条件。《清史稿·讷尔经额传》记载说："贼果破黎、潞，犹谓贼不能遽至。忽有冒钦差大臣旗帜责州县供张者，盖贼之前驱已出山矣。俄而麋至，官军出不意，警溃，讷尔经额以数十人走保广平府城，关防、令箭、军书、资械委弃皆尽。"④ 再如，太平军先头部队刚到静海驻扎时，还曾冒充过清军，安营扎寨，借此掩护自己的身份，为后续部队到来做准备和配合主力部队的到达。例如，太平军杨长儿在《供词》中讲述："九月初二

① 李鸿章修，黄彭年纂：《畿辅通志》卷132，《前事略》2，光绪十年刻本；张守常：《太平军北伐资料选编》，齐鲁书社1984年版，第372页。
② 《京城巡防处奏审录荣雪儿供词折》，中国第一历史档案馆编：《清代档案史料丛编》第五辑，中华书局1980年版，第180页。
③ 《京城巡防处奏审录王二格供词折》，中国第一历史档案馆编：《清代档案史料丛编》第五辑，中华书局1980年版，第182页。
④ 《清史稿》卷392，《列传179·讷尔经额传》，中华书局1977年版，第39册，第11749页。

日，离店到潘家庄，假充官兵四十余人，俱穿号衣，扎小营盘十个。有人问，说是南京调取之兵。"[1]

乔装是为了掩护原本身份，有时是乔装成清军，有时是乔装成平民百姓。这些乔装行动的军事主动性略少，只是作为改变身份使清军不易察觉从而赢得时间的手段之一。太平军在撤退和突围过程中也乔装过清军，如李开芳所部在高唐被围困时，"据获贼供称，贼众昼夜赶制号衣，意欲扮作绿营官兵，零星逃窜"。[2]再如，胜保在奏折中也记载过北伐军装扮清军的事实，"贼匪窜入清水集后，于三月二十九初更时，假冒官军倾巢扑出"。[3]

3. 制造虚假情报

以假情报欺诈也是军事欺骗的重要手段之一，它影响对方的因素与示形法有所不同，以示形法欺骗敌人时，对假象判断的结论由敌军作出，而假情报本身就是一种结论，因此这种欺骗方式影响对方决策的可能性更大。太平军采用派人张贴告示以及分兵佯动等多种办法，给对手造成进兵方向上的假象，从而迷惑了清军主力。例如，清军得到太平军抵达保定张登的假情报，给清军主力判断太平军的方位制造了麻烦，取得了较好的欺骗效果，太平军从中赢得了时间。清军屡屡受骗，围追堵截总是落空，对北伐军的欺骗战法恼羞成怒。"闻贼所过州县，我兵多不与相遇。如恩华、哈芬之不知贼来，定州之虚报军情，既误事机，复受敌侮，况东击西应，贼逸我劳，殊非制胜长策。"[4]

实施军事欺骗行为必须具备一定的情报保障，对敌人的情况了解愈多、愈深，欺骗行动成功的概率就高，反之成功率就低。太平军每实施一个军事欺骗行动，不仅有其目的性，而且制定的行动也有一定的情报作依

---

[1] 《文瑞乌尔棍泰奏审录杨长儿供词折》，中国第一历史档案馆编：《清代档案史料丛编》第5辑，中华书局1980年版，第186页。

[2] 奕䜣等修，朱学勤等纂：《剿平粤匪方略》卷95，中国书店1985年影印本，第7页。

[3] 奕䜣等修，朱学勤等纂：《剿平粤匪方略》卷89，中国书店1985年影印本，第3页。

[4] 《柏葰等奏代编修萧培元条陈军务折》，中国第一历史档案馆编：《清政府镇压太平天国档案史料》第10册，社会科学文献出版社1993年版，第185页。

据。太平军从阜城撤往连镇途中的军事欺骗充分说明了这一点，"初九日，有兵一队，或骑或步，约四百余，传僧王令入城协守。小舫公疑而拒之，逡巡而去。前数日接僧王札，有拨兵协守之谕，既而访之，皆贼计也。狡矣哉！是晚即窜据连镇"。① 虽然此次没有成功，但说明这次欺骗行动是太平军具有一定情报为设计基础的。

4. 诈降

在清军重重包围的形势下，为了利用清军招降的掩护，北伐军多次以投降为幌子，派人诈降。其目的首先是使部分太平军趁机打入清军的义勇内部，来实施主力突围时的里应外合。林凤祥在连镇曾用此欺骗术，派萧凤山、钟有年等九十余人诈降。冯官屯战役后期，李开芳也用此术，他曾"遣心腹黄大汉等百余人，混入难民内，泅水出降"，② 试图将伪降人员与当地百姓"杂错其中"，增加清军识别难度，目的是骗取清军信任后，里应外合实现突围。据陈思伯《复生录》回忆，"降贼甫出一百三十余人，忽贼营内开放大炮，喊杀之声突起，岂知先出之贼已经僧王识破，预先之防矣。内贼开炮后，仅伤营外数兵，见无动静，知已失计，不敢遽出"。③ 这次诈降失败后，"又越十数日，李逆知不得出，复呈降表"，④ 亲自出马再行诈降之计，破釜沉舟。李开芳以"江南瓜镇各营，我可招致，若专恃兵力，转难得手"，⑤ 作为诈降的资本，企望能蒙骗僧格林沁。

三 欺骗与被欺骗

在军事斗争中北伐军既是欺骗者，又是清军的欺骗对象，既有成功的欺骗经验，又有被识破的欺骗失误，还有被对方欺骗的沉痛教训。

北伐军军事欺骗的主要失误表现在，北伐最后时刻实施的诈降几乎都

---

① 《景县志》，《艺文志·杂记录》，张守常：《太平军北伐资料选编》，齐鲁书社 1984 年版，第 449 页。
② 姚宪之：《粤匪纪略》，张守常：《太平军北伐资料选编》，齐鲁书社 1984 年版，第 657 页。
③ 陈思伯：《复生录》，见《近代史资料》1979 年第 4 期（总 41 号），中华书局 1980 年版，第 50 页。
④ 同上书，第 51 页。
⑤ 张集馨：《道咸宦海见闻录》，中华书局 1981 年版，第 163 页。

没有成功。其主要原因是时机不当，难以骗取清军上当。如果要骗取清军上当，必须把握合适的时机，具备合乎逻辑的投降理由。虽然，清军实施了瓦解太平军的招降策略，但到后期，清军已意识到太平军假投诚的问题，"该逆诡诈多端，往往阴遣死党，假托投诚，欲以懈我军心，逞彼狡计"。[①]清军对太平军投诚有了高度警觉，特别是在围剿稳操胜券之后，关闭了招降大门。"又逾十日，虽提二头至不受矣。"[②]清军既然认为受降已无意义，太平军再想实施诈降，就失去了令敌人受降的可能，这种毫无退路下的欺骗诈降注定是要失败的。

清军施展的新策略是进行"受降"欺骗，在冯官屯的"受降"是典型的欺骗行为。僧格林沁此时之所以仍然打出劝降旗号，就是为避免太平军要争个鱼死网破的局面，以减少在最后关头给清军带来的不必要损失。再者，劝降也不单为减少人员伤亡，也是为了活捉李开芳。用僧格林沁的话说就是，"复因巨逆李开芳罪大恶极，恐其技穷自尽，致逃显戮，是以奴才假意爱其才干"。[③]

在这些诈降行动过程中，太平军和清军都扮演着双重角色。清朝翰林黄彭年在日记里有一段记载，反映了攻克连镇前夕，双方围绕投诚行为进行的一场欺骗对欺骗的表演，双方招数莫测，充分表现了欺骗与被欺骗的角色变换关系。他说：

"潮勇二十余人来乞降，王语之曰：'勇之降贼，与本为贼者不同。彼愚民无知者耳，若勇则既食国饷，宜知大义，去而从贼，有杀无赦。吾不杀降，亟去，得林凤祥首乃可来。'挥之去，数日复来，曰：'凤祥不可得，得其衣物矣。'又挥之去。数日，又复来，曰：'凤祥不可得，得其亲近左右首矣。'王怒，令持首去，曰：'不得凤祥勿来见也。'数日又来，持一印，曰：'此凤祥印也。'王乃悉召至，语之曰：'贼营颇有号令，岂容

---

① 《琦善奏陈严防敌众及奸细投诚不可轻信片》，中国第一历史档案馆编：《清政府镇压太平天国档案史料》第13册，社会科学文献出版社1994年版，第215页。
② 《见闻琐录》前集，卷6，张守常：《太平军北伐资料选编》，齐鲁书社1984年版，第443页。
③ 《僧格林沁军营抄存谕折稿》，《僧王奏折》第5册，张守常：《太平军北伐资料选编》，齐鲁书社1984年版，第134页。

尔持人头往来耶？'悉斩之。留一人使还语，曰：'鬼蜮伎俩，吾尽识破也。'"①

太平军诈降失误的另一个原因是心理"错悟"，他们在知觉上并没有发生错误，对清军的攻势和自己的劣势以及面临的失败结局都看得较为清晰，但是，在判断清军受降的企图时发生了判断失误。不管战事进程如何，总从清军希望招降纳叛以减少作战损失的思维定式出发，似乎投诚就是在顺降敌意，所以，演出了一场场自投罗网的悲剧。导致太平军"错悟"的原因是侥幸心理，抱有这种心理很容易掺杂进去很多虚拟判断和不切实际的幻想成分，比如"江南瓜镇各营，我可招致"和"罪能宽贷，愿说金陵伙党来降"誓言，或献出一些武器、物品等，以为有这些"投降诚意"的表示便能诱惑敌人，把诈降成功的希望寄托在敌人的愚蠢和判断错误上。

在围绕诈降的双方相互欺骗战中，清军掌握着主动权。诈降不同于其他军事欺骗手段，即便它有再高明的欺骗理由，也要取决于被欺骗方的认可才能成功，而对方如果不再接受任何形式的投降，那么伪装得再逼真也是不能成功的。别说是太平军在这种时候是诈降，就是真降，清军也不接受了。所以，此时实施诈降，正中了清军的圈套，本想欺骗敌人，反被敌人欺骗。

太平军被清军欺骗的教训也是十分沉痛的。僧格林沁围攻连镇期间，由于截获李开芳从高唐发来的信件，从而把握了实施军事欺骗的关键因素，在太平军紧闭城门拒不接仗的情况下，清军设计了一次使林凤祥所部蒙受重大打击的诱导式军事欺骗行动。《东光县坐探为攻剿连镇太平军情事送巡防处探报》记述整个欺骗过程：

"十月十八九日贼匪不出，二十日寅刻，僧王设计遣从前投诚之人奔进贼巢，向贼诱称：高唐之贼业已来救，不得进堤，正与官兵接仗，令贼

---

① 黄彭年：《黄陶楼先生日记》第8本，《思潮录》5，张守常：《太平军北伐资料选编》，齐鲁书社1984年版，第445页。

赶紧里应外合。贼信为实，即全股出巢，我兵埋伏，俟诱贼之人先回送信。贼队往河西北面扑窜，将近套堤，我兵突起奋击，伤毙逆贼无数，贼折回，复往南扑。僧王亲督大兵往南抄击，复将贼杀毙四五百死尸，拿获活贼二人，……僧王立将诱贼之人全赏顶戴。"①

这次太平军被僧格林沁欺骗，究其根源在于自己设定的"密码"被敌人掌握，李开芳出奔高唐前曾与林凤祥约定，"如回援时，夜间施放喷筒火弹为号"，②林凤祥无法怀疑自己设定的"密码"，而清军则利用了这个暗号，将计就计，太平军很难防范。

在太平天国北方战场，由于战略目标、战略任务、战争态势等因素影响，虽然林凤祥、李开芳没有打出一些类似李秀成二破江南大营、奔袭杭州等那样精彩的示形欺骗战例，但北伐军长驱北上，绕道山西，突入直隶，东折北上天津，其进军路线和进军速度，足以在军事战争史上留下浓重的一笔。从太平天国北方战场军事欺骗的效应看，前期大于后期。前期太平军处于主动状态，后期处于被动状态，在被动状态下军事欺骗能力必然会受到限制，作为军事欺骗需要用的物资等条件极为有限，难以满足军事欺骗必备的客观前提。另一方面，处在被围困境地，需要掌握的信息难以满足，欺骗手段被限定在较小的范围，军事欺骗的方式单调，欺骗行为数量减少，欺骗效果降低，因此，军事欺骗效应负增长就成一种必然。

第四节　北伐军的夜战战法

在太平天国北方战场上，太平军根据特定的战争环境，灵活地运用和

---

① 《东光县坐探为攻剿连镇太平军情事送巡防处探报》，《太平军北伐史料选辑（上）》，《历史档案》1990年第2期。
② 奕䜣等修，朱学勤等纂：《剿平粤匪方略》卷110，中国书店1985年影印本，第13页。

变化战术，有力地打击和牵制了清军，在历时两年多的时间内，夜战是他们常用的战术之一。

一　夜战的作用

所谓夜战，即在夜间利用天色黑暗的自然条件而实施的作战。夜战的基本要求是出其不意，所以隐蔽行事是太平军夜袭行动的基本要求。太平军每当夜间出动，一般是先派数人前去侦察，遥为窥探。"该逆见我兵从容不迫，即蛇行而退"，[①]重新寻找战机或选择偷袭目标。参加夜战的太平军不仅要有机智勇敢的作战精神，还要具备良好的夜间战斗的技能和独立作战能力。隐蔽的行动总是人员越少越不易暴露，所以，太平军摸营、抓舌头的夜间行动人数并不太多。他们常常要伏匿草丛间，往往要匍匐前进。夜间出击时，太平军充分利用敌明我暗的优势，时常潜入敌后抛掷火弹，伺隙砍刺马步各类兵勇。

在太平天国北方战场上对夜战战术运用很广泛，成为完成各项军事行动的重要手段之一。

第一，北伐太平军的行军，不论是进攻，还是突围撤退，往往是借助夜色和恶劣天气为掩护，以摆脱追踪和突破包围。无论是前期撤离山西平阳、直隶深州，还是后期撤离静海、阜城、山东高唐等驻地时，均是在夜间进行的。例如，撤离深州时，"壬戌夜暴风，贼乘间席卷东窜"。[②]撤离静海时，"正月七日夜间大雪，静海、独流两路贼匪乘雪潜逃"。[③]

第二，在静海、阜城、连镇、高唐等防御驻守的各个据点，筑城、加修工事、补充弹药等事宜，也是主要安排在夜间进行。从进攻天津受挫后，太平军基本上就开始转入退守防御阶段。所以，此后太平军拆毁清军

---

① 僧格林沁：《奏陈逆匪被围倍蹙连次扑冲皆被击回折》，太平天国历史博物馆编：《太平天国史料丛编简辑》第6册，中华书局1963年版，第44页。
② 吴汝纶纂修：《深州风土记》卷5，《历代兵事》，光绪二十六年刻本；李惠民编：《河北地方志中的太平天国捻军史料（二）》1984年油印本，第34页。
③ 丁运枢等编：《防剿粤匪》，《张公襄理军务纪略》卷2，张守常编：《太平军北伐资料选编》，齐鲁书社1984年版，第482页。

阵前工事，破坏清军基础设施等行动，为了防止敌人的枪击和炮轰，也只能依靠夜间来完成。例如，清军为了防止太平军突围逃逸，白天整日挖掘数道封锁壕沟，可是这些壕沟却都被"贼匪夜间前来平垫"。[①]

第三，太平军运用以攻为守的夜战策略，频繁地采用夜间的反击，实施阵地前沿的偷袭战术等，以此杀伤和消耗清军力量，骚扰清军官兵的休息等，从而改善太平军自身的防御态势。例如，太平军退守高唐后，"逆贼在城固守不战，每于风雨昏夜间出城偷营"。[②]此前，太平军有时夜间连续出击，昼夜不停，目的在于趁清军白日作战疲惫，夜间骚扰。清军督战的参赞大臣僧格林沁，在向清帝的奏折中曾说："（咸丰四年正月二十六日）本日进战六时之久，俱已劳乏，恐该逆乘夜暗袭我营，必须加倍防范。该逆果于亥刻拥众扑出，意图扑营而窜。"[③]退守阜城时，太平军也曾"连夜扑扰各面营盘"，[④]甚至撤退到高唐之后，夜战技法依然如故，"贼匪因此得计，每逢雨夜阴晦，即便扑扰"。[⑤]机动灵活地打击了四面围攻的清军。太平军在骚扰清军的同时，也在时刻防范自己被夜间偷袭，所以，每夜都有严密的警戒巡逻。"夜间一营盘十几人上城打更，……打更人俱是真贼，掳掠之人不派此事。"[⑥]巡逻人员严守夜间口令，"每夜暗号不定何句"，时常变换，以防间谍渗入。

第四，在北伐战役最后阶段，由于清军的严密围困，侦察员根本无法在白昼出来打探突围道路或侦察敌情，所有外出侦察活动只能安排在夜间实施。据京城巡防处档案《京畿巡防各路及各州县探报》记载，太平军在

① 《京城巡捕北营千总来文（三）》，中国第一历史档案馆编：《清代档案史料丛编》第五辑，中华书局1980年版，第196页。
② 《王梦龄致瑛棨信》，张守常编：《太平军北伐资料选编》，齐鲁书社1984年版，第646页。
③ 《僧格林沁军营抄存谕折稿》，《僧王奏折》第1册，张守常编：《太平军北伐资料选编》，齐鲁书社1984年版，第53页
④ 同上书，第63页。
⑤ 《胜保等奏复十四日廷寄高唐未克缘由片》，中国第一历史档案馆：《清政府镇压太平天国档案史料》第15册，社会科学文献出版社1994年版，第66页。
⑥ 《张维城口述》，中国科学院近代史研究所近代资料编辑组：《近代史资料》1963年第1期（总30号），中华书局1963年版，第15页。

高唐时，"多系夜间窜出，窥伺大营动静"。① 有时则"夜间逆匪由北面凫水隐出，窥伺我营动静"。② 从而得于 1855 年 3 月 17 日夜间突出重围，天亮前抵达并占据在茌平县境内之冯官屯。

第五，北伐军夜间的防御更加严密，清军的夜袭多不能成功。特别是北伐后期，太平军在连镇、高唐的夜间防守，十分严紧，不敢出现丝毫松懈。胜保在奏折说，太平军在高唐时，夜间防守的警觉性更高，清军偷袭和暗攻皆不能奏效。"奴才复于黑夜密派兵勇暗攻，比至濠边，濠栅所阻，势不能一拥而上，迫砍拉树栅，贼即知觉，城上火弹、枪炮齐开，其死守之严，甚于白昼。真所谓困兽犹斗也。"③

随着夜战经验的逐渐丰富和战绩的突出，促使太平军进一步扩大了进行夜战的频率和人数，"该逆乘夜每出，初犹三五百，继则一二千，轮番彻夜滋扰"。参加夜战的太平军有时还穿着利于隐身的黑色装束，他们"乘黑夜阴晦之际，蹲伏潜行，身穿黑衣，泥水沾污，与地一色，令人莫辨"。④ 为保证夜间出战人员判定方位顺利安全返回，每次夜间出战，在大本营的最高处要悬挂红灯。

二 夜战的功效

在北方战场上，太平军通过夜间偷袭摸营，不仅歼灭了部分清军，而且还夺取了大量武器、弹药等军需品，破坏了部分清军的驻防设施。1854年初太平军在静海的一次夜袭行动，太平军就夺获清军战马三百多匹，烧毁部分清军驻扎的营帐，击毙敌军百余人。当时，清军并无防备，全然解衣酣卧，被毙者皆裸体。领兵大员僧格林沁深感疏忽之咎，实有难辞，当即请旨，将被袭清营之西安右翼副都统佟双成摘去顶戴。

---

① 《东光县探报》，中国第一历史档案馆：《清代档案史料丛编》第 5 辑，中华书局 1980 年版，第 206 页。
② 同上。
③ 《胜保等奏报高唐进攻未下并筹办地道完竣愆期折》，中国第一历史档案馆：《清政府镇压太平天国档案史料》第 17 册，社会科学文献出版社 1995 年版，第 1 页。。
④ 《胜保等奏覆十四日廷寄高唐未克缘由片》，中国第一历史档案馆：《清政府镇压太平天国档案史料》第 15 册，社会科学文献出版社 1994 年版，第 68 页。

太平军的偷袭摸营，还迫使清兵不得不加强防备，整夜保持戒备，不能撤队。"官兵彻夜严防，不准稍有疏懈"，[①]而且各勇夜间枕枪而卧，不得放松休息。敌疲我扰的战术给清军造成很大威胁，所以李开芳所部在高唐期间，常常是白天轮休，夜间扰敌。参加当时围剿的张集馨概括地说，太平军"昼则鼠伏，夜则鸱张。李贼并不出战，每夜肆扰，余等分班守墙，天明始休"。[②]他在《道咸宦海见闻录》中记载，"数月来，无日兵勇不为所害，至下半月黑夜尤甚，将士皆视为畏途"。由于清军的马步兵勇及带兵将弁屡为夜袭所伤，日久兵疲，勇气渐钝，这充分说明太平军的夜战在积极袭扰、消耗和疲惫敌军方面发挥了突出的作用。

太平天国北伐军远离天京而独立作战，面临在数量上和装备上都大大超过自己的清朝军队，夜战正是他们常常使用既有利于隐蔽自己行动又能减少伤亡、还可出奇制胜的夜战战术的重要原因之一。

太平天国北伐将帅之一李开芳，在总结夜战的成效时说，"每与官兵打仗，夜间我们得手，白昼官兵多赢"。[③]而清军钦差大臣胜保谈到与北伐军的夜战时，无不感叹万分，竟与李开芳的总结异口同声，"盖白昼见仗，其利在我，一兵可以杀数贼，而黑夜出扰，其利在贼，一贼亦能伤我数兵"。[④]上述史实充分说明，太平天国北伐军的作为符合夜战的基本战术要求，抓住了有利于己的作战方式，给予清军以沉重的打击。由于北伐军对夜战战术运用自如，而且夜战一般均能奏效，所以，实施夜战便成为太平天国北方战场上的主要作战方式之一。

但是，在太平天国北方战场上，由于敌强我弱，力量过分悬殊，北伐军将士们卓有成效的出色夜战，没能从根本上扭转太平天国北方战场上总

① 《僧格林沁军营抄存谕折稿》，《僧王奏折》第1册，张守常编：《太平军北伐资料选编》，齐鲁书社1984年版，第57页。
② 张集馨：《归田杂咏》，《近代史资料》总81期，中国社会科学出版社1992年版，第70页。
③ 《绵愉等奏续讯李开芳等人供词折》，中国第一历史档案馆编：《清代档案史料丛编》第5辑，中华书局1980年版，第168页。
④ 《胜保等奏覆十四日廷寄高唐未克缘由片》，中国第一历史档案馆：《清政府镇压太平天国档案史料》第15册，社会科学文献出版社1994年版，第68页。

体战略失误所带来的被动局面。

第五节　北伐军的化学战法

所谓太平天国北方战场的化学战，是指北伐军利用烟雾、石灰末、毒剂、燃烧材料等，并借助地形和风势天气条件，伤害或刺激敌方人员视觉、呼吸、消化器官或神经系统，使其降低和丧失战斗力的一种战术手段，以此达到出奇制胜的作战目的。中国古代军事史上曾广泛应用这种战术手段，化学战中使用的各种材料可以算作特殊的兵器。

一　进行的烟幕战

烟幕战是指通过施放烟雾阻碍清军视线，使其丧失正常的判断，从而掩护进攻或实施其他目的的一种战术。"贼能放青烟以迷人，相去甚远，可以忽至人前"，[①] 例如，太平军进攻沧州时，便利用此战术在短时间内冲溃了敌方的防御。"贼众麇至，骤放黑烟，抛砂石于烟中。我军虑其有妖术，团勇惊溃，贼猝乘之，旗兵大败，死伤殆尽。"[②] 太平军的烟雾战还可以使敌军各部之间失去联络，致敌乱了阵脚，丧失有效的防守，从而为军事进攻行动赢得时间。"贼点狼烟为迷阵，其后队麇至"，[③] 正是为北伐军实施此战法所作的最好注脚说明。有时在冲锋时，手持烟筒制造烟雾，迷惑清军，"每人手内拿着或铜或锡烟筒一个，将烟筒点着，往官兵营盘随风

---

① 汪士铎：《汪悔翁乙丙日记》卷1，北京文艺阁 1936 年版。
② 李鸿章修，黄彭年纂：《畿辅通志》卷 132，《前事略》2，光绪十年刻本；张守常：《太平军北伐资料选编》，齐鲁书社 1984 年版，第 371 页。
③ 陈钟祥：《咸丰癸丑畿辅诸君殉难略》，《夏雨轩杂文》卷 3，张守常：《太平军北伐资料选编》，齐鲁书社 1984 年版，第 375 页。

冲去，乘官兵不能看视，长毛贼就势攻扑"。①

太平军不仅在进攻中使用这种战术，更多的是在防守中有效地阻止了清军的进攻速度，最终瓦解其攻势。例如，太平军在深州休整期间，面对清军的攻势，"该逆连放大炮，并抛灰瓶等物，势不能进"。烟幕战的关键在于迷目，使敌人看不到目标才能将进攻停止下来，从而转变成为太平军攻击的目标。正如，有的太平军在被俘后的供词所说："将官兵眼目迷了，我们乘间攻杀。"②要使烟幕战法获得成效，还需要具备一些自然条件，即准确判断天气状况和风向大小的影响因素。当处在上风头时，使用借助风力的战术非常容易产生效果，例如，咸丰三年十月二十七日，在静海的围攻战中，"该逆在上风，暗用石灰末于木城内扬簸，我兵势不能进。正欲撤队，该逆复行扑出，……惟追扑东南之兵因风沙过大，兼以该逆灰末迷目，又因陷入冰坑，致有损伤，实堪愤恨"。③由此战例既可说明烟雾的战术受到天气因素制约，如不具备条件贸然实施，则会玩火自焚。由于当时天气预测技术水平较低，所以太平军运用这种战术提前制订出计划，届时决非就能够实施，往往是提前准备好烟雾器材，拟出备用方案，一旦具备适宜的自然条件，临时才会决定实施这一战术，它是一种辅助性战法，不会像火烧赤壁那样将其作为核心战术。

太平军制造烟幕的工具，多种多样，诸如有瓦瓶、竹筒、喷筒、风车、簸箕等，数量也较多，太平军被俘人员在《供词》里曾介绍说："我见贼匪多人俱各手拿瓦瓶，瓶内往外出烟"。④

二　对毒剂的使用

北伐军在与清军交战中，烟幕战有明显的效果，为了更有效地杀伤敌

---

① 《联顺等奏报拿获从敌打仗之马二雪请交巡防处严讯折》，中国第一历史档案馆编：《清政府镇压太平天国档案史料》第 13 册，社会科学文献出版社 1994 年版，第 412 页。

② 《联顺等奏请将从敌戕官之郭玉正交巡防王大臣严审折》，中国第一历史档案馆编：《清政府镇压太平天国档案史料》第 14 册，社会科学文献出版社 1994 年版，第 418 页。

③ 《胜保奏报二十七日官兵进攻静海情形折》，中国第一历史档案馆编：《清政府镇压太平天国档案史料》第 11 册，社会科学文献出版社 1994 年版，第 45 页。

④ 《联顺等奏请将从敌戕官之郭玉正交巡防王大臣严审折》，中国第一历史档案馆编：《清政府镇压太平天国档案史料》第 14 册，社会科学文献出版社 1994 年版，第 418 页。

人，便在制造烟雾的材料中加入有毒的化学成分，使烟幕战不仅仅停留在阻碍敌军视力的能见度上，从而使它真正有了"化学武器"的意义。比如，太平军在北伐前就能做出"有青烟酸入人鼻，不可耐"的毒烟药，[①]在《金陵纪事》里对太平军运用的化学战法有明确记载："贼亦有毒烟药，战稍却，即放毒烟，使人昏闷致溃败，贼或转败为胜。初到立营，亦遍燃毒火于长围外。此方以黑砒石、黄漆叶，人粪为最毒。"[②]太平军在北方战场也运用了这种战术和特殊的武器，战时顺风散之，下风头的清军吸入口鼻，便会发生中毒症状。北伐军的被俘人员事后曾在《供词》里交代说，上级"给我们朦（蒙）汗药，叫我们打仗时顺风用竹筒喷往官兵队内，官兵闻药昏迷，我们乘势攻杀"。[③]

由于使用毒剂的烟幕可以使中毒者丧失战斗力，清军为防范北伐军化学战术带来的后果，也采取了一些预防措施，"如无解药，预于出战前，以醋洗面则不受毒，或以甘草泡醋蘸棉絮塞鼻亦能解"。[④]太平军进攻天津时，使用了自己比较拿手的"化学武器"，当地团练头目听说后，曾给清军送去大蒜解毒，"又闻贼洒妖药迷人，复送去大蒜二石，令兵勇塞鼻，以解其毒"。[⑤]

与此同时，清军也运用含有毒剂性烟雾来对付北伐军，企图在太平军营内也发散毒烟作用。例如，直隶总督讷尔经额在怀庆发出的奏折中说，进攻太平军驻地时，曾"用炸炮、竹炮、喷筒、火箭、毒药一齐抛入"。[⑥]

除在战场使用化学战外，北伐军还在敌后暗中下毒药，制造恐慌，企望釜底抽薪，搅乱敌人。譬如，太平军王沛山"到天津独流、静海等处，

---

① 汪士铎：《汪悔翁乙丙日记》卷1，北京文芸阁1936年版。
② 《金陵纪事》，太平天国历史博物馆编：《太平天国史料丛编简辑》第2册，中华书局1961年版，第50—51页。
③ 《联顺等奏请将从敌戕官之王沛山交巡防王大臣严审折》，中国第一历史档案馆编：《清政府镇压太平天国档案史料》第14册，社会科学文献出版社1994年版，第394页。
④ 《金陵纪事》，太平天国历史博物馆编：《太平天国史料丛编简辑》第2册，中华书局1961年版，第51页。
⑤ 丁运枢等：《防剿粤匪》，张守常：《太平军北伐资料选编》，齐鲁书社1984年版，第473页。
⑥ 《讷尔经额等奏怀庆解围人心大定折》，中国第一历史档案馆编：《清政府镇压太平天国档案史料》第9册，社会科学文献出版社1993年版，第71页。

马付沅给了我断肠散一包，叫我洒在静海县城内井里，不知毒死多少人数"，[1]还派人深入北京城，往吃水的井中下药，"给我朦（蒙）汗药，再来京往各处井内抛洒"。[2]太平军不止一次派人赴京洒药，即便在处境已经非常困难的阶段，仍然坚持以此种方式和战术来骚扰敌后。"四月不记日子，在阜城县营内马付沅给了我红马一匹，断肠散一大包，约有十斤余，银子三两，叫我来京在各处井内洒药，我应允。叫我先来，说定随后打发贼匪多人来京洒药。"[3]

北伐军使用毒剂作武器攻击敌人，同样也受到敌方毒剂武器的攻击。太平军驻地的饮水井也曾是被化学毒剂污染的重要目标之一，围攻怀庆时，城内敌军"夜间缒人下城，与贼井内抛白砒，谁知白砒见冷水即解，贼若不知。第二晚，又抛生半夏。次日，贼喉项皆肿，遂棚（搭）板井上，着人严守"。[4]清军发现不少当地百姓暗中卖粮给太平军，又很难断绝太平军的这种购粮通道，顿生毒计，"又示令民卖米面于贼者，下毒药其中"。[5]

第六节　北伐军的水战战法

在太平天国开辟北方战场前，不少将士已经意识到，北方地势平坦，水道不便，故利骑不利船。实际上在北伐进程中，太平军不仅根据北方地理条件和战势需要组建了马队，而且，也具有一定规模的水营编制。从目前发现的资料看，北伐军中不仅有水军首领，而且还吸收了大批船工入

[1] 《联顺等奏请将从敌戕官之王沛山交巡防王大臣严审折》，中国第一历史档案馆编：《清政府镇压太平天国档案史料》第14册，社会科学文献出版社1994年版，第393—394页。
[2] 同上书，第394页。
[3] 同上。
[4] 田桂林：《太平军攻怀庆实录》，《近代史资料》总81期，中国社会科学出版社1992年版，第96页。
[5] 李棠阶：《李文清公日记》第13册，张守常：《太平军北伐资料选编》，齐鲁书社1984年版，第273页。

伍，也就是说，有一批熟悉水性的专业人员在担负着太平军的水战事宜。清军在河南汜水作战中，托明阿、西凌阿、善禄等曾"夺获伪印二颗，伪太平天国水总制大黄纛一杆"。[①]北伐后期，清军在围困阜城期间，俘获的太平军中"内有水官伪将军一名"。[②]北伐军熟悉水战的主要士兵均来自江苏的船工和船户，"贼在扬州、仪征掳有船户，令其拨渡。"[③]这些记载说明北伐军中确有一批能够从事水战的士兵，不过北方战场以陆战为主，部队混同编制，水战时才作为特种兵来使用的。而林凤祥、李开芳率领的北伐军在北方战场进行的"水战"，在以往研究中被人们往往忽略，由于这些"水战"在北伐进程中又是极重要的环节，因此，有必要对其进行一些探讨。

一 进攻时实施的抢渡

太平天国内部讨论军事战略时，反对开辟北方战场进取河南的主要理由是"水道不利"，仅单纯就北方地理环境来看，无疑是一个确凿的事实。水道不利的原因首先在于，北方河流少、河流方向多东西走向，太平军无法借助水上交通工具由南向北挺进；其次，便是东西走向河流自然成为北上的太平军的重重险隘。在船只、水用器械极难筹措更难携带的情况下，北伐途中遭遇"河水"而阻的困境可想而知，别说自然河流横渡的难度，就是遇到人工挖掘的水沟工事，在器械短缺的情况下也很难马上一举攻克。例如，在攻打直隶广平府城时，"至护驾村遇水而止，旋由洺北窜"。[④]因此，北伐太平军如何跨越北方诸条自然河流成为考察水战战法的一个重要方面。

在太平军北上受阻的自然河流中，遇到困难最大的莫过于黄河。正如，山东巡抚李僡所言："遏贼北窜，莫如扼守黄河。东省惟曹、单两县濒

① 《托明阿等奏报汜水攻剿连日续获胜仗折》，中国第一历史档案馆编：《清政府镇压太平天国档案史料》第7册，社会科学文献出版社1993年版，第425页。

② 《僧格林沁等奏报敌踞阜城连日官兵屡获胜仗折》，中国第一历史档案馆编：《清政府镇压太平天国档案史料》第12册，社会科学文献出版社1994年版，第518页。

③ 《附获逃敌张维城供词》，中国第一历史档案馆编：《清政府镇压太平天国档案史料》第9册，社会科学文献出版社1993年版，第272页。

④ 夏诒钰纂修：《永年县志》卷24，《兵事》，光绪三年刻本；张守常：《太平军北伐资料选编》，齐鲁书社1984年版，第385页。

河，其余渡口均隶江、豫。要使上下游无船可掠，必不能越登陆。"①其实，早在太平军攻占安庆，向南京挺进之时，清政府为了防止奸细偷渡黄河，就已经安排了黄河渡口的防范。"黄河南北两岸自河南孟县、巩县、汜水以下，地多平畴，防范尤应周密。"并特别提出地方官员，要"各按所管地段，认真稽查，严防偷渡，并遴派妥员，随同巡缉。遇有紧急，将船只收入北岸，勿任奸匪潜越。"②太平军北上以后，清政府认为封河禁船渡河的措施"均合机宜"，马上布置黄河防守。在太平军挺进河南时，收缴黄河沿岸各类船只的行动基本完成。《中兴别记》卷十二记述了当时清朝官员检查收船情况："王履谦奏报查河略云，臣由柳口北渡，往查下游各口，复由山东刘口渡河，溯查上游南岸，至孟津口折还北行，抵祥河工次。所有豫东南北两岸上下游渡船，除官渡酌留应用外，余俱卸舵去桅，收集尽净，委文武各员专驻河口稽察。"

太平军于6月13日到归德，马上直奔黄河沿岸的刘家口，准备过河。"卑职林凤祥、李开芳二位带五军兵将，连夜先往黄河四十里之遥上下取船，并无船壹，有鞑妖对江把守，仍在河边小村扎驻一夜。……于十一日统兵往黄河会齐，斟酌在此无船难以过江。"③由于渡口船只早被清军收敛至黄河北岸，在无法解决渡河工具的情况下，只好沿河西行寻船，经宁陵、睢州、杞县、陈留、开封、朱仙镇、中牟、郑州、荥阳、汜水、巩县，到达黄河支流洛河与黄河交汇处。此地距太平军初抵黄河南岸的刘家口200多公里，向西行这段路历时7天，毕竟最终找到了运煤船只，吸纳部分船夫入伍摇船。"在巩境洛河内抢船，由洛入黄，驶至汜水之骨脾口北渡，其地本非官私渡口，并无防兵，任贼过渡三日"。④

---

① 佚名：《山东军兴纪略》卷1，中国史学会主编：《中国近代史资料丛刊——捻军》第4册，上海人民出版社、上海书店出版社2000年版，第2页。

② 《寄谕讷尔经额等饬所属厅营州县各按地段认真稽查严防偷渡》，中国第一历史档案馆编：《清政府镇压太平天国档案史料》第5册，社会科学文献出版社1993年版，第135—136页。

③ 《林凤祥李开芳吉文元朱锡琨回复北伐战况上北王韦昌辉禀报》，太平天国历史博物馆编：《太平天国文书汇编》，中华书局1979年版，第217—218页。

④ 《贾臻致瑛棨函》，《瑛兰坡藏名人尺牍墨迹》第27册，张守常：《太平军北伐资料选编》，齐鲁书社1984年版，第245页。

当时太平军获得七八十艘运煤船后，曾试图用船并排连接的方法搭造浮桥，以便于全军悉数北渡。后因天时不利，刮起大风，"河水陡涨五尺有余"，不得已改为利用现有船只摆渡过河。北伐军在扬州和仪征招收不少船户入伍，于是"令其拨渡，直渡了一天"。[①] 在船少人多的情况下，船只加载量增大，导致渡河中发生一些沉船损失的意外情况，"是日舟沉数十号"。[②] 托明阿、善禄所率清军追至，又给抢渡工作造成一定压力。北伐军毅然决定兵分两部，主力继续抢渡，另部后卫专做掩护警戒，阻击追兵，待渡河大队人马跨过黄河天堑后，经河南密县向南撤退，牵制分散清军追兵。

北伐太平军攻克直隶的栾城后，北上逼近正定府，兵临滹沱河。滹沱河是一条季节性河流，雨多水深，时大时小；滹沱河河床宽窄不一，也使各段河水或深或浅不等，此处水势湍急，彼处却可徒涉。咸丰皇帝此前有旨，令胜保督兵迅速前进，扼守正定滹沱河要隘，在滹沱河渡口多派兵役昼夜把守，并将船只已收北岸，在沿河安设抬枪、抬炮以防偷渡。太平军抵达河沿时，因无渡河工具，便沿河东进，在藁城界内河面变宽、水流变浅之处，渡过滹沱河。不过，此次渡河也是主要依靠通过搭桥实现的。由于此处河水相对来说比较浅，少部分太平军是蹚河而过的。尽管在当时的季节，滹沱河的流量及宽度并不能构成太平军北上的巨大险隘，但是依然不失为一道天然屏障。《复生录》作者所说："途中过滹沱等河，新秋水面已有薄冰，过河后着衣复行，不知下身腿足全受冰锋划伤"。陈思伯回忆的过河情景，反映了当时太平军在徒步涉水蹚过一些较浅河流时，一般是脱衣过河，上岸后再穿衣服。他说的是"途中过滹沱等河"，渡河脱衣并不是仅指此一次，因为文中所言的"已有薄冰"，也说明不是指在直隶藁城北侧过滹沱河，被冰锋划伤可能是抵达静海以后的事，因为在农历九月初滹沱河绝对不会结冰的。

---

① 《张维城口述》，《近代史资料》1963 年第 1 期（总 30 号），中华书局 1963 年版，第 14 页。
② 陈思伯：《复生录》，《近代史资料》1979 年第 4 期（总 41 号），中华书局 1980 年版，第 39 页。

北伐军在静海、独流扎住，结束了进攻的态势。如果说此前一路北上河道没有成为阻碍太平军前进步伐的屏障，那么，北伐军此后在与清军的水战交锋中，则没有占有太多的优势。

1854 年北伐援军在蟠龙集渡过黄河，也有后卫部队未渡河回返。据百胜、王梦龄奏言，"据探该逆于十六日在包家楼、蔡家庄等处，破伐树木，拆毁民房扎筏渡河。都司崇顺等带领兵勇前往，击毙东岸逆匪多名，余匪二三千人不及渡河，仍由永城回窜"。[1]

二　防御时遭遇的水攻

咸丰四年（1854）正月初七，太平天国北伐军从静海突围南下，结束了与清军在天津周围相持待援的阶段。北伐太平军向南且守且退，不是遭遇运河隔断，就是遭遇清军挖濠筑墙，实施水攻围剿。无论林凤祥在连镇，还是李开芳在冯官屯，太平军都遭遇了僧格林沁的水攻，因此，考察北伐太平军如何应对清军的筑建围墙、引河水攻，也是研究其战法的一个重要方面。

太平军由阜城退据连镇后，像占据独流那样跨河为营，修建木栅木城。"贼夹河筑土垒木城，防范甚固。"[2] 在清军建立的濠墙工程尚未完成严密合围前，李开芳率部从连镇东南方空虚之处突围南下。此后，不料七月连日大雨，"河决连镇窝"，[3] 决口的河水不仅淹没了太平军在连镇东边占据的几个村庄，而且也冲毁了清军修筑的套堤。僧格林沁在奏折中谈及此次决口的影响和应对的措施，"现在决口之水已将贼匪占据之陈庄及南面小村浸没数尺，逆匪或在墙垣房上躲，或凫水奔赴连镇。惟套堤兴工未及一半，河堤冲决。"[4] 大雨和河水溃堤使林凤祥率领的北伐军看到了突围的希

① 奕䜣等修，朱学勤等纂：《剿平粤匪方略》第 82 卷，中国书店 1985 年影印本，第 20 页，。
② 张景沂：《七竹山房诗草》，张守常编：《太平军北伐资料选编》，齐鲁书社 1984 年版，第 452 页。
③ 殷树森修，汪宝树等纂：《南皮县志》卷 5，《风土志·祥异》，光绪十四年刻本；张守常：《太平军北伐资料选编》，齐鲁书社 1984 年版，第 422 页。
④ 僧格林沁：《连镇大营附近河堤冲决已派员督催抢护折》，太平天国历史博物馆编：《太平天国史料丛编简辑》第 6 册，中华书局 1963 年版，第 36 页。

望，于是多次趁风雨交加之时，乘筏凫水"舍死奔扑东面濠墙"。清军在调集兵力加强东南方堵截的同时，赶紧挑挖河道并修复套堤。不久补筑围堤竣工后，被灌淹的太平军营垒面临的局势更为艰难，不得不收缩前沿阵地，放弃连镇东面的营盘。"此时东面贼巢水深二三尺至四五尺不等，再将决口补筑，俟水势益深，该逆即难容止。"①清军在连镇引水灌濠的做法，使壕沟起到了护城河的功效，大大增加太平军越濠跨堤突围的难度。太平军如想实施突围，不仅需要应对围墙上的守卫清军，还要清栅、涉水、爬墙，困难重重。特别是入冬以后，守卫土城墙的清军夜晚还会在城墙上洒水，故意将土墙冻成一堵冰墙，使得爬墙翻越更加难乎其难。在太平军看来，唯有一线希望是运河"水口"通道，运河从东西连镇中间穿流而过，清军修筑的围墙在运河上留有空缺，称之为"水口"。长壕围墙既然难以突破，太平军只能利用连镇跨河特点，在"水口"上打主意。林凤祥多次组织太平军借助船只从水口强行突围，均被清军强烈炮火压制退回，一直未能冲破僧格林沁的包围封锁。据《剿平粤匪方略》记载，八月初三，太平军"乘坐大船四只，木筏数十个"，向运河水口组织了一次大规模的突围。结果遭到散秩大臣穆辂、副将史荣春率领清军的火力猛轰，枪炮齐鸣，喷筒火弹飞射，"登时击沉大船一只，烧毁大船一只，珍毙逆匪无数，并毙伪水官总制廖姓"。②从运河水口大规模组织突围失败后，林凤祥改变策略，暗度陈仓，接连派人夜间偷偷从水口潜出。结果依然不妙，均被河道中密密麻麻的钩网所缠绕，试图由水路潜出的太平军屡屡被俘，"悉为滚钩渔网捉去。"③由此可见，僧格林沁实施的引水围困战术之后，连镇太平军突围的确异常困难。自李开芳所部南下高唐后，基本上再也没有太平军能够真正突出僧格林沁的包围圈了，可以说，"半死刀枪之下，半死运河水中"。④

① 僧格林沁：《奏陈近日情形折》，太平天国历史博物馆编：《太平天国史料丛编简辑》第6册，中华书局1963年版，第39页。
② 奕䜣等修，朱学勤等纂：《剿平粤匪方略》卷104，中国书店1985年影印本，第16页。
③ 陈思伯：《复生录》，《近代史资料》1979年第4期（总41号），中华书局1980年版，第44页。
④ 同上书，第48页。

最终，连镇林凤祥为首的北伐军于 1855 年正月十七日"为僧王用水困毙"。[①]而由连镇南下的李开芳所部，也遭遇了僧格林沁更加凶狠的水攻围剿。

李开芳率部从山东高唐城南突围之后，选择了粮草甚多的荏平县冯官屯据守。僧格林沁当即尾追至此，又一次采取水攻战法。冯官屯村外有称作汉河的旧河沟，与徒骇河连通，通过调垫筑坝等，可以引运河之水顺流而至。此时，北伐军的叛徒施肇恒和冯官屯大户人家邹湘泉等，纷纷向僧格林沁献策水攻，被他欣然接受了。正如僧格林沁在奏折中所说："讯据投出之人供称，村内粮米充足，逆匪足敷食用，更增焦急。辗转筹度，拟用水灌，或可奏功。"[②]

在冯官屯这场水战中，北伐军是被动的一方，可以采用的有效之策不多。李开芳面对村内外日益提高的水位，几乎每夜都派兵潜出侦察，急切希望争取时间，找到破解之策。他甚至冒险到防护壕前沿，亲自向参与围剿冯官屯"义勇"喊话，对这些被清军俘虏的太平军后又被利用在前线作战的"义勇"发动心理战，"巧言引诱，以冀要结众心"。[③]与此同时，派遣心腹假意投出降敌，企望在与清军作战中充当外应，在关键时刻能够传入信息和暗号。结果此计被识破，投出之人被斩首。摆在太平军面前的出路，只有誓死扒开围墙，冲出重围。于是，李开芳指挥全部人马进行了转移冯官屯以来最为惨烈的一次突围行动。北伐军首先在屯内防护壕内挖掘直指西南方向清军炮台的地道，"于（咸丰五年二月）二十九日夜间将炮台前壕墙轰塌，该逆即由此处冲出。昏夜仓促之际，该处兵勇一时溃乱，幸炮台以外尚有围壕，该逆未能突奔，趁乱扑上炮台占据。"[④]太平军占领敌人前沿炮台后，立即摧毁其炮眼等设施。僧格林沁闻讯大吃一惊，急忙

① 张集馨：《道咸宦海见闻录》，中华书局 1981 年版，第 157 页。

② 《僧格林沁等奏报近日围剿情形并设法引水灌淹冯官屯折》，中国第一历史档案馆编：《清政府镇压太平天国档案史料》第 17 册，社会科学文献出版社 1995 年版，第 160 页。

③ 同上。

④ 《僧格林沁等奏报敌屡次突围均被击退并引河业已开工折》，中国第一历史档案馆编：《清政府镇压太平天国档案史料》第 17 册，社会科学文献出版社 1995 年版，第 174 页。

亲自带领人马赶来围堵，经历一番拼死肉搏，太平军终被官兵的密集炮火
逼迫退回了屯内。此次惊心动魄的突围战，太平军击毙清军炮队和弁兵 30
多名，其中包括僧格林沁的随从护卫戈什哈，击伤清军兵勇 200 余名，其
中包括乾清门侍卫都兴阿、护军参领舒保等。僧格林沁本人亦险遭不测，
他的坐骑被太平军的抬枪穿透前胸。此战况后来受到清朝皇帝的严厉训
斥，僧格林沁不得不加紧实施水攻部署。

清军向围墙以内实施灌水之初，流速不快，水量不大，几乎都流到防
护壕内。"冯官屯引放运河之水到后，壕沟内存有四尺余，与平地不相上
下。惟逆贼所居之穴尚高水面六尺。"①所以，一时半会儿不能危及太平军
的生存，他们殊不惊惧，尚能在高处继续修筑一些防卫性掩体，实施自救
自卫，依然坚持死守。"该屯地势微高，逆贼在壕内添土筑垒，巧为抵御，
是水势虽形畅旺，不过灌满四面壕沟而止，该逆在屯内仍能暗施诡计。即
现在掘壕戽灌，自下而上，亦难得力。"②于是，僧格林沁命令加紧赶造水
车，昼夜不停地用人力掣灌。

随着水车数量增加，连续掣灌，屯内水势不断上升，对在屯内太平军
的威胁日益加重，修建的地下设施遭到毁灭性破坏。而太平军可以主动
采取的反制举措近乎为零，例如，通过挖地道和埋地雷实现突围的唯一途
径，被彻底断绝了。"自水灌入壕后，将贼偷挖地雷多处均冲塌陷。"③凫水
出逃的冯官屯难民说，"此水塌陷内掘地道二十余处，不但火药淹没，且
溺毙地道中贼数十名"。④

由于清军围墙不断培厚加高，水势抬高，太平军不仅火药和粮草尽
湿，而且可以站立之地也越来越小，生存环境越来越恶劣。"巢中遍地皆

① 《王梦龄致瑛棨函》，《瑛兰坡藏名人尺牍墨迹》第 79 册，第 6 信，张守常：《太平军北伐资料选编》，齐
　鲁书社 1984 年版，第 661 页。
② 《寄谕僧格林沁着速奏冯官屯军情并即拨山东兵赴豫》，中国第一历史档案馆编：《清政府镇压太平天国档
　案史料》第 17 册，社会科学文献出版社 1995 年版，第 205 页。
③ 《王梦龄致瑛棨函》，《瑛兰坡藏名人尺牍墨迹》第 79 册，第 6 信，张守常：《太平军北伐资料选编》，齐
　鲁书社 1984 年版，第 661 页。
④ 陈思伯：《复生录》，《近代史资料》1979 年第 4 期（总 41 号），中华书局 1980 年版，第 50 页。

水，只剩两三丈干地，为李开芳支床处，余贼皆处泥淖中。"① 另据出降者说，"巢中无水可饮，饮者多疫死。群谓巢既有水，何以苦渴？降者曰：'水秽臭多蛆，人马粪溺，皆酿其中，风日熏蒸，饮者辄死，'群贼裸足水中，水已及膝，而遍腿粘蛆，万无生路。"② 清军兵勇分别站立围墙之上瞭望，严防太平军捣毁围墙泄水。此时，围水墙以内一片汪洋，只能看到破屋数椽，泅水外逃者在围墙边被接踵俘获，无一例外。

在这种情况下，太平军多次组织冒死凫水游至围墙，依然试图炸毁拦水墙。他们捆绑几个放置火药包的木排，从水中游泳推着木排前行，"先将官兵树栅拖开，将木排子推至墙下，点先锋包扑营"。③ 连次乘夜凫水向外突围，失败了再来，甚至一夜连续五次外扑。"屡次凫水外扑，俱经僧王爷亲督兵勇，开炮击回"。④ 一次次的努力最终都失败了。

最后，李开芳无计可施，明知僧格林沁诱降是假，无可奈何。在百般无奈的情况下，只好以假诈假，束手就擒。太平天国北伐军在冯官屯的战斗，被清军的水攻之术终结了。

① 张集馨：《道咸宦海见闻录》，中华书局 1981 年版，第 162 页。
② 同上。
③ 《王万有供词》，中国第一历史档案馆编：《清代档案史料丛编》第 5 辑，中华书局 1980 年版，第 175 页。
④ 《茌平县探报》，中国第一历史档案馆编：《清代档案史料丛编》第 5 辑，中华书局 1980 年版，第 210 页。

第四章
太平天国北方战场的组织管理

　　林凤祥是北方战场第一主帅，为什么有些学者会按照《李秀成自述》的说法，将李开芳置于排名的第一位？为什么说志同道合的北伐领袖林凤祥与李开芳具有性格上的优势互补？北伐军在组织管理上是怎样奖励军功和控制逃兵的？北伐军是如何处置伤病员的？北伐军是否使用过"军用兴奋剂"？北伐军为何要吸纳监犯入伍？为何北伐军中的妇女凤毛麟角？在艰难困苦的恶劣条件下作战的北伐军都有过哪些文娱活动？

第一节　北方战场的主帅排序

太平天国北方战场的主帅究竟是由谁担任的？学者们对此存在争议，[①]有的学者认为李开芳是北伐主帅，[②]有的学者认为林凤祥是北伐主帅。[③]主帅是统率全军的最高将领，非常有必要对此深入展开探讨研究。

一　北伐前林李的职位排序

主张李开芳为北伐主帅的论者都认为，李开芳参加太平天国起义时间早。金田起义时，李开芳已任军职，而林凤祥此时还是外地游民。在北伐战场开辟以前，李开芳的职位就比林凤祥高。

那么，在金田起义前林凤祥果真没有参加起义组织吗？据《盾鼻随闻录》记载：金田起义前，"贵县人石达开、林凤祥、秦日纲……均入其党，列为队长"。《平定粤寇纪略》也记载说："时洪秀全密藏于平南县之花洲胡以晄家。三十年六月，秀清率众迎之至金田，八月移屯武宣县东乡，召集拜上帝之亡命者。适有贵县游民林凤祥、广东揭阳县海盗罗大纲等率众从之。"[④] 罗尔纲先生经周密考证后，早就明确指出：林凤祥是"紫荆山内平在山拜上帝会的老兄弟"。[⑤] 这一事实几乎为史学界所公认。如果不顾《绵愉奏审录林凤祥等人供词折》中林本人被俘后明显的避重就轻之词，而否

① 郭墨兰：《关于太平军北伐主帅的争论》，《光明日报》1983 年 12 月 12 日。

② 邹身城：《太平军北伐主帅辨疑》，《南开学报》1981 年第 3 期；田禾：《太平军北伐主将应是李开芳》，《东岳论丛》1983 年第 5 期。

③ 吕坚：《太平军北伐主帅应是林凤祥》，《文物》1982 年第 8 期；亓长发：《太平军北伐主帅是李开芳吗》，《东岳论丛》1983 年第 5 期；李惠民：《对太平军北伐主帅问题的几点质疑》，《安徽史学》1985 年第 3 期。

④ 杜文澜：《平定粤寇纪略》卷 1，太平天国历史博物馆编：《太平天国资料汇编》第 1 册，中华书局 1980 年版，第 2—3 页。

⑤ 罗尔纲：《李秀成自述原稿注》，中华书局 1982 年版，第 105 页。

认其参加金田起义史实，那就是轻重倒置，背本趋末。

在开辟北方战场之前，李开芳的职位实际上也不如林凤祥职位高。太平天国攻打长沙时，西王萧朝贵中炮身亡，在向上级汇报这一战况的禀文里，林凤祥的名字就已经排在李开芳之前。

在长沙时，林凤祥被任命为土官正将军，李开芳被任命为金官正将军。土官、金官何者为先呢？有的论者认为，"按金、木、水、火、土的次序，李为'金官'，自必高于林的'土官'。"仔细查阅有关史料，就会感到太平天国的五行排序问题并非如此简单，在谈到太平天国具体官名职位时，就连专门从事研究太平军情报的张德坚亦不得不望而生叹。他在《贼情汇纂》中说："贼中诸伪制，皆有意曼（蔓）衍支离，使人无从揣测。今叙诸伪制，多重复繁冗，且杂邪教诸隐语，几使阅者不耐。实由苦思索解，始得端绪，必须层层推究，方能明晰，若以简炼（练）出之，恐多遗漏。"[1]

太平天国官名虽借用了"五行"之称，但并非以"金、木、水、火、土"之排列次序。所以在论及太平天国官职名称时，需要认真考察，仔细推敲，切不可凭主观臆断拍板定衔。《贼情汇纂》记载："贼改五行中火字为炎，各伪衔俱照写炎字，俾存其实。凡次序皆炎、水、木、金、土者，即贼中暗记前后左右中也。"[2]就是说，他们之间的次序以及相互关系、职责范围、权力极限是内部"暗自"规定的，不能简单地凭借"五行"字面含义判定。那么，"金、木、水、火、土"五将军有何区别呢？据《盾鼻随闻录》记载，"有金、木、水、火、土五将军，掘地道，筑土墙，土将军之事；渡河掘沟，水将军之事；点放枪炮，火将军之事；制造兵器，金将军之事；列木城，造木栅，土将军之事；各有一贼掌之。"[3]既然分工有别，那么依照各将军的职责和作用便不难看出他们各自在整体中所处的地

① 张德坚：《贼情汇纂》凡例，中国史学会主编：《中国近代史资料丛刊——太平天国》第3册，神州国光社1953年版，第33页。
② 张德坚：《贼情汇纂》卷3，中国史学会主编：《中国近代史资料丛刊——太平天国》第3册，神州国光社1953年版，第78页。
③ 汪堃：《盾鼻随闻录》卷5，中国史学会主编：《中国近代史资料丛刊——太平天国》第4册，神州国光社1953年版，第396页。

位。太平天国土将军所部一路攻城，无坚不摧，为最后攻克南京立下丰功伟绩。连太平天国的对手都承认，"贼自湖南以至南京，遇有城池，则私挖地道，暗置地雷，以轰城墙，为伪土营指挥。"①"土营之贼，则屡次穴地轰裂坚城，陷我省会，如摧枯朽，……其罪则上通于天。"②"（土营）在逆党中此贼立功甚巨，论法实贼之魁"。因此，仅从太平天国五将军排序分工分析，"李为金官自必高于林的土官"的推断，确有证据不足之嫌。

　　太平军到武昌后，林凤祥被封为天官副丞相，李开芳被封地官正丞相。有的论者以李开芳是正丞相就断定必高于天官副丞相，那么，"正、副"之别是否就注定会高于"天、地"之别呢？太平天国官制的官阶极其复杂，"伪官名目纷繁不可究诘，其伪衔更系六官、五行、方位、数目、正副等字，览者目迷五色，殊不得其端绪。"③对天官副丞相与地官正丞相先后次序不宜"简炼（练）出之"，因为"六官丞相仅有其名，承意旨具文书而已。惟奉伪命出任兵事，权亦次于伪王"，④故而在考察问题时还要参照有关文书为凭。东王杨秀清给北伐将领的两件诰谕有《速急统兵前进诰谕》、《封彭福兴、张大里等为监军诰谕》，在这两件诰谕的排名次序是，"真天命太平天国禾乃师赎病主左辅正军师东王杨、右弼又正军师西王萧为诰谕天官副丞相林凤祥、地官正丞相李开芳、春官正丞相吉文元等知悉。"由此可见，在太平天国公文中都是将天官副丞相林凤祥排在地官正丞相李开芳之前。李开芳本人在《供词》中也说，太平军到南京时仅有六人被封为丞相，其次序为"天官正丞相秦日章（纲），副丞相林凤详（祥）。地官正丞相李开芳，副的陈盛（承）容。春官正丞相胡以洸（晄），副的吉汶光（文元）。"⑤就连李开芳本人也把天官副丞相排在地官正丞相之前。另

---

① 涤浮道人：《金陵杂记》，中国史学会主编：《中国近代史资料丛刊——太平天国》第4册，神州国光社1953年版，第617页。

② 张德坚：《贼情汇纂》卷11，中国史学会主编：《中国近代史资料丛刊——太平天国》第3册，神州国光社1953年版，第294页。

③ 张德坚：《贼情汇纂》卷3，中国史学会主编：《中国近代史资料丛刊——太平天国》第3册，神州国光社1953年版，第77—78页。

④ 同上书，第104页。

⑤ 《李开芳又供》，中国第一历史档案馆编：《清代档案史料丛编》第5辑，中华书局1980年版，第167页。

外，当时太平军的一些普通士兵也把天官排在地官前面，如《复生录》记载说，北伐"以伪天官副丞相林凤祥、伪地官正丞相李开芳、伪春官正丞相吉明远（文元）三人为首。"为什么杨秀清、李开芳和太平军的士兵都明明知道林是副丞相，李是正丞相，可是仍然把林排在李前呢，这充分说明天官高于地官的缘故，所以，不顾天官、地官之别，只强调正、副丞相，来判定李开芳职位高于林凤祥，不能不说是有些片面，略显偏颇。

在太平军北伐前，林凤祥、李开芳参加的最后一场战役是攻打镇江、扬州，在这场战役中林凤祥的职位也不低于李开芳。根据主要有以下两点：

第一，江都倪在田撰写的《扬州御寇录》，记载了太平军占领扬州后，过礼拜日的情景，他的这段叙述可以说明林凤祥当时在扬州是诸将之首。倪在田说，太平军"七日一礼拜，讲说道理，蹴居民往听之。贼乃即运司署前叠几案为台，分数十座。俄炮一，黄伞一，导一贼自署出攀而升，如是数十人，各耸立。既罄矣，林凤祥乃出，高踞于中，手指口说而操粤音，扬之人亦不辩，半日乃止。"①众所周知，太平天国实行的是宗教、军事、行政三位一体，由林凤祥"高踞于中"主持宗教仪式，一个侧面表明了他是扬州战役之最高首领。否则的话，为什么"分数十座"，而不是李开芳"高踞于中"呢？

第二，《贼情汇纂》中的《林凤祥传》、《李开芳传》记载，太平军攻下扬州后，林凤祥"住府署"，李开芳"住运司署"。林、李分居在不同的两处，而从"府署"和"运司署"的地位看，也可以看出林的身份并不低于李开芳。

总之，"在北伐前李开芳职位高于林凤祥"的证据并不充分，很难说能够站得住脚。

---

① 倪在田:《扬州御寇录》卷上，中国史学会主编:《中国近代史资料丛刊——太平天国》第5册，神州国光社1953年版，第104页。

二　北伐主帅排名史料证据

北伐军于太平天国癸好三年（1853 年）五月十六日向天京发出一份报告北伐情况的禀文，这是目前发现的唯一一份北伐军向上级报告的公文。《北伐回禀》题头明白无误地写着："小卑职林凤祥、李开芳、吉文元、朱锡琨等回复禀报后护又副军师北王六千岁千千岁殿下"。禀文排列的主帅次序是林在李前，有的论者否认这个次序排列，认为抄录件错将横列的名字抄成了竖排。

太平天国由于受封建传统礼制思想观念的影响，对维护本朝纲纪尊卑是相当严肃的，特别重视文书的各种规范。天朝要求每个成员都必须"学习为官称呼问答礼制"，为了使公文中尊卑上下称呼不致偶有差错，屡次颁布诏旨告诫，以使大小官员及文人书士铭心刻骨。禀文中林的名字排列在李前，绝对没有行文差错，它同《报告西王萧朝贵中炮伤重上东王杨秀清等禀报》、《杨秀清封彭福兴与张大里等为监军诰谕》、《杨秀清命速急统兵前进诰谕》等三篇太平天国公文一样，都是将林凤祥排在李开芳前面，由此可以证明《北伐回禀》并非颠倒了林凤祥、李开芳的次序。如果说《北伐回禀》里"林在李前"是疏忽所致，那么，前三篇太平天国公文的"林在李前"也是疏忽造成的吗？

《北伐回禀》中的"林在李前"排序，也并非是横列错抄成竖排而致。1978 年由中国第一历史档案馆编辑出版的《清代档案史料丛编》第五辑发表了《北伐回禀》的原件照片，原件黄绫、黑字、红印确凿无疑，决非清方伪造的抄件和录本。从原件看林凤祥、李开芳、吉文元、朱锡琨的名字是由上自下一行书写，根本不是横列书写的，所以根本不存在横竖抄错《北伐回禀》的问题。

那么，为什么有的学者会怀疑《北伐回禀》中关于北伐将领的次序排列问题？究其原因，可能是受到了早年简又文先生《太平天国全史》的影响。简又文先生认为：

"北伐军之主帅，官私书籍多以林名在李前。其实，据《贼情汇纂》

等书，自起义以来，李之官职恒高于林；而《忠王供词》则凡叙各官，必先李而后林，审是则北伐统帅必李正而林副矣。"①

由于简又文先生对主帅问题上所持观点，致使解释《北伐回禀》的排序时，在预先偏见的引导下，出现了个人的主观臆断。这里不妨引述一段简又文在《太平天国全史》中对《北伐回禀》所做的注释：

"一九五三年六月，罗尔纲先生在苏州发现一篇北伐军四主帅的军事报告书。这个重要的发现，令我们对于北伐军事，由归德直到开封朱仙（镇）的一阶段，得有确凿的史料，除编比内容于上文外，再将报告书全文录后，以资参考。'小卑职林凤祥、李开芳、吉文元、朱锡琨等，回报后护右副军师北王六千岁千千岁殿下'。（按：此处列衔林先李后，莫明其妙，或原件四名横列，林居右，李、吉居中，朱居左。看'革命文物图录'吉庆元、朱衣点等上天王奏，列名格式即如此。疑清吏得此，将各名直书由右至左，故李名在林下）"。②

通过简又文先生这段注释，可以知道他之所以出现判断错误。首先，由于他先入为主的观点，导致了对林在李先的莫名其妙，然后，假设《北伐回禀》"或原件四名横列"，接着又推测"清吏得此，将各名直书由右至左"。其实，简又文先生根本没有见过中国第一历史档案馆所藏的《北伐回禀》原件，不仅他假设的"或原件四名横列"不存在的，而且他推论清吏"将各名直书由右至左"也不存在。但是，这番猜测推论却影响了部分学者的盲目追随。

由中国第一历史档案馆编辑出版的《清代档案史料丛编》第五辑公布了《北伐回禀》的原件，三枚主帅的印信清晰可见，其排列为天官副丞相居中，地官正丞相为右，春官副丞相为左。这种印信排列次序与回禀行文抬头的三位主帅次序是一致的。而且正文中也是林在李前的，正文中有"卑职林凤祥、李开芳二人带五军兵将，连夜先往黄河四十里之遥，上下

---

① 简又文：《太平天国全史》上册，（香港）猛进书屋1962年版，第563页。
② 同上书，第581—582页。

取船"①之表述。《北伐回禀》原件的行文抬头、正文，丞相印信三者一致，相互印证，足以充分说明"林在李先"的排序问题。

三　林居李前排序并非讹传

有的学者认为，林凤祥被说成北伐主帅是 1953 年 6 月罗尔纲先生发现《北伐回禀》后造成的讹传，此前李开芳是排在林凤祥之前的。

《北伐回禀》原件于 1953 年发现不假，但是北伐军的"林居李前"有关记载，在清代的有关史籍中也是屡见不鲜的。例如，《东华续录》、《平定粤匪纪略》、《豫军纪略》、《扬州御寇录》、《复生录》、《山东军兴纪略》、《剿平粤匪方略》、《中兴别记》、《贼情汇纂》等书都记载为"林在李前"，怎么能说是 1953 年 6 月之后的"讹传"呢？这种说法明显不符合历史实际。

毋庸讳言，在一些史籍中确实有"李在林前"的记载，此外，还有一些错杂排列，模棱两可的记载。如果对这类记载的某些材料进行仔细推敲的话，还是能发现一些问题的，这些记载并非就是板上钉钉的事实。比如，简又文先生认为《贼情汇纂》和《忠王供词》都是记载李在林前的史料，下面仔细推敲一下有关记载。

张德坚在《贼情汇纂》中的《林凤祥传》里记载说："凤祥复回扬州，住府署。三日（月），杨贼行伪诰谕，令凤祥率众北犯，以曾立昌代之。嗣窜扰山东、直隶。"②

在《李开芳传》中记载说："三月初旬，杨贼行伪诰谕，遣开芳等率众北犯，遂与林凤祥、吉文元等扰山东、直隶"。③

从以上两位北伐将帅的传记来看，行文差不太多，只是将《林凤祥传》排在《李开芳传》之前。对照字句认真分析，便可发现两者的微细差

---

① 《林凤祥李开芳吉文元朱锡琨回复北伐战况上北王韦昌辉禀报》，太平天国历史博物馆编：《太平天国文书汇编》，中华书局 1979 年版，第 217 页。

② 张德坚：《贼情汇纂》卷 2，中国史学会主编：《中国近代史资料丛刊——太平天国》第 3 册，神州国光社 1953 年版，第 52 页。

③ 同上书，第 53 页。

别。前者是"令凤祥率众北犯",后者是"遣开芳等率众北犯","令"字与"遣"字不同,在此用作动词差别不大,关键是在"李开芳"名称之后,比"林凤祥"名称之后多出一个"等"字,一字之差亦可视为凸显了林凤祥作为第一主帅的地位。再如《金陵癸甲纪事略》,也是在文字表达上略微突出了林凤祥排名靠前的地位,该书的《林凤祥传》里写道:"破金陵,东贼使窜河北",[①] 而在《李开芳传》里写道:"金陵陷,东贼使与林凤祥窜河北"。[②] 为什么《林凤祥传》在前,《李开芳传》在后,谈到北伐主帅时林凤祥可单独出现,而李开芳则需要加上"与林凤祥"的字眼,作者的这种表述方式的差异,显然反映出两者在名次和地位排列上有所区别。

李秀成在《供词》里有几处把李开芳写到林凤祥之前,最突出的记述有两处:其一,写到太平军攻打长沙时,他回忆说:"西王萧朝贵带李开芳、林凤祥等来打长沙。此时我为兵,上(尚)未任事。西王到长沙攻打,那时天王同东王上(尚)在柳(郴)州。西王在长沙南门外中炮身死后,李开芳具本回柳(郴),天王同东王移营而来长沙"。[③] 其二,总结天朝失误的十条教训时,李秀成说道:"误国之首,东王令李开芳、林凤祥扫北败亡之大误。"[④] 李秀成是太平天国重要将领,其《供词》也堪称记述太平天国历史的不可多得的重要史料,但是,他在供词里涉及林凤祥、李开芳排序的表述,并没有提出更有说服力的证据。李秀成作为太平天国后期将领,对北伐时期林、李职位问题并不一定有多么详细的了解,就连他自己也承认,"一路自粤西而至,我本为兵而来,前之内政,俱不经我手。"[⑤] 他又说:"军机密务,非兵勇所得与闻,即大帅左右之人,不告亦不得闻也。"[⑥] 直到攻下南京后,李秀成才逐步升至右四军师。太平天国开辟北方战场的

---

① 谢介鹤撰:《金陵癸甲纪事略》,中国史学会主编:《中国近代史资料丛刊——太平天国》第4册,神州国光社1953年版,第672页。
② 同上。
③ 罗尔纲:《李秀成自述原稿注》,中华书局1982年7月版,第99页。
④ 同上书,第348页。
⑤ 同上书,第121页。
⑥ 同上书,第363页。

将帅出征之时，李秀成还驻守在天京太平门外，他对当时北伐领导人之间的具体情况不可能掌握得十分详细。特别在攻打长沙时，李秀成"尚未任事"，他说的"西王在长沙南门外中炮身亡死后，李开芳具本回郴"，与史实明显存在一定出入，因为当时向东王杨秀清等汇报的将领是曾水源、林凤祥、李开芳，并非是李开芳单独一人，而且在《报告西王萧朝贵中炮伤重上东王杨秀清等禀报》中曾水源、林凤祥的名字在李开芳之前，单说"李开芳具本回郴"并不准确。另外，曾水源、林凤祥、李开芳三人向上级禀报时，西王萧朝贵因中炮负伤很重，"十分危急"，并非如李秀成所说"中炮身亡后"才向郴州汇报。

所以说，尽管李秀成是太平天国后期重要将领，《李秀成自述》是非常难得的太平天国史料，其中他没有亲历的事务或不甚熟悉的具体史实，并不能当作确凿证据，特别是《李秀成自述》涉及北伐主帅序位问题的记述，没有能够反映真实历史细节情况。如果以《李秀成自述》与《报告西王萧朝贵中炮伤重上东王杨秀清等禀报》、《杨秀清封彭福兴与张大里等为监军诰谕》、《杨秀清命速急统兵前进诰谕》等太平天国涉及林凤祥、李开芳排名的文书相比较的话，毫无疑问，太平天国的正式文书更准确、更可靠。

有的学者提出，不能简单地以太平天国癸好三年（1853 年）五月十六日《杨秀清命速急统兵前进诰谕》来说明北伐将帅位次，应以 1863 年太平天国作出盖棺定论的封王决定为区分北伐将帅位次的依据。

《杨秀清命速急统兵前进诰谕》从时间上判定，应是太平天国开辟北方战场后北伐军才收到的一件文书。既然如此，到 1855 年北伐战役结束再没有出现过变更将帅排列次序的文件，为什么它不能作为主帅排列次序的依据呢？如果 1853 年北伐出征的文书都不能说明北伐主帅位次，那么 1865 年的封王决定怎能说明北伐主帅位次呢？1865 年太平天国的追封毕竟是北伐 10 年后的事，北伐诸帅早已不在人世了。暂且也不论追封的林、李到底谁的排名在前，因为北伐主帅当时的次序排列并不是 10 年后追封任命的，10 年后追封的王位并不能充分证明当时北伐主帅的位次排序。

总之，史料多以林在李前，确凿史实证明林在李前的排名，绝不是1953 年 6 月发现《北伐回禀》后才产生的"讹传"。

四 林凤祥李开芳性格互补

之所以一些史籍中也存在"李在林前"记载，其实，仔细分析其成因，不外乎有三种可能：其一，这些史籍作者不知端倪，望文生义，不谙其详，主观妄断；其二，太平天国组建的北方战场统帅是一个集体领导的班子，虽然林凤祥排名位于李开芳之前，但是林与李并非上下等级关系，一把手与二把手之间，权力差异不大或分工模糊；其三，林凤祥、李开芳个人性格使然，各自领导方式和指挥行为模式不同，故易生误解。林凤祥具有豁达大度、辞尊居卑、勇敢果断、坚毅刚劲的品质；李开芳拥有机智灵活、能征惯战、履险如夷、随机应变的能力。两位主帅虽然具有不同性格表现和行为风格，但是，在领导和指挥北伐军作战中，他们志同道合，亲密无间，形成了两位主帅的优势互补。

第一，林凤祥和李开芳都是广西金田起义的老长毛，林凤祥好勇任侠，李开芳则机灵大胆。在太平天国前期军事斗争中，林凤祥、李开芳一路冲锋陷阵，攻城拔寨，皆可谓是骁勇善战的虎将。在太平天国北伐战场上，他们以身作则，身先士卒，林凤祥在怀庆受伤，在连镇"右臂左腿两受枪伤"；[1] 李开芳则在静海战斗中，也曾右膀受枪伤。[2] 所以，众目昭彰，他们都赢得天京农民领袖的信任和北伐将士的拥戴，拥有北伐战场上的最高军事指挥权威。

第二，林凤祥既有军事指挥的才能，又能够集思广益，博采众长。在北伐途中，林凤祥注重发挥群策群力，决策征询诸将意见。攻占豫东重镇归德府后，林凤祥经过"同众商议"后，[3] 决定与李开芳带领五军兵将连夜

---

① 陈思伯：《复生录》，《近代史资料》1979 年第 4 期（总 41 号），中华书局 1980 年版，第 48 页。
② 在独流被俘的太平军张兴保说：现在李开芳丞相的"右膀子上受有枪伤"。《张兴保供词》，中国第一历史档案馆编：《清代档案史料丛编》第 5 辑，中华书局 1980 年版，第 171 页。
③ 《清军缴获的林凤祥等报告北伐战绩的禀文》，中国第一历史档案馆编：《清代档案史料丛编》第 5 辑，中华书局 1980 年版，第 156 页。

直奔黄河口岸，吉文元、朱锡琨继续留在归德府等候后续部队的人马。一般做出分兵行动的决策之前，林凤祥都会组织"商议"，补苴罅漏，以达成共识，取得众将一体同心、众擎易举的效果。例如，北伐军撤离独流、静海前，就迅速撤退的军事行动方案达成一致，马上采取了统一南下行动。"林逆在独流约会驻扎静海李逆传令，夜由冰上踏雪急走"，① 终于冲出了清军的重围。

李开芳则足智多谋，见微知著，是一位通权达变的聪明人。1855 年 5月，当北伐军被清军围困于连镇之时，得知南京续派北援军，已到山东临清州。李开芳主动向林凤祥提议兵分两路，一路驻守连镇，另一路南下接应，继续牵制清军的方案。林凤祥考虑分兵后既可以形成相互间的声援之势，又能够接应北援军的到来，以扭转北方战场的被动局面，于是，"随商令伪地官丞相李开芳，督带一千马队，前往会合"。② 暂且不论此次分兵战术的实际得失，分兵南下之举确为两位主帅经过切磋琢磨，达成统一意见后才做出的决策。

第三，林凤祥的帅才，还表现在遇到紧急军情，勇敢果断。《复生录》作者陈思伯，在综述林凤祥的军事指挥特点时说："回思林逆本小有才，惟恃勇力，遇事颛顸，即如私越太行山，与夜过冰湖，皆鼠贼之径行。"③ 在攻打怀庆战役失利后，林凤祥毅然决定西越太行山。虽山路崎岖，跋涉艰难，但是终于摆脱了清军包围，使北伐军绕道北上。在独流、静海被困危局逐步加剧的情况下，依然迅速撤退，"夜由冰上踏雪急走"，实现了突围。陈思伯所说的"惟恃勇力，遇事颛顸"这一席话，虽然不无贬损之意，但是，北伐史实已经充分证明了"私越太行"、"夜过冰湖"等暗度陈仓，金蝉脱壳的重大行动，都是林凤祥临危做出的果断决策，堪称军事史上神鬼莫测的奇兵之举。

李开芳善于谋划，平素精于调查，决策前善于反复思量探寻，是北伐

---

① 陈思伯：《复生录》，《近代史资料》1979 年第 4 期（总 41 号），中华书局 1980 年版，第 41 页。
② 同上书，第 43 页。
③ 同上书，第 46 页。

军中眼观六路，耳听八方的主帅之一。李开芳在北方战场的所到之处，特别注重于"问人寻路"，而且许多情况下都是他亲自介入侦查，"所到地方，自己踏看"。[①]吴惠元在《天津剿寇纪略》中，有李开芳亲临天津城下村庄进行侦察的一段详细记述："邑生王某者，在城西十三里姜家井训蒙。九月廿八日巳刻，忽一人闯入塾中，貌皙白而温雅。曰：'汝弗惧，其速具食。'询以'此村何名？距城几里？屯兵若干？城已腾出否？'正探问间，突有匪报曰：'头阵败'。继报曰：'二阵败。'俄顷又据曰：'开山王阵亡。'其人拍案而起，匆遽出门西窜。有识者曰：此即逆首李开芳云。"[②]李开芳的这些踏勘特点，与林凤祥形成了运筹帷幄的绝佳搭配，所以在开辟北方战场的前期，太平军才能够多次冲破清军重重堵截，几度绕道而行，既奉行了急趋燕都的战略方针，又采取了出其不意的灵活策略，数次摆脱追兵围剿。

第四，林凤祥作为掌握着北伐最高指挥权的主帅，一言九鼎，爱憎分明，疾恶如仇。他要求太平军严守群众纪律，所到之处，军纪严明。但是，凡遭遇地方武装的攻击，他也会痛下狠手予以报复，"全杀无遗"，毫不留情。例如，北伐军在山西平阳府城，林凤祥采取了截然相反的两种处理方式，当地民众经受了冰火两重天的待遇和报复。太平军在平阳，"城外关厢，未设防兵，客商迎降，林逆下令保全，不准擅取一物，违者立斩"。然而进入平阳府城，"遇守城乡勇，试放一炮，适毙贼营大旗手一名，林逆怒甚，传令攻破此城，全杀无遗。……城内则搜杀三日，男妇老幼尸身枕藉；临行又纵火焚烧，一城化为灰烬。"[③]关于林凤祥在平阳府下令伤及百姓的起因，还有另外一种说法，即太平军在平阳掳人，撤出平阳后，"令人抬炮前行，共十余件，一炮用四人，恐其逃，各以铁索锁在炮身。抬者私议，不如将炮回轰，伤贼其多。贼乃恨极，以为平阳人厉害，

[①] 《李开芳又供》，中国第一历史档案馆编：《清代档案史料丛编》第5辑，中华书局1980年版，第167页。

[②] 吴惠元：《天津剿寇纪略》附录，张焘：《津门杂记》卷上，光绪十年刻本；张守常：《太平军北伐资料选编》，齐鲁书社1984年版，第461页。

[③] 陈思伯：《复生录》，《近代史资料》1979年第4期（总41号），中华书局1980年版，第39页。

复入城杀死二万余人。"①《临汾县志》也认为，是太平军中的抬炮人轰炸了太平军，从而激怒了林凤祥。据《癸丑兵燹记》记述说，"抬炮者多系郡人，倒轰之，贼大溃，歼一渠魁，首尾不相援。……所掳郡人多逸去。漏约三下，贼复回城，益怒，屠郡城，商民死者相枕藉。"② 无论炮击事件是如何发生的，其结果都已经说明，林凤祥既可作出"不准擅取一物"的决定，也会发布"全杀无遗"的军令。第一主帅具有绝对权威性，并且也要为此承担首要的责任。

李开芳则不仅坚定自信，办事总是胸有成竹，而且能说会道，应对如流。"李逆自恃稍通文墨"，③ 甚至臧否人物时，不免也会流露出一丝顾盼自雄的情绪。他在评价太平天国领导人时，最佩服的是"萧朝贵第一通兵法"，"萧朝贵最厉害"，并说过"杨秀清止于教。孟常未识字。吉文元无甚文艺"。"惟有已故西王萧朝贵第一通兵法，此外都不通文艺"。④ 但是，他绝不是那种孤行己见的统帅，李开芳亲自处理难办问题时，还是能够小心谨慎，三思而行的。通过李开芳处理棘手问题的一个实例，便可见一斑。北伐军总制王万有说，林凤祥身边的北伐军土将军刘士瀍，因曾在连镇被清军俘获，通过诈降欺骗了清军，后来在被清军派往高唐围剿时，又利用挖地道的机会，重返了太平军。刘将军见到李开芳之后，详细汇报了连镇被攻破以及林凤祥被俘的情况，李开芳感到刘士瀍对太平天国赤胆忠心，能够借助诈降重返太平军通报连镇军情，实在是难能可贵，准备委以重任，要封他官。但是，在李开芳身边的一些广西老长毛却对此持有疑义，认为土将军刘士瀍既然投降了清军，不可轻易听信其自我解释，疑则勿任，"变过妖的人不可封"。李开芳一方面觉得刘士瀍重返之举值得珍视，另一方面又不愿意与身边亲信之间为此任命产生间隙，故而左右为

① 龚泩:《耕余琐闻》丙集，张守常:《太平军北伐资料选编》，齐鲁书社1984年版，第353页。
② 刘玉玑修，张其昌等纂:《临汾县志》卷5，《癸丑兵燹记》，民国二十二年排印本；张守常:《太平军北伐资料选编》，齐鲁书社1984年版，第352页。
③ 陈思伯:《复生录》，《近代史资料》1979年第4期（总41号），中华书局1980年版，第50页。
④ 《李开芳又供》，《绵愉等奏续讯李开芳等人供词折》，中国第一历史档案馆编:《清代档案史料丛编》第5辑，中华书局1980年版，第165页、169页。

难，无可奈何，后终他采取了一个模棱两可的处理结果，"没封他的官，也没杀他"。①

第五，林凤祥在连镇最后危急关头，面对北伐军士气低落，出现士兵叛逃时，从容不迫，镇定自如。应该说林凤祥对出逃和叛变行为深恶痛绝，但是面临士兵出逃人心波动的局面，"林逆亦深知人心不固，恐生他变"。所以，他表面上不动声色，能够应付自如，行若无事。林凤祥一面自责领导指挥无能，导致众人受困，另外还采取了"收罗众心"的做法，为避免与准备叛逃者发生直接冲突，当赏银二十两仍令投出。然后，派人设伏于半路，再将拿到赏银的投诚之人一概截杀。林凤祥处置叛逃者的态度，可谓是严惩不贷，不折不扣；处置叛逃者的方式和手段，可谓讷言敏行，细针密缕。僧格林沁曾指出，林凤祥此举"实属诡诈百出……实非寻常贼犯可比"。②

李开芳在冯官屯坚守的最后时刻，面对僧格林沁水攻倒灌军营的危局，情急智生，见机行事。李开芳与林凤祥的处置方式不尽相同，他能够不失时机地诱骗清军，随机应变诈降之计。"李开芳遣心腹黄大汉等百余人，混入难民内，泅水出降"。③ 李开芳把诈降作为一种缓兵之计，通过"忽献诈降书"，待有 130 余名太平军出营后，"忽贼营内开放大炮，喊杀之声突起"。④ 就足以得知，这是李开芳的临机采取处置策略，诈降是不得已之举，所以，绝非像有些史家所说是什么变节行为。

第六，林凤祥在连镇被俘之时，泰然处之，不卑不亢。清军攻陷连镇后，一直没有抓获北伐军主帅，生不见人，死不见尸。僧格林沁亲临现场督阵，下令挖地三尺，必须查获林凤祥下落，否则不准收兵。经过连续三个昼夜的搜寻，第四天终于发现了林凤祥等隐藏的地洞。曾担任林凤祥厨

① 《唐庆伦王万有供词》，中国第一历史档案馆编：《清代档案史料丛编》第 5 辑，中华书局 1980 年版，第 175 页。
② 《僧格林沁军营抄存谕折稿》，《僧王奏折》第 6 册，张守常：《太平军北伐资料选编》，齐鲁书社 1984 年版，第 112—113 页。
③ 同上书，第 657 页。
④ 陈思伯：《复生录》，《近代史资料》1979 年第 4 期（总 41 号），中华书局 1980 年版，第 50 页。

师的叛徒施肇恒，因"恃其熟识"，被指派下洞劝降林凤祥。该洞"内设
有灯，床帐木器齐全，并存有月余之粮"。太平军将士见叛徒下洞搜寻，
义愤填膺，欲血刃前来辨识之人，被林凤祥制止。此时，林凤祥镇定自
如，任其自然。面对清军派来辨识的施肇恒，"伪检点、指挥、将军、总
制、监军、军师等官，共计三十余名，咸持刀相向，欲行杀害。幸林逆喝
阻，声称洞口已破，天意可知，杀施一人，无济于事。"①

　　李开芳在冯官屯的最后关头，自知局面已经无法挽回，依然怀揣侥幸
伪降。"李逆知不得出，复呈降表。王批准派船往接，选识水性义勇二十
人坐船入内，令贼亦以二十人坐一船，分五路出营，讯明姓名、籍贯、年
岁造册，捆绑候令。"② 李开芳被俘后，依然困兽犹斗，试图把诈降这出戏
一直演到底。在清军大营内，他泰然自若，仅向僧格林沁、德勒克色楞以
及在场清军将领屈一膝，即盘腿坐下。虽然周围的清军卫兵持刀环立，怒
目而视。李开芳"仰面四顾，见持刀者环立，皆怒目而视，毫无惧色，但
称倘能宽贷，愿说金陵诸贼来降。并求赐饭，遂开怀大嚼，说笑如常。"③
李开芳在龙潭虎穴中神色自若、落落大方的表现，与其说是有赌博意味，
倒不如说带有很大的表演色彩。他说笑自若，听其自然，被《复生录》中
记述为，"李逆到营叩见僧王，婉禀一切，不似林逆见王之倨傲立而不跪
也"。④ 僧格林沁为了稳住李开芳，故意不揭穿他的伪降把戏，将计就计，
假戏真做。僧格林沁借助李开芳所用的诈降计策，反过来演得比李开芳更
加逼真。这幕以假制诈的斗智场景，被当时留营效力的革职直隶布政使张
集馨详细地记录在册，他在《道咸宦海见闻录》有记述如下：

　　"余到大营，问知李开芳在僧帐内坐，见余等人，亦知起立。该逆头
裹花洋布手巾，身穿月白紧袖小袄，青色绉绸单裤，短袜，红色绣花鞋。
面色黄白，瘦颧耸立，双目下注，两鬓皆长发。张子班曰：'看李逆形状，

---

① 陈思伯：《复生录》，《近代史资料》1979 年第 4 期（总 41 号），中华书局 1980 年版，第 48—49 页。
② 同上书，第 51 页。
③ 龚浔：《耕余琐闻》癸集，张守常：《太平军北伐资料选编》，齐鲁书社 1984 年版，第 666 页。
④ 陈思伯：《复生录》，《近代史资料》1979 年第 4 期（总 41 号），中华书局 1980 年版，第 51 页。

不似反叛。'余曰：'观其双眸，知其险毒，枭獍系恶鸟兽，其凶狠在性，不在形也。'申正后，僧王回营，牵李逆入帐，该逆跪称小的。僧王故意抚循曰：'我既准汝降，我断不杀汝，将来江南，我还要带汝同去立功，不卜平定江南，汝有何计？'李逆曰：'江南瓜镇各营，我可招致，若专恃兵力，转难得手。'僧王曰：'汝论甚善。大将军惠亲王欲见汝一面，即打发汝回，随我南下。汝在京谅无多耽搁也。'即刻派张子班、培城、经额布带领马步数百人，押送起身。连伙贼巨慝数名及李逆顽童，并地官正丞相伪木戳及黄风帽，一并交委员带京。"①

第七，林凤祥躲藏入洞前，已经身负重伤，"该逆受伤甚重"，生命垂危。被清军发现后，他准备以死拒之，"复又服毒，现在抬至大营医解"。②清军参赞大臣僧格林沁委派户部侍郎瑞麟、总兵经文岱，将奄奄一息的林凤祥护解槛送京师巡防处，1855年3月15日（一说13日），在北京菜市口，"行刑之日，观者如堵"。③面对凌迟酷刑，林凤祥从容不迫，面不改色，据潘士安的《玉珍河钓徒见闻杂记》记载，"刀所及处，眼光犹视之，终未尝出一声"。

由于被槛送北京，李开芳预感诈降已经失效，押解途中不思饮食，滴水未进。负责押解的贝子德勒克色楞等随机决定改走水路，并及时汇报途中的实际情况，他说，李开芳"自知罪大难逭，称系患病，且复晕车，不进饮食。屡向妥为开导，令其少进饮食，该逆仍复不肯。"④在京师巡防处，李开芳经清朝惠亲王绵愉等审讯之后，于1855年6月11日，在北京菜市口，被凌迟处死。据史料记述，李开芳受刑时，"已被数刀，犹能仰首张望"。当刽子手正捆绑其他死刑犯时，李开芳"一脚将刽子手踢死，挣脱欲逃。

---

① 张集馨：《道咸宦海见闻录》，中华书局1981年版，第163页。

② 《僧格林沁等奏攻占连镇生擒林凤祥等情形折》，《绵愉等奏续讯李开芳等人供词折》，中国第一历史档案馆编：《清代档案史料丛编》第5辑，中华书局1980年版，第159页。

③ 李恒：《宝常斋丛稿》卷82，《甲癸梦痕记》，第4页，张守常：《太平军北伐资料选编》，齐鲁书社1984年版，第555页。

④ 《德勒克色楞等为李开芳患病并改水路押解进京事咨巡防处文》，中国第一历史档案馆编：《清代档案史料丛编》第5辑，中华书局1980年版，第160页。

兵丁等惊而却步。数武官共以枪刺倒，乃得受刑，临死犹凶横如此。其向人言，自出金陵至此，总未打（败）仗，自诩为无敌，而覆灭旋集于身矣。"①

言而总之，林凤祥、李开芳赴汤蹈火，一往无前，他们对太平天国赤胆忠心，以身殉职，无愧于北伐主帅。他们二人搭档组合，同舟共济，精诚团结，实现了优势互补。他们在北方战场上的表现以及建立的功绩，使其一举成名，名垂千古。

第二节　北方战场的军功奖赏

一　军功记录的规定

早在起义之初，太平天国就制定了军功奖励的规定。天王洪秀全在永安发布的《令各军记功记罪诏》中宣布："每场杀妖后，各两司马立即记录自己管下兵某名，头顶遵令向前，则画圆圈，以记其功。……小功有小赏，大功有大封。"②洪秀全还在《论兵将立志顶天真忠报国到底诏》中宣布："上到小天堂，凡一概同打江山功勋等臣，大则封丞相、检点、指挥、将军、侍卫，至小亦军帅职，累代世袭"③军功奖励措施的制定，极大地鼓舞了太平天国全军将士，从而使永安突围以后至攻克南京的军事斗争取得了巨大胜利。

太平天国开辟北方战场以后，以林凤祥、李开芳为首的北伐军肩负重任，由于远离天京大本营，深入清王朝统治的中心地带，面临的困难重

① 龚洤：《耕余琐闻》己集，张守常：《太平军北伐资料选编》，齐鲁书社1984年版，第556页。太平军北伐史专家张守常，曾听山东高唐籍画家李苦禅亲口讲述过李开芳在临行刑时，踢死一名刽子手的这个传说。
② 《令各军记功记罪诏》，太平天国历史博物馆编：《太平天国文书汇编》，中华书局1979年版，第34页。
③ 《论兵将立志顶天真忠报国到底诏》，太平天国历史博物馆编：《太平天国文书汇编》，中华书局1979年版，第35页。

重。为了保证部队的战斗力，提高将士们的斗志，一方面严格执行军规军纪和进行"讲道理"的宗教思想教育，另一方面就是施行了功劳记录制度，并按照规定执行了奖励军功措施。据史料记载，清军在追捕逃散的北伐军时，曾得到过"功劳记录本"。例如，《沈兆沄等奏报祥符县知县何怀珍奋勇杀敌片》载："在所擒之贼黄荣见身上搜获伪功臣功劳官册二本，详载各贼年岁里居"。①特别是太平军侦察员进北京要冒极大危险，因此太平军将领除支付给侦察员必要经费外，还要给予相应的奖赏和鼓励。太平天国北方战场的军功奖励，有精神的，也有物质的；有允诺的，也有实授的，虚实结合。

二　封职加等的奖励

北伐军最主要的奖励方式，是授封职务提升等次。②

首先，客观上需要不断选拔各级领兵人才。北伐出征时人数在二三万，沿途扩充军队增加了编制，迫切需要有大量的领兵人员统带，这是对有功人员晋升的主要机会。

其次，各级军官在战斗伤亡后需要替补。例如，广西籍的老长毛黄益芸，因出征扬州作战有功，在南京升任指挥，在连镇被提拔为检点，后在清军炮击中阵亡，其族弟黄益峰充任了他的原职。"林凤祥见我有功，将我补了黄益沅（黄益芸）的指挥，管九军人。"③

最后，北伐军内部各机构设置多有变故，如北伐军到北方大平原后组建了马队，成立了司马机构；由于深入清朝腹地，北伐军加强了侦探活动，增加了侦察员和扩充通信员；与敌对垒作战由于土炮和火药的利用率增强，作战部门和兵种亦有调整等，这些都是提升奖励军功人员的重要机会。

---

① 《沈兆沄等奏报祥符县知县何怀珍奋勇杀敌片》，中国第一历史档案馆编：《清政府镇压太平天国档案史料》第7册，社会科学文献出版社1993年版，第263页。

② 据《金陵纪事》记载，太平天国提升职务，"不曰加级，而曰加等"。

③ 《黄益峰供》，中国第一历史档案馆编：《清代档案史料丛编》第5辑，中华书局1980年版，第162页。

北伐军通过提职授权的奖励军功方式，在实际执行中严格遵循特定的原则。原则就是要立功才能受封，提升奖励以其战绩为依据。"贼中授职，必以能战嗜杀为上，掳人次之，掳金帛又次之。倘皆不为，虽相从日久，未立功绩，断无轻加伪职之理。"①例如，击毙天津知县谢子澄的阵前"首统前队"王小勇，经过实战考验，因阵前勇敢和战绩突出，被越级授予总制。"林逆以该犯首先督阵，超授该犯伪总制，甚为信用。"②受封提升者要做到令人信服，上任后才能有威信，所以提拔的原则主要看战场的表现。又如，北伐军成员李二，在谈到自己由普通士兵被提升为头目的原因时，他说在泊头与官兵打仗时，"我用刀杀死穿黄马褂的官兵一个，割了首级，回至贼营。贼匪因我杀人有功，派我当头目，给我青绸马褂一件，红布帽一顶，叫我管一百人。"③一般而言，北伐军是依据军功大小来选拔，当然，也有些职位还要考虑其各方面的才能。例如，北伐军杨兴，"系投入贼营，因点炮有准，得充头目，带贼二百名"。④有的人就是因为具有特殊技艺，甚至太平军对以前俘获的一名清军奸细，经过拘禁处罚后，依然被破格任用。"迨发长后，见其技力过人，又善治病，逆首用为伪官"。⑤北伐军还较重视提拔使用官吏和文人，"因董得明识字，令其充当伪总制，管理印照补服。"⑥再如，萧凤山原为浙江军六品军功县丞，钟有年原为安徽附生，二人均由于"俱甘心从逆，自贼渡河北犯，力佐林酋谋划"，⑦所以得以重用。

① 张德坚：《贼情汇纂》卷11，中国史学会主编：《中国近代史资料丛刊——太平天国》第3册，神州国光社1953年版，第293页。

② 《张亮基奏报截获敌目王小勇等究出图窜等情折》，中国第一历史档案馆编：《清政府镇压太平天国档案史料》第12册，社会科学文献出版社1994年版，第466页。

③ 《联顺等奏报拿获从敌戎官之李二小并请严审折》，中国第一历史档案馆编：《清政府镇压太平天国档案史料》第14册，社会科学文献出版社1994年版，第59页。

④ 《瑞昌奏报拿获密探杨兴等人及分别审明定拟情形折》，中国第一历史档案馆编：《清政府镇压太平天国档案史料》第10册，社会科学文献出版社1993年版，第360页。

⑤ 《胜保奏报连日进攻获胜并严防敌众突围等情折》，中国第一历史档案馆编：《清政府镇压太平天国档案史料》第12册，社会科学文献出版社1994年版，第129页。

⑥ 《舒兴阿奏报孟津渡口盘获奸细多名研讯情形片》，中国第一历史档案馆编：《清政府镇压太平天国档案史料》第9册，社会科学文献出版社1993年版，第140页。

⑦ 李滨：《中兴别记》卷18，太平天国历史博物馆编：《太平天国资料汇编》第2册（上），中华书局1979年版，第302页。

为切实做到相对公平，一般是根据实绩，把奖赏执行程序分为两步进行。

奖赏的第一步，是将奖赏条件公开，明确立功任务的具体内容，口头许诺提升的职衔。绝大多数侦察员出征前都会被告知完成任务回来后封官，有的侦察员说，"应许送信后，给我们官做，我们应允"。这类许愿大多数是没有明确具体官职级别，即使允诺了具体官职也都是相对低级的职位。例如，派遣进京侦察的太平军魏陇贤说："应许探有实信，回去给我头目"。①京城巡防处档案中，还有一份《供词》交代说：三月十一日，"叫我来京探听官兵数目并进城的道路。……定于四月初三日回去报信，以便贼匪由祁州、张登等处绕西山来京，应许给我顶戴"。②这也是事前的一个口头允诺，最后是否予以提升，要看任务完成情况。

奖赏的第二步，是待完成任务立功后，根据取得的具体军功大小再予以实授。奖励军功的内容非常广泛，不仅仅局限于战场杀敌，有些非直接战场作战的任务亦酌情给予重奖。例如，北伐军杨三因打先锋而被提拔，他"跟随贼人抢掠财物，得充头目，带贼四十八名，杀伤官兵不记数目"。③在太平天国北方战场，当时侦察和通信尤为重要，它们能否完成任务直接关系到北伐军的生死存亡，所以对侦察和通信人员的奖励力度比较大，奖励项目也颇多。总之，由于北伐军遵循了口头允诺和实授两步实施的程序，从而基本保证了奖励的有效性，实践证明北伐军采取的这些措施具有可行性和实用性。

凡属奖励提升人员，监军以下的各级提升由上一级保升，总制由所属的各监军保升，总制以上采取上下级间互相保升，最后结果须经北伐主帅林凤祥、李开芳批准决定。为慎重起见，重要职务的奖励提升，一般还要

---

① 《联顺等奏报拿获敌探魏陇贤等请交巡防处严讯折》，中国第一历史档案馆编：《清政府镇压太平天国档案史料》第 11 册，社会科学文献出版社 1994 年版，第 564 页。
② 《联顺等奏报拿获从敌打仗之马二雪请交巡防处严讯折》，中国第一历史档案馆编：《清政府镇压太平天国档案史料》第 13 册，社会科学文献出版社 1994 年版，第 413 页。
③ 《瑞昌奏报拿获密探杨兴等人及分别审明定拟情形折》，中国第一历史档案馆编：《清政府镇压太平天国档案史料》第 10 册，社会科学文献出版社 1993 年版，第 360 页。

在高级军官中讨论。其目的有二：一是广泛征求上层军事领导者们的意见，统一认识，以利于日后的团结；二是保证奖励的公正性和透明度。譬如，土将军刘士滩曾被清军俘获，①后来利用诈降骗过清军，重返太平军军营。为此，"李开芳要封他官，广西老长毛不允，说他是变过妖的人不可封，就没封他的官，也没杀他"。②

除北伐军自身的奖励提升外，北伐军有些重要封赏和特殊封赏则均出自天京。现存太平天国文书中的《东王杨秀清西王萧朝贵命天官副丞相林凤祥等封彭德兴、张大里等为监军诰谕》，就是天京方面直接下令奖励提升北伐军通信员的珍贵文献。其谕文如下：

"兹于四月二十三日，尔等差来递文之人彭福兴、张大里等，果是真心。本军师接阅尔禀后，即酌议奏旨，蒙恩批准，封他为监军之职，以奖其忠。自今以后，尔等凡要行禀，即交他递送。至到北京之日，即与监军袍帽，光宠其身。各宜凛遵，毋违诰谕"。③

这件诰谕起码说明两点情况：第一，彭福兴、张大里的监军之职，是由东王杨秀清提议请旨，经天王恩准的。第二，北伐军到北京之日，才"即与监军袍帽，光宠其身"。北伐军到北京之前，他还要继续担任通信员，仍有"试用期"问题。

太平天国对北方战场主帅的功绩奖赏，也都是由天京方面决定。北伐军挺进直隶，兵临天津，达到北伐战绩的最高峰。捷报到天京，论功册封林凤祥为靖胡侯、李开芳为定胡侯、吉文元为平胡侯。封赏的诸爵位无疑是对他们北伐战绩的充分肯定。只可惜对北方战场主帅的封号，因通信困难所致，直至牺牲前他们可能也不曾得知。北伐战役失败后，太平天国依然根据林凤祥、李开芳等北伐将士的卓越表现与巨大功绩，晋封林凤祥为求王、李开芳为靖王。"林凤祥、李开芳、林启容皆开国功臣，死后追封

---

① 在僧格林沁奏折中，对刘士滩的名字的称呼前后并不相同，先称作刘自明，后称作刘子明。
② 《唐庆伦王万有供词》，中国第一历史档案馆编：《清代档案史料丛编》第5辑，中华书局1980年版，第175页。
③ 《东王杨秀清西王萧朝贵命天官副丞相林凤祥等封彭福兴张大里等为监军诰谕》，太平天国历史博物馆编：《太平天国文书汇编》，中华书局1979年版，第175页。

王，其子袭之，皆同治二年封。"①

三　赏钱赐物的奖励

太平天国北伐军进行军功奖励的另一种形式，是对有功人员赏钱奖物。

众所周知，起义初期有明确规定，严禁私藏私带金宝，凡一切杀妖取城所得金宝、绸帛、宝物等项，不得私藏，尽缴归天朝圣库，逆者议罪。开辟北方战场的前期，北伐军严格实行圣库制度。"凡被胁民人，在营中每十日收查一次，如有银钱，贼便说不遵天父命，是别（变）妖，用竹竿打脊背，再重则杀"。②由于太平军的粮草主要是靠"打先锋"所得，并不依赖买卖方式筹集解决，火药等军需物资要从清军手中去夺，银两的使用价值对当时的北伐军来说，没有太大的实际意义。因为民间所存火药的数量极为有限，从当地老百姓手里购得部分所需物品，北伐军只是在很少的一些场合才使用银两。故此，"至州县仓库，银两反嫌累赘，不带著，如有零星银两带着些"。③

自静海、独流驻扎待援起始，由于派出侦察通信人员较多，为了使他们能够顺利完成任务，北伐军开始逐渐给部分人员颁发少量银两，作为他们执行任务的费用和奖赏钱。例如，北伐军王通海在《供词》中说："二十六日，到了独流，我仍给他们煮饭、铡草，住了三十多天。逆匪伪大司马陈初，因我熟悉京城道路，给我京钱两吊，叫我到前门外租房，以备逆匪陈初居住，作为内应。"④颁发的物品多是战利品，有些是从沿途百姓家收取的。直隶深州籍侦察员尤二丑说，赴京前，上级"给我棉被一床，京钱一吊，叫我来京探听各路发兵数目，应许探听明白，给他们送信，赏给我钱文"。⑤有的北伐军被派入京租赁房屋之前，拿到了北伐军给的钱，

① 罗尔纲：《李秀成自述原稿注》，中华书局 1982 年版，第 362 页。
② 《张维城口述》，《近代史资料》1963 年第 1 期（总 30 号），中华书局 1963 年版，第 15 页。
③ 同上。
④ 《京城巡防处奏审录王大供词折》，中国第一历史档案馆编：《清代档案史料丛编》第 5 辑，中华书局 1980 年版，第 179 页。
⑤ 《联顺等奏报拿获敌探尤二等请交巡防处严讯折》，中国第一历史档案馆编：《清政府镇压太平天国档案史料》第 11 册，社会科学文献出版社 1994 年版，第 534 页。

"贼人头目李姓给了我京钱四吊"。[1]赴京人员所得钱财数目虽不等，但因财力有限，款项都不太多，而且互相之间差别也不大。例如，"给了我们每人京钱三百文作盘费"、"给我京钱五百文"、"给我京钱二吊"、"每人给京钱二吊五百文"等。但是，也有个别特殊的数量较多一些，例如，选派监犯李二小等赴京侦察时，就给了他们"每人银锭八个"。根据北伐军的一贯作法，派员入京前一般并不给实际重奖。

北援军也对通信员颁发一些银两，例如，张大其在《供词》中说："二月二十八日到张秋镇扎营，贼内头目传下令来，说蟠龙集渡口现虽没兵，日后必有官兵防守。派小的合（和）张万祥、张文周、孙学礼、陈文桂五人赶到庐州送信，叫他们赶紧北来，由河南兰仪口过河。给了小的每人二两银子，五百大钱。"[2]以上北伐军、北援军发钱实例，都与侦察和通信任务之需有关。

在北方战场上，作为纯粹奖赏银两的情况亦有出现。例如，在独流入伍的太平军士兵张米弓，曾因打仗出力立功，而受到过银两的奖励，"（咸丰四年）二月二十六日，贼匪又叫我跟着打仗，我用铁头长枪，扎了穿红马褂官兵一人，扎在心口上，当时就死了。吴贼目给我一两银子。"[3]

总之，赏银现象的出现，说明北伐军内圣库制度的严肃性开始遭到动摇。另外，这种赏银的做法在客观上为士兵外逃也提供了便利。

四　其他特殊的奖励

在太平天国北方战场，还有一种特殊的奖励形式，即作战或侦察等有功人员可得到上级所指配女人的"性"奖赏方式。这一奖励方式并不常用，凡获此奖赏者均属作战出生入死有突出功劳的太平军。太平天国自起义以来，男女分营，军纪严明，且不得骚扰百姓，戒淫甚严。因此，这种

---

① 《联顺等奏报拿获从敌打仗之司二请交巡防处严讯折》，中国第一历史档案馆编，《清政府镇压太平天国档案史料》第12册，社会科学文献出版社1994年版，第207页。
② 《张大其口述》，《近代史资料》1963年第1期（总30号），中华书局1963年版，第18页。
③ 《京城巡防处奏审录张米弓供词折》，中国第一历史档案馆：《清代档案史料丛编》第5辑，中华书局1980年版，第188页。

指配女人就地完婚的奖励方式,不免令人感到惊异,然而这却是一种不容回避的客观事实。例如,在独流加入太平军的直隶雄县人王泳汰,在供词中交代说:"跟贼匪在独流正南打了一仗。我用枪乱扎,记得扎的有戴顶儿的三人,一个扎在右太阳(穴)上,一个扎在左胁上,一个扎在胸膛上,俱不知死活。后觉着心内糊涂,又乱扎了一阵,也不记得扎了多少人。后不记日子,又跟贼打过三次仗。我共扎了几个官兵,并扎在何处,也都记忆不清了。贼目见我有用,随给了两个女人"。[①]在京被俘的侦察员马二雪也得到过北伐军"发女人"的奖励,他是直隶新乐县回民,在正定加入太平军后,"在杨柳青跟同贼匪与官兵打仗三次,我共用双刀杀伤官兵多人,贼匪用炮打死官兵共约二三百名,我点过炮一次,我右腿被官兵用枪扎伤两处。因我打仗有功,黎合王给我黄布马褂一件,又给我二十一岁的妇人为妻"。[②]直隶定兴县籍太平军侦察员郝馨,也在供词中承认享受过北伐军的"性"奖励,他说:"因我探道洒药有功,王迎峰给我黄马褂一件,又给我女人一口为妻。……来京探听各城官兵多少,并看明道路,回去报信。给我朦(蒙)汗药,再来京往各处井内抛洒,应许将此两差干完,回去再给我一个好女人。"[③]

太平天国建都后曾一度规定,实行男女别营,凡未经天国认同的男女结合,一律视为奸淫,属犯天条处死刑。但是,毋庸讳言,后来在太平天国江南辖区,确实出现了由媒官将裹胁来的妇女掣签分配给功臣将士的"性"奖励方式。所以,无独有偶,太平天国北方战场这种给军营中有功将士发女人,并不足为奇。北方战场险恶的环境条件,显然不能与太平天国江南辖区相提并论,故而北伐军获得"性"奖励者实属极少,虽然使用并不普遍,但无论在何地对妇女使用的强暴性,都凸显了农民起义军固有

① 《京城巡防处奏审录王泳汰供词折》,中国第一历史档案馆:《清代档案史料丛编》第 5 辑,中华书局 1980 年版,第 185 页。

② 《联顺等奏报拿获从敌打仗之马二雪请交巡防处严讯折》,中国第一历史档案馆编:《清政府镇压太平天国档案史料》第 13 册,社会科学文献出版社 1994 年版,第 413 页。

③ 《联顺等奏报拿获从敌之郝馨等犯请交巡防处严讯折》,中国第一历史档案馆编:《清政府镇压太平天国档案史料》第 13 册,社会科学文献出版社 1994 年版,第 395—396 页。

的封建性和局限性。

此外，在北伐军中还有一些变相奖励方式，即针对特殊人员采取的特殊照顾。例如，《复生录》的作者陈思伯，因是军中少有的"掌管笔墨事件"之人，享受了特殊的骑马待遇，他凭借军马代步，几度化险为夷。北伐军甚至把享受区别对待也作为一种奖励方式。例如，自己主动到独流镇投奔北伐军的金有，作战比较出力，没有像其他被裹胁者那样受到刺字之苦。"贼裹去的人，恐其逃去，都刺了字，因我投营替他出力打仗，并没将我刺字。"[1]物质上可以得到实惠，精神上可以得到某种程度的满足，这就体现了奖励原本的作用。

总之，北方战场上各种奖励方式的运用，对这支远离天京独立作战的军队管理活动发挥了重要作用。

第三节　北方战场的卫生勤务

战争注定会使作战双方产生士兵的伤亡，如果说，北伐军出现伤病员的多寡，直接关系到了太平天国北方战场整体战斗力的话，那么详细考察北伐军对伤病员的医治处理及相关的卫生勤务工作，必然可以加深我们对太平天国医制的认识。

一　伤病员产生原因

北伐军在兵力不逮的局势下，执行了开辟北方战场的战略任务，面对清军的围追堵截，北伐军长期连续苦战，极度疲惫。特别是在静海、独流被围困后，处于敌强我弱的明显劣势，所以说，北方战场的军事态势成为北伐军伤病员大幅度增加的首要因素。

---

① 《金有口述》，《近代史资料》1963 年第 1 期（总 30 号），中华书局 1963 年版，第 17 页。

北伐军不仅与清军在兵力数量上存在较大悬殊，在兵器上也明显逊色于清军，这是太平天国北方战场交战失利以及大量出现伤病员的第二个原因。北伐军伤病员的伤情有两类：一是大刀长矛等冷武器造成的硬伤；二是枪炮等热武器造成的击伤，包括被地雷、火炮和火药枪等火器击中负伤。在与清军对阵中，由于北伐军拥有的火枪、火炮等热武器不多，极为宝贵，非到万不得已舍不得用。正如太平军所说，"守城用大炮，打仗不用大炮，恐怕丢了"。①武器落后导致北伐军的杀伤力明显较低，受伤率却大幅提高。在北伐主帅林凤祥身边担任侍从的张兴保，谈及北伐军天津受挫打败仗时，承认太平军"受枪伤甚多"的事实。②北伐军的冷武器在与清军的热武器较量时显然自惭形秽，火炮和火枪的杀伤距离，令刀矛棍棒根本派不上用场。"号锣一鸣，雁户枪排轰发，贼纷纷倒地，惊以为水雷，遂大溃。是役也，毙贼约五百余，而我兵勇无一伤者"。③火药枪将北伐军摧得人仰马翻，天津一役让北伐军功败垂成。

北方冬天的寒冷天气对北伐军来说，真可谓是雪上加霜，给坚守待援造成了相当大的灾难，众多南方籍士兵由于缺衣少棉，难抵严冬腊月侵袭而纷纷病倒。病情有两种：其一，是天气严寒引起外感风邪，发热高烧。大多数士兵的患病症状为"大呼热急，自行解衣饮雪，倒卧雪中滚死者，周身红色，想是外受寒逼，阳气内攻于心耳"。④其二，是大面积的肢体冻伤。北伐军在北方天寒地冻的自然条件下行军作战，被冻伤手足的状况极为普遍，士兵伤病伤势极为严重。北伐军的陈思伯在描述自己如何被冻伤时说："予履冰一夜，足未停趾。次日行至午后稍为歇息，又行一夜，幸身带面食，得以不饥。至第三日，闻前队驻扎陈谷庄，问距静海县，已行三百余里矣。予因衣履结冰甚厚，不少溶化，两腿冻直，难于行

① 《张兴保供词》，中国第一历史档案馆编：《清代档案史料丛编》第5辑，中华书局1980年版，第170页。
② 同上。
③ 吴惠元：《天津剿寇纪略》，《续天津县志》卷17，《艺文》，清同治九年刻本。张守常：《太平军北伐资料选编》，齐鲁书社1984年版，第458页。
④ 陈思伯：《复生录》，《近代史资料》1979年第4期（总41号），中华书局1980年版，第41页。

走，中途在已熄灰火内少立片刻，忽然掣痛，岂知因此一立，竟将足趾煨熟，到陈谷庄剪开鞋袜，见十趾黑色，又休息三日，双趺（脚）始渐溃烂，两手拳曲，半月不能稍伸，不但手与面上退去黑壳一层，且将左手二指冻死半节，可谓奇冷矣。"① 更有严重者，甚至冻死。"冰上冻死休息贼尸，沿路皆有"。②

冻伤和其他疾病成为影响北伐军战斗力的重要因素。"贼踏雪偷履湖冰，受冻伤足"，"足伤未愈，又值解冻之时，冰上泥中，毙贼数万。"③ 有些冻伤士兵，因丧失战斗力，沦为清军追杀的刀下鬼。"因足痛落后者，悉为官军斩馘无遗"。④ 伤病员逐步增加，日益成为太平天国北方战场军事行动的沉重负担。

北伐战役后期导致伤病员突增的另一个重要原因，是后勤供应不足，军粮严重短缺，士兵长期营养缺乏，身体抵抗力降低。加上战场环境艰苦，生存条件恶劣，许多士兵都染上瘟疫。咸丰四年（1854 年）七月，在连镇驻扎的太平军不过六千，内有病者千人。军中长期无粮可食，最终出现人吃人的现象。"各军先杀骡马，次煮皮箱刀鞘充饥，或掘沙土中马齿苋、当归、一切野菜者。亦有剥榆树取皮研末造作面食者。甚至捉获官兵、逃贼，无不割肉分食"。⑤ 再往后连死尸也被列入口中之物，"遍掘新埋男女尸身，归入圣粮馆中，按人分肉。非饥饿至此，谅不忍为也"。⑥

特别是被清军重重包围并受到水攻后，太平军生存环境恶化到了极点。"水秽臭多蛆，人马粪溺，皆酿其中，风日熏蒸，饮者辄死"。⑦ 由此导致北伐军中各种疾病猛烈爆发，特别是瘟疫横行，全军将士伤亡率与日俱增。

① 陈思伯：《复生录》，《近代史资料》1979 年第 4 期（总 41 号），中华书局 1980 年版，第 41 页。
② 同上。
③ 同上书，第 46 页。
④ 同上书，第 42 页。
⑤ 同上书，第 46 页。
⑥ 同上书，第 48 页。
⑦ 张集馨：《道咸宦海见闻录》，中华书局 1981 年版，第 162 页。

二　卫生医治与抢救

北伐军的卫生医疗组织是按太平天国相关规定设置的，医疗人员的设置和相应职位都得到了基本上的保证。张维城在供词里明确提到，北伐军内有专门的医生职位，"营中有裁缝、铁匠、医生"。①北伐太平军共分9军，按规定各军设内医4人，治内科，职同总制；还有职同军帅的内医14人；恩赏检点督医将军1人，下辖军医25人，治外科，职同总制；拯危急1人，职同监军，有属官无数，皆治外科，主要负责急救工作。凡打仗受伤士兵，主要靠"拯危急"在前线救护。其实，太平军在北方战场的军医并没有固定的数额，也不可能设置限量，正如《贼情汇纂》所说，"医官琐碎，增封无定员，品级亦无定制。"②

虽然军医不参加战场的直接拼杀，往往也是需要冒着极大生命危险在战场上抢救太平军伤病员。在记述由河南未渡黄河而转赴湖北的北伐军史料中，有太平军医务人员被杀、被俘的记载，"计阵斩贼首伪总制罗姓、伪拯危陶姓、钟姓，皆广东满发老贼，经活贼伪听使陈亚四认明"。③在记述抵达山东的北伐援军的史料中，也有太平军医务人员被杀的记载，"鱼台县壤接金乡，知县李琛率兵团御贼陈家集，歼百余，擒伪秋官副丞相及拯危虎使……等伪官，三百有奇"。④

在北伐军医疗救护中，比较突出的特点是火线抢救的"后送工作"。不论太平军将士是否死亡，必须一律抢救回营。对此，史料中有大量记载，例如，"匪众将贼尸抢回，方始败走"。⑤又如，在舒城夜战中，"濠外

---

① 《张维城口述》，《近代史资料》1963 年第 1 期（总 30 号），中华书局 1963 年版，第 15 页。

② 张德坚：《贼情汇纂》卷 3，中国史学会主编：《中国近代史资料丛刊——太平天国》第 3 册，神州国光社 1953 年版，第 105 页。

③ 张亮基：《剿办河南窜楚贼匪出力员弁兵勇请旨奖叙折》，张守常：《太平军北伐资料选编》，齐鲁书社 1984 年版，第 336 页。

④ 佚名：《山东军兴纪略》卷 1，中国史学会主编：《中国近代史资料丛刊——捻军》第 4 册，上海人民出版社、上海书店出版社 2000 年版，第 19 页。

⑤ 丁运枢等：《防剿粤匪》，张守常：《太平军北伐资料选编》，齐鲁书社 1984 年 8 月版，第 472 页。

冰上血迹模糊成片，贼毙不少，天明查检，尸已失去，贼意不欲示弱也"。[①]
北伐军采用战场医疗"后送制"，以保障伤员及时救治。"后送"是相对前
沿阵地而言，太平天国北方战场根本没有后方大本营。"后送"因不同时
期而执行的情况有较大差异，太平天国北伐战争前期和后期明显区分为进
攻和防守两种作战方式，后期防守阶段的"能人馆"（即救护室之意）虽
然条件差，仍能保持相对稳定。

在北伐前期的急速行军中，出现伤病员根本不可能具备安住医疗的条
件，特别是对重伤员只能"忍痛割爱"，因此在北伐前期，清军追兵捕获
的战俘大多数都是太平军伤病员。例如，太平军在河南时，被清军"所擒
各贼似皆中邪发迷，多有受病连日不能饮食者"。[②]太平军从独流撤离后，清
军主帅胜保"带领官兵深入独流贼巢，讵贼已窜净，搜获带伤长发贼四、
五名"。[③]当然北伐军对待担任要职的伤病员，是不会轻易放弃的，往往都会
设法携其一并转移。例如，陈思伯作为军中少有的"掌管笔墨事件"者，
他在途中患病和负伤后，不仅给予马骑，而且享受到一些特殊关照。陈思
伯就是依靠骑马北上，在大家多方精心照顾下，几度化险为夷。再就是依
靠北伐军士兵之间的互帮互救，来战胜伤病。例如，太平军百长曾廷达，
"出平阳府一路患病，不能行走，未忍抛弃，途中浼同馆人多方救护，并
代觅药饵，沿途调治。"[④]在同馆北伐军之间的照料下，他终于治愈疾病得以
康复。

如果是从前线被救护下来的负伤将士，他会在军营设置的"能人馆"
得到医治处理，"能人馆"负责对伤员和患病将士实施力所能及的医治和
护理。太平天国北方战场的医疗环境，虽然不能与天京"能人馆"那种
"医治甚勤，药饵无缺，左右常有服役之人"的条件相比，因有专人负责

---

① 张集馨：《道咸宦海见闻录》，中华书局1981年版，第139页。
② 《豫省情形》，太平天国历史博物馆编：《太平天国史料丛编简辑》，第5辑，中华书局1962年版，第92
页。
③ 《京城巡捕北营千总来文》，中国第一历史档案馆编：《清代档案史料丛编》第5辑，中华书局1980年版，
第195页。
④ 陈思伯：《复生录》，《近代史资料》1979年第4期（总41号），中华书局1980年版，第40页。

护理伤病员已属相当不易。服侍伤病员的护理人员，称之为"理能人"，一般是由老弱病残或负轻伤者充任"理能人"的职责，他们专司病人的茶饭、汤药。陈思伯在《复生录》中对自己担任"理能人"的工作有过如下的一段记述："予在小营无事，时为伤人殷勤药饵，不闻伤溃臭气，……予不忍闻呼痛之声，代为敷药，行其心之所安。"[①]

在当时的医疗条件下，由于物质条件和技术条件有限，北伐军实施救治的手段极为简单，其疗效也可想而知。对刀枪伤者只能敷用一些药物做简单包扎处理而已，有些重伤员失血过多，只能眼睁睁看着不治而亡。伤病员自身抵抗力大小，实际成为生死的关键因素，医护只能成为一种辅助性救治。有些轻伤病员得到专门治疗和短暂疗养后，便能重上战场。曾被严重冻伤两足的陈思伯，"住连镇医治两足，得八宝珍珠散，药力能去死骨。至八月后，将冻死九趾用剪刀断筋，逐渐收口学步，又月余步履如初"。[②]

三 助战强心的药物

太平天国北伐军的卫生勤务组织中设有药材供应和药品管理的机构，该部门主要负责筹措药材和配制药品，并担任分发供应和使用监管工作。负责人职位为总制，萧桂芳曾担任北伐军的这一职务。除北伐出征携带些必备药品外，药材的补充来源主要依靠北伐途中的收集，即向民间收购或收缴各地药房店铺的储存，对用量较大的主要药品，还要组织力量采集和进行各种药材的配制加工。

北伐军医药机构配制的药物，主要有两大类：其一，是医治伤病员伤口的外用药和治疗疾病的内服药品。例如，"八宝珍珠散"在医治冻足中发挥显效。其二，是给新兵入伍后服用的神经类药品，主要具备近似于强心剂、兴奋剂之类的功效。北伐军中被"裹胁"的新兵占六七成，他们对

---

① 陈思伯：《复生录》，《近代史资料》1979年第4期（总41号），中华书局1980年版，第44页。

② 同上书，第43页。

农民军的目标和宗旨普遍不理解，参军本身带有一定强迫成分，所以多数人缺乏参战积极性，战斗情绪不高。他们临战时出现的问题主要表现为焦虑、恐惧、惊慌，由于精神紧张导致注意力分散，严重影响战斗力的发挥。针对新兵的这种精神状态，北伐军除了采取"讲道理"的措施之外，便采取了借助药物实现"强心"的极端措施。

从档案史料中可以发现，有许多太平军在自述中谈及上级首领强迫他们服用神经类药品。例如，在深州被裹胁入伍的荣雪儿（直隶安平县人）供认："吴四给我扎枪一杆，鬼头刀一把，白马一匹，叫随著马队打仗，并给我红丸药十粒，吃下就觉胆大。是月二十日，在深州西门外打了一仗，我用枪扎死四川乡勇五人，都扎在心口上。"① 由此可见，这类药物服下后，会对神经系统的兴奋产生一定作用。所以，太平天国北方战场上，每当打仗前，就给刚加入太平军的新兵服用这类药物。有关服药的情景大致有以下几种：

（1）粉红丸药，服一粒。

太平军尤二丑（直隶深州人）供认："我共打仗五次，每打仗时，逆匪先给我粉红药丸一粒吞食。"②

（2）黑丸药，服两粒。

太平军杨可望（直隶文安人）供认："……将我裹到独流贼营，见贼头伪平王，给我黑丸药二粒，叫我吃……"③

（3）黑红丸药，拌饭服用。

太平军贾大（直隶献县人）供认："李贼目用黑红丸药拌饭，给我吃了"。④

---

① 《京城巡防处奏审录荣雪儿供词折》，中国第一历史档案馆编：《清代档案史料丛编》第 5 辑，中华书局 1980 年版，第 180 页。

② 《联顺等奏报拿获敌探尤二等请交巡防处严讯折》，中国第一历史档案馆编：《清政府镇压太平天国档案史料》第 11 册，社会科学文献出版社 1994 年版，第 534 页。

③ 《京城巡防处奏审录杨可望杨起信供词折》，中国第一历史档案馆编：《清代档案史料丛编》第 5 辑，中华书局 1980 年版，第 177 页。

④ 《京城巡防处奏审录贾大王四供词折》，中国第一历史档案馆编：《清代档案史料丛编》第 5 辑，中华书局 1980 年版，第 184 页。

（4）红丸药，服十粒。

太平军荣雪儿（直隶安平县人）供认："……叫随著马队打仗，并给我红丸药十粒，吃下就觉胆大。"①

（5）汤药，服半盅。

太平军陈敬汶（山东阳曲县人）供认："贼匪给我红绸蒙头，竹枪一杆，又给半盅药水喝了。"②

（6）药酒，服一盅。

太平军刘进材（直隶蠡县人）供认："（被）长发贼裹去。……又给红绸蒙头，腰刀一把，药酒一盅"。③

（7）丸药与药酒合用。

太平军王泳汰（直隶雄县人）供认："……见了贼头，给我铁头长枪一根，又给我丸药、药酒"。④

综合上述，有红色、粉色、黑色、黑红色等颜色不一的数种丸药。在药丸之外，还有汤药和药酒。这说明此类药物的制作形态不同，主要呈现为丸状、汤液和药酒三类方式。其中，配制的丸药，一般以朱砂为衣者，呈现为红色。由于药物加工成分不同，药物含量多少不一，故而服用药量便有差异。药丸少则一粒，多则十粒；药酒少则半盅，多则数盅。

服用此类药物的时间，分为两种情况：其一，是吃饭时服用；其二，是打仗前服用。这两者看似记载不同，其实并不矛盾，很可能就是在打仗前的这顿饭时服药，因为许多记述都谈到"用药拌饭吃"。那么，为什么会出现将药品搅在饭中的做法，可能也是针对部分士兵不愿服药的心理和拒绝服药的行为，而采取的一种强制措施。从一些史料中可以发现有些人

---

① 《京城巡防处奏审录荣雪儿供词折》，中国第一历史档案馆编：《清代档案史料丛编》第5辑，中华书局1980年版，第180页。
② 《绵愉等奏报审拟被敌裹胁打仗伤人之陈敬汶等一案折》，中国第一历史档案馆编：《清政府镇压太平天国档案史料》第12册，社会科学文献出版社1994年版，第637页。
③ 《京城巡防处奏审录张三刘进材供词折》，中国第一历史档案馆编：《清代档案史料丛编》第5辑，中华书局1980年版，第187页。
④ 《京城巡防处奏审录王泳汰供词折》，中国第一历史档案馆编：《清代档案史料丛编》第5辑，中华书局1980年版，第185页。

确实不想吃药，就将药物偷偷地扔掉。例如，太平军杨可望就承认，自己曾将药丸"偷著掷了"。[①]因此推论，采取饭中下药，极有可能就是太平军为了避免任何人都不会漏服药物的一项必要措施。太平军王泳汰说，给的药"我俱没吃，后吃过药拌饭。"[②]太平军马二雪说，上司李合旺"给我丸药拌饭吃"。[③]这说明太平军有关首领在保证按时按量服药问题上颇费了一番心思。

从北伐军的服药规定看，为了保证服用此类配制药物的效果，以防降低药效，或解除药效，故而非常强调服药禁忌，主要是用药后避免着凉。因此，严格制定关于服药的硬性规定，"贼叫我们吃丸药时，不准喝凉水，怕解药性。"[④]还有一种将药物溶在酒中的服药方式，由于军营中烧酒数量十分有限，所以采用此种服用药酒的方式并不太普遍。

北伐军煞费苦心研制并督促士兵严格服药，其目的十分明确就是希望凭借药物帮助士兵实现强心壮胆，但是，服药后的客观效果究竟如何？根据现代医学的研究成果分析，在人的大脑和神经组织中，存在着一些中枢神经媒介物质，它像信使一样担负着调节神经系统的机能活动和协调精神功能的重要使命。如果药物的成分与中枢神经媒介物质的分子结构比较相似时，便可在大脑中出现以假乱真的幻觉。由于药物的化学分子参与影响了神经传递代谢活动，使得大脑的正常功能受到一定扰乱，就使人产生种种错觉。北伐军首领为了使大批新裹胁的士兵克服畏惧心理状态，在需要冲锋陷阵时勇往直前地拼杀，便借助民间流传的所谓秘方，将配制的大量激素类和刺激剂类药物用于上阵前的士兵，其功效可能近似于当今体育界存在的兴奋剂。至于这种神经性药物的配方，至今却仍然是个历史之谜。

---

① 《京城巡防处奏审录杨可望杨起信供词折》，中国第一历史档案馆编：《清代档案史料丛编》第 5 辑，中华书局 1980 年版，第 177 页。

② 《京城巡防处奏审录王泳汰供词折》，中国第一历史档案馆编：《清代档案史料丛编》第 5 辑，中华书局 1980 年版，第 185 页。

③ 《京城巡防处奏审录马二雪供词折》，中国第一历史档案馆编：《清代档案史料丛编》第 5 辑，中华书局 1980 年版，第 181 页。

④ 《金有口述》，《近代史资料》1963 年第 1 期（总 30 号），中华书局 1963 年版，第 17 页。

对于该药物的实际效果作用，史料记载则说法不一，有的太平军反映说："吃下去，就觉胆大。"①有的士兵说："给我吃了，心觉糊涂"。②还有的太平军说：吃了药丸拌饭后，"觉得发愣，胆大。"③尽管士兵们对药物效果作用表述不一，总体表现是服药后大脑产生某种错觉，作战中异常勇敢，药物使他们的肢体增加了过度激越的异常行为。太平军士兵金有曾回忆说："贼兵给食红药一丸，我就糊涂跟随贼兵打仗。"④还有的太平军说："……我用枪乱扎，记得扎的有戴顶儿的三人，一个扎在右太阳（穴）上，一个扎在左胁上，一个扎在胸膛上，俱不知死活。后觉著心内糊涂，又乱扎了一阵，也不记得扎了多少人。"⑤由此可见，太平军服用药物增强了部分上阵士兵中枢神经系统活性，使服用者大脑出现激动狂躁或神志恍惚的反应，但是肢体灵活度并没有因此受到影响，否则，影响到战斗力，就失去了服药作用和意义。由于药物使太平军士兵反射亢进，达到了如痴如醉的搏击状态，从而使杀敌战场的格斗达到近乎疯狂的程度，这是太平天国北伐军让士兵服药的根本目的，也是以前太平天国史研究者闻所未闻的既神秘而又极为残酷的史实。

四　卫生勤务的评价

著名的军事学家克劳塞维茨说过，作战双方在势均力敌的情况下，军心状况如何，是决定胜负的重要因素。太平天国农民起义在利用民间医学经验和发掘传统中药功效为作战和救护服务方面，出现了许多大胆的创举，他们在伤病员医治以及恢复战斗力方面的措施，对维护军心和鼓舞士

---

① 《京城巡防处奏审录荣雪儿供词折》，中国第一历史档案馆编：《清代档案史料丛编》第5辑，中华书局1980年版，第180页。

② 《京城巡防处奏审录贾大王四供词折》，中国第一历史档案馆编：《清代档案史料丛编》第5辑，中华书局1980年版，第184页。

③ 《京城巡防处奏审录王二格供词折》，中国第一历史档案馆编：《清代档案史料丛编》第5辑，中华书局1980年版，第182页。

④ 《金有口述》，《近代史资料》，1963年第1期（总30号），中华书局1963年版，第16页。

⑤ 《京城巡防处奏审录王泳汰供词折》，中国第一历史档案馆编：《清代档案史料丛编》第5辑，中华书局1980年版，第185页。

气都发挥了重要作用。

首先，在卫生勤务方面具有了较齐备的组织保障，军队医生的地位较高，授之相应职位和官衔。医务人员有了一定分工，"理能人"的出现使医护工作更加专业化、职责化。

其次，火线抢救与伤员"后送"的施行，从某种程度上减轻了参战人员部分精神压力。"能人馆"的设定是军队战地医院的一种形式，这在以往农民战争中并不多见，由此可以说明，太平天国农民战争较之以往农民起义更加重视伤病员的战地医疗问题。

再次，为了保证药材供应和医疗需要，北伐军对收集药品、加工配制及分发使用诸方面，采取了统一组织和统一管理的措施。全军将士不仅在各自的活动中都兼有收集药材的任务，而且北伐军自行配制药品也满足各种需要，他们批量制作的急需药品，在一定程度上缓解了部队药品短缺的状况。

最后，北伐军在救护中提倡了互相关心、互相帮助的精神，以各种组织编制为单位，为使同馆伤病员不掉队，士兵之间千方百计克服困难，大家"誓同生死，不肯分离"，[1]不少人最终战胜伤痛赢得康复，从而保障了部队的战斗力。

太平天国的卫生勤务制度是从战争实际出发，不仅及时对伤病员实施了医治，让部分轻伤患者迅速康复补充前线，还蕴含着激励士兵英勇杀敌的意义。清军搜集的各式各样情报也证实了这一点，例如，张德坚通过前线视察和深入太平军占领区侦察、采访以及向俘房、难民等搜集整理的《贼情汇纂》也不得不承认，"贼所以要结军心，貌似忧恤者，以此为最。"[2]清军之所以能够感受到太平军将士，在战时奋不顾身，"虽至受伤，亦可甘心不悔"，也从反面印证了太平天国医疗卫生制度的积极作用。

---

① 《僧格林沁咨呈审录王自发供词文》，中国第一历史档案馆编：《清代档案史料丛编》第5辑，中华书局1980年版，第175页。

② 张德坚：《贼情汇纂》卷3，中国史学会主编：《中国近代史资料丛刊——太平天国》第3册，神州国光社1953年版，第105页。

太平天国北方战场的医疗卫生勤务制度并非尽善尽美，由于历史和农民阶级的局限性，北伐军在医药的某些方面充盈着神秘和迷信色彩。此外，对某些具体做法也值得进一步深入研究。例如，借助神经性药物改变新兵临战精神恐惧状态的强迫性做法，既不科学又不人道。解决士兵心理反应的调控问题，首先应注重政治宣传和部队的思想政治工作，要设法创造引起良好情绪状态的各种情境和条件，抑制和减轻紧张刺激对太平军新兵的影响，保持积极作战的心理状态。勇于牺牲的精神是心理调控的基础，历史上的任何一支军队，都曾试图灌输一种信念来培植军队的牺牲精神。北方战场上大量被裹胁的北伐军士兵，对拜上帝会的信仰和虔诚都缺乏基础，而西方宗教力量在北方群众中又没有产生威力。于是太平天国北伐军的高层领导，转而依靠药物来驱使北方新兵在战场上拼杀。目前尚未发现太平天国军队在长江流域的作战中使用药物助战的任何记载，所以可以推断，借助药物强心是北伐军在远离天京的北方战场，为预防新兵过多而造成作战时集体心理动荡的一项特殊措施。

总之，战争中救死扶伤不仅是人道问题，更是战争的需要。战争依靠人来进行，在兵力资源有限的前提下，解决伤病员医治问题的实质，就是伤病员的"修复再利用"问题。

第四节　北方战场的监犯士兵

那些被清政府囚禁在各地监狱中的已决犯、嫌疑犯、等待复审的斩监候、绞监候统称为监犯。北伐军摧毁了所到之处的监狱，释放了关押的监犯。北伐军采取的基本态度是，"去留两便，彼此不分畛域"。太平军对监犯宣称，"如肯跟随，俱有吃穿，不肯跟随，各自逃命"。[①]

---

① 《总理巡防事宜处奏报》，《近代史资料》总 65 号，中华书局 1987 年版，第 33 页。

一　监犯入伍的原因

被释放监犯有的乘机流窜他乡，有的远离了故土，也有的因无家可归，或有家难归，便毅然参加了太平军。根据他们加入太平军的动机和目的，这些监犯可以分为四类：

第一，罪行较重的死刑犯，或走投无路的犯人，早已无法改变自己囚犯的身份，即便逃回家乡，仍难免会再度被羁押入狱。所以，他们只好随波逐流，听其自然，加入了北伐军。

第二，无家可归的流浪汉和社会上的"混混"，从出狱后要依靠乞讨度日考虑，便毫不犹豫地选择了参军入伍的取向。

第三，对官府、官吏有仇怨的监犯，他们梦寐以求的报仇机遇从天而降，便寄希望依靠释放自己的太平军复仇。

第四，无明确目的和主观意识的监犯。太平军破狱之机，间不容发，去留只在瞬间，惊魂未定的监犯中，有不少是随大流的。其中不乏胁迫入伍者，既有太平军的胁迫，也有监犯之间的胁迫，故此降心相从的实为难免。

从总体上看，监犯入伍者，多于逃散者。正如清朝长芦盐政文谦等人所奏，"逆匪窜扰之处，监犯每多窜狱助逆"。①

二　监犯发挥的作用

北伐军释放清朝地方监狱中监犯的根本意义，是为了利用清政府的对立面，扩充太平军队伍和提升战斗力。从这个角度分析，监犯可利用之处有三个方面：其一，监犯与清政府的固有矛盾可利用，他们是被镇压与镇压者的关系。其二，处于穷途末路的监犯出狱后，仍会面临无路可走的境地，砸狱解救实为诱上梁山，使得余勇可贾。其三，可以毫无疑问地说，

---

① 《文谦等奏报天津打仗出力之兵勇并请将随同打仗出力之监犯免去原罪折》，中国第一历史档案馆编：
《清政府镇压太平天国档案史料》第 11 册，社会科学文献出版社 1994 年版，第 82 页。

一些监犯出于报效救命之恩，是会死心塌地见危受命的，有特长的监犯更能在复杂多变的战事中派上用场。所以，太平军把监犯与一般裹胁的百姓加以区别，另眼相看。

监犯入伍后换下了监服，佩戴了农民军的标识，一改昔日的囚首垢面，手执大刀、棍棒等武器，成为太平军的先锋队，不少人都发挥了骨干作用。他们在北伐军中发挥的作用，主要有如下几项：

第一，监犯参加"打先锋"能够做到有的放矢。筹措军用物资和粮草，是太平军打先锋的主要内容，监犯们对本地富豪人家的情况较为熟悉，能有效地收集到更多的粮食和军火，而且执行任务坚决，所以，有监犯参与的打先锋行动，一般成功率都比较高。

第二，监犯常为太平军充当向导带路。太平军在北伐途中，选择行军路线和突围路线往往要绞尽脑汁，思虑再三，因为他们既要预防与清军主力正面遭遇，又要提防误入埋伏和踏上歧途。如果有生死不渝的监犯担任其向导，便从很大程度上缓解了北伐军首领心理上的一定压力，同时也降低了决策失误率。

第三，监犯常被派遣侦察敌情和侦测道路。北伐军利用一些监犯矫捷机警的特点，派遣他们担当一些特殊的侦察任务，甚至有的监犯还被派遣到北京城里去进行侦察。太平军使用监犯做侦察员，较之其他人员更放心，而且返回率较高。新裹胁的本地人远不如监犯受信任，唯恐他们身在曹营心在汉，借机出逃，故此太平军唯有监犯能使臂使指，指挥如意，最适合担任侦察员。

第四，监犯常常担任冲锋陷阵的敢死队。根据获释监犯的报效心理和复仇心理，让其充当太平军作战主力，正是利用监犯们经过长期羁押后那种心烦技痒释放能量的罪犯心理特征。

三　监犯士兵的管理

太平天国北伐军对入伍监犯不仅没有歧视，而且采取了和衷共济、休戚与共的态度。在不少方面还给予了特殊关照，高看一眼。对有贡献者以奖赏，提升职务，委以重任。例如，监犯李二小在《供词》中说：在献县监狱被太平军释放后，便入伍参军，多次参加与官军的战斗，因"用刀杀死穿黄马褂的官兵一个，割了首级，回到贼营。贼匪因我杀人有功，派我当头目，给我青绸马褂一件，红布帽一顶，叫我管一百人"。[1] 原监犯加入太平军后，多数都成为其骨干或头目，他们"固结相从"，与太平军结成了共同的利害关系。在军事斗争中的表现与那些裹胁之众相比，战斗力明显突出，作用非凡。特别是北伐战役后期，斗争陷入危难之时，不少监犯士兵仍不失为北伐军所依赖的对象，对清军的招降诱惑疾首蹙额。清军统帅胜保所言，反映了太平军中这些监犯的真实状态，"安徽、江南、河南、山西、直隶等处，新裹之众心多涣散，即两湖发长及尺之贼，本系贸易乡农人等逼胁来者，亦多思逃散。惟粤匪自知罪大恶极，与各省裹入监犯贼匪同为死党。"[2]

　　监犯作为特殊的社会角色，其两面性又是极为突出的。任何事物都不能一概而论，有一利必有一弊。监犯们虽都是清政府镇压对象，但多数均属"刑事犯"，是所谓"桀骜不驯之徒"，有独特的行为方式和思想观念。加入太平军后，除了发挥不少积极作用之外，也给北伐军的管理工作带来一定难度。他们的散漫性和随意性，在太平军军规约束下受到一定遏制，但是对原来较为严肃的军纪也形成一些消极恶劣的影响，要彻底改变他们的投机心理状态和习以为常的行为方式，使其变为循规蹈矩的士兵也是不太现实的。相对一般裹胁者而言，监犯们入伍后，他们执行任务坚决，可信赖程度较高，但是，入伍监犯出现逃跑的现象也是不可避免的。特别是北伐战役后期，各种环境条件极为严峻，有的监犯经受不住战火的考验，开始逃之夭夭。监犯出逃的主要原因，皆由战事恶化引发，譬如，大兴县偷窃犯高三称："我不愿跟随，即行逃出"。[3] 饶阳县偷盗犯李二小，利用派

① 《联顺等奏报拿获从敌戕官之李二小并请严审折》，中国第一历史档案馆编：《清政府镇压太平天国档案史料》第14册，社会科学文献出版社1994年版，第59页。
② 《胜保奏报连日移营赶筑炮台并击退夜袭仍饬各路严防折》，中国第一历史档案馆编：《清政府镇压太平天国档案史料》第11册，社会科学文献出版社1994年版，第408页。
③ 《总理巡防事宜处奏报》，《近代史资料》总65号，中华书局1987年版，第33页。

往北京侦察之机，逃散回家。有些监犯适逢其会，便去意复萌，这些都是北伐军首领在吸收监犯入伍时所料不及的。只考虑队伍数量的壮大，利用监犯与清朝统治阶级的矛盾，而对监犯的另一面则没有充分的估计，这也是农民起义军自身固有的局限性。

第五节 北方战场的逃兵控制

一 内部出逃的原因

太平天国在北方战场投入的兵力一直是研究工作的一个难点，相关史料记载，大都虚虚实实、真真假假，另外，北伐军总人数变化起伏剧烈，扩充与逃亡的数量都较大，这也是引起学者们众说纷纭的一个重要原因。

北伐军从困守独流、静海到退据连镇阶段，兵力总数急剧减少是一个不争的事实。北伐军兵力在这一阶段骤减的原因是多方面的，除疾病、饥饿、寒冷、战斗伤亡等之外，其主要原因在于太平军内部大量士兵出逃所导致。那么，为什么在北伐后期太平军内部会出现大量逃跑现象？主要有三个原因：

第一，开辟北方战场的前期，北伐军沿途盲目扩军，士兵成分极其复杂，致使队伍内部产生了严重的不稳定性，这是日后大量出逃的潜在原因。

扩充沿途群众参加北伐军的方式，大致有自愿投入和裹胁两种。"所到各处，裹胁的乡民，也有用银钱邀买跟随的，亦有怕杀跟随的。"[1]其中，"怕杀跟随"的数量大大超过自愿投入的数量。由此一度形成了"将兵日日加增"的扩充高潮，但是，依靠强制手段胁迫从军的做法却埋藏下了隐

---

[1] 《绵愉等奏续讯李开芳等人供词折》，中国第一历史档案馆：《清代档案史料丛编》第 5 辑，中华书局 1980 年版，第 169 页。

患，参军者并非出自真心，剧增的兵力数量是不具稳定性的。特别是他们在宗教信仰上，与太平军存在着观念差异，北伐军沿途焚烧庙宇，在北方群众思想感情上形成对立情绪，战场上一旦出现不利局势或混乱局面，队伍中的这批人马上作鸟兽散，最终难免"裹胁之人，多逃归者"①的结果。被裹胁者的出逃，多选择在移营混乱时刻，或行军途中，正如太平军陈思伯所说，"盖每行必有逃人也"。②也有的是在激烈的作战中临阵脱逃，还有的借助送信、侦探、寻粮等时机逃跑。与"怕杀跟随"者相比，"用银钱邀买跟随"者没有强迫性因素，或说强迫作用少一些，但是他们的坚定性远不能与那些自愿参军和太平军释放出来的"囚犯"相提并论。他们在清军诱降日益加剧及环境恶化之后，也不同程度地发生动摇，一旦出现适宜时机，出逃也在所难免。正如清人夏燮所说，他们这批人"非有致死争地之心，偶有抑挫，即涣散不可复合"。③上述两类扩充兵力在北伐军中占据较大的基数，他们的纷纷出逃致使北伐军人数方显出骤减态势。

第二，艰苦的生存环境与险恶的战争环境，致使北伐军中不坚定成员大量逃亡。

首先，是北伐军远离大后方，通信中断，得不到天京的及时支援，对北方战场艰苦和险恶环境条件的心理承受力大为降低。其次，是无法保证正常的军粮给养，由粮食奇缺造成的压力愈来愈大。特别是众多的南方籍士兵和北方被裹胁的士兵，缺乏冬装保障，难以抵御北方严寒的侵袭。站岗放哨，行军作战，造成部队出现大量冻伤冻亡。当时，许多士兵手足严重冻伤后，"委弃兵仗"。④再就是北伐军在困守之中，客观生存条件极其险恶，战场上的肉搏拼杀极为惨烈。特别是在连镇、高唐时期，不仅全部人马被清军严密包围，而且接连遭受到僧格林沁的水攻。"水秽臭多蛆，人

---

① 佚名：《畿辅平贼纪略》，《近代史资料增刊——太平天国资料》，科学出版社1959年版，第68页。
② 陈思伯：《复生录》，《近代史资料》1979年第4期（总41号），中华书局1980年版，第46页。
③ 谢山居士：《北路奏肤》，《粤氛纪事》卷5，张守常：《太平军北伐资料选编》，齐鲁书社1984年版，第6页。
④ 佚名：《山东军兴纪略》卷1，中国史学会主编：《捻军》第4册，第9页。

马粪溺皆酿其中，风日熏蒸，饮者辄死"。①在此情景下，出现了北伐军大量出逃的现象。

第三，清军实行了一系列诱降手段来瓦解北伐军，致使大批士兵和下级将领纷纷"出逃"。

僧格林沁和胜保在围剿北伐军时期，先后不断调整诱降策略，采用了"着免其治罪"和"赏给顶戴"两种羁縻手段进行诱惑，这对北伐军确实起到了很大的瓦解作用。胜保在奏折中说："且直隶、山西等省被胁之众，经臣设法解散，日来逃出甚多。"②在谈到清军的诱降功效时，僧格林沁讲得更加清楚，更加具体，他说："内开投降免死，又见投出之人并不杀害，并有得赏顶戴者，伊等乐于投出。"③他还说："此股逆匪，由豫晋入直境，前在独流众至三四万，妖氛甚为炽盛。自王家口被追至束城、阜城、连镇等处，被围被剿，殄除无算，逆焰始见消退。内中被胁余匪，早经胆寒，欲图投出者甚多。因在河南、山西、直隶见统兵大臣告示，长发之人无论擒降，一概诛戮，是以不敢投出，固结愈坚，匪势愈大，得以长驱北犯。实系当时既不能剿，又不能散胁从之所致。自准投诚赎罪以来，经奴才等晓以大义，收录为用，该勇等皆系圣朝赤子，岂无天良，且知圣恩高厚，准予免罪，无不感激奋兴，愿效死力，打仗阵亡者极多，身受重伤者不知凡几，其为真心悔罪，奋勉图效，即此可见。"④由此可知，清军的分化瓦解策略是致使北伐军内部出逃严重的一个直接原因，这也是清军完成平定太平天国北方战场的一个重要原因。

二 出逃人员的叛变

如果说单纯的出逃者仅仅是削弱北伐军力量的话，那么被清军利用的

---

① 张集馨：《道咸宦海见闻录》，中华书局 1981 年版，第 162 页。
② 奕䜣等修，朱学勤等纂：《剿平粤匪方略》卷 72，中国书店 1985 年影印本，第 23 页。
③ 僧格林沁：《官兵续获胜仗请旨饬长芦盐政先行拨款来营以便支放兵饷折》，太平天国历史博物馆编：《太平天国史料丛编简辑》第 6 册，中华书局 1963 年版，第 50 页。
④ 《僧格林沁军营抄存谕折稿》，《僧王奏折》第 8 册，张守常：《太平军北伐资料选编》，齐鲁书社 1984 年版，第 145—146 页。

出逃者往往就会成为严重威胁北伐军的叛徒。在清军对连镇、高唐、冯官屯的围剿中，有许多出逃人员死心塌地投靠清军，他们充当了清军前沿阵地的炮灰，沦为了屠杀太平军的急先锋。僧格林沁在攻打西连镇时，就大量使用太平军出逃者参战，他在奏折中说：此役"奋勇前敌之投诚义勇，阵亡受伤至二百余名之多，其为真心投顺，尚属可信"。[①]有的叛徒还因作战有功而得到了清政府的特殊嘉奖，其中施绍恒、萧良芳、詹起伦等几个就是最为典型的叛徒代表，他们对北伐军后期防御起到了极大的瓦解作用，产生了非常恶劣的影响。

萧良芳，广东潮州人，曾担任北伐军的药总制。[②]1854 年初，萧良芳在天津静海出逃降敌，成为出卖太平军的叛徒。萧良芳为了邀功请赏，讨好清军，而背叛太平军，其主要叛徒行为有以下几个方面的表现：其一，出卖北伐军在临洺关井底秘藏宝银的信息。1853 年太平军挺进直隶后，截获清政府一批"银元宝"，太平军在临洺关同知署的院内，选择了东墙旁一口水井，将两门不便携带的大炮和四万一千八百余两白银秘密沉埋井中。当时是分层掩埋的，一层白银，一层砖石，共分数层，最上面依然是井水掩护。清朝钦差大臣胜保在静海军营得到萧良芳出卖的情报，当即秘密指派前任四川茂州知州牛树梅，带领前任山西河津县典史王承烈等人，星夜赶往直隶临洺关。他们会同永年知县查验发掘，在残垣断墙一片瓦砾的同知署院内，找到那口深三丈有余的水井。打捞人员先将井水汲浅，再系人下井挖掘。经过五天的打捞，共捞得宝银 836 锭，计 4.18 万余两。[③]其二，萧良芳等是在北伐军转入防御阶段较早出逃降清的叛徒，为了急切立功获得赦免，在交战时充当了清军冲锋陷阵的急先锋，大肆凶残地杀戮太平军。1854 年年初，追随清军攻下直隶束城之后，胜保和张集馨为了令萧良芳再次打入北伐军充当清军内应，不仅宣布将其正式赦免，还赏给了六品

---

① 《僧格林沁军营抄存谕折稿》，《僧王奏折》第 7 册，张守常：《太平军北伐资料选编》，齐鲁书社 1984 年版，第 116—117 页。
② 张集馨在《道咸宦海见闻录》一书中，记载为"萧桂芳"，非"萧良芳"。
③ 《胜保奏报于临洺关署内挖出井银拟分别作为充赏备饷片》，中国第一历史档案馆编：《清政府镇压太平天国档案史料》第 12 册，社会科学文献出版社 1994 年版，第 428 页。

顶戴以羁縻之。其三，积极充当清军招降纳叛的宣传员。萧良芳在两军阵前，向北伐军营垒喊话，以现身说法诱劝太平军出降。"遥向贼垒谕以利害，散其党与（羽），使知被胁者有可生之路"。① 其四，参与清军审查抓获太平军俘虏的识别等事项，尤其是抓获北伐军首领，必经萧良芳等叛徒的指认，方可确信上报。在高唐围剿李开芳所部时，萧良芳阵亡，获清政府祭葬世职，如守备例，荫封云骑尉。

施绍恒，湖北江夏人，② 1852 年参加太平军，担任林凤祥的司厨。后随军北伐，在连镇出逃降清，成为太平军的叛徒。投降之初，僧格林沁并未立即允许他薙发，"面谕杀贼一名，准予薙发"。③ 施绍恒急于立功，与太平军作战中殊死拼争，由于"先出得功"被指定为五营义勇统带，获得"赏给口粮号褂并火印腰牌"。清军利用施绍恒的身份，令其充当了招降太平军的得力工具，每天到连镇前沿阵地打着"投诚免死"的白旗向太平军喊话诱降。据《复生录》记载，施绍恒等叛徒的这种现身说法起到了不小的示范作用，"次日逃出贼七十余人，三日唤出三百余人"。④ 有时施绍恒还在两军阵前叫骂，以刺激太平军出战，待引诱太平军进入清军枪炮可及之处，即遭受火力突袭，而惨遭杀戮。施绍恒知道李开芳率骑兵南下突围时曾与林凤祥约定以放喷筒火蛋为会合信号，为僧格林沁献计，假冒高唐骑兵部队来援接应，让清军设伏于侧，以施放喷筒火蛋为诱饵。结果使林凤祥派人开门出城接应，不幸上当，清军连放枪炮，"登时间逆匪纷纷倒地，该逆始知中计，跟跄回窜，我兵乘势轰击，伤毙逆匪无算"。⑤ 此后由施绍恒带领的所谓"前后左右中五营义勇"，又连续攻破太平军的数座营垒，在短兵交战中，刀矛并举，割取太平军的耳级头颅无数。僧格林沁对施绍恒恩威并施，攻破西连镇后，已获六品顶翎的施绍恒又获赏给了守备

---

① 奕䜣等修，朱学勤等纂：《剿平粤匪方略》第 82 卷，中国书店 1985 年影印本，第 5 页。
② 《复生录》记载为"施肇恒"，非"施绍恒"。《复生录》作者陈思伯为"施肇恒"的同乡，同为 1852 年加入太平军，且一并随军北伐，而且皆在连镇先后出逃。陈思伯在连镇出逃后，就是经由先期出逃的施肇恒引见，才被僧格林沁接纳为"营中书识"。
③ 陈思伯：《复生录》，《近代史资料》1979 年第 4 期（总 41 号），中华书局 1980 年版，第 48 页。
④ 同上书，第 48 页。
⑤ 奕䜣等修，朱学勤等纂：《剿平粤匪方略》卷 110，中国书店 1985 年影印本，第 15 页。

衔；而围攻东连镇时，又一度摘取他的顶翎，限期将连镇河东营垒荡除。故此，他进攻格外出力，甚至身受枪伤。攻破东连镇后，僧格林沁命施绍恒带义勇搜寻林凤祥下落，并指定他"专办林逆出洞等事"，于是他"恃其熟识"，钻入地洞与连镇秘藏地道中的太平军进行谈判，完成生擒林凤祥等人的任务。1855 年 4 月 23 日，施绍恒被授以都司衔，赏换花翎，责成他管带七千义勇南下，先后赴高唐、冯官屯驻扎。在冯官屯时期，清军遭遇太平军利用地道轰炸炮台后，"王谕施肇恒连夜修围，并令设法以防地道。施肇恒面禀，查阅屯内地势甚低，可以用水灌淹，制其不能复掘"。①终于以水战攻陷了北伐军的最后一个营垒。

詹起伦，湖北黄安人，1853 年春在湖北加入太平军，从征至天京。跟随林凤祥北伐，1854 年春出逃降清。在北伐军作战中，由于詹起伦表现颇佳，勇敢威猛，有勇有谋，深得太平军信任，成为林凤祥的得力助手。僧格林沁在对出逃人员询问中对詹起伦多有耳闻，于是"屡次设法离间，并令投诚人寄信招降"。在詹起伦被诱降出逃后，僧格林沁又费尽心机，对其百般调教。"是以于投出时，责其不遵传谕，投降较迟，鞭责一百，令其赶紧立功赎罪，再给以恩信"。②僧格林沁令其继续在屯围内，不得剃发，俟杀贼立功才允剃发。攻破连镇之后，赏予詹起伦守备衔。清军平定冯官屯后，清政府授察哈尔都统西凌阿为钦差大臣驰往湖北督办军务，詹起伦随其前往湖北战场。

此外，先后获得清军赏封的还有勇目陶洪顺、许锡九、尹可兴等赏戴蓝翎；勇目林来、沈惠、沈五群、沈廷、方窗、刘正发、宁立诚、王有明、林思谟、张长兴、杨顺山、朱兴泰等均赏给六品顶翎；周隆亭、宁宗扬被授予守备衔。被清政府奖励的级别越高，奖励的人数越多，意味着出逃人员中的叛徒对北伐军构成的危害就越大。所以北伐军防范内部出逃的措施越严厉越详尽，就意味着自身越安全，战斗力就越强。

---

① 陈思伯：《复生录》，《近代史资料》1979 年第 4 期（总 41 号），中华书局 1980 年版，第 50 页。
② 《僧格林沁军营抄存谕折稿》，《僧王奏折》第 7 册，张守常：《太平军北伐资料选编》，齐鲁书社 1984 年版，第 114 页。

三　防范出逃的措施

北伐军对内部出逃持什么态度？当时采取了哪些相应的防范措施和处理办法呢？有的学者认为，太平军内部出逃与粮食奇缺有关，北伐军将帅对内部出逃现象采取了宽容的态度，让他们随意离队，是为了减少给养上的困难。北伐军沿途大量吸收群众加入队伍，其目的显然是为了不断壮大自己的力量，以增强自己的实力。他们不仅欢迎自愿入伍者，还"用银钱相邀"，甚至不惜凭借武力强迫民众参加。所以，上述"宽容离队说"难以成立。

从吸收群众入伍扩充那天起，北伐军就不想让他们再出逃，并且制定了一系列防止其出逃的措施。

第一，"恐其逃走，都刺了字"。[1]北伐军对自愿加入者是不刺字的，凡被刺字的人基本都是"裹胁"之人，对他们都带有强迫参加的性质。清人写的《粤寇纪事诗》记述说："掠人分配各营，有逃而被获及不服指使者，即刺面作'太平'字，或兼刺其姓以困之。"[2]这段对刺字的描述，虽然对北伐军不乏贬斥之意，但是做标记的目的和意图是不言而喻的。

除刺字外，北伐军还采用烫印的方法，给裹胁入伍者留下无法除去的标志。例如，直隶新乐县的冯二雪在正定城东"被裹去"，太平军在他"左右耳后，各烙火印一块"。[3]安平县荣雪儿，去深州时被"裹去"，被太平军在"头上烙一疤痕"。[4]烙印标志的位置和形状是不统一的，有的烙在耳后，有的烙在"头颅偏左"，[5]有的烙在"头颅偏右"，[6]有的是圆形，有的是月

---

① 《金有口述》，《近代史资料》1963年第1期（总30号），中华书局1963年版，第17页。
② 林大春：《粤寇纪事诗——黥面文》，太平天国历史博物馆编：《太平天国史料丛编简辑》第6册，中华书局1963年版，第449页。
③ 《京城巡防处奏审录冯二雪供词折》，中国第一历史档案馆：《清代档案史料丛编》第5辑，中华书局1980年版，第181页
④ 《京城巡防处奏审录荣雪儿供词折》，中国第一历史档案馆：《清代档案史料丛编》第5辑，中华书局1980年版，第180页。
⑤ 《京城巡防处奏审录王大供词折》，中国第一历史档案馆：《清代档案史料丛编》第5辑，中华书局1980年版，第179页。
⑥ 《京城巡防处奏审录杨可望杨起信供词折》，中国第一历史档案馆：《清代档案史料丛编》第5辑，中华书局1980年版，第177页。

牙形。无论是刺字，还是烙印，作为一种标识，它都起到了迫使这些人不得不随军作战的作用。即便这部分人逃出太平军营地，也很容易被清军捕获遭受惩罚。

第二，严明出逃的处罚军纪。在北伐军的军规中做了明文规定："私议逃走者，勿论何人，先斩后报。"①这条军规对萌生出逃念头的人来说，具有极大的震慑作用。例如，北伐军中的陈思伯萌发出逃的念头后，因营中查防极严，他连"彼此心交最厚"的同乡都不敢说，"虽朝夕相见，不敢多言。"②

此外，北伐军还制定了严密的点名制度和巡查制度。军规要求："每日点卯二次"，③以便及时掌握内部出逃情况。巡查制也是防范出逃的一项切实有效的措施。据《复生录》记载："贼中营望楼上，设有四色大旗，如南方有事，即绕红旗，东青、北皂之类。是日忽见楼中白旗绕动，知西营有人外逃，曾廷达即登土城远望，逃人五名已被西路伏贼捉获，扭向中营西城边来。"④

以上所述事实说明，北伐军对出逃问题的态度是非常明确的，并未采取放任自流的态度，而是实施了严密防范逃离的措施。不仅如此，北伐军还对抓获的出逃人员采取了十分严厉的惩处。僧格林沁说："连日由连镇顺流漂出贼尸无数，皆系裂胸、破腹、折腿、断臂者，随时查看，实系长发逆尸。据投出之人声称逆众被围情急，有思逃散者，有思投出者，逆首将心存逃散之人杀害，投入河内。"⑤僧格林沁还通过俘获人员了解到北伐军大开杀戒，对出逃者毫不留情。"近日林凤祥派人随处稽查，其欲要投出之人，一经拿回，即斩首示众"。⑥"捉回欲行投出之人，俱被杀毙，割肉分食

---

① 陈思伯：《复生录》，《近代史资料》1979年第4期（总41号），中华书局1980年版，第47页。
② 同上。
③ 《京城巡防处奏审录王二格供词折》，中国第一历史档案馆：《清代档案史料丛编》第5辑，中华书局1980年版，第182页。
④ 陈思伯：《复生录》，《近代史资料》1979年第4期（总41号），中华书局1980年版，第47页。
⑤ 僧格林沁：《奏陈近日情形折》，太平天国历史博物馆编：《太平天国史料丛编简辑》第6册，中华书局1963年版，第39页。
⑥ 僧格林沁：《官兵续获胜仗请旨饬长芦盐政先行拨款来营以便支放兵饷折》，太平天国历史博物馆编：《太平天国史料丛编简辑》第6册，中华书局1963年版，第50页。

充饥，此现在贼垒中之实在情形也"。①结合北伐军被围困之后的粮草断绝情况分析，将叛徒和出逃人员割肉分食的说法，并非清军故意制造的耸人听闻。太平军也承认对外逃者实施了宰杀食肉的事实，例如，《复生录》作者记述说："乙卯五年正月初二日，贼内圣粮馆已报粮绝，无粮可发。各军先杀骡马，次煮皮箱、刀鞘充饥，或掘沙土中马齿苋、当归、一切野菜者；亦有剥榆树取皮研末，造作面食者。甚至捉获官兵、逃贼，无不割肉分食。"②叛逃后充当勇目的宁宗扬，是在围困连镇之前叛投降清军的，他在跟随僧格林沁在冯官屯与太平军作战中格外卖力，甚至"身受重伤"，后来被李开芳所部太平军擒住，将其"碎割身死"。

当清军的诱降给太平军构成极大威胁之际，太平军之所以对出逃者采取严惩不贷的态度，不仅在于必须抑制住出逃增加，更重要的是避免出逃者被利用来攻打北伐军，所以严峻的现实绝不可能允许北伐军将领有丝毫的宽容。僧格林沁对太平军出逃者"立功赎罪"的表现十分得意，他在奏折里说："奋勇前敌之投诚义勇，阵亡受伤至二百余名之多，其为真心投顺，尚属可信。"③后来，僧格林沁又提高了出逃受降的条件，要"投诚人俱着携带广西人首级"，否则"均不准其薙发，亦不准其出濠"。④后来，胜保即在奏折里证实说："近日陆续投到多名，并有割取长发首级来降者。"⑤所以说，太平军严厉处罚内部出逃，就是有效保护自己。

由于林凤祥、李开芳在万分艰险的困境中采取了严厉措施制裁了叛逃者，做到了严明军纪，使这支孤军在清军长期的重重包围之中，在粮米断绝的饥饿状态之中，在天寒地冻的恶劣气候之中，在清军咄咄逼人的诱降高压之中，顽强地坚持一年多。所以，北伐军对出逃人员采取严惩的方针

① 《僧格林沁军营抄存谕折稿》，《僧王奏折》第7册，张守常：《太平军北伐资料选编》，齐鲁书社1984年版，第116页。
② 陈思伯：《复生录》，《近代史资料》1979年第4期（总41号），中华书局1980年版，第46页。
③ 《僧格林沁军营抄存谕折稿》，《僧王奏折》第7册，张守常：《太平军北伐资料选编》，齐鲁书社1984年版，第116—117页。
④ 同上书，第114页。
⑤ 奕䜣等修，朱学勤等纂：《剿平粤匪方略》中国书店1985年影印本，第110卷，第13页。

是必需的，正确的。

四　剖析纵容出逃说

有的学者对北伐军首领所持的上述严惩态度表示质疑，提出了"纵容出逃说"。例如，有的学者在文章中说：

"由于粮食、给养困难，一部分新入伍的士兵思想动摇，逃出据点，投向清营。据僧格林沁在一个奏折中称，他收编'投城义勇三千余名'。而林凤祥对士兵的这种投诚，则采取宽容的态度，对被抓回的逃兵，'不但不加杀害，且自责无能，以致众人受困，给予银两，仍令投出'。这种现象似乎有些不好理解，有些论者赞扬林凤祥此举是有'大将风度'，'宽厚胸怀'，这种评价未必是符合林凤祥的本意。林凤祥这样做很可能与粮食奇缺、米麦尽无有关，让一部分新军随意离营，减少给养上的困难。因为留下的一般都是广西、湖南、湖北老兵，具有很强的战斗力，可以达到兵虽少但精炼的目的。不过即使这样，林凤祥的这种做法也是不足取的，因为这些离营的战士，并不都是回去当农民，而是其中不少一部分人，投到清军阵营，成为清军营中的'义勇'。可见，林凤祥的做法实际上起了削弱己军，壮大敌军的作用。"①

这种观点在学术界产生了一定影响，乃至后来出版的重要学术著作《太平天国战争全史》亦接受其说法，该书在论述太平军北伐的章节中认为：

"为了稳固军心，林凤祥曾采取了一些措施，如对投敌分子不以重罚杀害，'给予银两仍令投出'，但实际上已无法扭转逆势。"②

其实，不仅那种赞扬林凤祥此举是有大将风度、宽厚胸怀的评价不符合林凤祥的本意，而且这种"纵容出逃"的分析也不符合林凤祥的本意。如果按照此文的分析，林凤祥岂不成了北伐士兵出逃的纵容者。由此形成的"削弱己军，壮大敌军"的恶果，必将要归咎到林凤祥的身上。所以

① 苏双碧：《论太平军北伐的战略问题》，《太平天国北伐史论文集》，河北人民出版社 1986 年版，第 13 页。
② 崔之清：《太平天国战争全史》第二卷，南京大学出版社 2002 年版，第 837 页。

用"纵容出逃"来批评北伐主帅林凤祥是不准确的。这个强加给林凤祥的"纵容说",不仅关系到对北伐将帅人物的评价,而且关系到北伐军对待出逃者的态度以及防范措施的真实性问题。

确凿史料是我们正确分析和研究问题的基点,该文观点的主要依据来引用《剿平粤匪方略》中的谕旨和奏章,在对于出逃问题分析时,使用的论据有断章取义之嫌,不符合原始材料的本意。众所周知,方略的编纂者调用了所有可引的谕旨和奏章,从而保存了大量重要的历史文献,成为研究太平天国史的重要资料依据之一。但是,它选入的奏章和谕旨有些做了大量删节和改写,并非全部抄录原始文档,有些是直接抄自《东华录》。正是由于忽略了编者删节所造成的缺陷,导致了该文对北伐军处罚出逃者的史实做了误判。

为说明症结,不妨引用有关《方略》卷115,摘录的咸丰四年十二月初六日僧格林沁奏稿有关记载如下:

"林逆亦深知人心不固,恐生他变,遇有投出之人,被该逆拿回,不但不加杀害,且自责无能,以致众人受困,给予银两,仍令投出。该逆当此万分穷蹙之时,尚能如此狡猾,实非寻常贼犯可比。臣等业将林逆诡诈情形传知各营官兵,不得因贼势已穷稍涉大意。"①

《方略》里这段文字是一字不差地抄自《东华续录》,而王先谦编辑的《东华续录》亦不是抄录的奏稿原文。这段文字的影响还涉及了好几本书,譬如,稍晚一些编成的《中兴别记》。它的口吻与《方略》和《东华续录》相差无几,不过在文字上略有变动。在《中兴别记》卷十八中,做了如下修改:

"贼酋林凤祥获降人不杀,且赀遣之,曰我无能被困,致累若矣。盖防困党生变,以是为要结计,其狡谲不在伪忠王李秀成下。"②

读罢《东华续录》、《方略》、《中兴别记》的有关记载,不由令人产生

---

① 奕䜣等修,朱学勤等纂:《剿平粤匪方略》卷115,中国书店1985年影印本,第2页。
② 李滨:《中兴别记》卷18,太平天国历史博物馆编:《太平天国资料汇编》第2册(上),中华书局1979年版,第297页。

这样的疑问，为什么林凤祥之举会使北伐军"众人受困"，感到困惑呢？为什么清方记载称林凤祥之举"狡猾"、"狡谲"，而此材料并没有详细交代？其实，只要核对一下僧格林沁奏稿原文，就能搞清原委，澄清真相。僧格林沁咸丰四年十二月初六奏折原文如下：

"林逆亦深知人心不固，恐生他变，现在惟用权诈，搜罗众心。据投出之人供称，初五日有欲投出之人，被该逆拿回，不但并未伤害，林凤祥翻自责无能，以致众人受困，当赏银二十两仍令投出，旋被山东监犯于半路截杀，夺回银两。有此情形，似系该逆作用。惟林逆一犯实属诡诈百出，当此万分穷促之时，尚能如此狡猾，实非寻常贼犯可比。"①

这段记述明确了三个问题：其一，奏稿仅是据投出之人讲的十二月五日发生的一件事，并不是林凤祥的一贯做法，否则，便不会令众人困惑，可以说明这是一次出人意料的举动。其二，拿到赏银的投诚之人，在投出的半路被北伐军截杀了，银两被夺回，并未形成出逃事实。其三，半路截杀，银两夺回，才是林凤祥此举的最终结果，这个策划被称之"惟林逆一犯实属诡诈百出，……实非寻常贼犯可比"。

基于以上三点事实可以断定，林凤祥处置的这件事，由于发生在形势十分危急的时刻，面临士兵思想的巨大波动，他在初五这天有意采取了有别于惯例的做法。他当时并没有像往常一样立即予以严惩，而是采取了为"收罗众心"的做法，不惜"自责无能"，承担责任，其目的在于促使他们回心转意。但是，苦口婆心也未达到目的之后，又为了避免发生直接冲突，便采取了"仍令投出"的迂回方法，以松懈欲投出者的戒备。最后则设伏于半路，将其截获，依然按惯例给以正法。

林凤祥的这个策略正是由于《东华续录》、《剿平粤匪方略》、《中兴别记》的删节和改写，才形成一则不好理解的哑谜。该文由于引用的论据不准确，致使批评林凤祥此举"削弱己军，壮大敌军"的结论也难以成立，

---

① 《僧格林沁军营抄存谕折稿》，《僧王奏折》第6册，张守常：《太平军北伐资料选编》，齐鲁书社1984年版，第112—113页。

显然与林凤祥的本意大相径庭。

第六节　北方战场的调兵遣将

一　女长毛北方战场凤毛麟角

以往学者们一直认为，太平天国北伐军根据战略需要，奉行天王洪秀全"疾趋燕都"的指示，组成精锐之师北上，为减少累赘不携带家属，未设女营，故北伐军没有妇女参加。历史事实也证明，北伐军进兵速度的确迅速，1853 年 10 月 29 日就攻下静海县，前锋到达杨柳青，兵临天津城下。太平天国北伐军也确实未设女军，但是，北伐军中没有妇女参加的说法，则不符合史实。

早在怀庆战役时，就有妇女参加北伐军。当时山东巡抚李僡说，曾在一次交战中，"施用连环枪炮，立毙贼目二名、女贼目一名。"① 北伐军到达天津后，军中依然有妇女参加。在独流被俘的太平军张兴保，在《供词》中说："听说静海有三个女贼。"② 另据文瑞的审讯奏报载，太平军帨幅幅供认，军营内"又有女贼二名"。③ 清军巡防东路大臣也曾宣称：于咸丰四年正月初十日，曾"拿获贼妻二名"。④ 从目前发现的相关史料分析，北伐太平军中的妇女一般是利用她们的性别为掩护，承担了北伐军一些非常重要的特殊任务，如侦察和送信等。京城巡捕南营探禀曾披露，"闻得贼匪内有妇

---

① 《李僡奏报连日进攻会剿情形片》，中国第一历史档案馆编：《清政府镇压太平天国档案史料》第 8 册，社会科学文献出版社 1993 年版，第 549 页。
② 《张兴保供词》，中国第一历史档案馆编：《清代档案史料丛编》第 5 辑，中华书局 1980 年版，第 171 页。
③ 文瑞：《奏报续获形迹可疑人犯马士杰帨幅幅究出有潜窜情形由》，中国第一历史档案馆藏：《军机处录副奏折·革命运动类》第 643 号卷，第 28 号文件，张守常：《太平军北伐丛稿》，齐鲁书社 1999 年版，第 181 页。
④ 《巡防东路大臣来文》，中国第一历史档案馆编：《清代档案史料丛编》第 5 辑，中华书局 1980 年版，第 193 页。

人三名，前往天津睄看地势画图"。①很明显这是利用其不易引人怀疑的性别优势，在侦察地形绘制地图。甚至有北伐军个别女侦察员，进京完成任务后成功返回北伐军军营。据清军的审讯供词反映，"逆贼于九月间，遣伪丞相之妇陈氏、张氏，俱广西人，假扮男装，进京探信，至十四日已回。"②随着清军重兵围困静海、独流，太平天国北方战场形势发生逆转，太平军进兵北京的计划受阻，不得不开始向南撤退，在退往束城途中，有170余名太平军被俘，"内有伪司马二名，女贼三名，均即正法"。③向天京洪秀全请求增援，由于清军和地方团练严密盘查，男性通信员屡屡被俘，北伐军处境日趋险恶。由于事态发展每况愈下，求援任务紧迫，于是女性太平军充任的通信员，踏上了艰难的送信求援之路。负责围剿北伐军的清朝参赞大臣僧格林沁在奏折中说："近获由贼营逃出之人，供有逆匪妇女扮作乞丐，往南乞援。"④据太平军陈思伯说，北伐军退至连镇之初，曾有天京派来的女通信员到营送信。"林逆接得伪探，广东妇女能道各省言语者送来密信"。⑤

当然，目前还无法确认天京得知北伐军受困的信件是不是由北伐军女通信员送达的，但是，对当时的北伐军来说，从事侦察和送信两项任务已非同一般，都属非常重要的当务之急。由于史料缘故，反映北伐军中妇女的素材凤毛麟角，除极个别的只言片语外，还没有发现能够充分说明北伐军女战士活动的更详细资料，这与太平天国北伐军中妇女人数极少有直接关系。但是，可以肯定地说，太平天国北伐军中有妇女参加。

---

① 《京城巡捕南营探禀》，中国第一历史档案馆编：《清代档案史料丛编》第5辑，中华书局1980年版，第190页。

② 《胜保奏报十七日作战等情并严催绵洵等进兵片》，中国第一历史档案馆编：《清政府镇压太平天国档案史料》第10册，社会科学文献出版社1993年版，第188页。

③ 《僧格林沁奏报于舒城村连日进剿大获胜仗折》，中国第一历史档案馆编：《清政府镇压太平天国档案史料》第12册，社会科学文献出版社1994年版，第253页。

④ 奕䜣等修，朱学勤等纂：《剿平粤匪方略》卷74，中国书店1985年影印本，第23页。

⑤ 陈思伯：《复生录》，《近代史资料》1979年第4期（总41号），中华书局1980年版，第43页。

二 后卫警戒未渡河断然南归

在北伐军抢渡黄河之时，由于清军尾随而至，为掩护大军主力过河，北伐军留下了一支 2000 多人的断后部队，他们最后没有能够及时过河继续北上，而是南返回归了太平天国占领区的长江流域，这支北伐军队伍叫作"南归军"。究竟这支部队是因没能及时渡河而南返呢？还是太平军事先就不安排他们渡河而南归呢？至今还是一个未解之谜。

有的学者认为，按照军事常识，北伐军渡河时必定会委派专门负责后卫任务的部队，即后卫部队就是预定不渡河的。并援引 1854 年北伐援军渡黄河的情景为例，指出北援军也有警卫渡河的部队 2000 余人没有过河，返回庐州，此情况与北伐军相似。"这支南下的太平北伐军挺进的方向始终指向天京，亟亟奔走，正说明它负有特殊使命。"① 还有学者明确指出，南归军不渡河北上，"确实是事先安排好的"，"作为警戒断后，这是合乎情理的，北伐援军渡黄河时，同样也留了一千多部队作警戒，没有渡过河去。待大军渡过河去，警戒部队再撤回天京。"②

其实，南归军的产生，并非上述学者们事后煞费苦心所诠释的那样，因为在史料中并没有反映北伐军在事先有过南返计划的任何蛛丝马迹，南归军预定不渡河的历史假设，并没有得到史料证实。南返军最终回归太平天国占领区，也可以说在前有天险后有追兵的紧急情况下，这支警戒部队审时度势做出南归的临时动议。通过对北伐军渡河经过的档案史料考察，可以发现这支担任后卫任务的部队也一直是期待渡河北上的，如果没有清军追兵赶到，他们必然也会顺利过河，实现与主力部队在黄河北岸会师的。

北伐军于 6 月 27 日（五月二十一日）开始在汜水河口渡黄河，当时一直尾随的清军尚未赶到，急忙赶来北岸防堵的河北镇标左营游击穆奇贤率

---

① 王宏斌：《太平北伐军将领朱锡琨行迹考——兼及北伐军南下部队归宿问题》，河北、北京、天津历史学会编：《太平天国北伐史论文集》，河北人民出版社 1986 年版，第 268 页。
② 苏双碧：《北伐风云》，光明日报出版社 1993 年版，第 76—77 页。

领着 150 名零散官兵，因势单力薄根本不敢靠近渡河的太平军。"官军遥望，辄开枪炮轰击，而远不能及"，太平军顺利登岸，"贼于是从容渡河，盘踞温东河滩柳林南。"① 但是，渡河的实际情况是船少人多，进度不快，连续 3 日渡河未完。

7 月 1 日（五月二十五日），在北伐军渡河三天之后，黄河南侧的清军追兵，赶到汜水县城东。当时清军追兵到汜水后，马上就遇到太平军后卫掩护部队的阻击，他们"胆敢赶杀前探弁兵，奴才托明阿、西凌阿等随即分兵三路进攻。大股逆贼见大兵追到，直奔渡口欲上船只，经我兵追杀紧急，该逆忽即转回，并有东西两土山内贼匪一齐扑下，连放枪炮，抗拒我师。自辰至未，连扑三次，俱被我兵施放枪箭击退，共剿杀该逆三百余名，贼势穷迫，争上船只。因西北风大作，船不能开，亦被我兵枪炮齐施，击毙殆尽，落水者不计其数。烧毁逆船十三只"。②

7 月 2 日（五月二十六日）托明阿、善禄、西凌阿等率领尾追清军马队分路近逼渡口时，再次被北伐军后卫部队阻击。当时"该逆正在渡口上下排列船只，两山设队摇旗，仍前抗拒。经我各路官兵奋勇直前，抬枪抬炮连环施放，击毙逆匪百余名，生擒数十名，击翻逆船三只，烧毁十数只，我兵受伤者仅二三名。该逆被剿穷蹙，分头乱窜，间有乘船顺流东下，亦有窜往北岸，其余尽行奔往汜水县西北土山大沟边。后探得该处尚有贼营数处，傍岸有大小船筏百余只，山路崎岖，沟深道狭，一时难就歼灭。"③

7 月 3 日（五月二十七日），北伐军后卫部队忠于职守，依然坚持在汜水县城周边与清军追兵对峙抗衡。"该逆盘踞城内不出，沿城俱安炮枪，傍山连城，插竖旗帜，并在西北两面土山上下纷纷，逆贼摇旗以作声势。"④

---

① 李棠阶：《李文清公日记》第 13 册，张守常：《太平军北伐资料选编》，齐鲁书社 1984 年版，第 269 页。
② 《托明阿等奏报连日督兵追剿汜水股众获胜情形折》，中国第一历史档案馆编：《清政府镇压太平天国档案史料》第 7 册，社会科学文献出版社 1993 年版，第 359 页。
③ 同上书，第 360 页。
④ 同上书，第 424 页。

托明阿等部施放枪炮攻城未果。北伐军后卫部队为北伐主力人马渡河又赢得了一天的宝贵时间。

7月4日（五月二十八日），北伐军已经基本完成主力渡河。这时坚守在汜水城中太平军后卫部队仍在与攻城清军相持。托明阿为首的清军追兵决定分四路攻城，"分拨满汉官兵，四路围攻"。北伐军后卫部队从东西两门同时突围而出，清军则由东西两门堵杀，并乘势攻入城内。托明阿在奏折中汇报说："奴才等亲督满汉各营步队，亦由东西两门继进，极力剿洗，毙贼一千余名。其逃出逆贼，被我兵追杀及击落黄河岔口，死者四五百名。"①

7月5日（五月二十九日），从汜水城冲出的太平军后卫部队，奔至河边准备渡河，托明阿为首的清军追踪太平军后卫部队至黄河岸边。托明阿等在奏报中说："奴才等即督率马步各队出营前往剿洗。行至黄河边，贼俱上船，因水浅沙深，泊于河中，不能开行。随令由南岸用炮轰击，毙贼百余名，落河骡马不计其数。余匪浮水投往北岸贼营，被水淹毙者甚多。……是以奴才等随将南岸搁浅贼船设法焚毁，仍督马步队由汜水一带搜剿。"②

由于托明阿、善禄、西凌阿等尾追，迫使北伐太平军的后卫部队大部人马未能渡河北上。根据几天以来的作战交锋，清军断言断后的北伐军急切期盼渡河，"该逆潜蓄诡谋，必欲渡黄，已无疑义"。③由此可以断定北伐南归军的真正成因，就是后卫部队未能渡河不得已而折回南返。正如著名学者张守常先生所说的一样，后卫部队并非预定不渡河，只是"因大队已去，而敌人在旁，不及渡河，所以南归的。"④后卫部队加上巩县撤出的人马

---

① 同上书，第 425 页。
② 同上。
③ 《寄谕托明阿等著并力攻围渡河之敌并飞催经文岱等夹击》，中国第一历史档案馆编：《清政府镇压太平天国档案史料》第 7 册，社会科学文献出版社 1993 年版，第 439 页。
④ 张守常：《太平军北伐丛稿》，齐鲁书社 1999 年版，第 33 页。

组成了南归军，起初约计4000人马，[①]其南下起点应从汜水算起。他们"不敢北渡，折回巩县，且闻偃师亦有官兵，难以西走，遂越巩县南山，向东南而窜密县焉。"[②]

清政府决定让托明阿等过河北上，继续参加剿灭北伐太平军主力，对太平军的南归部队的追剿，责成南阳镇总兵柏山、巴里坤总兵经文岱等予以搜捕追击。南归军虽然没有及时过河赶上北伐主力，但是，在折返南归的途中依然保持了高昂的战斗精神。他们从密县山涧中穿行，攻陷密县城池，即南返归途攻打下来的第一座县城。"入县城搜索一空，常恐后有追兵，未敢久停"。[③]南归军纵横驰骋，"此股贼匪虽属败窜，而余氛尤足蔽日，初四日窜新郑，陷长葛，围许州，趋临颍，过郾城、西平、确山、罗山，而入湖北之麻城"。[④]完全与北上的北伐军一样，在南下沿途他们焚衙署，拆庙宇，摧毁了地方统治秩序，缴获了沿途的州县仓库，斩杀了沿途的部分基层官吏。南归军队伍既有伤亡，也有扩充，进入湖北时曾经达到3000名之多。"统计粤匪自河南飞驶入楚约计三千余人，马五六百匹，辎重无算"。[⑤]

南归军由豫入楚后，由于受到湖广总督张亮基、湖北巡抚崇纶的防剿阻击，南归军不敢恋战，星驰电走，一路南下。如流星飞奔的南归军攻克湖北黄安后，当天深夜即放弃，分股行动继续南下。南归军大股沿举水河水陆并行，到达新洲，此刻向东南进军占领湖北麻城宋埠的部队遇阻击，也有零星小股人员约有300余名欲复行折回。河南河北镇总兵王家琳率领

① 张亮基在《附陈各路贼情片》记述，"折回南窜者不过四千余人"，因张亮基身份处于局外，不受邀功和卸责所累，记载比较客观地反映了真实情况。张守常：《太平军北伐资料选编》，齐鲁书社1984年版，第333页。
② 陈善钧：《癸丑中州罹兵纪略》，中国史学会主编：《中国近代史资料丛刊——太平天国》第5册，神州国光社1953年版，第174页。
③ 龚淦：《耕余琐记》甲集，张守常：《太平军北伐资料选编》，齐鲁书社1984年版，第299页。
④ 陈善钧：《癸丑中州罹兵纪略》，中国史学会主编：《中国近代史资料丛刊——太平天国》第5册，神州国光社1953年版，第175页。
⑤ 《张亮基等奏报查明进剿出力员弁兵勇请旨奖叙折》，中国第一历史档案馆编：《清政府镇压太平天国档案史料》第9册，社会科学文献出版社1993年版，第226页。

清军追至湖北的宋埠，"探有贼匪折回，相距五里许，当即策兵前迎"。与南归军小股部队交仗两个时辰，南归军将士皆顽强勇猛抗敌，"贼猷抵死拒敌，我兵奋勇争先"，双方互有伤亡，此后继续南下。①据清军抓获的南归军士兵说，"因前有官兵截击，不能南窜，欲回光山周家口一带逃逸"。②而从宋埠沿举水而下的一股南归军，由水陆并行到达新洲后，便转向东趋，经罗田县进入安徽境。攻入英山县城时，南归军仅剩千余兵马，旋又奔往太湖。3日后，南归军攻破太湖县西门，焚烧县署仓廒后，乘船奔赴石牌（怀宁县）。随后"复窜江家嘴，……并分股窜出洪家埠抢船，意图东下"，经过在江家嘴和洪家埠的一场水陆大战，南归军余部终于摆脱清军纠缠，③进入长江，到达安庆，归入太平天国的西征军。按照湖广总督张亮基的说法，最终入江的南归军残部已经无从追击，"其驶出大江者约计不过三四船，无从追击，该员等始撤兵回楚"。④

北伐军自氾水渡河，形成了兵分南北之势，北伐军主力北上，未能渡河的后卫部队南下。南北两支北伐军在中原豫省演绎的一场南征北战，共计攻占和途经的府州县达到29个，约占到清朝河南省全省府州县的1/4。⑤北伐军北上主力部队由林凤祥、李开芳、吉文元三位丞相率领，后卫部队因未渡河而被迫南下，所以南归军未能委派高级将领统领。虽然清方缴获过南归军的"伪太平天国春官正丞相大黄旗一杆"，但斩获最高将领仅为罗姓总制。

有些学者提出，朱锡琨作为北伐四大将领之一，完全能够成为北伐军中的黑旗军统帅，他应该是北伐南归军的最高首领。由于朱锡琨在河南朱仙镇发出《北伐回禀》之后，销声匿迹，不见踪影。罗尔纲先生在《太平

---

① 《陆应毂奏报已将入楚折回零股截剿殆尽折》，中国第一历史档案馆编：《清政府镇压太平天国档案史料》第8册，社会科学文献出版社1993年版，第491页。

② 同上书，第492页。

③ 《吕贤基等奏报官兵连获胜仗石牌一股迅就歼灭折》，中国第一历史档案馆编：《清政府镇压太平天国档案史料》第8册，社会科学文献出版社1993年版，第617页。

④ 张亮基：《剿办河南窜楚贼匪出力员弁兵勇请旨奖叙折》，张守常：《太平军北伐资料选编》，齐鲁书社1984年版，第336页。

⑤ 顾建娣：《十九世纪中叶河南社会的动荡与嬗变》，2002年上海师范大学硕士学位论文，第7页。

天国史稿》中说，"锡琨到朱仙镇后事迹不详"，死于何地待考。又因有的北援军史料曾出现过朱锡琨的名字，故而有些学者推测，可能是朱锡琨率领南归军与西征军会合后，他本人很快回到了天京汇报了情况，天京政权大约是听了朱锡琨的报告之后，大受鼓舞，决定立即派兵赴援北伐军，这样朱锡琨就随北伐援军的出征，再次出现在太平天国北方战场。[①]

通过以上的历史假设，学者们推测由朱锡琨担任南归军统帅，经南下湖北，再转安徽返回天京汇报，不仅促成北援军的成行，而且还使为什么北援军中出现朱锡琨名字的问题也有了解读的头绪，从而使他在朱仙镇的断线行踪，有了完整链接。这个解决朱锡琨失踪之谜的学术假设，如果得到确切史料证实，便可以成立。同样，朱锡琨在朱仙镇的断线之谜，如果在渡河的北伐军中得到再现行踪，这个假设便会釜底抽薪，显然不攻自破。

从太平天国高层部署的北伐战略计划看，并没有安排朱锡琨南下，林凤祥在供词中说，"杨秀清叫我回金陵，派我同伪地官正丞相李开芳、春官副丞相吉文元、检点朱姓，带九军兵渡黄河。"[②] 朱锡琨是殿左三检点，他所带领的右军实际已经渡过黄河，成为北伐军中的重要力量。太平军陈思伯在《复生录》中记述，他到直隶阜城时，曾在朱锡琨统领右军先锋营中暂歇，并亲眼见证朱锡琨率领太平军奋勇击退清军的场面。"至五更始到阜城县外一营，因天未明，不便进城，询知是右军贼目朱检点所带先锋营，即入暂歇。不料黎明时，马步官兵一齐合围，四面攻击，彼此不能相顾。……午后右军贼营踏陷一半，官兵入内喊杀连天。予料此次万无生理，坐近北营边，举刀及颈待死。忽朱逆率众贼各用砖石夺力抛击，兵多受伤，复赖城贼出援，官军始退，复又得生。"[③] 相信陈思伯对这次死里逃生的

————————

① 王宏斌：《太平北伐军将领朱锡琨行迹考——兼及北伐军南下部队归宿问题》，河北、北京、天津历史学会编：《太平天国北伐史论文集》，河北人民出版社 1986 年版，第 268 页。苏双碧：《北伐风云》，光明日报出版社 1993 年版，第 80 页。

② 《绵愉奏审录林凤祥等人供词折》，中国第一历史档案馆编：《清代档案史料丛编》第 5 辑，中华书局 1980 年版，第 161 页。

③ 陈思伯：《复生录》，《近代史资料》1979 年第 4 期（总 41 号），中华书局 1980 年版，第 42—43 页。

经历，印象深刻，他的记述应该是慎终如始，问心无愧。

至于《平定粤匪纪略》作者的附记中，"咸丰三年四月，贼众北犯，锡锟、益芸行抵六合，败归。是年十月，复与许宗扬窜山东，为林凤祥应援"的记载，则难以成立，不足为信。这类朱锡琨后来北援林凤祥、与林凤祥会合等记述，皆为北伐初朱锡琨、黄益芸带六军从六合追赶林凤祥而衍生出的讹传，张德坚在《贼情汇纂》记载说，"四月杨贼令锡琨与黄益芸带六军贼众北犯，并接应林凤祥等。"这里所说的接应林凤祥与林凤祥会合，应是在 1853 年 5 月北伐初的会合，但却被讹传为后来的 1854 年的北上救援，接应北伐与北援接应并非一回事，两不相合。

实际上，当初朱锡琨奉命与林凤祥、李开芳汇合北伐，当行抵六合，因被该县署理知事温绍原引燃军营火药，太平军猝然遇敌，大队溃散，一夜血战之后，死伤惨重。朱锡琨带领残部迅速北上，赶到安徽滁州，与林凤祥、李开芳、吉文元等部会合后北上。由六合撤回天京的许宗扬、林绍璋等人员，误报朱锡琨等败亡。杨秀清讳言其死，"仍以功奏洪贼，升秋官正丞相，九月封剿胡侯"。[1] 但因通信联络不畅，北伐军一直不晓知天京已经将朱锡琨擢升秋官正丞相的消息，而且从林凤祥、李开芳被俘后的供词来看，他们到死都不知道此事。同样，他们至死也不知道当年 10 月四位北伐将帅一并被封侯加爵，林凤祥封靖胡侯、李开芳封定胡侯、吉文元封平胡侯、朱锡琨封剿胡侯的。

朱锡琨统领右军先锋营在攻占直隶阜城现身之后，便真的销声匿迹了。到底朱锡琨下落如何？太平军北伐研究专家张守常先生，提出了一个更为接近历史真相的假设，即朱锡琨当是牺牲在了北伐军的直隶战场，"在阜城，也许是在连镇"，[2] 而非北援军的山东战场。当然，这个历史假设仍有待予以证明。

---

① 张德坚：《贼情汇纂》卷2，《剧贼姓名下》。中国史学会主编：《中国近代史资料丛刊——太平天国》第3册，神州国光社1953年版，第54页。

② 张守常、朱哲芳：《太平天国北伐西征史》，广西人民出版社1997年版，第156页。

三 援军北上临清州失之交臂

北援军是由太平天国抽调部分安徽兵力并另配备扬州以及天京的部分兵马，经安徽、豫东、苏北、山东一路北上，前去救援北伐军的一支太平军部队。北援军自1854年2月4日（咸丰四年正月七日）由安庆出发为始，北上顶点到了山东临清州，经临清战役后向南撤退，至1854年5月5日（咸丰四年四月九日）北援军退至黄河为失败标志，北援军的军事行动在太平天国北方战场上历时约3个月。如果仅从北援军救援行动的目标结果来看，那么，北援军马不停蹄，乘隙击虚，长途奔袭至山东临清，到头来却与相距120公里的阜城北伐军失之交臂，确属劳而无功，令人惋惜，不无遗憾。

但是，从天京先后派出北伐军和北援军的实际军事行动部署分析，可以清楚地看出太平天国最高领导层对开辟北方战场高度重视的态度，亦能澄清一些在太平天国建都后军事战略评价问题上的误判。因为太平天国开辟北方战场的一系列事实，并非如以往史家所说，农民领袖建都后偏安江南，把保卫天京作为重点，致使北伐军长期陷入孤军作战的局面。1853年5月中旬，第一次派出的北伐军由九军组成，派出了林凤祥、李开芳、吉文元三位丞相级统帅督领。1854年2月初，第二次派出的北伐军由十五军组成，依然派出了夏官右正丞相曾立昌、夏官副丞相陈士保、冬官副丞相许宗扬三位丞相级统帅督领。众所周知，太平天国到南京时建成五十军，为了开辟北方战场，在不到一年的时间内，就先后派出24个军，用将近二分之一的兵力北上。尽管组建的北援军素质程度要比北伐军略逊一筹，况且北援军在渡黄河前又撤回两个军，但是，在太平天国建都一年之内能够先后两度分兵北上，特别是从原本就兵力不足的西征战场以及扬州、天京能够抽调兵马组建二次北伐军，而此时天京正面临着江南大营、江北大营形成的极大威胁，这足以显现出当时的北方战场在农民军领袖心目中的重要位置。尤为重要的是曾立昌、陈士保率领的第二次北伐失败后，洪秀全、杨秀清再派燕王秦日纲挂帅实施第三次北伐，即李秀成所说，"封燕王秦日纲复带兵去救，兵到舒城杨家店败回。"[①]尽管燕王秦日纲刚刚出征，

———————

① 罗尔纲：《李秀成自述原稿注》，中华书局1982年版，第348页。

起步即夭折,北伐之役再衰三竭,但从洪秀全、杨秀清对北方战场不肯轻言放弃的态度可揣测,他们当时最大的期盼就是太平军能够乘隙击虚,急趋燕都,直捣黄龙,一举铲平妖穴。总之,农民军领袖部署开辟北方战场的根本意图何为是不言而喻的,只是指挥战略进程的节奏太慢,造成了北援军出征决策的滞后。

按照洪秀全和杨秀清的部署,援军北上本来是太平天国开辟北方战场的既定计划。第一步是由林凤祥、李开芳等率领的第一批北伐军"过黄河,到天津扎住,再告诉他,再发兵来"。[①] 也就是说,按照天京制订北方战场战略计划,第一批北伐军只要到达天津,即便没有因陷入困境而向天京求援,天京也会派出第二批北伐军北上。在两支部队会合后,再并力进攻北京,一举捣毁清王朝统治的"妖穴"老巢。由此可知,北援军就是预订实施方案中的第二批北伐军,而第一批北伐军实现预订方案第一步后,由于陷于被动的危险困境,才使得第二批北伐军带有了明显救援性质,于是人们也就直接将其称之为"北援军"。

如果我们跳出单纯的"援军"目的看待援军北上,认真考察第二批北伐军的详细军事行动,就可以发现北援军所发挥出的客观作用和意义。援军北上确实使得北方战场一度出现了扭转颓势的宝贵机会,也曾给北方清军形成一种极大的压力。正像清政府所害怕的那样,"逆匪图逼临清不下三四万,我兵不过万人,众寡未免悬殊。倘该逆绕窜正西,即入大名府境,东面又可直达天津,皆当豫为防范。刻下阜城之贼尚未歼除,难保不乘我兵力稍分,意图奔突,与南来贼匪互相勾结。"[②] 北援军一路北上,长驱直入,不仅在清政府统治中心的畿辅地带再一次形成了直接军事威胁,吸引了大批清军,给北伐军南下突围减轻了一定压力,而且,北援军沿途攻城拔寨,摧枯拉朽,也像第一批北伐军一样,给清朝地方基层政权以沉重的打击,给清朝北方统治秩序以猛烈的冲击。

---

① 《李开芳又供》,中国第一历史档案馆编:《清代档案史料丛编》第5辑,中华书局1980年版,第167页。
② 《寄谕桂良著张殿元等在大名等地相机剿办》,中国第一历史档案馆编:《清政府镇压太平天国档案史料》第13册,社会科学文献出版社1994年版,第243页。

北援军自 1854 年 2 月 4 日（咸丰四年正月七日）由安庆出发，由曾立昌、陈士保、许宗扬为统帅，先后途经安徽、河南、江苏、山东 4 省，共计北上途经清政府统治的 7 个府境，两个直隶州境，17 个县境，行程将近 1800 余里。其中，直接攻克的直隶州城两座，县城 12 座。

北援军在安徽省途经太平天国占领区桐城、舒城，2 月 17 日攻占了清朝政府统治的六安州直隶州。据安徽巡抚福济等奏报，由舒城至六安的道路早就被太平军所控制，"六安州土匪勾结舒城逆匪，于二十日窜至六安，占据州城。"①北援军由六安州出发，于 2 月 21 日攻占了正阳关。凤阳府寿州县的正阳关为水陆要冲，系皖豫门户。安徽布政使袁甲三在奏报中称，"正月二十四日，逆匪已至该关焚掠，直赴颍上县"。②2 月 24 日，北援军攻占了颍州府的颍上县。3 月 1 日，北援军攻占了颍州府的蒙城县。兵科掌印给事中袁甲三最初称是土匪假充逆贼，窜扰颍上、蒙城，但是，很快就感到了被太平军北上援军所形成的压力，并不堪其忧，而愁眉不展，他在奏报中说："六安、正阳关锁钥洞开，又令逆匪往来自由，若南北串通，牵制兵力，万不能支，大局几不可问。"③北援军经亳州直隶州境进入河南。

北援军进入河南境后，首先，于 3 月 6 日攻占了归德府的永城县。位于豫东南的永城，东可通宿州，东北可达徐州，西北则可至夏邑、归德府。此时清政府已经发现了这支部队北上的意图，紧急命令僧格林沁、胜保分出部分兵力前去堵截。"逆匪由皖省陆续窜扰亳永一带，显系意图北窜，与直隶逆匪互相勾结。本日已谕令和春、福济拨兵堵剿，并谕英桂扼要严防矣。惟河南兵力甚单，不敷剿办，朕权其缓急，若俟直隶军务告竣，始行拨兵前往应援，恐有贻误。著僧格林沁、胜保迅拨马步精兵一千名，拣派得力大员管带，星夜驰赴河南归德一带，探明贼踪所向，迎头截

---

① 《福济等奏报六安失守请将总兵音德布议处并自请交议折》，中国第一历史档案馆编：《清政府镇压太平天国档案史料》第 12 册，社会科学文献出版社 1994 年版，第 391—392 页。

② 《袁甲三奏请将正阳关通判文康先行革职戴罪自效片》，中国第一历史档案馆编：《清政府镇压太平天国档案史料》第 12 册，社会科学文献出版社 1994 年版，第 444 页。

③ 《袁甲三奏报敌由蒙城分窜并请速伤北南路遏截折》，中国第一历史档案馆编：《清政府镇压太平天国档案史料》第 12 册，社会科学文献出版社 1994 年版，第 482 页。

击。"①北援军于3月8日攻克夏邑县,当天晚上就拔营进入江苏省徐州府的砀山县境。

北援军经江苏徐州府的砀山、萧县地境,逼近徐州府城。当清政府误以为太平军要攻打徐州,迅速调兵遣将赶往徐州加强防御之时,北援军却由蟠龙集、包家楼等渡口,渡过黄河。当袁甲三奉命带领选派的一千五百名兵勇,在赶赴徐州协同防御途中,得到了北援军已经渡河的消息。"正在进兵间,据镇道差往确探,并据黄家口北包家楼南逼近贼窜要路之生监吕、李二姓到营禀称,贼自到包家楼,拆屋搭桥扎筏,自十六日至十八日,日落时陆续渡完。"② 实际是北援军到达黄河渡口,觅船不得,将附近村庄房屋拆毁后,运至丰工下游之包家楼的水势平缓之处,扎筏渡河。当徐州镇总兵百胜和革职留任的徐州道王梦龄,带领防堵队伍赶到渡口时,"彼时东岸尚剩逆匪数千名,登时击毙多名,余匪二三千人不及渡河,仍向永城回窜。"③ 经3月14日至16日三天,渡过黄河的北援军登岸即急速北上,于3月17日攻克徐州府的丰县县城,并继续向北挺进了山东省境界。清政府见北援军挺进山东,便在围剿北伐军和堵截北援军的排兵布阵上,不得不采取了力争兼顾两全的办法,断然责成僧格林沁专办阜城围剿,命令胜保督带马步精兵南下堵截。要求僧格林沁务将阜城北伐军"尽数歼灭,不准再请展缓时日",要求胜保"驰往竭力堵剿,若令南北贼匪勾结,惟胜保是问"。④

北援军于3月18日进入山东境内后,经过曹州府的单县东境入金乡县境。3月19日,革职留任的山东巡抚张亮基带领500名练勇在赶赴金乡途中接到探报,北援军已经攻克济宁直隶州金乡县城。"途次接据探报,

① 《寄谕僧格林沁等著迅拨马步精兵一千名驰赴归德会剿》,中国第一历史档案馆编:《清政府镇压太平天国档案史料》第12册,社会科学文献出版社1994年版,第523页。
② 《袁甲三奏报追敌不及赶紧折回南路筹防折》,中国第一历史档案馆编:《清政府镇压太平天国档案史料》第12册,社会科学文献出版社1994年版,第573页。
③ 《百胜等奏报攻陷丰县东岸又回窜永城现在分兵防剿折》,中国第一历史档案馆编:《清政府镇压太平天国档案史料》第12册,社会科学文献出版社1994年版,第648页。
④ 《寄谕僧格林沁专办阜城进剿并著胜保带兵进驻德州》,中国第一历史档案馆编:《清政府镇压太平天国档案史料》第12册,社会科学文献出版社1994年版,第586页。

金乡近城十余里，村庄被贼焚掠一空。途遇难民声称，二十一日午后，贼一拥入城，县官不知下落"。① 金乡县是北援军进入山东后攻克的第一座县城，据《书金乡知县杨君逸事》记载说，"方贼犯山东时，牧令多死城守，金乡首当其峰。"② 后来张亮基在赶赴济宁途中又得知，3 月 22 日北援军攻克了曹州府巨野县城。"复于途次接据济宁直隶州知州黄良楷禀报，探得贼于二十一日攻陷金乡后，旋即分股向西北而窜，……另股逆匪窜至巨野，业已攻陷县城，近城村庄尽遭焚掠。"③ 另据《巨野县续志》记载，"二十四日县城失守，邑侯朱公殉难，典史孙公端坐门外，骂贼不屈死"。北援军由于分股而进，经过嘉祥县境的一股北援军并未攻打其县城。3 月 23 日上午，北援军攻陷了济宁直隶州的郓城县城，知县正值赴省公办，免于一死。此时，最让清朝咸丰皇帝头疼的是不晓得北援军行进路线，共分有几股？以致前去堵截的官兵与北援军不得一遇，而清军总是不能绕到太平军前面，实施有效拦阻。其实，北援军队伍此时迅速扩充，已经达 3 万余众，所以在很大程度上，是清军不敢硬性与北援军直接迎战，由于躲闪而导致援军任由北上。3 月 24 日，北援军兵分两股北上。3 月 25 日，北援军会集于鲁西阳谷县境内的张秋古镇，这里是大运河与金堤河的交汇之处，且为三岔总路口。3 月 27 日，北援军由张秋镇攻陷兖州府的阳谷县城。3 月 28 日，又由阳谷攻陷东昌府的莘县城。3 月 29 日，再由莘县攻陷东昌府的冠县城。冠县知县傅士珍被俘，北援军一再"好言劝慰"，傅则破口大骂，最终其全家人皆被太平军所杀。3 月 30 日（三月初二）山东布政使崇恩带领的兵马已经赶到了临清，但是并未入城守卫，而是在城外南关扎营。3 月 31 日（三月初三）胜保在奏报中说："贼已攻陷冠县，于初一日窜至清河县属之小滩地方屯聚。又据高唐州禀报，贼由馆陶县署之清水庄

① 《张亮基奏报单县迎剿窜敌获胜及金乡失守折》，中国第一历史档案馆编：《清政府镇压太平天国档案史料》第 13 册，社会科学文献出版社 1994 年版，第 2 页。

② 何家琪：《书金乡知县杨君逸事》，《天根文钞》卷 2。张守常：《太平军北伐资料选编》，齐鲁书社 1984 年版，第 579 页。

③ 《张亮基奏报敌由金乡窜陷巨野请饬直隶严防边界折》，中国第一历史档案馆编：《清政府镇压太平天国档案史料》第 13 册，社会科学文献出版社 1994 年版，第 16 页。

窜至李官庄，距临清州止二十五里。"① 就在 3 月 31 日这天，北援军先锋队当天分兵两股抵达临清城北，开始攻打临清直隶州。

3 月 31 日北援军开始攻城，经过十余天的激战，于 4 月 12 日夜轰开临清城墙后，北援军通过强攻占据了全城。临清州的地理位置非常重要，处在南北的水陆要冲，商贾云集，物流通达，生意兴隆，实属山东与直隶交界的传统商业重镇。临清城相距北伐军当时驻扎的阜城县直线距离 120 公里，两军会合为期不远，北援军却在此错过北上会合的最佳时机。胜保等各路增援的清军很快就将北援军团团围在临清城内。北援军统帅多端寡要，意见分歧，优柔寡断，由于粮草补给不继，新兵军纪涣散，再加上清军大兵压境，北援军于 4 月 22 日夜晚开始撤离临清。北援军仓皇撤离临清的军事行动，反而乱了自己的阵脚，使军事态势迅速发生逆转，并且一发而不可收。尽管北援军统帅曾立昌还想鼓励部众，掉头继续北上，"趁此追杀，不难将官兵一网打尽，从此返辙北上，直抵阜城绝无阻滞，乃转败为胜之机也"。② 然而军心涣散，指挥失灵，主张南返的部下占了上风。在南撤途中被清军追兵赶上，仓皇招架的结果是伤亡惨重。北援军不仅统帅先后牺牲，而且大军瞬间瓦解，只有千余人最终渡过黄河，返回太平天国辖区。虽并未全军覆没，但太平天国北援之举无疑是以损兵折将的惨重失败而告终。

北援军临清一战是整个北方战场上最激烈的一次战斗，其猛烈程度远远超过了怀庆之战，其惨烈程度也是直隶沧州之战所不可比拟的。北援军临清战役的失败不仅仅是付出了上万名太平军将士的生命，而导致了更为严重的军事后果是经过此役太平军在北方战场一蹶不振，对立双方的军事态势发生了一落千丈的逆转。北援军的失败基本上断送了太平天国农民领袖希望一举铲除妖穴的梦想，所以说，北援军的失败给太平天国事业造成

① 《胜保奏报临清吃紧现督带官兵驰赴故城相机策应片》，中国第一历史档案馆编：《清政府镇压太平天国档案史料》第 13 册，社会科学文献出版社 1994 年版，第 91 页。

② 姚宪之：《粤匪南北滋扰纪略》，中国史学会济南分会编：《山东近代史资料》第 1 册，山东人民出版社 1957 年版，第 22 页。

了难以挽回的巨大损失。故此，李秀成在自述中将其概括为"天朝十误"之二，"误因李开芳、林凤祥扫北兵败后，调丞相曾立昌、陈仕保、许十八去救，到临清州之败"。[1]

把先后两批北伐军的军事行动做一些综合分析，可以发现北援军惨败的根本原因，是由于北方战场通信不畅。由于天京与北伐军无法取得及时联系，造成了北援军出征决策的滞后，导致北援军北上前进方向不明，并在山东临清无谓耽搁。其实，北伐军也曾多次派人南下送信，"转求总逆首分拨贼伙北来救援，约以由山东小路至保定府会齐"。[2]如果第二批北伐军出征再早两个月时间，或者北援军得到了北伐军的确切地点或消息，能够心无旁骛，急如星火地赶到直隶，与北伐军适逢其会，实现会合，相信后果一定会是另一种局面。

四　李开芳连镇突围兵分两路

1854年5月，被困在连镇的北伐军，推测天京已经派出援军北上，便决定由李开芳带领一支骑兵南下接应，试图与北伐援军会合，以解连镇之围。据《复生录》记述说："四月底，移扎河间府属连镇。林逆接得伪探，广东妇人能道各省言语者，送来密信，始知南京续派十三军，已到山东临清州。随商令伪地官丞相李开芳，督带一千马队，前往会合。"[3]这支南下的骑兵到底有多少人马呢？是《复生录》所记述的一千名骑兵吗？历来言人人殊，众说纷纭。

简又文先生在《太平天国全史》里记述说："李、林等商酌，拟分军作战，留大部军死守连镇，另以一部轻骑冒险冲出，探明援军所在，即与联合，复导引其北上解连镇之围，是亦策之至上者。五月初二日，李帅亲

① 罗尔纲：《李秀成自述原稿注》，中华书局1982年版，第348页。
② 《张亮基奏报截获敌目王小勇等窜出图窜等情折》，中国第一历史档案馆编：《清政府镇压太平天国档案史料》第12册，社会科学文献出版社1994年版，第466页。
③ 陈思伯：《复生录》，《近代史资料》1979年第4期（总41号），中华书局1980年版，第43页。

率马队数千名（官报二千余骑），从正东突出"。①不知简先生为何不顾官报二千余骑之说，而言"数千"，这是所有论述中人数最大的一种，而且仅为一个概数，并不具体。

清人李滨在《中兴别记》中记载："庚子，夜，连镇东岸贼李开芳率马贼二千余，由东路突围窜宁津，折而南奔。"②这与简又文所说的官报二千余骑基本一致。

今人郦纯在《太平天国军事史概述》里说："于5月28日，由定胡侯李开芳率领马队约一千数百人，突围南下迎接。"③这个数字与林凤祥的说法比较相近，可能考虑到北伐主帅决策分兵南下因素，基本倾向于林凤祥的说法。

北伐主帅林凤祥在《供述》里说："李开芳带了一千多骑马贼望（往）南窜，我们仍在连镇拒（据）守。"④

太平军北伐的陈思伯在《复生录》里所记述，也印证了林凤祥的说法，但"一千多"与"一千"仍有差异。

亲自领兵南下的李开芳本人，在被俘后的《供述》里说："我就带了六百三十多人，骑马潜出连镇东南"。⑤

当时在山东历城办理团练的毛鸿宾说："逆贼初踞高唐，仅止四百余人"。⑥

综上所列几种说法，究竟哪种符合历史实际呢？很有必要予以澄清。

此次李开芳率骑兵冲出连镇，其目的是南下接应北伐援军。李开芳带走的这支轻骑兵是从北伐军中挑选出的精锐，况且全是骑兵，所以并非

① 简又文：《太平天国全史》上册，（香港）猛进书屋1962年版，第642页。

② 李滨：《中兴别记》卷14，太平天国历史博物馆编：《太平天国资料汇编》第2册上，中华书局1979年版，第233页。

③ 郦纯：《太平天国军事史概述》上编，第1册，中华书局1982年版，第267页。

④ 《绵愉奏审录林凤祥等人供词折》，中国第一历史档案馆编：《清代档案史料丛编》第5辑，中华书局1980年版，第161页。

⑤ 《李开芳又供》，中国第一历史档案馆编：《清代档案史料丛编》第5辑，中华书局1980年版，第166页。

⑥ 《毛鸿宾奏参胜保折》，中国第一历史档案馆编：《清代档案史料丛编》第5辑，中华书局1980年版，第214页。

是将连镇北伐军一分为二，与坚守连镇的林凤祥对半拆分。当时负责追剿李开芳所部的清军钦差大臣胜保，一直追到高唐后，又将其围困于此。胜保说："连镇、高唐两处之贼，已不过三、四千人，而高唐之贼又系于三、四千人中选择而出。"①根据连镇太平军总数不过四千的实际情况，简又文的"数千"说和李滨的"二千"说显然是有些太多了，难以置信。

"一千数百"、"一千多"、"一千"这三个数基本是一个量级，郦纯先生撰写《太平天国军事史概述》一书时，之所以采用"一千数百"这个比较模糊的数字，显然对此拿不准，才选择了介于一千至两千中间值的表述，很显然他也是不同意"数千"、"二千"的说法。至于数量最少的一种说法，当属与曾国藩为同榜进士的毛鸿宾，当时他正在山东督办团练。毛鸿宾说："逆贼初踞高唐，仅止四百余人，合之裹胁之众。犹不满千。"②毛鸿宾所言进一步证实了，李开芳所部从连镇突围至高唐，即便加上新增人员仍不到千人的事实。负责围困高唐的钦差大臣胜保，虽然反复强调李开芳的人马都是精兵难以对付，为自己久攻不下而开脱，但他也承认李开芳所部"不满千人"的事实，"今贼虽不满千，而得此坚城拒守，不啻益以数千之力"。③以布政使身份参与南下追剿的张集馨，也为李开芳出奔高唐不足千人提供了佐证材料，他在《道咸宦海见闻录》中记载：当时他们追踪到高唐，"次早至营，问明贼情，始知李开芳所带之贼不足千。"④

林凤祥的"一千多"和陈思伯的"一千"说法较接近，林凤祥与李开芳同为北伐将帅，为什么说法不一样呢？当时林凤祥、李开芳极可能准备筹集一千多人的马队南下，估计李开芳没有能够挑选出足够数量，实际上却只带了"六百三十多人"。由于林凤祥沿用了原计划筹集千人马队的数

---

① 《胜保等致京城巡防王大臣信》，中国第一历史档案馆：《清代档案史料丛编》第5辑，中华书局1980年版，第211页。

② 《毛鸿宾奏参胜保折》，中国第一历史档案馆：《清代档案史料丛编》第5辑，中华书局1980年版，第214页。

③ 《胜保等致京城巡防王大臣信》，中国第一历史档案馆：《清代档案史料丛编》第5辑，中华书局1980年版，第212页。

④ 张集馨：《道咸宦海见闻录》，中华书局1981年版，第151页。

字，以致两人说法存异。

总之，李开芳所部太平军由连镇奔高唐的确切人马，应为"六百三十多人"。李开芳作为南下接应的将领，应该是掌握南下人马数字最准确的人，他说的"六百三十多人"有整有零，更具体、更详细，应是最可靠的第一手资料。

第七节　北方战场的宣传娱乐

在太平天国史的研究中，一般认为太平军在北方战场不注重宣传工作，所以没有进行过张贴布告和散发传单之类的宣传活动。例如，有的学者说："由于北伐的战略决策只是简单的规定林李部队打'到天津扎住'待援，所以，北伐军自扬州誓师起，就没有发表讨伐清王朝的檄文，也没有布告和传单。甚至也不注意发展北伐部队的力量"。[①]其实，这种论断是不符合史实的。那么，太平天国在北方战场又是如何进行宣传鼓动的呢？北伐军到底有过哪些娱乐性的活动呢？

一　北方战场宣传鼓动的必要性

太平天国开辟北方战场的目标，并不是简单要求北伐军"到天津"待援，北伐攻打北京的战略决策也并非不需要宣传鼓动，所有军事行动都没有限制北伐军进行张贴布告传单等宣传活动。如果说北伐战略的目标是先在天津扎驻待援，然后再合击北京的话，那么，也需要向群众做一些必要的宣传，以顺利解决兵源和粮饷等重大问题，最终才能实现攻克清廷老巢的目的。更何况开辟北伐战场的战略目的还在于冲击清朝统治秩序，牵制

---

① 傅崇兰：《论太平天国北伐》，《中国农民战争史研究集刊》第 2 辑，上海人民出版社 1982 年版，第 168 页。

清军南下，缓解长江流域压力的目的，都必须通过大量宣传争取北方人民的理解和支持，所以说，发布檄文、张贴布告等制造声势的宣传活动，更是理所当然，必不可少的。北伐军在北上途中，出现过兵力迅速增扩的高潮，有三种被扩充入伍的情况：一是自愿参加者；二是"用银钱邀买跟随的"；三是"裹胁者"。前两种显然与"胁迫者"存在本质区别，凡属自愿者和邀买参加者，无疑都与北伐军的宣传动员有关。总之，北伐之役有宣传之必要，北伐军的扩充也包含了宣传带来的客观效果。

那些认为太平军在北方战场不注重宣传工作的学者，主要依据是目前没有发现北伐军张贴宣传品。其实，在史料中并非没有太平军在北方宣传的记载，只是凤毛麟角而已。为什么太平天国北方战场上张贴宣传品在各类记载中会极为珍贵稀少呢？这可能与北伐军所处的特殊环境有直接关系，太平军"急趋燕都"，北上进兵速度很快，途经北方各地一般停留都极为短暂，常常是"一日一城"，有些地方根本没有来得及张贴宣传品，有些地方张贴宣传品以后，由于匆匆登程上路，布告保留的时间很短，或者很快被撕毁而根本就没有保存下来。正如陈敬轩在《供词》中所说，所见的北伐军告示"已撕去一半"，"俱已撕了"。①由于上述原因，北伐军宣传品的影响很小，传播效果较低，所以在史料中凤毛麟角也就不足为奇了。虽然相关文字记载材料少，但是，北伐军张贴宣传品却有确切记述，不能说目前尚未发现一件宣传品原件，就否认太平天国在北方战场张贴布告的宣传事实。

太平天国北伐军确实配备了一些从事宣传的人员，例如，北伐军中有"书写手"，还有能够从事雕刻、印刷的人员，他们在军中所负责的主要工作就是书写或刻印布告、传单之类的宣传品。

1955 年 3 月，在山西临汾县北刘村农民李登峦家，发现北伐太平军路经山西省平阳府时刻印的《幼学诗》封面刻板。罗尔纲先生对北伐太平军

---

① 谢兴尧：《太平天国北伐新史料：总理巡防事宜处奏报》，《近代史资料》总 65 号，中国社会科学出版社 1987 年版，第 18 页。

遗存的这些文物进行过仔细考证后，不仅对文物给予了充分的确认，并且指出这就是太平军北上途中供教育民众之用的印刷宣传品。①

根据这些作品和研究成果分析，还可以发现北伐军确实是有意收编书写文人入伍，以满足特定宣传活动的需要。太平军中的文人包士青"因伊身弱不能打仗，书写人名，从二月二十五日跟起带到怀庆"。②再如《复生录》的作者陈思伯刚入伍时，太平军将领见其"文弱书生，令充燮理，掌管笔墨事件；并在总查衙中代请安民告示，当门张贴"。③后来陈思伯就是以"书写手"身份随军北伐的，在北伐途中他受到了格外照顾，多次在遇险时被及时救起。上述从一个侧面反映出北伐军对专职书写手的重视，正是依靠他们在北方战场上做了大量的宣传鼓动工作。

二 北伐军张贴布告的宣传史实

在清代档案中，通过奏折常常可以发现一些关于缴获北伐军宣传品的记载，例如，代理河南布政使沈兆沄等奏报中提到，在河南省府城外，"搜获枪炮铅铁各子炮车刀杆等件，并伪刻示一张"。④清军将领托明阿等奏报中也提到过在河南省垣汴梁曾"获伪示一张"。⑤

在清朝地主文人的诗词、书信、日记中，具有关于北伐军撰刻布告等宣传品的一些记载。譬如，《粤匪降临清纪略》附记的《贼东窜过神头岭》里曾记载说："……胜有偏师缀，时劳免送书（胜帅以孤军追贼，贼常刊本书'胜保免送'字）。"⑥姚宪之在《粤匪纪略》中也曾记述说，太平军"尝

---

① 罗尔纲：《太平天国史丛考甲集》，北京：生活·读书·新知1981年版，第352页。

② 《恒春奏报审拟被胁人犯包士青一案情形折》，中国第一历史档案馆编：《清政府镇压太平天国档案史料》第10册，社会科学文献出版社1993年版，第506页。

③ 陈思伯：《复生录》，《近代史资料》1979年第4期（总41号），中华书局1980年版，第36页。

④ 《沈兆沄等奏报督率兵勇防守省城情形折》，中国第一历史档案馆编：《清政府镇压太平天国档案史料》第7册，社会科学文献出版社1993年版，第235页。

⑤ 《寄谕托明阿等各路援兵云集汴梁著妥为布置并激励城内绅民竭力守御》，中国第一历史档案馆编：《清政府镇压太平天国档案史料》第7册，社会科学文献出版社1993年版，第289页。

⑥ 马振文：《粤匪陷临清纪略》，中国史学会主编：《中国近代史资料丛刊——太平天国》第5册，神州国光社1953年版，第184页。

植四大字木牌于其来路，曰：胜保免送"。①北伐军刻写"胜保免送"木牌，对一路尾追的胜保军队进行辛辣的嘲讽，其实也可以算作一种对敌宣传品。再如，《忆昭楼时事汇编》中保存了一名地主文人编辑的大量反映时局的资料，这部分资料来源很广，在往来信函中有一封摘录的直隶来信，就反映了北伐军张贴布告的事实。这封摘录于咸丰三年十月二十一日的信说：北伐军"廿八日，抵天津，胜大人兵隔半站，尚未接仗。逆旗书'太平天国春官副丞相林'，到处黄榜安民"。②这封信说明北伐军在所到之处张贴过大量的安民告示，否则"到处黄榜安民"又从何而来！此书信系私人之间的交流，其记述的张贴安民告示等宣传活动极为可信。

在太平天国北方战场上，北伐军确实曾经运用安民告示的形式，将"官兵不留，百姓不伤"的政策公布于众并付诸实施。譬如，《忆昭楼时事汇编》中的信件中就有北伐军曾张贴悬赏捉拿胜保的告示，"再伪示有拏住胜大人者，赏银五万两云云"。③胜保是北伐军的老对头，张贴悬赏告示可见北伐军对其的仇恨心理，这是符合史实的。另一方面，北伐军还张贴过劝降、安民的告示。譬如，过黄河后，太平军围攻怀庆两个月之久，以告示劝降也是作战双方经常采用的心理战之一。北伐军在告示中说，"自举兵以来，战无不克，攻无不取，尔怀庆抗拒多日，及早开城，不加杀戮，勿后后悔噬脐"。④在攻打河南怀庆时，"贼射入伪告示，晓谕开城"。⑤再如，在山西平阳府等地，"客商迎降，林逆下令保全，不准擅取一物，违者立斩"。⑥

地方志对北伐军沿途地区张贴布告的事实亦有明确的记载，丰富多彩的地方志为考究太平军沿途宣传活动的史实提供了十分重要的证据。山西

① 姚宪之：《粤匪纪略》，张守常：《太平军北伐资料选编》，齐鲁书社 1984 年版，第 457 页。

② 《忆昭楼时事汇编》，太平天国历史博物馆编：《太平天国史料丛编简辑》第 5 册，中华书局 1962 年版，第 479 页。

③ 同上。

④ 田桂林：《太平军攻怀庆实录》，《近代史资料》总 81 号，中国社会科学出版社 1992 年版，第 88—89 页。

⑤ 同上书，第 88 页。

⑥ 陈思伯：《复生录》，《近代史资料》1979 年第 4 期（总 41 号），中华书局 1980 年版，第 39 页。

的《潞城县志》记载，北伐军进入潞城时，"其众大约不下五、六万人"，"街衢遍贴伪示，始知贼帅为李开芳"。①当时潞城百姓通过观看太平军张贴的告示，了解了北伐军的领导人名称，显然这则布告上有北伐将帅的署名。无独有偶，直隶的柏乡县志中也记载说，"当时长发军在城乡各处张贴布告"。②河南获嘉县文化馆存有太平军途经温县所贴告示的临本，它以"真天命太平天国钦差大臣林、李、吉"开头。

在部分被俘北伐军的供词中，也有涉及宣传活动的内容。例如，被清军抓获的陈敬轩曾目睹过北伐太平军的布告，他在供词中讲述了他见到的情况："一路走过献县地方，看见贼贴的伪示，是黄纸写的，有太平天国癸好三年，钦差大臣排写李林，人姓底下没有名字，这张布告已撕去一半。听见旁人说，尚有李姓告示，中有虽诸葛亮复出亦不能灭他的字样。俱已撕了。"③从这则供词可以得知，北伐太平军在献县张贴的布告上有林凤祥和李开芳共同署名，也有李开芳单独署名的布告。在出版公布的历史档案里，还有亲自参与张贴布告的北伐军，在供词中讲述曾经张贴布告的具体情节，"二十六日，王大海拿了告示十三张，带我在花树园地方贴了一张，并在不知地名山墙上贴了一张"。④另一位太平军马世杰，也在京畿周围地区参加过张贴宣传告示的活动，他说："徐姓、阎姓并不知姓名十余人，带我们二人假充大同镇官兵，往涿州北河来。十月十一日到北河，徐姓、阎姓等均在彼店住下守候，给我们钱一吊，并给我字纸一卷，沿路粘贴。"⑤咸丰三年（1853 年）七月四日，京城巡防王大臣入奏，在京城"东安门内桥西

① 崔晓然等修，杨笃纂：《潞城县志》卷 4，《杂述》，光绪十一年刻本；张守常：《太平军北伐资料选编》，齐鲁书社 1984 年版，第 358 页。
② 牛宝善修，魏永弼等纂：《柏乡县志》卷 10，《轶闻》，民国二十一年排印本；李惠民编：《河北地方志中的太平天国捻军史料（二）》1984 年油印本，第 27 页。
③ 谢兴尧：《总理巡防事宜处奏报——太平天国北伐新史料》，《近代史资料》总 65 号，中国社会科学出版社 1987 年版，第 18 页。
④ 《巡防王大臣奏报审明被敌裹胁来京探信之张三顺定拟处斩折稿》，中国第一历史档案馆编：《清政府镇压太平天国档案史料》第 11 册，社会科学文献出版社 1994 年版，第 512 页。
⑤ 谢兴尧：《总理巡防事宜处奏报——太平天国北伐新史料》，《近代史资料》总 65 号，中国社会科学出版社 1987 年版，第 27 页。

三座门上有粘贴伪示者"。①

从发现北伐太平军张贴过宣传告示证据的地点分析，河南温县和怀庆、山西平阳和潞城、直隶柏乡和献县、天津周边地带、北京城内等，都是北伐军的途经区域和太平军侦察员去过的地方，这说明北伐军正是沿途张贴进行宣传活动的。而且北援军途经之地也有告示等宣传品出现，例如，在安徽蒙城"并贴有伪示，前列伪官许、陈二姓"。②苏北徐州镇的清军在砀山县境内北援军筑造的土城旁边，曾发现北援军张贴的布告，"城外挑挖濠沟，并贴有逆示，声称将有后队续至，不许附近居民拆毁"。③清军和地方团练在山东巨野对北援军残部搜捕时曾缴获过"伪印伪示"。④

从发现北伐军张贴宣传品的内容分析，一类主要是对北方百姓进行宣传的内容，如"虽诸葛亮复出亦不能灭他"的文字表达了北伐军必胜信念，还有安民告示等。另一类主要侧重讨伐清军的内容，如讽刺、瓦解清军的标语牌，捉拿胜保的悬赏令等。其中有两则史料都提到布告由"黄纸写的"，"黄榜安民"，这证明黄色纸可能是北伐太平军书写布告的专用色。布告上都有北伐将帅的署名，进一步证实北伐军布告宣传品都是非常正规的。

从发现北伐军从事宣传的各种证据分析，"在城乡各处张贴"、"街衢遍贴"、"沿路粘贴"、"到处黄榜安民"，能说明当时张贴布告的数量不少，由于北伐军中配备了专职书写、雕刻、印刷人员，张贴告示的份数不致太少。北伐军的宣传品决非一种格式，有刻印的书籍，有木刻牌，有布告等多种类型。从各种不同记载来看，北伐军的宣传品确实被不少时人所耳闻

---

① 翁心存：《知止斋日记》，张守常：《太平军北伐资料选编》，齐鲁书社1984年版，第42页。
② 《袁甲三奏报敌由蒙城分窜并请速饬北南路遇遏截折》，中国第一历史档案馆编：《清政府镇压太平天国档案史料》第12册，社会科学文献出版社1994年版，第480页。
③ 《百胜等奏报敌攻陷丰县东岸又回窜永城现在分兵防剿折》，中国第一历史档案馆编：《清政府镇压太平天国档案史料》第12册，社会科学文献出版社1994年版，第647页。
④ 佚名：《山东军兴纪略》，卷1，中国史学会主编：《中国近代史资料丛刊——捻军》第4册，上海人民出版社、上海书店出版社2000年版，第18页。

目睹，否则方志的辑纂者不会轻易采编到太平军张贴布告的史实，"忆昭楼"的主人也不会从直隶来信中得知太平军布告里有安民告示和悬赏令，太平军陈敬轩在招供时不会讲述出布告的纸包和布告上的署名。

总而言之，太平天国北方战场上的宣传活动产生了一定的客观影响，"其沿路所张伪示逆词，见之者无不痛心切齿"，正是北伐军张贴告示效果的一种集中反映。特别是太平军的布告内容经过人际传播后，也产生了扩大影响的明显效果。例如，北京城内官员之间出现了太平军张贴布告的各种传闻，"现在传闻城外有张贴伪告示、传布伪通书之事，虽未知确否，然奸细不能保其必无"。① 这也是对敌宣传的题中之应有之义。

三 北伐军娱乐活动片段的举证

太平天国北伐军在北方战场进行战斗的近两年时间，大部分是在极其艰难困苦的恶劣条件下渡过的。然而，由林凤祥、李开芳领导的这支北伐太平军也有过一些因地制宜的文娱活动，这些都是鲜为人知的。

第一项娱乐活动是看戏。1853 年 10 月 9 日，太平军在前有堵截，后有追兵的态势下，攻陷了直隶深州城。当时太平军面临着选择下一步进兵方向的问题，同时，部队经过长时间的行军作战后，也需要有一段休整。于是，太平军在深州城坚闭不出。在清军日夜攻城的枪炮轰鸣之下，安然镇定地让人"演剧其中"，② 太平军难得一见地欣赏起了戏曲。清人撰写的诗句，"不管追兵至，凭教大队留，鹳鹅环万帐，箫鼓宴中秋"，③ 就是北伐军赏戏情景的真实写照。另据王沛山供词记述可知，太平军在深州确实吸收了唱戏的戏班演员加入其中。"我系直隶饶阳县人，年四十岁，在县城南刘处地方居住，唱戏为生。上年九月初六，我在深州唱戏，次日有长毛贼

---

① 黎吉云：《条陈时务疏》，《岱方山庄集》，《文录》，第 6—7 页，张守常：《太平军北伐资料选编》，齐鲁书社 1984 年版，第 528 页。
② 佚名：《畿辅平贼纪略》，《太平天国资料：近代史资料增刊》，科学出版社 1959 年版，第 68 页。
③ 《粤匪北犯纪略》，中国史学会主编：《中国近代史资料丛刊——太平天国》第 5 册，神州国光社 1953 年版，第 184 页。

将深州攻破，将我们同班人全行裹去。"①

　　第二项娱乐活动是绘画。当年 10 月 30 日，太平军逼近天津，打到杨柳青，稍直口之战是此后一系列重大转折的开始。但是，太平军在杨柳青驻扎的十几天里，太平军与当地民间画师相结合，创作了《雪燕梨花》、《寒塘六雁》、《猴拄马》、《燕子矶》、《英雄会》、《螳螂埔蚱蜢》、《落花彩蝶》等年画作品。②对于北伐军来说，当时参与绘画既是一项宣传性活动，又可谓是一项义娱性活动。通过太平军在杨柳青参与绘制的年画作品，也可以说明北伐军中确有一些专职艺人加入。

　　第三项娱乐活动是下棋。太平军自天津稍直口之战失利后，每况愈下，且战且退。等待的援军迟迟不到，而最艰难的困守时期莫过于在连镇坚持固守阶段。这时的太平军虽处在最艰难的时期，但部队的战士们在作战之余，仍然有可能从事一些客观条件所能及的娱乐活动，以缓解高度紧张的战争气氛，放松一下紧张的心情。据《复生录》记载：陈思伯等在连镇驻营坚守时，"中临运粮河，用船架两座浮桥，外列小营五座，为犄（犄）角势。予好弈，无事过桥博弈，每夜必归"。③

　　北伐太平军在困难重重的险恶条件下进行的这些娱乐活动，充分体现了太平军战士们的乐观主义精神，也是反映北伐太平军精神风貌的一个组成部分。

---

①　《联顺等请将从敌戕官之王沛山交巡王大臣严审折》，中国第一历史档案馆编：《清政府镇压太平天国档案史料》，第 14 册，社会科学文献出版社 1994 年版，第 394 页。
②　王树村：《太平天国时期的民间年画》，《文物》1959 年第 5 期；罗尔纲：《杨柳青新发现的太平天国年画考证》，《文物》1959 年第 5 期；刘民山：《试论北征太平军与直隶地区的群众关系》，《太平天国北伐史论文集》，河北人民出版社 1986 年版。
③　陈思伯：《复生录》，《近代史资料》1979 年第 4 期（总 41 号），中华书局 1980 年版，第 43 页。

第五章
太平天国北方战场的军纪实态

北伐军之所以能够势如破竹般地挺进天津静海，此后又在清军重重围困的巨大压力下顽强固守，并数次突围，是不是凭借宗教军纪产生的神秘性和神圣感来为其增加严肃性和威慑力？太平军到底使用了什么"秘密武器"来维持士在兵肉搏战中近乎疯狂的拼杀状态？应如何看待北伐军执行群众纪律的力度？怎样分析大量平民殉难现象？如何评价北方战场的破坏性？如何看待军纪实态与战争后果的关系？

军纪，即军队纪律。确切地说，它是军队为保障自身安全和战斗力发挥，实现各项军事使命，以及维护所有事务有序进行，而要求其成员必须遵守的规定。在太平天国军纪研究中，有的侧重于军纪规定内容，有的侧重于军纪执行实态，学界已有不少专论，尤以简又文的《太平天国典制通考》、张一文的《太平天国军事史》论述最为详细。

以林凤祥、李开芳为首的太平天国北伐军，在历时两年开辟北方战场的艰苦卓绝斗争中，之所以能够势如破竹般地挺进天津静海，此后又在清军重重围困的巨大压力下，顽强固守并数次突围，其中最主要的原因之一，就是有着严明的军纪，从而保证了战斗力得以最大化发挥。

第一节　建都之前的军纪规定

太平天国起义爆发之初，已公布实施若干军纪。

一　五大纪律

洪秀全颁行的五大纪律是："一、遵条命；二、别男行女行；三、秋毫莫犯；四、公心和傩，各遵头目约束；五、同心合力，不得临阵退缩。"①永安建制期间，太平天国进一步明确和细化了军纪内容，制定了《太平条规》，它包含"定营规条十要"和"行营规矩"两部分。

二　定营规条

《定营规条十要》的内容是："一、要恪遵天令。二、要熟识天条赞美

---

① 《五大纪律诏》，太平天国历史博物馆编：《太平天国文书汇编》，中华书局1979年版，第31页。

朝晚礼拜感谢规矩及所颁行诏谕。三、要炼好心肠，不得吹烟、饮酒，公正和雍，毋得包弊徇情、顺下逆上。四、要同心合力，各遵有司约束，不得隐藏兵数及匿金银器饰。五、要别男营女营，不得授受相亲。六、要谙熟日夜点兵、鸣锣、吹角、擂鼓号令。七、要无干不得过营越军，荒误公事。八、要学习为官称呼，问答礼制。九、要各整军装、枪炮，以备急用。十、要不许谎言国法、王章，讹传军机、将令。"①

三　行营规矩

《行营规矩》也有十条内容："一、令各内外将兵凡自十五岁以外各要佩带军装、粮食及碗、锅、油、盐，不得有枪无杆。二、令内外强健将、兵不得僭分干名坐轿、骑马及乱拿外小。三、令内外官兵各回避道旁呼万岁、万福、千岁，不得杂入御舆宫妃马轿中间。四、令号角喧传，急赶前禁地听令杀妖，不得躲避偷安。五、令军兵男、妇不得入乡造饭取食、毁坏民房、掳掠财物及搜操药材铺户并州府县司衙门。六、令不许乱捉卖茶水、卖粥饭外小为挑夫，及瞒昧吞骗军中兄弟行李。七、令不许在途中铺户堆火困睡，耽阻行程，务要前后联络，不得脱徒。八、令不得焚烧民房及出恭在路并民房。九、令不得枉杀老弱无力挑夫。十、令各遵主将有司号令分发，毋得任性自便，推前越后。"②

除以上军事性质的纪律规定之外，还有作为拜上帝会基本教义和守则的《十款天条》。太平天国是军政教合一的政权，对其军民而言，教义教规既是信仰，也是军纪，又是法律。所以，《十款天条》理所当然地成为太平天国所有人员最高权威的戒律，其可归纳为具体军纪的内容，主要是第六天条"不好杀人害人"；第七天条"不好奸邪淫乱"；第八天条"不好偷窃劫抢"；第九天条"不好讲谎话"；第十天条"不好起贪心。"③

此外，还有涉及军纪的天主诏旨。主要有《谕众兵将遵天令诏》、《命

① 《定营规条十要》，太平天国历史博物馆编：《太平天国印书》上册，江苏人民出版社1979年版，第66页。
② 《行营规矩》，太平天国历史博物馆编：《太平天国印书》上册，江苏人民出版社1979年版，第66—67页。
③ 《时时遵守天条书》，太平天国历史博物馆编：《太平天国印书》上册，江苏人民出版社1979年版，第32页。

兵将杀妖取城所得财物尽缴归天朝圣库诏》、《严命犯第七天条杀不赦诏》、《严禁私藏私带金宝诏》等。

以上是开辟北方战场前太平军遵循的文字化军纪，构成太平天国北伐军的纪律依据。太平军的军纪内容可主要分为：军队的宗教纪律、军事纪律（包括行军纪律、扎营纪律、部队生活纪律、作战纪律等）、群众纪律。正如陈思伯在《复生录》中提到的"贼书有赞美词、十大天条、太平条规、诏书、暨军令二十条约"。[①]北伐军自1853年5月出征后，很快便与天京失去联系，对杨秀清后来颁行的《行军总要》等军规禁令，北伐军并不知晓。在开辟北方战场的过程中，太平军也根据战况实际需要制定了一些具体规定，以适应孤军深入的艰难环境条件。北伐军补充的具体纪律和禁令，丰富了太平天国军纪的内容，很值得认真总结。

第二节　北方战场的宗教纪律

以拜上帝教武装起来的农民军，存在着独特的行为方式和虔诚的宗教理念，表现出极强的排他性，这是太平军与以往其他农民起义军相比更突出的一个特征。北伐军出征后严格遵守了各项宗教纪律，无论在北方战场遇到多么艰难困苦的条件，吸纳了多少非拜上帝教农民入伍，它都始终坚守信仰和坚持传播教义，并进行各项宗教仪式活动。

一　宗教性军纪的教育与贯彻

凡参加太平军的群众无论原来信奉何种神道，都必须改以"独崇上帝"，不得再"拜邪神"。这说明太平天国开辟北方战场的目的，不仅在军事上要

---

① 　陈思伯：《复生录》，《近代史资料》1979年第4期（总41号），中华书局1980年版，第36页。

战胜清军，政治上驱逐胡虏，还要在宗教上摧毁一切庙宇与僧道，以真上帝代之。太平军北上沿途见庙宇就烧，见神像就毁。在河南巩县，"南大寺、石窟寺、神堤大王庙概遭毁烧"。①在河北任县，"城关庙宇俱毁于火"。②据北伐主帅之一李开芳说："至沿路遇庙就拆，亦是遵洪秀泉（全）的军令。"③

北伐期间，太平军坚持了讲道理的程式，贯彻执行了全军学习天条的军规。同长江流域作战的军队一样，"凡兄弟俱要熟读赞美天条，如过三个礼拜不能熟记者，斩首不留"。④后改为"不能诵者听之"。目前研究发现，太平军不仅将颁行的宗教书籍和有关教育的文本携带到了北方，还配备了专门人员从事北方战场的宗教学习和宗教宣传。据《沈兆沄等奏报祥符县知县何怀珍奋勇杀敌片》载："在所擒之贼黄荣见身上搜获……伪三字经一本、伪书二本。"⑤清军在河南收缴的太平天国"伪三字经，均用癸好年字戳"。⑥1955年3月，在山西临汾县北刘村农民李登峦家，发现了太平天国北伐军途经山西平阳府时，刻印的《幼学诗》封面刻板。以上确凿证据说明，太平天国北方战场确实存在太平军进行宗教学习和宣传的事实。

北伐军还将宗教军纪教育渗透到了部队生活的方方面面，譬如，饭前的祈祷和诵念等。太平军刘大对部队中的宗教活动的广泛性感触颇深，他在被俘后的供词里交代："每日吃饭时，教我念习经语。"⑦夜间巡逻口令有

---

① 刘连青等纂修：《巩县志》卷5，《大事记》，民国二十六年刻本；张守常：《太平军北伐资料选编》，齐鲁书社1984年版，第265页。

② 谢炳麟修，陈智纂：《任县志》卷7，《纪事·寇乱》，民国四年排印本；张守常：《太平军北伐资料选编》，齐鲁书社1984年版，第389页。

③ 《绵愉等奏续讯李开芳等人供词》，中国第一历史档案馆编：《清代档案史料丛编》第5辑，中华书局1980年版，第169页。

④ 张德坚：《贼情汇纂》卷8，《伪律诸条禁》。中国史学会主编：《中国近代史资料丛刊——太平天国》第3册，神州国光社1953年版，第229页。

⑤ 《沈兆沄等奏报祥符县知县何怀珍奋勇杀敌片》，中国第一历史档案馆编：《清政府镇压太平天国档案史料》第7册，社会科学文献出版社1993年版，第263页。

⑥ 《时闻丛录·豫省情形》，太平天国历史博物馆：《太平天国史料丛编简辑》第5册，中华书局1963年版，第92页。

⑦ 《联顺等奏请将从敌戕官之刘大交巡防王大臣严审折》，《清政府镇压太平天国档案史料》，第14册，社会科学文献出版社1994年版，第416页。

时也指定成宗教词语，"或曰赞美上帝，或曰魂得升天"。① 只要没有战事，诵经祈祷贯穿终日活动，"贼人每日念经三次，早晚二遍，上灯时烧茶一遍，或十人，或廿人，一齐念，念完跪在席棚内，叩头后即各归营去"。② 违反了宗教军纪，轻者责打，重者处死。

太平天国将"恪守天令"、"熟识天条赞美，朝晚礼拜，感谢规矩及所颁行诏"等作为军纪之首，在军事斗争中也要求执行严格的宗教仪式活动。金有在《供述》中说："临阵时，他们上供烧符。"③ 北伐军每逢作战，总要先祈祷，后出兵，即作战前举行跪求天父看顾的仪式。甚至从战术制定到执行战术行动，无不贯穿浓厚的宗教色彩。例如，"初贼之北犯也，就善卜者占之"。④ 在围攻河南怀庆府时，"凡贼将发地雷，必先用猪羊祭之"。⑤ 在北伐后期的危难时刻，更是离不开宗教迷信，"贼在城内每日扶乩卜凶吉"。⑥ 上述说明，通过宗教仪式将心理暗示固定为一种军事斗争的手段。

二　宗教性军纪的作用与弊端

军纪主要是起保障和规范的作用，但各类军纪的作用侧重不同。太平天国北方战场的宗教纪律，不仅在于保障北伐军约束信仰和规范道德，鼓舞将士的宗教热情和保持对上帝的虔诚，还在于它产生的神秘性和神圣感，能够为部队纪律增加严肃性和威慑力。所以，宗教军纪是保证太平天国整个军纪的重要思想基础。

然而，正像任何事物都具有两面性一样，太平天国北方战场宗教军纪

① 姚宪之：《粤匪纪略》，张守常：《太平军北伐资料选编》，齐鲁书社 1984 年版，第 659 页。
② 《附获逃敌张维城供词》，中国第一历史档案馆编：《清政府镇压太平天国档案史料》第 9 册，社会科学文献出版社 1993 年版，第 273 页。
③ 《金有口述》，《近代史资料》1963 年第 1 期（总 30 号），中华书局 1963 年版，第 17 页。
④ 李鸿章修，黄彭年纂：《畿辅通志》，《前事略》，光绪十年刻本；张守常：《太平军北伐资料选编》，齐鲁书社 1984 年版，第 373 页。
⑤ 《耕余琐闻》壬集，张守常：《太平军北伐资料选编》，齐鲁书社 1984 年版，第 284 页。
⑥ 《周尔墉致瑛樑信》，《瑛兰坡藏名人尺牍墨迹》，第 14 册，第 12 信。张守常：《太平军北伐资料选编》，齐鲁书社 1984 年版，第 648 页。

的副作用，也是显而易见的。

首先，"独崇上帝，不拜邪神"以及沿途遇庙就拆的军规，如果执行越坚决彻底，北方群众接受北伐军的可能性就越小。原因在于，军规内容与北方民间宗教信仰及风俗习惯的对立。

其次，要求所有成员接受拜上帝教的理念，导致北方新兵在感情上增加了离心力。那些体现拜上帝教外在形象的服饰等，与北方大部分士兵的观念意识也存在一定对立。对宗教理念的不理解，还产生了抵触心理，从而使宗教军纪的真正意图，在北伐实践中难以达到预期目的，或者大打折扣。

再次，宗教军纪中形式主义的规定，如"每日念经三次"、临阵前的祈祷等，可能会成为贻误战机的因素。在怀庆攻城战中，由于太平军在引爆攻城的地雷前，总要"祭之"，请上帝看顾，结果守城方"闻炮声，早已预为备之"。[1] 轰塌城墙，守军立即修堵，进攻方丧失有利作战机会，最终围攻怀庆府两个月也未能克城。

最后，北伐军事实践证明，"天父看顾"的宗教荒诞神话，最终被无情的现实击得粉碎。众所周知，军事斗争的胜败取决于很多因素，唯独不取决于是否战前的宗教祈祷。一旦作战失败了，宗教的神圣性便不攻自破，原有的对天父虔诚和信赖感，将伴随着一次次的失败而日益消磨殆尽。拜上帝教的神秘性一旦被打破，怀疑和失望的情绪就会接踵而至。例如，北伐军进攻开封时，"贼在南门外筑土台，高二丈许，上列各色旗帜，伪丞相四人登台念咒，忽黑旗无风自倒，众俱失色"。[2] 再如，在连镇被围困时期，"忽有中营笨拙火（伙）夫李姓，素不识字，自言耶稣附体，令其保护林逆出围。林逆深信，为之设军师府，供给甚丰。初言机宜，无不奇中。并另选数百人，听其指挥，每日教演'龙门'、'八卦'等阵法，似亦可观。常立高台，宣林逆跪听讲解道理，林逆莫不惟命是从。月余后，

---

① 《耕余琐闻》壬集，张守常：《太平军北伐资料选编》，齐鲁书社 1984 年版，第 285 页。
② 汪堃：《盾鼻随闻录》卷 4，中国史学会主编：《中国近代史资料丛刊——太平天国》第 4 册，神州国光社 1953 年版，第 385 页。

未见立功，反几次损兵不少，林逆恨其僭妄相欺，将正副军师一并斩讫。"①

总之，宗教军纪的作用弊大于利，在太平天国北方战场上的消极作用远远超过了积极作用。正如有的学者所分析的那样，太平天国军纪教育与拜上帝教发生密切联系后，在一定时期和一定程度上受利，但也使它始终带有"非人性"的蒙昧落后的成分。②并且随着条件的变化，由此而产生的弊端越往后，越趋严重。

第三节　北方战场的军事纪律

军事纪律与宗教纪律不同，它直接与战略战术发生着内在的密切联系，军事纪律与北伐战略战术的执行状况存在着直接的内在联系，既是北伐军完成战略目标夺取胜利的重要法宝，也是他们执行具体战术任务的安全保障。除少量成文的军纪外，大多并不具有统一法典文书的形式，特别是体现在各种军事行动以及办事惯例和处罚行为中的那些虽不以军规字眼出现，却发挥着实际约束性以及被自觉执行的军纪，往往容易被研究者忽略。下面仅从作战军规、行军军规、营帐军规、营内勤务军规四个方面进行一些考察述评。

一　作战军规

北伐军作战英勇的主要原因之一是军纪严明。清方史料记载，"贼出兵时，井井有条。"③为什么能够做到井井有条呢？

太平军的传令信号明确，指挥系统反应快捷。作战纪律要求各级将

---

① 陈思伯：《复生录》，《近代史资料》1979 年第 4 期，中华书局 1980 年版，第 45 页。
② 董丛林：《拜上帝教与太平天国的军纪教育》，《河北师范学院学报》1991 年第 2 期。
③ 佚名：《虏在目中》，《太平天国资料——近代史资料增刊》，科学出版社 1959 年版，第 28 页。

士听到信号，立即到岗，士兵各就各位，各首领奔赴上一级指挥部听命。北伐军的信号传递的媒体有"海螺"、"响锣"、"鸣梆"、"战鼓"、"军旗"，战事一旦出现，立即派上用场。例如，"贼见官兵来时，即吹海螺为号，谓之'胜壳'。此处一吹，彼处相应，众贼目遂各执军器听令于伪丞相处。"①军令发出，各级指挥员要迅速听命和迅速下达布置。"每日鸣锣为号，传丞相有令，九军将军去，其余各贼官俱各赴各将军衙门听命。"②

北伐战场上，旗进人进，旗退人退，人在旗在。军旗是传达军令的神经，又是太平军雄壮之师的象征。作战时，它代表了军威，用以鼓舞士气，"打仗时拿旗助威是实"。③太平军打仗时，使用的军旗既是进兵收兵的信号，还可以表示敌情势态。据《复生录》记载，"贼中营望楼上设有四色大旗，如南方有事，即绕红旗，东青、北皂之类"。④战旗决定作战的阵法，"见有红旗一闪，贼分两翼而出，以兜我军"。⑤上阵战斗，要求全体成员士气饱满，一部作战，余部要助威。"得胜仗，各营一起呐喊；败仗，别的营中不许出去，亦不准呐喊"。⑥

太平天国北伐军为增强战斗力，要求士兵服用精神药物强心。为保证药性的发挥，太平军还制定了有关服药的规定："贼叫我们吃丸药时，不准喝凉水，怕解药性"。有时甚至采取强制措施，在饭中下药，避免有人漏服。由此可知，强迫士兵吃药是希望全体成员都能在战场上保持一种如痴如醉的搏击状态。

如果说北伐前期太平军势如破竹，一往无前，主要在于太平军兵强马壮和清军无能不堪一击，倒不如说太平军作战纪律严明，士气充足。清朝的一般官员普遍认为，"贼纪律严，人数多，我兵见贼易溃。"与之相对

① 佚名：《虏在目中》，《太平天国资料——近代史资料增刊》，科学出版社1959年版，第29页。
② 《张维城口述》，《近代史资料》1963年第1期（总30期），中华书局1963年版，第16页。
③ 《附张大其等供单》，中国第一历史档案馆编：《清政府镇压太平天国档案史料》第13册，社会科学文献出版社1994年版，第205页。
④ 陈思伯：《复生录》，《近代史资料》1979年第4期（总41期），中华书局1980年版，第47页。
⑤ 佚名：《畿辅平贼纪略》，《太平天国资料——近代史资料增刊》，科学出版社1959年版，第70页。
⑥ 《张维城口述》，《近代史资料》1963年第1期（总30期），中华书局1963年版，第14—15页。

应，清军松懈的纪律一直成为朝野攻击的把柄，"近来军营习气即患在纪律不严，遇贼辄避，守土之官但望调兵救援，不能竭力防守"。①在河南亲自指挥与太平军曾连战三日的陆应毂，在奏折中写道："亲见贼匪用兵，虽器械不甚精利，而以数百人为一队，伏身而入，有进无退，又其众太多，往往从后抄裹，官军见而生惧，是以奔逃恐后。"②

太平军作战中勇往直前，固然与严明的作战纪律有关，而将帅们身先士卒率先垂范也对执行纪律起着重要作用。太平军士兵说："每逢打仗，俱是丞相当先。"③还有史料更详细地记载了太平军将士们具体的表率战法，"贼营出阵，皆以大率小，如伪丞相当头；次伪检点、左右伪指挥；次伪将军；次九军伪总制，率各属下伪典官、监军、军帅、师帅、旅帅、卒长、司马等。以三军居中，六军分左右翼。伪总制进则视伪指挥之旗，退则视伪丞相之旗。众贼目进退，皆随伪总制之旗。"④由于林凤祥和李开芳常常披挂上阵，这两位北伐军最高统帅均受过伤。作为"天官副丞相"的林凤祥，不仅在攻打怀庆时曾受过伤，后来在连镇的激烈战斗中右臂左腿又受到两处枪伤。作为"地官正丞相"的李开芳，在静海战斗中右膀曾受枪伤。作为"春官副丞相"的吉文元，在阜城与清兵对阵时，一马当先，受重伤身亡。

太平天国处理战场阵亡将士的做法，一般都是要先尽力将尸体抢运回来，然后用锦被绸绉包裹后，再一一给予掩埋。清营的一名把总吴明山经人指点，曾掘地挖出一具太平军尸体，"系满发老贼，年约三十余，其尸遍用黄绫缠裹，头戴黄边风帽，胸膛为抬枪子所洞，亦不知其名姓"。⑤反映北伐军在战场上抢运阵亡将士尸体的史料比比皆是，例如，有的记载说：

① 《寄谕陆应毂等即著与托明阿等会合夹击并晓谕绅民练勇守御省城》，中国第一历史档案馆编：《清政府镇压太平天国档案史料》第7册，社会科学文献出版社1993年版，第124页。

② 《陆应毂奏报汴梁危在旦夕并请添兵保卫京城片》，中国第一历史档案馆编：《清政府镇压太平天国档案史料》第7册，社会科学文献出版社1993年版，第146页。

③ 《张维城口述》，《近代史资料》1963年第1期（总30期），中华书局1963年版，第14页。

④ 佚名：《虏在目中》，《太平天国资料——近代史资料增刊》，科学出版社1959年版，第22页。

⑤ 《张大司马奏稿》卷4，张守常：《太平军北伐资料选编》，齐鲁书社1984年版，第336页。

"匪众将贼尸抢回,方始退走。"①有时,即便因战斗激烈部队被迫撤退,只要战事稍息,仍要派人重返阵前将战友尸体抢运回来。又如,胜保所率清军在静海与太平军的一次交战中,"用大炮、抬枪从旁截击,杀贼甚多,并打倒执大黄旗贼一名,贼始败退。天已昏黑,随机收队。少时,见贼多人各执火把寻觅贼尸"。②太平军之所以把不随便丢弃战友尸体作为一条战场军纪规定下来,其原因除表达生死团结之情和拜上帝教的宗教因素外,还在于避免让敌军侮辱践踏阵亡的太平军尸体,以及不使清军借机显示军威。另外,客观上减少牺牲士兵尸体,也有助于掩盖自己的损失。所以,战场上经常出现"抢拖贼尸败退而回,毙贼不知数目"的情况,③清军也意识到了太平军的这一军规特点,张集馨指出:"贼毙不少,天明查检,尸已失去,贼意不欲示弱也。"④当然,抢运太平军尸体的做法,无论是从救死扶伤考虑,还是从侥幸发现生还者考虑,都可以有效地避免他们被清军俘虏后泄露军事秘密。

严格执行作战纪律,使得这支军队"或战或守,从容不迫,毫无溃乱情形",⑤充分展示了军纪严明的巨大威力。北伐军在荆棘载途的处境下,尚能气定神闲,从容不迫,就是得益于严明的军纪。清军将领对"贼营中头目,文不识字,武不能兵,其所以敢拒官兵者,在众能用命"的情况始终不能理解,特别是对太平军普通士兵能够"不顾性命,而为贼赴汤蹈火",⑥也深感自愧不如。其实,这一切正是来自于太平军思想层面的军纪教育和坚决对违纪严惩不贷的措施。

---

① 丁运枢等:《防剿粤匪》,张守常:《太平军北伐资料选编》,齐鲁书社1984年版,第472页。
② 《胜保奏报十八日进攻静海获胜情形片》,中国第一历史档案馆编:《清政府镇压太平天国档案史料》第12册,社会科学文献出版社1994年版,第1页。
③ 《僧格林沁军营抄存谕折稿》,《僧王奏折》第6册,张守常:《太平军北伐资料选编》,齐鲁书社1984年版,第111页。
④ 张集馨:《道咸宦海见闻录》,中华书局1981年版,第139页。
⑤ 《僧格林沁等奏攻占连镇生擒林凤祥等情形折》,中国第一历史档案馆编:《清代档案史料丛编》第五辑,中华书局1980年版,第158页。
⑥ 佚名:《虏在目中》,《太平天国资料——近代史资料增刊》,科学出版社1959年版,第31页。

二 行军军规

太平天国的《行营规矩》第十条规定：“各遵主将有司号令分发，毋得任性自便，推前越后。”可以断定，北伐军在长距离的行军和转移中，都有着严格纪律约束，有些行军的具体规定，虽然未见诸军纪条文，但在军事行动中形成了约定俗成的约束行为，养成了严格执行规章的习惯。

对于进军与撤退路线，北伐军一般都要经过勘察或研究，制定出路线图后，才可依“路线图”行动。从北伐史实看，北伐军首领对这一军规执行得十分认真和严格，有时需要亲自参与勘察路线。作为主帅之一的李开芳曾说，“所到地方，问人寻路”，“所到地方，自己踏勘”。[1]另有大量史料记载也证实了太平军存在探路绘图的军事行为规定。例如，清军在山西抓获的“吴升即吴小耘，扬州人，系伪师帅，来晋画入京一路地理图”。[2]又如，胜保在奏折中写道：“奴才盘获奸细供称，贼由洪洞探路，欲至山东东昌及天津一带，并起获路程一纸”。[3]不仅北伐前期如此，甚至在北伐后期形势极为恶化的情况下，部队试图撤离也没有慌忙草率行为，依然坚守着详查地势路途的军规做法。对此，在当时负责围追堵截的清军统帅之一胜保，在奏折中有所反映，“逆匪黑夜四出探路，势穷图窜”。[4]在探路勘察中，有时还要找当地人做向导，例如，退守到束城辛庄驻扎时，太平军在侦察探路中，就从距离营地附近的九村村民中找到了引路人。参加围剿太平军的张集馨，当时就住在此，他在《道咸宦海见闻录》里记载说：“九村东偏尚有数村，妇女潜逃，男子嗜利通贼。有卖酒人来营禀告，九村某与贼引路，酒人亲见。”[5]北伐战争的最后阶段，李开芳率余部从高唐突

---

[1] 《李开芳又供》，中国第一历史档案馆编：《清代档案史料丛编》第五辑，中华书局 1980 年版，第 167 页。

[2] 《军机处录副奏折·革命运动类》（第 2 袋 16 号卷，第 23 号文件），转引自张守常、朱哲芳：《太平天国北伐西征史》，广西人民出版社 1997 年版，第 70 页。

[3] 《胜保奏请饬天津道府团集火会以击来敌片》，中国第一历史档案馆：《清政府镇压太平天国档案史料》第 9 册，社会科学文献出版社 1993 年版，第 548 页。

[4] 《胜保奏报连日移营赶筑炮台并击退夜袭仍饬各路严防折》，中国第一历史档案馆：《清政府镇压太平天国档案史料》第 11 册，社会科学文献出版社 1994 年版，第 408 页。

[5] 张集馨：《道咸宦海见闻录》，中华书局 1981 年版，第 140 页。

围，经过亲自调查，了解到冯官屯的粮草甚丰，才驻扎于此。

探路侦察员必须经认真选拔，认定其可靠方能任用，其任务明确，往往有时间限制。有一则史料记载了在安徽侦察探路的期限，"……伪帅孟姓将伊头发剪短，令赴徐州探听官兵多寡，贼众由蒙城赴亳州，限伊十日回报"。①挺进直隶后，规定侦察探路的时间限度更为紧迫，从沧州到涿州的侦察"看地势"，"限六日送回信"。②

北伐军为了保障部队免入歧途，严格地将遵令进军和不任意驻扎作为一条军纪来严肃执行，反映了军事领导人的高度警惕性和执行军纪的自觉性。

在太平天国北方战场的行军中，特别是一些秘密转移行动，为了防止走漏风声，引来追兵，任何人不得大声说话。有意延缓进军或撤退速度者，都要受到军纪处罚。《行营规矩》第七条，规定："不许在途中铺户堆火困睡，耽阻行程，务要前后联络，不得脱徒。"甚至，对有可能泄露行动去向者，不惜杀人灭口。咸丰四年二月杪，突围撤离静海时，"林逆忽又传令由陈谷庄夜行。正当北道解冻之日，途中淤泥节节皆是，冻足之贼何能行走。一陷泥中，开口呼救。贼目虑官军得信追袭，抽刀自杀可怜。"③

三 营帐军规

深入北方腹地作战的太平军，对军营建造有硬性要求和规定。部队行至其营地，必须立即搭建坚固的工事，包括筑土城、挖濠、栽竹签，以防备清军劫营。张德坚在《贼情汇纂》中说："（北伐军）以村庄为营，则系剿败之贼，无城池市镇可踞，遂踞大村，挑濠筑土墙以坚守。北五省村庄，多有围墙瞭台护庄河，贼扰山西、河南、山东、直隶各境，被官军追急，往往踞大村以负嵎"。④在北方战场上，太平军的军营建造格外及时，

① 《陈启迈奏报审讯来徐奸细并现办防剿情形片》，中国第一历史档案馆：《清政府镇压太平天国档案史料》第7册，社会科学文献出版社1993年版，第79页。
② 《总理巡防事宜处奏报》，见中国社会科学院近代史资料编辑部编：《近代史资料》总65号，中国社会科学出版社1987年版，第27页。
③ 陈思伯：《复生录》，《近代史资料》1979年第4期（总41期），中华书局1980年版，第41—42页。
④ 张德坚：《贼情汇纂》卷4，《太平天国》第3册，神州国光社1954年版，第133页。

"所扎营盘，一日便要成功"。[1]所到之处的军营基本构造大致雷同，但也要结合各个村庄自然环境条件进行建造。太平军在独流镇扎驻的营盘，是"挖壕放水，壕宽七尺，深七尺，壕边就栽竹签，壕内就是土城，约七八尺厚，上开炮眼，抬枪、火炮架于墙眼"。[2]这种营垒工事大大强化了防御程度，使清军的进攻往往无计可施，无功而返。在清军的奏报中，常常出现被太平军挖掘的濠沟所阻等字眼。例如，有的史料记载："我兵追至城边，为濠所阻，内多坑椿、无处越过。"[3]或者是"木垒亦甚坚固，攻扑多时，未能冲进。"[4]

太平天国在北方战场的防御战中，除了依靠城门、吊桥、地道等工事设施有效发挥作用外，还有严明的军纪来约束全体成员，以保持高度警惕，防范清军偷营。北伐军的营帐军规要求：安排专门瞭望人员日夜巡逻，不得怠慢偷安。巡逻人员均由选派出的机敏可靠之人充任。瞭望人员一般为专职，在执行放哨巡逻任务期间，不再安排参与作战。主要有以下史料证明此项军规，即在独流参军的王二格说："叫我上木城了（瞭）望官兵"，"以后我仍在木城了（瞭）望，并未跟随打仗"。[5]北伐军尤其重视对自己营地的夜间巡逻，"夜间一营盘十几人上城打更，营中俱点桐油，打更人俱是真贼，掳掠之人不派此事。"[6]

太平军为了强化营地安全，一般都尽可能将城外障碍物清除，从便于防御出发，尽可能使工事前沿保持一定距离的开阔地。同时为防奸细混入营内，"绝不许卖物人到木城外，恐有探信的。"[7]一直坚持自己人外出打粮

---

① 《李开芳供词》，中国第一历史档案馆编：《清代档案史料丛编》第5辑，中华书局1980年版，第167页。
② 《张兴保供词》，中国第一历史档案馆编：《清代档案史料丛编》第5辑，中华书局1980年版，第170页。
③ 《胜保奏报抽兵前往静海合剿获胜等情片》，中国第一历史档案馆编：《清政府镇压太平天国档案史料》第10册，社会科学文献出版社1993年版，第566页。
④ 《庆祺奏报连日督兵攻剿独流获胜情形折》，中国第一历史档案馆编：《清政府镇压太平天国档案史料》第10册，社会科学文献出版社1993年版，第536页。
⑤ 《京城巡防处奏审录王二格供词折》，中国第一历史档案馆编：《清代档案史料丛编》第5辑，中华书局1980年版，第182页。
⑥ 《张维城口述》，《近代史资料》1963年第1期（总30期），中华书局1963年版，第15页。
⑦ 同上书，第16页。

买粮。北伐后期买粮比重加大，即便是前来送粮或者送其他物资的群众，除非已经取得太平军高度信任的特批人员发给通行证，否则，便要执行外人一律不得入城的军规。譬如，河内县人牛必奎，尽管曾给太平军当过四十余日伙夫，后来他往军营卖副食品时，因无通行证，仍未能进入太平军的木城。尽管他曾于"十八日买得油醋各一篓，与同村卖米之任庚子，同至水北关贼营售卖，贼匪验明任庚子有票，准其进内，令牛必奎在木城门外等候，随后任庚子出来，贼给牛必奎油醋银二两五钱……"①

四　勤务军规

太平军在北方战场也有相应的装束纪律规定。新兵入伍时，被告知不准剃头，并且必须改扮成符合特定军纪要求的装束。"凡贼俱蓄长发，头蒙红布，百姓呼贼为红头。"②例如，在独流镇参加太平军的张米弓说，他参军时，"贼目吴姓，给我棉袄裤各一件，叫穿着，又给红布蒙头"。③又如，给清军当过民夫的涿州人李秋儿，"到独流被贼裹去。贼给小的红布一块包头，并令穿黄布棉袄、黄布棉裤"。④再如，在独流入伍的杨可望也说，太平军"在我头颅偏右，烙了疤痕一块，给我红布蒙头，告说不准剃头"。⑤由于太平军有统一的红布包头装束，所以被"人呼为'红巾队'，以红巾裹首也"。⑥太平军的头发长短，竟成为军中每位官兵资历深浅的一种象征。在1855年清军俘获的北伐太平军中，"真正粤贼发长二尺有余"。⑦

---

① 《舒兴阿奏报孟津渡口盘获奸细多名研讯情形片》，中国第一历史档案馆编：《清政府镇压太平天国档案史料》第9册，社会科学文献出版社1993年版，第141页。

② 《讯明从逆陈敬轩等即行正法》，《近代史资料》总65号，中国社会科学出版社1987年版，第18页。

③ 《京城巡防处奏审录张米弓供词折》，中国第一历史档案馆编：《清代档案史料丛编》第5辑，中华书局1980年版，第188页。

④ 《乌尔棍泰奏审录李秋儿寇希智供词折》，中国第一历史档案馆编：《清代档案史料丛编》第5辑，中华书局1980年版，第173页。

⑤ 《京城巡防处奏审录杨可望杨起信供词折》，中国第一历史档案馆编：《清代档案史料丛编》第5辑，中华书局1980年版，第177页。

⑥ 刘莲青等纂修：《巩县志》卷5，《大事记》，民国二十六年刻本。张守常：《太平天国北伐资料选编》，齐鲁书社1984年版，第265页。

⑦ 《胜保为督剿高唐州太平军情事奏折》，《太平军北伐史料选编》（上），《历史档案》1990年第2期，第55页。

太平天国建都前，对军装大致样式就有一些规定，"概行短装挂号衣"，"作圣兵者不准穿长衣套裤"。太平军规定：睡觉不准脱衣裳，不得脱衣露体。据张德坚的《贼情汇纂》记载，夏天"虽极热，夜卧不准光身，白昼不得裸上体，犯则枷打"。在太平天国北方战场，由于短衣便于作战，于是，规定"不许穿长衣服，恐打仗时行走不便"。[①] 统一军装样式规定，不仅有利于作战，还涉及军容风纪的统一管理。当然，北伐军在北方极其艰苦的作战环境下，也不具备条件完全做到军装的整齐划一。

太平军不得上下僭越，等级规定比较严格。其中，不同的军装穿着规定，也能反映官兵的上下等级差别。"现在独流的贼目李姓、林姓、计（吉）姓俱是伪丞相，俱穿红袍黄马褂，头戴风帽，上绣有两条龙。"[②] 特别是军帽的样式尺寸，因等级不同，也有严格的区别规定。据档案史料记载，"查屡获生贼及奸细，佥供贼营伪官之大小视其风帽黄边之阔（宽）狭，伪丞相黄边四寸，检点三寸三分"。[③] 不同级别军官的指挥旗亦有尺寸上的规定，监军旗长宽五尺，总制五尺五寸，将军六尺，指挥六尺五寸，检点七尺，丞相七尺五寸。[④] 北伐军主帅的特殊标识之一，是坐骑的装饰。"三个丞相李姓、林姓、计（吉）姓出来，马上俱挂铃铛。以下的官，皆不准挂铃铛"。[⑤]

太平军军营内，每日点卯二次。点卯的主旨在于清点人数，也有效地防止了士兵们在营区乱串，在太平军首领看来，"过营越军，荒误公事"，因此要尽可能减少不同营区士兵之间的相互走动。

在军营新兵中，有相当多的人是被裹胁进来的。对其中不适应环境，萌生离队倾向者，则采取古代军队一种传统的措施——刺面。"恐其逃走，

---

① 《张兴保供词》，中国第一历史档案馆编：《清代档案史料丛编》第5辑，中华书局1980年版，第170页。
② 同上书，第171页。
③ 《胜保奏报生擒黄衣头目依秀得己解巡防讯处讯供片》，中国第一历史档案馆编：《清政府镇压太平天国档案史料》第12册，社会科学文献出版社1994年版，第222页。
④ 《太平军目》，中国史学会主编：《中国近代史资料丛刊——太平天国》第1册，神州国光社1954年版，第121页。
⑤ 《张兴保供词》，中国第一历史档案馆编：《清代档案史料丛编》第5辑，中华书局1980年版，第170页。

都刺了字"。①相关史料记载很多，采用这种防范手段，可以说是近乎处罚措施，十分残忍。"掠人分配各营，有逃而被获及不服指使者，即刺面作'太平'字，或兼刺其姓以困之。"②其实，对绝大多数刺面者而言，只是烙一个火印，并不刺字。

针对清政府对北伐军的诱降宣传，为了防止"妖示"在营内传播，太平军采取了严格的防范措施。作为清军统帅之一的胜保，在谈到分化瓦解太平军的进展时，曾向皇帝汇报说："近闻奴才有解散告示皆被贼目藏匿，不能得见"。③太平军规定：一旦发现清方宣传品，要立即上报上交。一般太平军士兵不仅不能传阅任何清方宣传品，而且更不得私议"军事"。譬如，曾廷达与陈思伯同为一馆士卒，并相互间友情颇深，双方互有救命之恩，"曾廷达感予北道未弃，且有觅药调病之情；予亦感其黄河救溺之恩，彼此心交最厚"。俩人可谓是朝夕相处，但是，平时他们仍"不敢多言，盖贼中军令条内，有'私议逃走者，勿论何人，先斩后报'也"。④太平军营内稽查人员时时刻刻在履行监督，一旦发现有反草（心）通妖之心，即斩首示众。对怀疑可能出逃之人，严加看守，甚至"实施拘禁，坚闭垒门，无贼目令不准出来"。⑤北伐战役后期，太平军抓获出逃士兵后，都会给予处罚，甚至"有屠割肢体者"。⑥大量史料记载证实，太平军执行此项军纪极为严厉。在僧格林沁奏折中，有描述说："连日由连镇顺流漂出贼尸无数，皆系裂胸、破腹、折腿、断臂者。随时查看，实系长发逆尸。据投出之人声称，逆众被围情急，有思逃散者，有思投出者，逆首将心存逃散

① 《金有口述》，《近代史资料》1963 年第 1 期（总 30 期），中华书局 1963 年版，第 17 页。
② 林大春：《粤匪纪事诗：黥面文》，太平天国历史博物馆编：《太平天国史料丛编简辑》第 6 册，中华书局 1963 年，第 449 页。
③ 《胜保奏报连日进攻获胜并严防敌众突围等情折》，中国第一历史档案馆编：《清政府镇压太平天国档案史料》第 12 册，社会科学文献出版社 1994 年版，第 129 页。
④ 陈思伯：《复生录》，《近代史资料》1979 年第 4 期（总 41 期），中华书局 1980 年版，第 47 页。
⑤ 《胜保奏报连日进攻获胜并严防敌众突围等情折》，中国第一历史档案馆编：《清政府镇压太平天国档案史料》第 12 册，社会科学文献出版社 1994 年版，第 129 页。
⑥ 《僧格林沁等奏报探闻东豫敌情并请令胜保暂缓南下折》，中国第一历史档案馆编：《清政府镇压太平天国档案史料》第 12 册，社会科学文献出版社 1994 年版，第 641 页。

之人杀害，投入河内。"①太平军以极刑严惩出逃行为，其根本目的在于树立军纪的权威，体现了"刑一而正百，杀一而镇万"的威慑作用。对那些投降清军，并反过来又参加攻打太平军的叛徒，实施了更为严厉的惩罚。例如，李开芳坚守高唐时，"将投诚毛勇石都司捉去，寸磔锅煮，惨毒不可名状"。②

到目前为止，在各种史料中唯独对太平军不准饮酒一条，未见违规惩处的记载。北伐太平军以酒配药，让新兵饮药酒的情况普遍存在。例如，直隶雄县人王泳汰参军后，"见了贼头，给我铁头长枪一根，又给我丸药、药酒……"③在史料中，还可以偶见太平军喝庆功酒的记载。例如，太平军在独流击毙清军副都统佟鉴之后，"当时贼酌酒相贺两昼夜"。④在没有战事的平常状态时，太平军除了修筑和加固防御工事以及练习天情（拜上帝教的教义和伦理），按军规要求，士兵必须操练武艺，不能游手好闲，妄食天父之禄。

北伐军的军事训练实用性极强，直接目的就在于增强战斗力。在直隶青县参军的张长儿说，在静海时，"贼共有一万余人，叫学杆子，学刀"。⑤训练项目有器械操练和兵器操练，还有阵法演练。棍子和刀是北伐军最简单最主要的兵器，掌握其使用技巧，有助于在肉搏战中占得优势。而且一些特殊兵种的练习，尤其受到重视。譬如，北伐太平军组建马队后，经常进行马术和骑马格斗的训练。在《张兴保供词》中，曾记述："黄贼目叫我跟巡（驯）马总制计姓出来学习打仗，给我短刀一把、白马一匹，骑著出来……"⑥骑兵虽然不是北伐军的主要兵种，军中亦缺乏善骑者，但

---

① 僧格林沁：《奏陈近日情形折》，太平天国历史博物馆编：《太平天国史料丛编简辑》第6册，中华书局1963年，第39页。
② 张集馨：《道咸宦海见闻录》，中华书局1981年版，第162页。
③ 《京城巡防处奏审录王泳汰供词折》，中国第一历史档案馆编：《清代档案史料丛编》第5辑，中华书局1980年版，第185页。
④ 《十三峰书屋全集》第1卷，张守常：《太平天国北伐资料选编》，齐鲁书社1984年版，第466页。
⑤ 《文瑞等奏报续获可疑人犯供出静海股众暗伏接应折》，中国第一历史档案馆：《清政府镇压太平天国档案史料》第10册，社会科学文献出版社1993年版，第612页。
⑥ 《张兴保供词》，中国第一历史档案馆编：《清代档案史料丛编》第5辑，中华书局1980年版，第170页。

并不影响马队的扩编和进行基本战术训练。北伐军十分关注骑兵的训练，并从清军俘虏中挑选骑兵教官，以教授骑术和马上兵器的使用。连清朝皇帝咸丰都知道了"贼营中裹胁吉林官兵马队甚多，且逼令教演马枪"的事情。① 经过初步训练以及屡次战场实际拼杀的经验积累，军队战斗力明显增强。马队也成为一支极富战斗力的特殊队伍，在冲锋陷阵中发挥了不可替代的作用。林凤祥、李开芳在连镇兵分两路时，准备选用精锐骑兵南下接应援军，于是通过军事演练的测试方法，选拔了一支干练人马。当时，"在营挑选健卒，名曰'先锋'，伪示能跃一丈宽沟，能抛丈二高火毯，能于马旁并马跑出马道者，即为合式"。② 这支部队后来终于冲出敌军重重包围，南下高唐。

五　军规评价

各项军事纪律是北伐军执行其战略战术任务的重要保障。作战军规、行军军规、营帐军规及其营内勤务军规，就是北伐军将适合自己作战特点的一系列经验做法的制度化。不少军纪规定内容，都是北伐军在北方战场上以生命为代价，而换来的刻骨铭心的教训总结，从这种意义上说，严格的军纪是太平军的生命保护符。故此，在北方战场上，无论作战环境多么险恶，自然条件多么艰苦，军事形势多么严峻，太平军一直都在严守着自己的军规。

孤军深入的太平军面对围追堵截的清军，其规定行军和扎营的军纪绝对不是可有可无的。面对数倍于自己的清军，虽亟须扩充实力，但北伐军首领也未因扩编而随意接收地方土匪武装入伍，未敢对军纪要求有丝毫的放松。"虽有成群土匪欲投之者，畏其反戈，亦不敢收。"③ 在风刀霜剑严酷相逼的战势下，太平军欲立于不败之地，必须不惜鲜血和生命来维护其

---

① 《寄谕胜保著查奏营中有无兵勇不协等情迅筹攻剿之法》，中国第一历史档案馆编：《清政府镇压太平天国档案史料》第11册，社会科学文献出版社1994年版，第215页。

② 陈思伯：《复生录》，《近代史资料》1979年第4期（总41期），中华书局1980年版，第43页。

③ 《周天爵等奏报所拿获之杨宗传等人供称北窜股众组成情形片》，中国第一历史档案馆编：《清政府镇压太平天国档案史料》第7册，社会科学文献出版社1993年版，第47—48页。

铁一般的军纪。"禁而不止，则刑罚侮"。军事纪律带有强制力，当时难以用"完善"、"不完善"来决定可否执行。制定和实行军纪的目的和标准只有一个，那就是取决于怎样有利于当时统一指挥和整体战斗力的发挥。当然，毋庸讳言，当时北伐军也存有一些不当之举。譬如，为了增加战斗力规定士兵战前必须服用"兴奋剂"，这样做虽能增强肉搏战的拼杀强度，但由于这一强制行为摧残了士兵身心健康，是不合"人道"的，受到士兵们极大的抵触，甚至导致了离心力增加。某项措施和规定，从目的性上看可能是必要的，从实际效果分析看，也可能会是大醇小疵，或者"得不偿失"。总之，评价北伐军的军规应该分析其目的、作用、影响及后果，不能仅用某一个评判标准来衡量，应该全面客观分析。

第四节　北方战场的群众纪律

评价一支农民起义军的军纪如何，一般最看重农民起义军的群众纪律。群众纪律的评价往往又与是否是正义之师挂钩，它不仅关乎农民起义军的声誉，还直接关系能否得到群众的支持和援助。北伐军的群众纪律最集中最重要的三大问题是禁杀戮、禁奸淫、禁抢掠。

一　禁杀戮

太平天国北方战场对平民人身伤害问题，是北伐军的群众关系中的一个重要话题，因为古今中外的任何一场战争都可能殃及平民百姓。准确把握炮火硝烟对无辜群众的伤害程度，客观分析太平天国北伐对平民百姓的伤亡缘由，有助于全面评价农民战争的作用和影响。

太平天国群众纪律中有涉及对平民人身伤害问题的具体规定，《十款天条》的第六条要求："不好杀人、害人"；《行营规矩》第九条规定："令不得枉杀老弱无力挑夫。"关于太平天国北方战场对平民人身伤害问题的史料，大部分是站在清方所谓"正统"观念上的记述，如果我们对这些史料记载不能加以科学分析，难免会得出以偏概全的错误结论，或者产生瑕瑜互见、模糊笼统的印象。如果能够进行科学客观的分析，透过表象探赜索隐，去伪存真，还是"能改则瑕可为瑜，瓦砾可为珠玉"。并且可以修正因丑化北伐军而夸大伤害程度或者纠正因美化北伐军而淡化伤害状况的两方面偏差。

关于禁杀戮军纪的对象，理所当然是指禁止伤害无辜百姓。太平天国北伐军在沿途各地执行禁杀戮军纪的有关记载，大致列举如下：

河南巡抚陆应穀在描述北伐军途经河南的情况时说，北伐军"至其行路则不甚整齐，或数十人或数百人，零星夜走，络绎不绝，所过并不杀人"。[1]

龚汸在记述未渡黄河而南返的太平军有关情况时说，他们"踞郾城县，住一日即行，并未杀人掳掠"。[2]

河南《巩县志》的采访册记述：北伐军"据巩东站等处连营十余里，打粮括人，禁止奸杀"。[3]

《癸丑中州罹兵纪略》记述：太平军途经河南的概况是攻克一座府城，二十座州县，"逆贼尚不嗜杀"。[4]

到达济源县，"贼过济源，进城仅杀四人"。[5]

进入山西后，在潞城"不甚伤人"。[6]

---

① 《陆应穀奏报汴梁危在旦夕并请添兵保卫京城片》，中国第一历史档案馆编：《清政府镇压太平天国档案史料》第 7 册，社会科学文献出版社 1993 年版，第 146 页。

② 龚汸：《耕余琐谈》，张守常、朱哲芳：《太平天国北伐西征史》，广西人民出版社 1997 年版，第 44 页。

③ 刘莲青等纂修：《巩县志》卷 5，《大事记》，民国二十六年刻本；张守常：《太平军北伐资料选编》，齐鲁书社 1984 年版，第 265 页。

④ 《癸丑中州罹兵纪略》，中国史学会主编：《中国近代史资料丛刊——太平天国》第 5 册，神州国光社 1953 年版，第 176 页。

⑤ 《太平军攻围怀庆府史料二则（三）》，河南省档案馆主办：《档案管理》1992 年第 2 期，第 44 页。

⑥ 崔晓然等修，杨笃纂：《潞城县志》卷 4，《杂述》，光绪十一年刻本。张守常：《太平军北伐资料选编》，齐鲁书社 1984 年版，第 358 页。

广大北方群众对太平天国北伐目的不甚了解，由于清朝地方官和地主乡绅的宣传恐吓，在太平军所到之处，不少平民百姓纷纷外逃避难，不少村庄出现"十室九空"的景象。但是，也有的记载说，由于百姓见北伐军并不杀人，出现驻足夹道观望的情景，例如，直隶"藁城、无极两县男女多登高望贼者，贼亦不为意"。①这则史料称得上是部分直隶藁城县百姓匕鬯不惊的一个写照。另据《藁城乡土地理》记载，太平军途经直隶藁城时，"旌旆相连遥遥数十里。前驱所至，悉举狼烟，人见之可避，示不扰民也。过徐村，父老以酒肉迎之。及将帅至，皆下马拜谢"。②

上文列举的沿途各地情况，并非出于太平天国北伐军的自我标榜，它所反映的情况与太平天国军纪规定是基本一致的。说明北伐军"只杀文武兵勇，不害百姓"是符合客观史实的，③禁杀戮军纪在北方战场执行的总体情况比较到位，应该对北伐军"遇官兵就杀，百姓不杀"的政策给予基本肯定。④

当然，这并不能完全否认太平天国北方战场上有大量平民百姓遭遇厄运的情况，那么，应该如何看待和分析部分平民百姓殉难的情况呢？客观地说，有战争必然会带来战争灾害，这是任何性质的战争都不可避免的，北伐战争殃及百姓的情况极其复杂，导致伤亡的原因也是多方面的。

北伐军沿途各地相当数量的伤亡是恐惧造成的自杀，特别是有些妇女自杀与北伐军军纪没有直接关系。虽然目前对这一历史期间发生的大规模妇女自杀行为还缺乏研究，但是，只要仔细分析一下当时社会情况，不难看出这种自杀行为的基本原因，就是由于太平军日益逼近的"兵讯"经地方官员、乡绅的过分渲染以及人际传播后，迅速地把极度恐怖的战争灾难气氛弥漫于广大民众心头，造成平民们特别是家庭妇女的高度心理紧张、恐惧，加上潜意识里的封建贞节观念，致使不少妇女群众在短暂瞬间做出

---

① 佚名:《畿辅平贼纪略》,《近代史资料增刊——太平天国资料》,科学出版社1959年版,第68页。

② 林翰儒:《藁城乡土地理》上册,1923年刻印本,第30页。

③ 《津门见闻录》,引自来新夏主编:《天津近代史》,南开大学出版社1987年版,第40页。

④ 《李开芳又供》,中国第一历史档案馆编:《清代档案史料丛编》第5辑,中华书局1980年版,第167页。

自尽的悲剧性决定。譬如，在太平军攻打怀庆时，当攻城地雷将南月城墙轰塌后，并未能进城去，"斯时，城内妇女悬梁投井者无数"。[①]又如，在山西平阳，"妇女之不为贼污者，赴井投环，尤难悉数"。[②]再如，直隶临洺关的一份《刘氏族谱》记述："咸丰三年八月二十七日，粤匪扰乱洺城。……吾母因想到死在逆贼之手不如循个自尽，因逃出城外见北园地大井一眼，遂投井而亡。吾兄亦随母而亡，时年之七岁，儿母同死甚苦矣。"[③]在山西，甚至出现在自家水缸溺殉的例子，山西曲沃县南薰里村人王思耀考中举人，"未莅任而遭癸丑粤匪之难。母刘安人在，耀侍食而泣。母曰：汝读书知大义，吾耄矣，勿以为念。语毕，乘间赴水死。耀故恋母，自此脱然，亦溺水缸以殉。"[④]当时北方妇女自杀方式大致有三种：一是上吊；二是投水；三是吞金。前两类占多数，吞金者一般为富有家庭妇女。目前见到的大多数史籍特别是地方志，一般就是将某地兵燹破坏的范围和程度描述之后，往往都把这些责任统统算在太平天国北伐军头上，确实有失公允。

由于清政府地方官吏的大量逃亡，相当一部分的平民百姓的伤亡损失，是因为统治机构陷入瘫痪所间接导致的。许多地方都是"贼去后，官兵搅扰，土匪抢掠，凡属富民铺户，无不受伤，而当铺为尤甚"。[⑤]尤其是不能及时恢复统治秩序的地区，平民百姓遭受损失的程度更大，时间更长。

除自杀、官兵伤害、土匪伤害等间接伤亡外，太平军对平民造成的伤害也不能讳言。有的学者认为，从太平军执行禁杀军纪的情况分析，太平天国前期禁杀戮的军令执行较好，但在扩军后，成分变得复杂起来，于是内部出现"害群之马"，从而使这一军纪大打折扣。[⑥]当然，这种见解主要是

---

① 田桂林：《太平军攻怀庆实录》，《近代史资料》总 81 期，中国社会科学出版社 1992 年版，第 88 页。

② 刘玉玑修，张其昌等纂：《临汾县志》卷 5，《艺文志》，民国二十二年排印本；张守常：《太平军北伐资料选编》，齐鲁书社 1984 年版，第 352 页。

③ 《刘氏族谱》抄本，永年县文物保管所收藏。

④ 清光绪朝《续修曲沃县志》卷 27，《人物志·忠烈》，张守常：《太平军北伐资料选编》，齐鲁书社 1984 年版，第 347 页。

⑤ 崔晓然等修，杨笃纂：《潞城县志》卷 4，《杂述》，光绪十一年刻本；张守常：《太平军北伐资料选编》，齐鲁书社 1984 年版，第 358 页。

⑥ 张一文：《太平天国军事史》，广西人民出版社 1994 年版，第 299—300 页。

针对太平天国中后期历史而言，其实就太平天国前期的北方战场而言，也是存在类似情况的。从太平天国北方战场整体情况看，除了"害群之马"对百姓的伤害，有些伤害平民事件是太平军认同的，并不受军纪惩罚，以往的研究并没有予以充分关注和探讨。导致北伐军发生"认同伤害"的现象和原因，主要有以下三个方面：

第一，虽然太平天国已有"官兵不留，百姓不伤"的政策，但由于阶级局限性所致，在具体认识上仍存在"民"与"妖"不分、"官"与"民"不辨、政策区分不清的问题。因为在明确农民斗争对象问题上，缺乏科学理论指导。太平天国将笼统模糊的阎罗妖界定为铲除目标，在军事行动中根本无法避免盲目扩大打击对象，从而殃及平民百姓。天王在颁布的《贬直隶省为罪隶省诏》中曰："今朕既贬北燕地为妖穴，是因妖现秽其地，妖有罪，地亦因之有罪，……庶俾天下万国同知妖胡为天父上帝所深谴，所必诛之罪人"。①理论的错误和模糊，必然会导致行动中对政策的模糊理解和错误执行。

第二，北伐军辨别"官""民"的判断力，受到严酷激烈的军事炮火干扰后，执行军纪的尺度自然会产生较大的偏差。特别是深入清朝统治的腹地后，使北伐军很容易忽视"官与商"的界限，很难辨别"妖与民"的界限，伤害平民百姓的失误便在所难免。斗争的激烈和环境的艰难复杂，被强烈的情绪因素所左右，当情绪发作时便会殃及平民百姓。当然，要肯定理智的行为始终占据主导地位和大部分时间。特别是进兵顺利时，"则所过并不杀人"。北伐前期军事行动基本顺利，正如李开芳所说："我们沿途攻打各县城，一攻即克，多因军民并不接仗，先期逃遁。惟府州城池尚有几处接仗，亦属无多"。②途经之不少地方像直隶沙河县一样，"城内居民均未受伤，房屋亦未焚烧等情"。③当遇到激烈抵抗时，太平军执行禁杀戮的军纪就容易出偏差。如太平军抵达山西平阳时，"城外关厢未设防兵，客

---

① 洪秀全：《贬直隶省为罪隶省诏》，太平天国历史博物馆：《太平天国文书汇编》，中华书局1979年版，第41页。
② 《李开芳供词》，中国第一历史档案馆编：《清代档案史料丛编》第5辑，中华书局1980年版，第168页。
③ 《讷尔经额奏报敌股北窜沙河县令玉衡被戕并自请议处折》，中国第一历史档案馆编：《清政府镇压太平天国档案史料》第9册，社会科学文献出版社1993年版，第536页。

商迎降，林逆下令保全，不准擅取一物，违者立斩。"① 然而，进入平阳城，"遇守城乡勇，试放一炮，适毙贼营大旗手一名，林逆怒甚，传令攻破此城，全杀无遗。……城内则搜杀三日，男妇老幼尸身枕藉。临行又纵火焚烧，一城化为灰烬。"② 太平军受到抵抗程度越激烈，把握禁杀尺度就越离谱，有幸有不幸，相去天涯。攻克沧州，太平军"初入城不甚杀戮，后检查人数，其精锐被我军杀伤几四千人，始痛恨，下令屠城，满、汉、回男女共死万余人"。③ 有时太平军原本不准备动武的平民，却在对峙或冲突中被叫骂所激怒，太平军受情绪化因素影响，最终失控将其杀害。例如，在山西曲沃县，薛庄人卢钟龄与太平军发生冲突，"贼见年老，初不加害；既而骂甚，乃杀之"。④ 应当说明，这些都是个别情况。

第三，误伤百姓。所谓误伤，即主观上并非故意，客观上形成了伤亡事实。其一，交战中，卷入硝烟炮火中的平民百姓，被没长眼的枪炮无辜伤害；其二，北伐军与团练武装的交战中，往往难辨夹杂其中的平民百姓，故而受到伤害是令人遗憾的。可是误杀在战争中的确又是难免的。北伐军主帅之一的李开芳承认，虽"百姓不杀，有时也要误杀"。⑤ 这是非常中肯的。尽管在北方战场平民百姓受伤害问题上，北伐军存在一些局限性和失误，但是他们已经尽了最大努力在严格要求自己，无论在军纪规定的广泛和详细程度上，还是在军纪执行的坚决和严格程度上，都已经大大超过以往的农民起义军。

---

① 陈思伯：《复生录》，《近代史资料》1979 年第 4 期（总 41 期），中华书局 1980 年版，第 39 页。

② 陈思伯：《复生录》，《近代史资料》1979 年第 4 期（总 41 期），中华书局 1980 年版，第 39 页。关于太平军在平阳府伤及百姓的起因，还有一说，不同陈思伯"守城乡勇试放一炮"的说法。认为是太平军在平阳掳人，撤出平阳后，"令人抬炮前行，共十余件，一炮用四人，恐其逃跑，各以铁索锁在炮身。抬者私议，不如将炮回轰，伤贼其多。贼乃恨极，以为平阳人厉害，复入城杀死二万余人。"此说见龚淦的《耕余琐闻》丙集。《临汾县志》也认为，是太平军中的抬炮人轰炸了太平军，激怒林凤祥。《癸丑兵燹记》记述说："抬炮者多系郡人，倒袭之，贼大溃，歼一渠魁，首尾不相援。所掳郡人多逸去。漏约三下，贼复回城，益怒，屠郡城，商民死者相枕藉。"此说见《临汾县志》卷 5。

③ 王国钧：《沧城殉难录》，见张守常：《太平军北伐资料选编》，齐鲁书社 1984 年版，第 423—424 页。

④ 《续修曲沃县志》卷 27，《人物志·忠烈》，张守常：《太平军北伐资料选编》，齐鲁书社 1984 年版，第 350 页。

⑤ 《李开芳供词》，中国第一历史档案馆编：《清代档案史料丛编》第 5 辑，中华书局 1980 年版，第 167 页。

那么，应如何看待北伐军遭遇抵抗而伤及无辜平民百姓问题呢？学者们往往避而不谈。简又文先生则认为，这种大开杀戒，是"复仇之举，究与军纪问题无涉者也"。①难道以复仇为由就可以将此种行为回避于军纪评价之外吗？按照简先生的认识，"有原因违纪"和"经首领认同的违纪"，或者说北伐领导人做出的违纪的命令，可以不在军纪执行实态评价之列。那么，是不是说有"致樱其怒而惹此大劫"的理由，就能将伤害百姓视为顺理成章之举呢？显然不能成立，因为平民百姓毕竟是无辜的受害者，所以简先生的解释令人难以苟同。如果说当年北伐军有时感情冲动，缺乏冷静，已经酿成了一些悲剧，那么，史学家则应理智地分析，客观地评价，不能因其爱而溢其美掩其丑，绝不能再感情用事。否则，按上述简氏之逻辑，曾国藩也可以用攻打天京曾遭遇抵抗，为湘军的屠城作辩护了。

二　禁奸淫

《十款天条》第七条要求"不好奸邪淫乱"，《定营规条十要》中的第五条规定为"要别男营女营，不得授受相亲。"北伐之役前，太平天国就实行了男女别营，并针对此措施的意义经常进行禁欲宣传教育，北伐主帅经常讲道理教导说："新兄弟、旧兄弟不要惦记父母妻子，总要齐心杀么（妖），打定天下，父母妻子总能团圆。男未成婚，女未出嫁，都要成其夫妻。舍不得娇妻，作不得好汉。"②并对犯奸之人实行严惩，在武昌，"贼有闯入女馆欲行奸者，妇女号呼不从，贼目闻之，骈戮数贼，悬首汉阳门外"；③在南京时，对"犯奸者立斩"，"虽广西老贼不贷"。开辟北方战场后，严禁奸淫仍是北伐军执行最坚决的军纪之一。众所周知，太平天国北伐军未设女军，除个别以性别为掩护的女通信员和侦察员外，部队成员均为男性，禁奸淫军纪在北伐战场实态的讨论主要是指军队与当地百姓关系，即

---

① 简又文：《太平天国典制通考》（下），香港猛进书屋1958年版，第1337页。
② 《讯明从逆陈敬轩等即行正法（应录）》，《近代史资料》总65号，中国社会科学出版社1987年版，第17页。
③ 《武昌纪事》，中国史学会主编：《中国近代史资料丛刊——太平天国》第4册，神州国光社1953年版，第596页。

尊重当地妇女的问题。

龚浍在《耕余琐闻》写有这样一段文字："贼所到处，淫杀掳掠，皆手下人为之，若头目知则必诛。如东关妇女逃避不及，用车送至十里外。又济源乡妇，有被前队淫者，遇见即杀之，将妇女送归。假仁假义，此正贼匪奸谋，欲收人心耳"。①尽管这段史料把严惩奸淫说成是"欲收人心耳"，仍使我们看到了太平天国严格执行有关纪律的客观事实。另外，《津门见闻录》也有严守此项军纪的记载，该书说太平军在静海时，对"犯淫条者杀之，手拖首级以徇众焉"。②这一切都说明，太平军执行"禁奸淫"的军纪是十分坚决的，基本上得到论者公认，是群众纪律中落实最好的一个方面。究其原因可能与"犯淫被视为恶之魁"有关。当然，军纪严明不是说没有违纪行为和所有违纪者都能得到惩处，这主要受两种情况所影响：一是违纪事件未及时发现；二是未能抓获违纪者。譬如，太平军成员陈思伯在《复生录》中记述了一件这类事件："一日带人出城采药，路过南城外一家，闻有妇女呼救声，予同众撞开大门，见内有少妇女子十七人，被贼掳掠关闭行强，予悉纵妇出外齐入树林，嘱匿难妇人丛中，幸均保全。回捕犯奸之贼，逃逸无踪"。③逃之夭夭者未受到应得惩处，并不能说明禁犯奸淫的纪律不严厉，有循名责实的军纪也不可能杜绝违纪现象发生。再如，太平军杨明鸡奸李喜儿行为，直到被清军俘获后才供出。杨供："李喜儿是我贼中徒弟，我鸡奸过的"。李供："……后认杨二为贼中师父，他曾把我鸡奸数次"。④军中犯鸡奸行者，皆因老兄弟奸了小兄弟或新兄弟，后者不敢举报。私行奸淫的逃逸者，被抓获或被举报必受惩处，这肯定也是论者不争的结论。

然而，被太平军首领认可的男女之事当时是不被算作违纪，为什么得到上级允许的行为不在军纪惩处之列呢？这个问题至今学界未见有文论

① 龚浍：《耕余琐闻》癸集，抄本，张守常：《太平军北伐资料选编》，齐鲁书社 1984 年版，第 284 页。
② 《津门闻见录》，引自来新夏主编：《天津近代史》，南开大学出版社 1987 年版，第 40 页。
③ 陈思伯：《复生录》，《近代史资料》1979 年第 4 期（总 41 号），中华书局 1980 年版，第 40 页。
④ 《总理巡防事宜处奏报》，《近代史资料》总 65 号，中国社会科学出版社 1987 年版，第 24—25 页。

及。实际上太平天国北伐军存在着给立功人员指配女人的做法。《京城巡防处奏审录马二雪供词折》记载:"李贼目说我打仗出力,给我一个女人"。[1]《京城巡防处奏审录王泳汰供词折》,也记载说:"贼目见我有用,随给了我两个女人"。再如,直隶定兴县籍郝馨,也承认太平军有这种做法,他说:太平军曾派他"来京探听各城官兵多少,并看明道路,回去报信。给我朦(蒙)汗药,再来京往各处井内抛洒,应许将此两差干完,回去再给我一个好女人"。[2]《巡防东路大臣来文》称:在静海"拿获贼妻二名"。[3]由于北伐军出征不带家眷,未设女营,显然,这里所指的妇女均为当地妇女,他们是被指配给军中立功之臣为婚的。实质上这种"发女人"被太平军视为"合法的男女关系",故受到庇护。虽然,在北方战场获得如此奖赏的功臣实属极少数,属罕见现象。毋庸讳言,太平军以这种方式占有当地妇女的行为也是带有强迫性和掳掠性的。因此,可以说尽管北伐军的禁奸淫的纪律极为严格,实际上,却是禁欲与纵欲并存的。

三　禁抢掠

太平天国在北方战场上如何对待平民财产的问题,也是群众关系中的一个重要话题。但是,首先应该区别"公"、"私"两种情况,两者虽然都涉及群众关系,但在性质上存在一些原则差异。

其一,是为解决部队给养,从沿途地方收缴粮草军饷等物资充公的行为,这种情况不被太平军视为违纪之举。北伐前期,太平军军需粮饷主要来自沿途攻克的官署府库和富绅的"进贡",以及对地主豪绅们的"打先锋"。到滁州,"劫掳仓库,抢掠典铺"。[4]到了凤阳,"惟道库储银三千二百

---

[1]《京城巡防处奏审录马二雪供词折》,中国第一历史档案馆编:《清代档案史料丛编》第5辑,中华书局1980年版,第181页。

[2]《联顺等奏报拿获从敌之郝馨等犯请交巡防处严讯折》,中国第一历史档案馆编:《清政府镇压太平天国档案史料》第13册,社会科学文献出版社1993年版,第396页。

[3]《巡防东路大臣来文》(二),中国第一历史档案馆编:《清代档案史料丛编》第5辑,中华书局1980年版,第193页。

[4] 奕䜣等修,朱学勤等纂:《剿平粤匪方略》中国书店1985年影印本,第35卷,第11—12页。

余两，谅被贼掳"。①进驻怀远停留的三日，"遣贼党分赴各乡索贡献"，②除银两和粮食等物资外，还向豪绅手中索取在北方战场作战的有力工具——马匹等，勒令"孙、宋诸富室献骡马千头，得以免死"。③在直隶沧州，"常平义仓谷石均被贼匪肆行分抢，驿号马匹悉行抢去"。④

其二，士兵个体无论是鸡鸣狗盗式的偷窃，还是光天化日下的假冒"打先锋"，将收获物纳入私囊的行为。在太平军有关军纪规定中，无论《十款天条》中的"不好偷窃劫抢"，起义之初的五大军纪之一"秋毫无犯"，还是《定营规条》里的不得"匿金银器饰"，《行营规矩》里的不得"乱拿外小"，不得"掳掠财物及搜操药材铺户并州府县司衙门"，都是针对这种士兵个体行为而言的。执行军纪处罚的对象，也是抢掠纳入私囊的行为者。由于这种将收获物纳入私囊的行为不仅破坏群众关系，更是与太平天国圣库制度背道而驰的，所以是必须严加禁止的。

洪秀全曾为此在长沙发诏令："通军大小兵将，自今不得再私藏私带金宝，尽缴归天朝圣库，倘再私藏私带，一经查出，斩首示众"。⑤太平天国开辟北方战场之后，北伐军执行该项军纪也是十分坚决的，有北伐太平军的供词为证，"在营中每十日收查一次，如有银钱，贼便说不遵天父命，是别（变）妖，用竹竿打脊背，再重则杀"。⑥在正常情况下，一般对平民百姓的物品，特别是那些善待太平军的地方，则"不准擅取一物，违者立斩"。⑦

评价太平军禁抢掠军纪执行情况时，必然涉及怎样从民众那里获取军

---

① 李嘉端：《凤阳失守查明文武下落折》，张守常：《太平军北伐资料选编》，齐鲁书社1984年版，第196页。

② 方濬颐：《梦园丛说》，中国史学会主编：《中国近代史资料丛刊——捻军》第1册，上海人民出版社、上海书店出版社2000年版，第387页。

③ 耕石老农：《皖碧吟》，太平天国历史博物馆编：《太平天国史料丛编简辑》第6册，第430页。

④ 陈钟祥：《沧州满汉文武官绅被难情事状》，张守常：《太平军北伐资料选编》，齐鲁书社1984年版，第426页。

⑤ 洪秀全：《严禁私藏私带金宝诏》，太平天国历史博物馆编：《太平天国文书汇编》，中华书局1979年版，第37页。

⑥ 《张维城口述》，《近代史资料》1963年第1期（总30号），中华书局1963年版，第15页。

⑦ 陈思伯：《复生录》，《近代史资料》1979年第4期（总41号），中华书局1980年版，第39页。

需供给的方式问题，这是讨论群众关系的一个新问题。"民众"的概念在执行军纪中是存在区别和差异的。要深入讨论太平军的群众纪律，必须明白太平军纪律涉及的"民众"概念，它在不同条件下是会有所区别的。"民众"，即百姓。是指居住在城镇、乡村的居民，包括农工商各个职业的人及组成的家庭，他们可能是穷人也可能是富人，但是主要是交战中的中立者，绝对不包括清朝政府、军队的各级政权官员。所以说，"禁杀戮"与"禁焚掠"两项规定中所涉及的官与民概念，是不完全一致的。

禁杀戮军纪中明确为"只杀文武兵勇"，"不害百姓"，这里的百姓指所有的"民众"，既有富民，也有贫民。只要是善待太平军的人，包括不反抗的富民也能保证人身安全，不将其伤害。例如，前文提及太平军在山西，"客商迎降，林逆下令保全"。总之，民众不是杀戮的对象和目标。

禁焚掠中的"民众"与前者有所不同，存在富与贫的区别。富民被要求"进贡"，或被当成打先锋的对象。富民如果拒绝"进贡"，便不再被列为保护对象，如果打先锋遇到富民抵抗，甚至不能保全他们的生命。学者们认为，打先锋之类的行为，"都是太平军的政策所允许的，当不属违反太平军群众纪律的范围"。①打先锋是以维护太平军生存的集体利益为依据，由上级命令而决定，且收获归公，当然有别于个人抢掠的违纪行为。

"群众纪律"是"群众关系"的一个方面，两者不是完全一致的东西，并不能画等号。群众纪律是为维护北伐军整体利益，用以保证各项军事行为顺利进行，要求每个成员共同遵守的规定，群众纪律的一些规定是服从于政治、军事斗争需要的。处理群众关系的原则受政策因素影响，军纪受到政策所左右，政策允许的行为不属违反群众纪律之例，因纪律规定本身不限制政策允许的行为。太平军打先锋的行动中，含有"劫富济贫"的政治因素，这是太平军政治目标的一部分，也是由军事斗争客观现实所决定的，因此，它实际上超越了军纪的范畴。

---

① 张一文：《太平天国军事史》，广西人民出版社1994年版，第302页。

第五节　北方战场的军纪评价

一　公允评价北方战场的破坏责任

在太平天国北伐战争中，北方群众遭受了一定的灾难，但是战争中人员和财产的直接损失，并不能全部算在太平军头上。目前人们能够见到的大多史料，特别是地方志，都将某地兵燹之后所遭破坏的范围和程度描述一番之后，往往皆把这些破坏责任全都算在太平天国北伐军头上，确实有失公允。公正的历史应该既不回避太平军军纪的某些局限性和执行军纪的失误，也不能简单地各打五十大板，要客观判别对平民百姓纪律的真实状况，搞清楚到底扰民毁民的行为何者为最，其程度如何。

通过上文对太平军群众纪律禁杀戮、禁奸淫、禁焚掠财物三个主要方面实态的考察和分析，可以得出一个肯定的结论，即太平天国北伐军尽管在群众纪律的三个主要方面存在一些局限性和失误，但是农民军已经尽了最大努力在严格要求自己，已经在军纪规定的广泛和详细程度上，在军纪执行的坚决和严格程度上，超过了以往的农民起义军。正如北伐军陈思伯在《复生录》中记述的一样，太平军执行军纪是非常严格的，"有犯奸淫、并杀降人及无故焚毁民房者，皆斩不恕。初立伪令，未尝不严也。"[1]而对贫苦百姓生命财产造成的直接损失要少于清军、小于清军。清朝官员毛鸿宾的议论印证了这一结论，他说："用兵剿贼，所以卫民，乃使民间畏兵甚于畏贼"。[2]这从另一个角度充分说明老百姓认为清兵是毁民扰民的主要方面。撇开清政府黑暗统治引发人民反抗的政治原因不谈，作为军事交战方

---

① 陈思伯：《复生录》，《近代史资料》1979 年第 4 期（总 41 号），中华书局 1980 年版，第 37 页。
② 《毛鸿宾奏参胜保折》，中国第一历史档案馆编：《清代档案史料丛编》第 5 辑，中华书局 1980 年版，第 218 页。

的清军，给北方人民生命财产造成的人为破坏，也是极其巨大的。陈善钧在《癸丑中州罹兵纪略》中的看法，既委婉又一针见血，他说："贼之入豫境也，计失府城一，州县二十。虽逆贼尚不嗜杀，而其间之家破人亡，不堪思议。即余与少鹤仙舟之家，虽未遇贼，而家室已空，殆有甚者焉，其堪设想耶？"①而礼科掌印给事中毛鸿宾揭露的就更直白坦率，他说："兵勇在外掠人财物，淫人妇女，无所不至。甚或执持器械，结党骑马，白昼闯入庄村，纷纷攘夺，远近二三十里，无得幸免"。②清朝的礼部尚书、军机大臣李棠阶，在当年的日记中是运用历史对比的表达方式来记述他所思所想所见所闻的："七月初一日以后至九月杪，家居。阅《新唐书·列传》及北周、北齐、隋、宋、南齐、梁、陈诸史，至名将用兵，智勇沉奋，攻无坚城，战无劲敌，未尝不击节称快，大抵皆军纪严明，信赏必罚，身先士卒，与共甘苦，而于居民则秋毫无犯，故兵畏民怀，所至成功。今官兵所过之地，往往掠人车马财物，扎营左右村庄皆被骚扰，黑龙江兵尤甚，打仗则闻炮则遁，惟日肆搜掠，至民间桌椅门窗鞋袜等物零星杂货，皆掠卖之，竟至成市"。③

二　恰当区分直接损失与间接损失

在北方群众的伤亡和财产损失中，相当大的一部分不是由作战双方军事行动直接产生的，而是由于战争的间接因素造成的，它与太平军军纪并无关系。最主要的间接因素之一，是太平军扫荡北上沿途的省府州县之后，清政府地方官吏亡的亡，逃的逃，统治机构陷入瘫痪状态。地方社会秩序失控形成的人员伤亡财产损失，比作战人员造成的直接损失并不少。许多地方都是"贼去后，官兵搅扰，土匪抢掠，凡属富民铺户，无不受

① 陈善钧：《癸丑中州罹兵纪略》，中国史学会主编：《中国近代史资料丛刊——太平天国》第5册，神州国光社1953年版，第176页。
② 《毛鸿宾奏参胜保折》，中国第一历史档案馆编：《清代档案史料丛编》第5辑，中华书局1980年版，第217页。
③ 李棠阶：《李文清公日记》，第13册。张守常：《太平军北伐资料选编》，齐鲁书社1984年版，第273—274页。

伤，而当铺为尤甚"。① 尤其是不能及时恢复统治秩序的地区，遭受损失的程度更大，时间更长。如沧州"自九月二十五以后一月无官，居民纷纷逃避，土匪乘间掠取财物者指不胜屈"。② 河南学政张之万曾在奏折中汇报过这种情况，他说太平军途经的城池失守后，待"贼已窜去，而地方村镇犹然劫夺；或城未失守，贼本未来，而本处典当已经焚掠；且有贼去已远，而奸民以抢夺为得计，造作讹言，恐吓居民，乘机复抢者，此致各州县富户商贾皆受此害。"③ 间接损失范围要比直接损失更大，"自逆匪入直以来，非特蹂躏之区土匪乘机肆抢，其附近地方亦有奸民闻风攘夺"。④

三 客观看待军纪实态与战争后果

历史上任何一支军队都不能完全脱离与百姓的关系，群众纪律不仅反映军队的宗旨，体现其特定的道德原则和精神，还能在一定程度上影响到军队的战斗力。群众纪律是太平军整个军纪的一部分，是仅次于军事纪律之后的一种对外自我约束的规定。但是，群众纪律执行如何，并不是确定战斗力的第一位的因素。故此，史学家不应任意夸大群众纪律实态对战争结果的作用。也就是说，良好的军纪是处理群众关系的润滑剂，它能起到养护齿轮的作用，可以影响到一部机器齿轮的灵活性和旋转速度，决不能改变齿轮自身的质量及旋转方向。同样的道理，太平军北伐战场军纪执行得再严明，也不能决定这场战争的胜负。反之，北伐军的最终失败，也不能归结为太平军群众纪律执行有重大失误。战争胜负是由综合因素所决定的，军纪只是其中一个因素而已。

---

① 崔晓然等修，杨笃纂：《潞城县志》卷4，《杂述》，光绪十一年刻本；张守常：《太平军北伐资料选编》，齐鲁书社1984年版，第358页。
② 陈钟祥：《沧州失守后地方情形状》，《夏雨轩杂文》卷2。张守常：《太平军北伐资料选编》，齐鲁书社1984年版，第427页。
③ 张之万：《严惩土匪以靖地方折》。张守常：《太平军北伐资料选编》，齐鲁书社1984年版，第377页。
④ 《桂良奏覆各属查拿土匪奸细及办理团练情形折》，中国第一历史档案馆编：《清政府镇压太平天国档案史料》第12册，社会科学文献出版社1994年版，第73页。

第六章
太平天国北方战场的军械粮草

　　俗话说，兵马未到，粮草先行。太平天国北方战场上，孤军深入的北伐军不仅要拼作战能力，更需要拼武器粮草供应。太平天国时期，已经处在冷热武器并用阶段的末期，那么在北方战场上，太平军最基本的武器构成是怎样的？北伐军具备何种最先进或最重型的武器？北伐军为保证部队战斗力是如何筹措后勤军需的？北伐军与北方百姓之间的粮草交易果真像学者们所说的是"平买平卖"吗？究竟北方战场上有没有"吃人"的史实证据？那些令人毛骨悚然的悲惨恐怖现象是如何出现的？

第一节 北方战场的武器装备

一 武器使用种类

太平天国在北方战场使用的武装分为两种，即冷武器和热武器。

所谓冷武器，即指在战斗中不带有火药、炸药或其他燃烧物等可以直接作用于杀伤敌军的器物，其性能基本都是以近战搏杀为主。冷武器主要是金属和竹木等材质的，按冷武器结构形制，又可分为短兵器和长兵器，例如短刀、长矛。刀、矛、棍等传统冷兵器，构成了北伐太平军的最基本的战斗武器。

刀

刀，太平军的隐语称刀为"云中雪"。刀又分为大砍刀、小匕首，冲锋陷阵的用大刀搏杀，侦察员一般带短兵器易于隐身。匕首、短刀等由于便于携带，太平军又称为"顺子"。曾国藩的情报官张德坚说：太平军将"短刀改称顺子"。[①]太平军王自发带领杨井山外出寻找粮米、柴草时，"我身带尖刀，手持长枪"。[②]刀是太平军使用的最基本武器，而且作战中也有威力，在直隶献县入伍的贾大说，"跟随贼匪打仗七八次，我都用刀，共砍死官兵二十余名。"[③]

长矛

长矛，即指扎枪。这是一种由金属头与木杆组成的长武器，又称作

---

① 张德坚：《贼情汇纂》卷5，中国史学会主编：《中国近代史资料丛刊——太平天国》第3册，神州国光社1953年版，第150页。
② 《僧格林沁咨呈审录王自发供词文》，中国第一历史档案馆编：《清代档案史料丛编》第5辑，中华书局1980年版，第176页。
③ 《京城巡防处奏审录贾大王四供词折》，中国第一历史档案馆编：《清代档案史料丛编》第5辑，中华书局1980年版，第184页。

"长枪",是太平军最主要的冷兵器之一。长矛分为两部分,即矛头、矛杆,后者又叫"挑子",平时两者处在拆卸状态,矛头在行军时也便于携带,矛杆又可以挑东西或当拐棍,警戒时或准备打仗时才组合在一起。但是,打仗时不准"有枪无杆"。太平军中有不少人都使用长矛等冷武器,而且要接受一定的训练,"叫学杆子、学刀",①必须掌握基本要领。在直隶深州参军的王合儿说,在打仗前"给我铁头长枪一杆,跟他们在献县打仗一次,扎死乡勇一名"。②

竹枪

竹枪,即用竹器制作的扎枪型武器。由于金属冷武器数量不多,在当时北伐时期并不能满足太平军的使用需求,只能"揭竿而起",将竹竿一头削成尖状使用,称作"竹枪"。例如,山西阳曲县陈敬文参军后没有发给钢刀或铁枪,便使用了竹枪,"贼令随同打仗,该犯用竹枪又扎了一人"。③又如,在独流被裹胁入伍的李秋儿,"随贼打仗七次,用竹枪扎过身穿红黄坎肩的官兵五人"。④再如,在独流入伍的魏帼安说,他于十二月十八日参军,"十九日夜,王姓给我竹竿枪,叫我跟他打仗。我扎了练勇二人,一个带伤跑了,一个当时死了"。⑤

棍

棍,也叫作"棒"或"梃",是无刃的兵器。大小形状不同,又分为大棍、齐眉棍、梢子棍等,在棍的前方加个梢子头,即为梢子棍。作战中棍的杀伤力要小于大刀、扎枪,但是攻击范围大于大刀、扎枪。例如,太

① 《文瑞乌尔棍泰奏审杨长儿供词折》,中国第一历史档案馆编:《清代档案史料丛编》第5辑,中华书局1980年版,第186页。
② 《京城巡防处奏审录王大供词折》,中国第一历史档案馆编:《清代档案史料丛编》第5辑,中华书局1980年版,第179页。
③ 《乌尔棍泰奏审李春业陈敬文供词折》,中国第一历史档案馆编:《清代档案史料丛编》第5辑,中华书局1980年版,第172页。
④ 《乌尔棍泰奏审录李秋儿寇希智供词折》,中国第一历史档案馆编:《清代档案史料丛编》第5辑,中华书局1980年版,第173页。
⑤ 《京城巡防处奏审录魏帼安供词折》,中国第一历史档案馆编:《清代档案史料丛编》第5辑,中华书局1980年版,第178页。

平军杨可望在入伍后，"给我短梢子棍二根"，以后"共打了七仗。我用稍
（梢）子棍打死官兵二个，打伤官兵四个"。①

所谓热武器，即直接利用火药或其他化学反应的能量起到伤害作用的
各类武器，它与冷武器相比，不仅扩大了远距离杀伤能力和杀伤范围，而
且提高了杀伤速度和增强了杀伤威力。太平天国北伐时期，虽然已经处在
冷热武器并用阶段的末期，北伐军却很少能接触到洋枪洋炮等新式火器，
他们拥有的热武器依然局限在以黑火药或无烟炸药作为推进燃料为主，所
以主要是局限为传统的旧式火器。但并非绝对，太平天国北方战场上也有
极少数的洋枪、洋炮。例如，清军在安徽亳州与太平军作战时，就曾夺获
洋枪一杆，②而且也有英夷大炮。北伐太平军的主要旧式火器有火枪、喷筒
火弹、火炮、炸药包等。

鸟枪

鸟枪，是一种较为轻型的火器，太平军称之为"营枪"、"小炮"。"小
炮馆"即太平军的鸟枪队。形状较小的鸟枪，称为短枪，或手枪。太平军
王二格曾供述：在独流时，"跟随贼匪与官兵打仗，给了我鸟枪一杆。我用
鸟枪打死穿红边马褂官兵二人"。③

抬枪

抬枪，是一种重型鸟枪。它比鸟枪更长、更重，它的药量、射距、杀
伤力都高于鸟枪，使用时由两人操作，一人负责架枪，即将枪身扛在肩
上，另一人负责瞄准发射，故此叫作"抬枪"，也称作"抬炮"。太平军将
抬枪称为"长龙"，据《见闻录》记载说：太平军"有长龙馆，每一人安子
药，一人点火，一人背负而放"。④太平军在静海一次作战中缴获清军的"抬

---

① 《京城巡防处奏审录杨可望杨起信供词折》，中国第一历史档案馆编：《清代档案史料丛编》第5辑，中华
书局1980年版，第177页。
② 李嘉端：《查明亳州失守文武情形折》，张守常：《太平军北伐资料选编》，齐鲁书社1984年版，第206页。
③ 《京城巡防处奏审录王二格供词折》，中国第一历史档案馆编：《清代档案史料丛编》第5辑，中华书局
1980年版，第182页。
④ 余一鳌：《见闻录》，太平天国历史博物馆编：《太平天国史料丛编简辑》第2册，中华书局1961年版，
第126页。

枪二十余杆，手枪七八十杆"。①

喷筒火弹

喷筒火弹不同于火炮，它不是发射后以其爆炸力杀伤敌人，而是发射带有明火的弹头引燃敌方的设施。例如，太平军在束城的战斗中，就曾引燃了僧格林沁大营的房帐，给清军造成极大惊慌。"该逆复由村后，抄入营内，迭用火弹抛入，以致燃烧房帐，兵心未免惊慌"。②太平军在冲锋时，往往会使用火弹向清军前沿发射，以压制住清兵，便于进攻。太平军经常使用喷筒火弹发挥不同的作用，有时就是为了骚扰清军。正如，僧格林沁所说，"用喷筒火弹连掷，意在惊扰我军"。③在与清军交战中，火弹的威力主要在于威慑，往往会造成官兵胆战心惊，不知所措。张集馨在《归田杂咏》中，回忆与北伐军作战的经历时，依然对喷筒火弹感到惊心动魄。"贼临阵而善用火弹喷筒，我兵每致败。散如鸟兽，万余人弃甲倒戈，决若江河，顷刻间追魂摄魄。"④有的火弹药量极大，具备很强的爆炸冲击力，也可对敌方兵力构成一定杀伤作用。例如，在攻打沧州之时，太平军曾"抛放火蛋，焚烧火药，官兵多被震死"。⑤有时也将喷筒火弹用作联络信号，太平军称喷筒为"花筒"。

火炮

太平军称大炮为"羊椿"，这是太平军使用的一种最重量型的武器，所以倍加爱惜，在一般性的战斗或平时打仗，北伐军都不舍得用，只有攻打城池时才会发挥其威力。例如，攻打怀庆府时，太平军"连放大炮攻城，其声焦而亮，殆铜炮也。炮子之大，如卵如拳，自东城飞至西城，作

---

① 《僧格林沁咨呈审录王自发供词文》，中国第一历史档案馆编：《清代档案史料丛编》第 5 辑，中华书局 1980 年版，第 176 页。

② 《僧格林沁等奏报二十六日进攻获胜等情折》，中国第一历史档案馆编：《清政府镇压太平天国档案史料》第 12 册，社会科学文献出版社 1994 年版，第 381 页。

③ 《僧格林沁等奏报连日击退扑营之敌及初一日获胜折》，中国第一历史档案馆编：《清政府镇压太平天国档案史料》第 12 册，社会科学文献出版社 1994 年版，第 397 页。

④ 张集馨：《归田杂咏》，《近代史资料》总 81 期，中国社会科学出版社 1992 年版，第 67 页。

⑤ 陈思伯：《复生录》，见《近代史资料》1979 年第 4 期（总 30 期），中华书局 1980 年版，第 40 页。

鸥溜声。"①太平军张兴保在被俘后的供词中曾透露说，"守城用大炮，打仗不用大炮，恐怕丢了"。②北伐军使用的大炮，并非由自己铸造，主要是从清军手中缴获的。据太平军说，"到洪洞（桐）县，打了胜仗，得有小炮"。③太平军在静海扎住时，还缴获一些重炮。"我们原有大炮四十余个，每个计重二百七八十斤。听说独流打仗，我们得了三千余斤大炮三个，五百余斤大炮五个，抬枪二十余杆，手枪七八十杆，未放的火箭六支"。④北伐军拥有的大炮已经达到了上百门以上，其型号不一，重量也不同，大致可以分为大、中、小三个级别，重量在二百多斤重的约有六七十尊，其中大型的火炮约在五六百斤，约有三四十尊。⑤其中，有"铜炮一尊，炮身镌字系康熙年间封神威将军者，重五百斤"，⑥还有外国造的"英夷大炮三尊"，⑦其他皆为小型的火炮。火炮的威力大小，与装药量有关，太平军的多数火炮装药量不大。"贼中大炮止吃药十二两，不能及远。"⑧太平军在攻打怀庆时，就使用过大型火炮，发挥不小的作用，给守城者形成了巨大威慑。太平军在府城外四处"各支巨铜炮一尊，口大如斗，身长丈余，每用口袋装药二三斗，炮子大如西瓜，内裹小子，名曰'落地开花'，炸开四面轰打"。⑨北伐军中的炮手一般都由专人充任，例如，某卢姓太平军在归德入伍后，"先则抬着朱姓贼目，后来点放炮位"。⑩每尊大炮都配备了专门

---

① 田桂林：《太平军攻怀庆实录》，《近代史资料》总 81 号，中国社会科学出版社 1992 年版，第 87 页。

② 《张兴保供词》，中国第一历史档案馆编：《清代档案史料丛编》第 5 辑，中华书局 1980 年版，第 170 页。

③ 同上。

④ 《僧格林沁咨呈审录王自发供词文》，中国第一历史档案馆编：《清代档案史料丛编》第 5 辑，中华书局 1980 年版，第 176 页

⑤ 据中国第一历史档案馆编《清政府镇压太平天国档案史料》第 9 册，社会科学文献出版社 1993 年版，第 273 页记载："共有大炮六七十尊，皆有二百多斤重"。另据《胜保奏报抽兵前往静海合剿获胜等情片》记载："然尚有五六百斤炮位三四十尊"，见中国第一历史档案馆编：《清政府镇压太平天国档案史料》第 10 册，社会科学文献出版社 1993 年版，第 567 页。

⑥ 丁运枢等：《防剿粤匪》，张守常：《太平军北伐资料选编》，齐鲁书社 1984 年版，第 487 页。

⑦ 《京城巡捕南营探禀》，中国第一历史档案馆编：《清代档案史料丛编》第 5 辑，中华书局 1980 年版，第 189 页。

⑧ 《张维城口述》，《近代史资料》1963 年第 1 期（总 30 期），中华书局 1963 年版，第 16 页。

⑨ 田桂林：《太平军攻怀庆实录》，《近代史资料》总 81 号，中国社会科学出版社 1992 年版，第 91 页。

⑩ 《瑞昌奏报拿获逃敌并请应否前往怀庆进剿折》，中国第一历史档案馆编：《清政府镇压太平天国档案史料》第 9 册，社会科学文献出版社 1993 年版，第 104 页。

的运输保管人员，如直隶蠡县刘进材作为抬炮人员，伴随着长期的放炮声两耳都被振聋。

铅子

铅子，也叫铅码，指太平军的枪炮子弹。因子弹均为铅制，故曰铅子，太平军称之为"元码"。火炮内装铁沙、铅子、铁片等，依靠火药的爆炸力将其发射到敌人的身体上，由此将其伤毙，故此火炮威力甚大。清军分析官兵负伤状况时，发现多数受伤者皆为枪炮火器所为，"所受之伤，系贼用枪装铁片致伤，其余皆系铅子伤"。

先锋包

所谓先锋包，即炸药包，它利用火药爆炸瞬间产生的巨大冲击力，造成敌军士兵伤亡或物体破坏，太平军也将其称之为"先锋袋"。北伐军使用炸药包攻击的目标，主要是摧毁沿途所攻打的城池之墙以及清军的包围工事等。例如，太平军在冯官屯准备冲出重围时，就准备使用先锋包来扫除障碍物。"现在做了几个木排，要放上先锋包等物，从水里推过来，先将官兵树栅拖开，将木排子推至墙下，点先锋包扑营"。①

二 火药配备方式

火药是所有火器都必须依赖的重要原料，太平军称之为"红粉"、"红粮"，它是北伐太平军的最重要军需物品之一。由于火药是制约火器使用的重要因素，太平军为保证部队战斗力，就必须拥有一定数量的火药储备。当时北伐太平军规定，"每军约存火药二千余斤"。②每军皆有军中高官亲自负责管理火药事务。例如，北伐军陈亚末，是广西老长毛，在永安就在杨秀清身边担任办事官，到南京后，"杨秀清叫我做将军，管红粉事务"。③

---

① 《王万有供》，中国第一历史档案馆编：《清代档案史料丛编》第5辑，中华书局1980年版，第175页。

② 《僧格林沁咨呈审录王自发供词文》，中国第一历史档案馆编：《清代档案史料丛编》第5辑，中华书局1980年版，第176页。

③ 《陈亚末供》，中国第一历史档案馆编：《清代档案史料丛编》第5辑，中华书局1980年版，第163页。

北伐军的火药来源，主要有三个途径：

其一，在北方各地收购火药。最紧缺的火药有一部分是通过向民间购买来解决的，太平军特别注意在沿途收购火药及配制的原料。例如，太平军石宝山在静海被俘后，在供词里曾交代说："十二月初一日有贼首王起凤，叫我带领着青皮王平到了北仓老爷庙后头吕大家买了七吊钱的硝。初二绕回的木城。初五日又带领四五个贼人，又买了二十多吊钱硝磺，各用细口袋围在腰里"，①运回太平军的军营。从民间采购火药虽然风险小，但是数量有限，故而时常冒充官兵从出产地大批量购进。太平军在静海扎住期间，曾"潜使奸细赴葛沽镇、王家口一带，冒充军营官兵，采办火药"。②僧格林沁要求地方官员严防"奸细贿买"火药。③但采购火药太平军伪装得十分巧妙，巧妙预防被人怀疑，即便事后被察觉时，太平军已远走高飞了。例如，攻打怀庆前，太平军采购人员提前到火药产地办理交易，根本没有遇到任何麻烦。"先是有贼头充官，备有文书，采买官磺，在县署住有多日，于是日缒城而走，署中人罔觉"。④

其二，自己制造配制火药。据太平军说，他们往往是收集大量原料，自己配制火药。北伐军中也有从事制作火药的专门人员，例如，太平军王万有，"湖南岳州府巴陵县人，熬硝为生。被贼裹去。现在冯官屯跟李开芳当土窿总制"。⑤有充分史料证据说明太平军从山西、直隶的沿途购买过大量的硝磺材料，例如，"该逆前在山西并所过地方，掳得硝磺不少，仍可随地制造"。⑥"现在贼缺少火药，因前在柏乡一带劫得安徽采买磺斤，日

---

① 《文瑞等奏报续获可疑人犯石宝山请伤交巡防处审办折》，中国第一历史档案馆编：《清政府镇压太平天国档案史料》第 12 册，社会科学文献出版社 1994 年版，第 249 页。

② 《胜保奏报抽兵前往静海合剿获胜等情片》，中国第一历史档案馆编：《清政府镇压太平天国档案史料》第 10 册，社会科学文献出版社 1993 年版，第 567 页。

③ 《僧格林沁奏覆绥远城兵仍照胜保原咨办理片》，中国第一历史档案馆编：《清政府镇压太平天国档案史料》第 10 册，社会科学文献出版社 1993 年版，第 570 页。

④ 河南省档案馆：《太平军围攻怀庆史料二则》（一），《档案管理》1991 年第 6 期。

⑤ 《王万有供词》，中国第一历史档案馆编：《清代档案史料丛编》第 5 辑，中华书局 1980 年版，第 174 页。

⑥ 《胜保奏报抽兵前往静海合剿获胜等情片》，中国第一历史档案馆编：《清政府镇压太平天国档案史料》第 10 册，社会科学文献出版社 1993 年版，第 567 页。

在城中配制火药"。制火药需要有专门场地，包括碾压木炭的石磨等设施，太平军称作"碾棚"。甚至李开芳所部在冯官屯坚守期间，仍然能够继续自己制造火药。据出逃太平军介绍，"现在火药缺少，即用带来的硝磺、熬硝、烧炭配造火药。每日约造火药百余斤"。①"磺"是配制火药的主要成分之一，太平军称"硫黄曰米碎，亦曰米石"。平时非常注意这些原料的收集，"磺多是到地方得的，买的不多，没有时，也用酒做，（效果）不好"。②"硝"有时是用土熬制而配成的。③配制火药的工作，"俱归总制所管"。由于火药是重要的军需物品，对太平军有非常重要的实际价值，因此在选择退守据点扎住时，除要考察有无粮草保证之外，再就是必须要保证有制造火药的基本条件。无论北伐前期太平军选择攻打怀庆，还是后期选择困守高唐，都是出自考虑了驻地能否保障制作火药的因素。因"（高唐）地本产硝，淋硝制药之具，城中俱备，贼遂得恃以为固"，"城中粮草、军火、器械均为贼有"。④

其三，在各地与清军作战中或火药库缴获。正如詹事府少詹事卓保所说，"查贼伺粤西起事以来，所用火药，大半出自抢掠"。⑤北伐太平军在河南归德府，五月初九缴获"红粉贰万有余斤，铁炮无数"，五月初十日，"得红粉又有贰万余斤"。⑥在独流期间，曾截获过清军一船的火药，"本年十月二十二日，小的与官兵运火药路过独流，被贼将小的连火药船只全裹进木城去了"。⑦太平军还把敌人的火药库列为重要攻击目标，据史料反映，

---

① 《僧格林沁呈审录王自发供词文》，中国第一历史档案馆编：《清代档案史料丛编》第 5 辑，中华书局 1980 年版，第 176 页。

② 《李开芳又供》，中国第一历史档案馆编：《清代档案史料丛编》第 5 辑，中华书局 1980 年版，第 167 页。

③ 《张兴保供词》，中国第一历史档案馆编：《清代档案史料丛编》第 5 辑，中华书局 1980 年版，第 170 页。

④ 《胜保等致京城巡防王大臣信》，中国第一历史档案馆编：《清代档案史料丛编》第 5 辑，中华书局 1980 年版，第 212 页。

⑤ 《卓保奏陈慎用火药以重军需折》，中国第一历史档案馆编：《清政府镇压太平天国档案史料》第 10 册，社会科学文献出版社 1993 年版，第 515 页。

⑥ 《清军缴获的林凤祥等报告北伐战绩的禀文》，中国第一历史档案馆编：《清代档案史料丛编》第 5 辑，中华书局 1980 年版，第 156—157 页。

⑦ 《文瑞等奏报续获可疑人犯石宝山请饬交巡防处审办折》，中国第一历史档案馆编：《清政府镇压太平天国档案史料》第 12 册，社会科学文献出版社 1994 年版，第 249 页。

北伐军曾策划过抢劫香山火药库的作战方案。难怪有的清吏对此事忧心忡忡，"唯虑贼既制造不暇，又复抢掠不得，贿买不得，若知我军营火药安放之所，难保不别生奸计"。①

由于火药被太平军视为最重要的军用物资，其他任何物品都可以舍弃，唯独火药会受到格外重点保护，甚至配制火药的原料也要分散保管。北伐军"沿途见有硫黄，大家分带"，保管工作都是落实到具体人。例如，太平军陈登心"供系湖北人，在贼营充当伍长，并管火药"。②作为太平军火药保管者，必须随身携带，不得丢失，即便是出现紧急状态，也不得有任何闪失。火药的运输是分散携带，每个指定人员"用口袋装着，围在腰内"。③从高唐撤退时，"现在贼众各将火药、硝磺分带身边，欲乘黑夜扑围窜逃"。④由于途经河南时，曾发生过遭雨水淋湿致使火药失效的事件，当太平军逼近汴省"是晚雷雨风雹大作，将贼营火药打坏。十三日早围城，贼枪炮无多，又无火药"。⑤所以，日后太平军非常注意火药的防潮湿处理，一般不再将其存放于露天。由于火药易燃、易爆属性，太平军特别注意保证其安全。一旦出事故，不仅宝贵的物资要遭到严重损失，太平军人员也会受到伤害。有一次清军炮火正好落在太平军营房火药库，使千辛万苦积蓄的一些火药丧失殆尽。太平军唐庆伦在供词中说，"昨夜，贼内存火药碾棚，被大炮打透，将火药全都烧毁。烧了七、八间厂棚，烧伤二十余人，烧死五六十人"。⑥北伐太平军吸取了此次经验教训，于是将火药全部放置地下保管，以免再次遭受清军的炮火袭击。例如，有太平军说："火药，怕

---

① 《阜保奏陈慎用火药以重军需折》，中国第一历史档案馆编：《清政府镇压太平天国档案史料》第10册，社会科学文献出版社1993年版，第516页。

② 《桂良奏请将迟解奸细之东明县令丁学易交部议处片》，中国第一历史档案馆编：《清政府镇压太平天国档案史料》第9册，社会科学文献出版社1993年版，第538页。

③ 《绵愉等奏报审拟被胁代买火硝人犯石宝山一案情形折》，中国第一历史档案馆编：《清政府镇压太平天国档案史料》第12册，社会科学文献出版社1994年版，第293页。

④ 《胜保等奏报高唐进攻未下并筹办由地道完竣惄期折》，中国第一历史档案馆：《清政府镇压太平天国档案史料》第17册，社会科学文献出版社1995年版，第2页。

⑤ 张之万：《贼匪由巩渡黄宜严防各渡折》，张守常：《太平军北伐资料选编》，齐鲁书社1984年版，第257页。

⑥ 《唐庆伦供词》，中国第一历史档案馆编：《清代档案史料丛编》第5辑，中华书局1980年版，第174页。

官兵放火箭烧了，都埋在地下，用油纸包裹"。①

第二节　北方战场的军械装备

一　攀墙登城的器械

长梯

云梯是用于攀越城墙攻城的器械之一。"云梯"，即指较高较长的梯子，也叫长梯，也有的云梯带轮子，可以推动搬运，亦称"云梯车"。云梯是北伐太平军用于攻城或攀爬城墙的主要用具。例如，太平军在围攻怀庆时，"郡城被围两月，贼以云梯攻城"。②北伐军在后期突围时，要想翻越清军修建的土墙，必须借助这类器械才可以快速实现翻越，所以在连镇的太平军都使用了类似的器械。例如，清军在连镇多次缴获太平军使用的这种攀爬器械，据东光县密探报告，"八月初一日二更后，逆匪全股窜扑西南面瑞将军营盘壕堤。我兵暗伏，俟其竖梯闯上时，枪炮矢石齐施两时之久，击毙贼匪约四五百名，尸横遍野，夺获云梯三十余架，档（挡）牌四五十面，枪刀、旗帜甚多。"③据僧格林沁奏折记载，八月二十四日，"该逆分股扑向南面庆祺、桂龄营墙，该营开放连环枪炮，将逆贼击退，得获独木长梯三架"。④

云梯多数是征集于民间，太平军在连镇突围时也临时制造一些简易类器械，曾使用过"布扎木梯"。长梯因不便携带，用完即弃，更多的是交

---

① 《张兴保供词》，中国第一历史档案馆编：《清代档案史料丛编》第 5 辑，中华书局 1980 年版，第 170 页。
② 李棠阶：《李文清公日记》，第 13 册。张守常：《太平军北伐资料选编》，齐鲁书社 1984 年版，第 273 页。
③ 《东光县坐探为攻剿太平军情事送巡防处探报》，《太平军北伐史料选辑》（上），《历史档案》1990 年第 2 期。
④ 僧格林沁：《奏陈逆匪被围倍蹙连次扑冲皆被击回折》，太平天国历史博物馆编：《太平天国史料丛编简辑》，第 6 册，中华书局 1963 年版，第 43 页。

战中被迫丢弃的。太平军在运河水路突围时，也曾借助船载特制长梯作为跨越濠墙的梯蹬，当年九月"二十七日夜，逆匪乘船驶扑东北面穆侯、西大人营盘，抵死闯窜。船载木梯一具，长约五丈余，宽四五尺，船两旁安施转轴，行用大揽扯起，竖立档桅，及扑近濠堤，放揽卧倒，作为梯磴，搭在濠墙，群贼俱持短刀，前以档（挡）牌，遮护攀缘，蚁附而上。"① 在连镇坚守的林凤祥，突围时主要依靠的工具器械即长梯，"贼造长梯为踰墙计，我军夺之，贼计愈穷"。② 无法翻越清军设置的隔离壕墙，最终被僧格林沁围歼于连镇。在冯官屯的太平军也是依靠长梯作为攀越工具的，"据投出两湖人供称，该逆现造木牌长梯，意欲舍死奔扑"。③ 据清军在冯官屯的探报透露，李开芳于当年四月二十七日、二十八日夜间两次抢扑外围炮台突围，被僧王所部开炮压迫退回，但是用于攀墙登城的梯子等器械丢在壕沟之内。"次早，查点壕内，有贼遗弃器械、木梯等物。"④

吕公车

吕公车是一种用于攻城的器械。"吕公"，即指姜尚姜太公，因其受封于吕地，所以尊为"吕公"，相传此车由他最早发明的。其车外安装较为坚固的防护板，车内设有数层空间可以上下，体型巨大，进攻时以牲畜牵拉或车后由人推行。将该车推运至城墙脚下，车顶与城墙达到同等高度，车内士兵便直接攀越城墙，或与守城敌兵交战拼杀。吕公车自古以来被广泛用于军事战争，北伐太平军也把它用做了攻城攀墙的器械，不仅在怀庆战役中使用，而且在连镇、高唐、冯官屯等处突围时，为了攻破清军包围的濠沟和土墙，也根据现有材料制造过不同类型的吕公车。例如，在连镇时，林凤祥为了能够突破僧格林沁的封锁障碍，临时制作了一些吕公车。

① 《沧州坐探为官兵攻剿连镇太平军情事送巡防处探报》，《太平军北伐史料选辑》（上），《历史档案》1990年第2期。
② 李鸿章修，黄彭年纂：《畿辅通志》卷132，《前事略》2，光绪十年刻本；张守常：《太平军北伐资料选编》，齐鲁书社1984年版，第373页。
③ 《僧格林沁军营抄存谕折稿》，《僧王奏稿》第5册。张守常：《太平军北伐资料选编》，齐鲁书社1984年版，第131页。
④ 《茌平县探报》，中国第一历史档案馆编：《清代档案史料丛编》第5辑，中华书局1980年版，第210页。

据连镇出逃人员供述，"贼匪屡次受创，万分情急，兼之粮米缺乏，仅食黑豆，即欲舍死奔扑，现在贼巢制造吕公车二十余座，定于初十日前后狠命向北面奴才僧格林沁营奔扑"。[①]

据太平军陈思伯《复生录》的记载，当时制作的吕公车上配有攻击性的火器，该车"丈余长梯，左右列巨铁钩各一，梯上设一木箱，藏人抛放火球，梯下两大车轮，又有宽板梯如桥，推至城脚，借车可填濠沟，竖起长梯，钩搭城上，贼由板梯桥上，仰攻登城"。[②] 这种辅助性器械在作战实践中，对破解清军的围剿工事发挥了一定功效，"此车用过两次，官军深受其害"。[③] 但是，由于吕公车体重型大，制作起来比较困难，组装拆卸十分复杂，而且活动不太灵便，"贼营所做吕公车，前推容易，拉回极难，最怕重濠，揆之贼情，此时既已造成，未即冲扑者，谅因防守周匝，是以迟疑不敢轻试"。[④] 所以，太平军由于条件限制，在较为激烈的战斗中轻易不用吕公车，而且很难将其作为常规器械使用，只有万不得已才会使用。

二　越河跨沟的器械

船舶

船是太平军重要的渡河工具和水上交通工具，在北方战场上使用过的船只种类非常多，功能亦非常复杂，有轮渡船、运煤船、渔船、商船、满江红坐船、舢舟等。经研究发现，北伐太平军使用的所有船只都不是自己专门制造的，主要是来自征用民船，或缴获清军的船只。

太平军北上渡过淮河、黄河、滹沱河等河流主要依赖的是船只。挺进到直隶泊头抵达了大运河，自此向北直至天津一带的广大地区，均处在海河水系的包围之中，各条河流构成了交通运输的重要通道，特别是逼近天

① 僧格林沁：《奏陈连镇军营续获胜仗折》，太平天国历史博物馆编：《太平天国史料丛编简辑》第6册，中华书局1963年版，第46页。
② 陈思伯：《复生录》，《近代史资料》1979年第4期（总30期），中华书局1980年版，第44页。
③ 同上。
④ 僧格林沁：《连镇节次接仗歼毙多匪并现在贼势情形折》，太平天国历史博物馆编：《太平天国史料丛编简辑》第6册，中华书局1963年版，第46页。

津以后，太平军对船只的需求明显有所增加。当时天津官绅为阻止太平军进攻扒开了城外运河河堤，决堤后城南一带很快变成一片汪洋，许多村庄被淹没。吴惠元在《天津御寇纪略》中记载说："弥望汪洋，歧途皆为水没，仅余大道，津城西南亦然"。①此时所有交通运输都离不开水路，作战双方对水路交通工具的争夺十分激烈，船只必然会成为了太平军的重要器械。"运河内亦有贼船，已夺得十余只，烧毁十数只，此船不能多也"。②

北伐军前锋抵达天津杨柳青后，与独流根据地的军资运输也是主要依靠船只。胜保赶到杨柳青时，"即见四处起火，尘烟障天，见有船桅数十停泊河干，纷纷贼众搬运粮石上船"。③同日，清军将领庆祺在奏折中说，"遥望豫河之内，往来樯帆不断，因系逆贼与杨柳青互相联络。"④太平军驻扎的独流镇河道较为密集，子牙河与大清河在其西北汇合，所以，北伐军在海河流域利用船只与围剿清军在水上发生了许多次的交战。据庆祺奏报说：咸丰三年十月初十，"是日清晨，见该逆河下驶船南窜，该弁兵等齐声呐喊，向前截船。其前路行走之湖广划船逆匪及水手等数十人惊慌落水，后有该逆满江红坐船一只，见前船被截，当即扯篷顺风折回。外委刘玉魁正欲凫水向前夺船，见大堤马队贼众蜂拥而来，经砲（炮）船对堤冲放，击毙该匪数十人，余众遁回。刘玉魁遂领天津义勇数名凫水夺获湖广划船三只，挈取黄旗三面，铜锣三面，战鼓一面，即将船只烧毁"。十月十一日，"是日午后，于小引河内见贼船数只窜出，开放五砲（炮），直抵独流街面，贼船已被击回。"⑤

① 吴惠元：《天津御寇纪略》，张守常编：《太平军北伐资料选编》，齐鲁书社1984年版，第457—458页。
② 《周尔墉周士键父子致瑛棨》，《瑛兰坡藏名人尺牍墨迹》第12册，第1信。张守常编：《太平军北伐资料选编》，齐鲁书社1984年版，第454页。
③ 《胜保奏报进剿杨柳青大获胜仗情形折》，中国第一历史档案馆编：《清政府镇压太平天国档案史料》第10册，社会科学文献出版社1993年版，第432页。
④ 《庆祺奏报进逼独流攻剿获胜情形折》，中国第一历史档案馆编：《清政府镇压太平天国档案史料》第10册，社会科学文献出版社1993年版，第434页。
⑤ 《庆祺奏报连日督兵攻剿独流获胜情形折》，中国第一历史档案馆编：《清政府镇压太平天国档案史料》第10册，社会科学文献出版社1993年版，第535页。

木筏

木筏是一种极为简易的水上交通工具，即用有浮力的木材捆绑在一起组成的木排。取材广泛，易于制作，太平军在独流、连镇、冯官屯等地曾制作此种工具，用于运送物资或突破清军水淹的围困。例如，东光县密探发现太平军在连镇"搭做木筏"的行动。再如，太平军在冯官屯准备使用木筏冲出重重大水围困，据唐庆伦供述说，"内有一个木筏子，在东边水里竖著，约有一丈五尺余，五尺来宽。"①

皮水羊

皮水羊是太平军凫水渡河的一种辅助器物，只是在渡黄河时使用过，因为作为当地独有的水上工具，直隶海河流域并不多见。据档案史料记述，北伐军渡黄河时曾有人先期利用皮水羊凫水过河，再将船只划至黄河南岸。开封府派遣的探报人员在报告中说，"探明贼于五月二十一日，由汜水上小口令人骑皮水羊过河，夺取洛河煤船入黄。"②

浮桥

浮桥是将船并列在水面并用绳索链接而组成桥梁，亦称舟桥。北伐太平军在北方战场曾造过一些不同类型的浮桥，有的浮桥仅仅是作为一种临时性的渡河工具，有的则把浮桥作为一种相对固定的通道。例如，太平军在直隶中部遇到的滹沱河，就是依靠搭造浮桥渡过的，据《畿辅平贼纪略》记载：太平军在藁城界内，"搭浮桥渡河，桥忽中断，取门窗桌凳等连夜修桥"。③大军抵达滹沱河北岸后，即将浮桥放火烧毁。太平军还运用搭建浮桥跨越护城河，例如，攻打怀庆府时，通过"在濠上搭浮桥"的方式，在护城河边将地道直接挖抵城下。再就是太平军挺进直隶泊头，抵达运河沿岸后，也是通过造桥方式，渡过运河的。后期太平军退守连镇时，为了将运河两岸的太平军营垒连成一体，"用船架两座浮桥，外列小营五座，

① 《唐庆伦供词》，中国第一历史档案馆编：《清代档案史料丛编》第5辑，中华书局1980年版，第174页。
② 《陆应毂奏报敌大股渡河现督兵驰赴郑州会剿折》，中国第一历史档案馆编：《清政府镇压太平天国档案史料》第7册，社会科学文献出版社1993年版，第422页。
③ 佚名：《畿辅平贼纪略》，《近代史资料增刊——太平天国资料》，科学出版社1959年版，第68页。

为犄角势",^①从而使这两座浮桥起到了沟通东西连镇的关联作用。

冰车

冰车是太平军为适应北方河道冰面作战需要,而制造出的一种特殊军用器械。冰车的结构为"高宽各五尺,内外木板,中空一尺,以书实之,每车列炮眼二,下有圆铁小轮四,左右用铁环钩管。"^②1853 年的冬天,北伐军分别驻扎在静海和独流时,制作了 24 架"冰车"。它的功能主要是在冰上跨越河沟,冰车上带有捆绑着稻草的长木板,遇到冰面上的水沟,将长木板放入水面,由于天寒地冻,稻草沾水后很快就容易结冰,稍等片刻木板即可冻成一座冰桥,太平军便可越过水沟长驱直入。当时与北伐军对垒的三个清军营地,全部驻扎在停泊于湖面的百艘船只上,其军营之外,破冰为沟,以作防护。太平军在当年的除夕之夜,就凭借着 24 架冰车,跨沟越界,连破清军三营。"兵民船户皆被戕害,无一逃者。夜半,官军大营尚有赏号冰船八只,不知失守情形,突来被害,船物悉为贼有。"^③

三 防护与指挥装备

挡牌

挡牌是太平军作战时使用的一种防御性的器械,即盾牌,太平军也称为"滚牌",因盾牌多数是用藤条编织的,故此又称为"藤牌"。藤制盾牌有一定的弹性,在抵御刀剑枪斧及矢镞弹丸进攻中,能够有效起到防护作用,所以,太平军打仗时,冲锋陷阵的排头兵一般都用其防身。李开芳在供词中讲到太平军作战的阵法时,曾谈到由手持藤牌的士兵排在前列,"若一千人要分五队,前队藤牌,中间大炮,两边小枪"。^④僧格林沁、西凌阿八月初一日在连镇的作战中,缴获太平军"挡牌四五十面";^⑤九月二十四

---

① 陈思伯:《复生录》,《近代史资料》1979 年第 4 期(总 30 期),中华书局 1980 年版,第 43 页。
② 同上书,第 41 页。
③ 同上。
④ 《李开芳又供》,中国第一历史档案馆编:《清代档案史料丛编》第 5 辑,中华书局 1980 年版,第 167 页。
⑤ 《东光县坐探为攻剿连镇太平军情事送巡防处探报》,《历史档案》1990 年第 2 期。

日的作战中，"得获挡牌三面"；①在十一月初一日的作战中，"得获铁片大小挡牌七个"。②从清军缴获挡牌数量较多的情况判断，挡牌是太平军普遍使用的一种防御性的装备

竹盔

竹盔，即竹编的防护帽，是太平军作战时使用的一种防御性的装备。有竹盔作掩护，可以在作战中有效地减少冷兵器对头部的伤害，太平军也称之为"胜盔"。"贼营竹帽，谓之'胜盔'，用竹编三层，可以搪刀斧"。③

旗帜

旗帜，太平军称为"圣旗"，即作战时用于联络与指挥的装备，它也是太平军的象征性标志。"每一军大小黄旗至六百五十六面之多"。④在北伐军的每一个驻扎地，墙垣屋宇都会插遍旗子作标志，例如，胜保奏折中记述说，太平军在天津静海县驻守时，"遥见西南七八村庄高插黄旗，俱有贼匪占据"。⑤

太平军的旗帜具有传达信息和督战的功能，部队作战时无论是进攻还是撤退，全要靠旗帜来调度。旗在人在，旗进人进，旗退人退。一般来说，令旗由太平军的首领掌握。最主要的作战指挥大旗，专门配有旗手，他们在太平军中具有非常重要的地位。正因如此，太平军的旗手一般都会成清军枪炮攻击的重点。怀庆战役之时，一位执令旗的太平军首领就遭遇了对方的黑枪袭击，"城上将城外高台上坐一贼首手执令旗者打毙"。⑥太平军在静海的一次战斗中，因组织进攻的执旗首领牺牲，整个犀利的攻势

---

① 《连镇节次接仗歼毙多匪并现在贼势情形折》，太平天国历史博物馆编：《太平天国史料丛编简辑》第 6 辑，中华书局 1963 年版，第 46 页。

② 《逆匪出巢歼剿获胜折》，太平天国历史博物馆编：《太平天国史料丛编简辑》第 6 辑，中华书局 1963 年版，第 47 页。

③ 佚名：《庼在目中》，《太平天国资料——近代史资料增刊》，科学出版社 1959 年版，第 28 页。

④ 张德坚：《贼情汇纂》卷 5，中国史学会主编：《中国近代史资料丛刊——太平天国》第 3 册，神州国光社 1953 年版，第 143 页。

⑤ 《胜保奏报初二日攻剿窜敌大获胜仗片》，《清政府镇压太平天国档案史料》第 12 册，社会科学文献出版社 1994 年版，第 174 页。

⑥ 河南省档案馆：《太平军攻围怀庆府史料二则》（二），《档案管理》1992 年第 1 期。

瞬间便被清军瓦解。胜保在奏折中汇报此事时说,"打倒执大黄旗贼一名,贼始败退"。① 太平军在山西平阳府,因一名大旗手被地方团练所杀,激怒太平军主帅林凤祥,故而大开杀戒,殃及该府郡的许多百姓。此外,旗帜也有渲染气氛营造声势的作用,许多被俘太平军在供词中都承认,"打仗时拿旗助威是实"。②

太平军除了令旗之外,还有的旗帜是信号旗。"贼中营望楼上,设有四色大旗,如南方有事,即绕红旗、东青、北皂之类。"③ 在北伐战场上的旗帜的形状多样,一般是长方形的,还有三角形的。旗子以黄色为主,当然也有其他的不同颜色旗帜。"所有贼营内竖立旗帜,俱是黄蓝黑绿之色,三角形式",④ 旗帜均由布制成,一般都是挂套在竹竿上使用。

战鼓

战鼓,即作战时用于鼓舞士气或指挥战斗而敲击的大鼓。太平军亦称之为"圣鼓"。北伐军的战鼓大小不一,形制各异。北伐军一般都专门配置鼓手,由鼓手负责携带战鼓,并操控擂敲鼓点的节奏。在清军俘获的太平军中有不少就是专司鼓手,例如在临淮关作战时,"杀死贼匪数十人,内有携战鼓者一人"。⑤ 太平军的军鼓,还有夜间击鼓以报时功能,一鼓即一更。据《粤匪犯怀实录》记载说,太平军在围攻怀庆时,就存在着"夜则击鼓巡更"的制度。⑥

军鼓与旗帜都具有传播指挥信号的功能,所不同的是旗帜靠视觉,战鼓靠声音。作为北伐太平军的信息传播工具,除了战鼓,还有铜锣、梆子、海螺等。例如太平军陈思伯在《复生录》中记载说,在夜间行进时,

---

① 《胜保奏报十八日进攻静海获胜情形片》,《清政府镇压太平天国档案史料》第12册,社会科学文献出版社1994年版,第1页。

② 《附张大其等供单》,中国第一历史档案馆编:《清政府镇压太平天国档案史料》第13册,社会科学文献出版社1994年版,第205页。

③ 陈思伯:《复生录》,《近代史资料》1979年第4期(总41号),中华书局1980年版,第47页。

④ 《联顺等奏报拿获从贼打仗之刘大等请交巡防处严讯折》,中国第一历史档案馆编:《清政府镇压太平天国档案史料》第12册,社会科学文献出版社1994年版,第158页。

⑤ 李嘉端:《贼据临淮遍扰滁凤折》,张守常:《太平军北伐资料选编》,齐鲁书社1984年版,第181页。

⑥ 河南省档案馆:《太平军攻围怀庆府史料二则》(二),《档案管理》1992年第1期。

"遥听梆锣胜数目，知为前二、前五两军"。①林凤祥在东连镇指挥作战，"只在垒内吹角鸣锣，以防分攻"。太平军将海螺，称为"圣角"。

第三节　北方战场的粮草筹集

一　贡献与打先锋的补给方式

北伐前期太平军的粮草补给主要采取"贡献"、"打先锋"的方式筹集，其征集军用粮草给养的一般程序是先礼后兵。太平军往往是在到达某地或过境时，先通过张贴告示言明收贡的利害关系，希望百姓能够主动自愿捐献，名曰"进贡"。对在限期内交齐的进贡者发放贡单，"诸兄弟不得骚扰，如有一户不到，定将全家斩首"。与此同时，还有一种"打先锋"的方式，这是太平天国的专用术语，"贼讳虏劫之名，曰打先锋"，②虏劫的对象当然主要是所在地的那些地主豪富，"每打粮到人家，搜括净尽，并将地内刨挖"。③

其实，"贡献"是民众表面自愿向太平军进贡粮草的一种方式，其实属于迫不得已的捐献行为，它带有某种程度的强制性。以往有些史学家在评论北伐军的"贡献"时有矫枉过正之嫌，有的学者为批驳封建文人对太平军的诬蔑之词，反其道而行之，对群众纷纷自愿捐献太平军粮草大加赞扬。难道北方沿途民众这种无偿"贡献"真的都是自愿的吗？很显然这种"贡献"并不等同于"箪食壶浆"，客观地说，这些赞扬之词有言过其实之处。例如，江地先生的《太平天国北伐军在山西》一文说：

---

① 陈思伯：《复生录》，《近代史资料》1979 年第 4 期（总 41 号），中华书局 1980 年版，第 42 页。
② 张德坚：《贼情汇纂》卷 10，《贼粮·虏劫》，中国史学会主编：《中国近代史资料丛刊——太平天国》第 3 册，神州国光社 1953 年版，第 272 页。
③ 《附获逃敌张维城供词》，中国第一历史档案馆编：《清政府镇压太平天国档案史料》第 9 册，社会科学文献出版社 1993 年版，第 273 页。

"当太平军到达素以'民风强悍'著称的洪洞和赵城时，这里的人民却英勇的站出来欢迎大军到来，这是难能可贵的。""当太平军到来时，赵城、霍州各处的人民纷纷向大军馈送马匹和粮食，以欢迎这支纪律严明的起义军，而霍州方面则打开城门，当地群众和地方士绅准备了粮食其他各种'贡品'，以欢迎人民军队的到来"。"所有这些说明，长期以来被贫困所折磨，被压迫所激怒了的山西人民，都渴望着太平军的到来，都渴望着能够在大军的帮助下获得解放"。①

江地先生对北伐军的高度评价，意在说明良好军纪所换得民众的回报，无偿"贡献"并被寄以帮助翻身解放的渴望。

做出比上述褒义更高评价的是简又文先生，他在《北伐军战史》里评价说：

"太平军到处得民众之欢迎与拥护，北伐军沿途不扰民，守纪律，观此可得确证，复由此可见汉族人心未死，时谋收复河山，此则中国不亡之历史的和永久的象征也"。②

这段褒奖的评论包含着两层意思：一是太平军到北方后守纪律不扰民，受到沿途北方各地群众欢迎和拥护；二是太平军之举，证明并引发北方汉族人民反满兴汉之心。可以说，简先生的这一论述将太平军军纪的效果意义，提高到了无以复加的程度。

不容置疑，沿途确有一些地方的乡绅曾将粮食、马匹及其他物资贡献给了北伐军，但是，多数的贡献均带有某种程度的"被迫性"，不给不行，只有痛痛快快献出财物才可获得人身平安，否则，往往导致伤亡悲剧。例如，太平军在山西洪洞时，"赵城各村镇先为贼送骡马米粮，名曰进贡，并霍州城门大开，人民逃散，绅衿预备粮石，以待贼至"。③如果从山西赵城等地进贡者的实际意图分析，不难发现这些行为都是在为息事宁人躲避兵

---

① 江地：《太平天国北伐军在山西》，河北、北京、天津历史学会编：《太平天国北伐史论文集》，河北人民出版社1986年版，第127—131页。

② 简又文：《太平天国典制通考》（下），香港简氏猛进书屋1962年版，第1336页。

③ 《胜保奏报洪洞平阳失陷及设法进剿等情片》，中国第一历史档案馆编：《清政府镇压太平天国档案史料》第9册，社会科学文献出版社1993年版，第252页。

爨的心理支配下发生的，"贡献"非心甘情愿之举，寄托着免遭禁掠的实际前提和期盼。太平军陈敬轩曾讲述自己参加"打先锋"的情景，"进城后，先不杀民，后就抢掠资财粮米，不给者就杀"。① 再如，太平军贾幅璧曾供词交代，在静海、独流驻扎期间，太平军"叫我到杨柳青抢掳，……后来时常抢掳，乡民阻拦，我又杀过三四人"。② 因此可以说，太平军向北方民众索要"贡献"带有明显的强制性，这种进贡方式得到的粮草，算不上是真正的"箪食壶浆"。

二　全征用与购买的补给方式

北伐军在某地停留扎营，或被清军长期包围在一地，为了保证其军需品供应，不得不将"打先锋"这种掠夺地主豪富解决经济来源的方式，调整为对所在地所有居民实行全部征用的办法，征用对象包括了地主、富农、中农、贫农的所有物力和人力。太平军驻地附近村庄自然成为征调粮草的重点，随着时间长短，由近及远。例如，在怀庆围攻之时，"贼渐往近村打粮，抢夺骡驴牛马千百成群，渐及远村"。③ 例如，太平军驻扎静海、独流后，"将附近各村庄粮米、柴草、牲畜，抢掳归入独流。因静海粮米无多，由独流运送"。④ 驻扎束城后，"将附近各村庄均行抢掠，并抢河间迤南一带村庄"。⑤

那么，在太平天国北方战场上到底有没有民众自发自愿帮助太平军的行为呢？应该说肯定是存在的，但主要表现在商品交换的买卖关系上。由于清军包围封锁，实行坚壁清野、每日巡查等措施，太平军有时则需要利用手中掌控的银两，与驻地民众进行商品交换，需要采购粮食和物品时便

① 《讯明从逆陈敬轩等即行正法》，《近代史资料》总65号，中国社会科学出版社1987年版，第16页。
② 《京城巡防处奏审录贾大王四供词折》，中国第一历史档案馆编：《清代档案史料丛编》第5辑，中华书局1980年版，第184页。
③ 河南省档案馆：《太平军攻围怀庆府史料二则》（二），《档案管理》1992年第1期。
④ 《僧格林沁咨呈审录王自发供词文》，中国第一历史档案馆编：《清代档案史料丛编》第5辑，中华书局1980年版，第176页。
⑤ 《文安县探报》，中国第一历史档案馆编：《清代档案史料丛编》第5辑，中华书局1980年版，第202页。

派上用场。太平军只有通过花钱购买才能获得地下通道的接济，包括北伐前期在怀庆驻扎期间也是如此。例如，太平军张维城被俘后，在供词里说："贼营并无存粮，每日出去打粮，或去谕近村民人在某村庄买。"①

以往所有认为北伐军纪律严明的学者，都言及太平军在买卖中"购物公平付款"，"照旧生理，平买平卖"，从而得到群众的拥护和支持。②其实，仔细研究这些史料后，就会发现所谓"平买平卖"的说法令人疑窦丛生。在清政府采取严密设卡封锁交通，严厉查禁物资运输的措施之下，实际上当地百姓能够拿出来与太平军交易的粮草都是极为短缺的，此时进行的买卖行为多数都是不等价的。但是，这种不等价交易，并不是太平军强行的低价购买，而是一种高价采购。例如，在太平军围攻怀庆期间，他们在附近村庄"四处搜买粮食，每米一斗偿银二两，果蔬羊豕鸡鸭各物均厚偿价值，诱结人心"。③又如，"济源、孟县两处百姓，助贼银米牲畜，故围久不解，并有细民贪重利而私相售与之者。"④"厚偿价值"和"重利"是太平军吸引民众出售物品的关键因素。被罢官在原籍河南河内县（后改名为沁阳县）办理团练的原太常寺少卿李棠阶，当时是这样分析这种买卖关系形成的成因的，"贼兵打粮直至济源、孟县境内，小民无可倚仗，初以米果等给贼，贼以厚价诱之，愚民贪利，源源不绝，竟至成市"。⑤买卖双方是一种供求关系，用超值高价争取民众，既解决了太平军的需求，也有惠于售卖物品的民众，对他们产生着吸引力，这是太平军在北方战场的一种特殊的策略，也是被围困时期唯一可行的收集粮草的方式。

尽管太平军是高价厚值购买，但从供求关系进一步分析，又是价有所值。理由有以下几点：

---

① 《张维城口述》，《近代史资料》1963 年第 1 期（总 30 期），中华书局 1963 年版，第 16 页。
② 刘民山：《试论北征太平军与直隶地区的群众关系》，河北、北京、天津历史学会编：《太平天国北伐史论文集》，河北人民出版社 1986 年版，第 139 页；张守常、朱哲芳：《太平天国北伐西征史》，广西人民出版社 1997 年版，第 122 页。
③ 汪堃：《盾鼻随闻录》卷 4，中国史学会主编：《中国近代史资料丛刊——太平天国》第 4 册，神州国光社 1953 年版，第 388 页。
④ 龚泩：《耕余琐闻》癸集；张守常：《太平军北伐资料选编》，齐鲁书社 1984 年版，第 284 页。
⑤ 李棠阶：《李文清公日记》第 13 册。张守常：《太平军北伐资料选编》，齐鲁书社 1984 年版，第 272 页。

第一，能够依靠买卖方式解决部分粮草短缺问题，可减少外出打粮造成的人员伤亡和流失，因为打先锋也要付出人力成本。当时河南开封府知府贾臻的一段话很能说明问题，他说："现在贼营口食短缺，饿死甚多。贼目恐胁从之众乘间逃归，竟不令其四出掠食。间有昏夜私带本管（馆）之二十五人潜行打粮，村民查知，立时歼毙，旬日以来，各村杀贼亦甚不少"。① 所以说，花高价能够使太平军换来一定程度的安全，有助于减少自身伤亡。

第二，太平军通过这种"高价市场"，建立了采购渠道，便能由此解决部队的一些急迫需求，特别是能得到一些紧俏物品。例如，火药、马匹等。就如河南开封府知府贾臻所说，由于"小民趋利避害，暗济贼粮，事所必有"，以致"贼中不但米粮未绝，硝磺铅药亦有暗中接济者"。②

第三，太平军高价厚利的购买，往往还另有所求，即借进行买卖活动之机向民众了解敌情，收集清军信息动态。例如，太平军经过委派张玉环先后两次到济源购买四匹马之后，又于"七月十四日，贼令张玉环出营买鸡，并探听北路官兵信息"。③ 高价生意得到了高回报的附加值——"情报信息"。

第四，与太平军进行粮草买卖的民众，虽然通过出售物品得到了一些越值之利，但他们是冒极大生命风险而进行交易的。清政府对此深恶痛绝，并予以严厉打击。在怀庆战役时，清军与地方团练为切断太平军的粮食来源，对各个乡村采取严厉的查禁措施，钦差大臣胜保所部仅一次查禁，就"斩获送粮乡民四五十人"。④ 所以，厚利和超值相当于支付民众的风险金，从这种意义上讲，太平军与民众之间的买卖关系又是公平的。

说这种买卖是"高价买卖"，丝毫也不会降低太平军与民众关系的评价，反而更能证明其密切关系有一定的公平基础。开封知府贾臻当时就看

① 《退崖公牍文字》卷4，张守常：《太平军北伐资料选编》，齐鲁书社1984年版，第281页。
② 同上书，第279页。
③ 《舒兴阿奏报孟津渡口盘获奸细多名研讯情形片》，《清政府镇压太平天国档案史料》第9册，社会科学文献出版社1993年版，第141页。
④ 《退崖公牍文字》卷4，张守常：《太平军北伐资料选编》，齐鲁书社1984年版，第280页。

到了这条通道的规模和其所产生的作用，他说："某将卸开封署篆之日，接据汜水县禀送搜获贼自巩县所发上有伪印黄绫逆书，亦称西路米粮甚少。可见该逆未经北渡，逆粮业已短缺。乃偷渡北岸，攻围怀庆，相持五十余日，各路大兵会剿，犹敢负嵎抗拒，是郡城西南空虚无人，接济贼粮之多已可概见。"[1]但是，清朝高级官员对于有如此多的"大胆刁民"与"贼人"做生意大惑不解，更不敢相信交易活动在大兵重围之下，竟然屡屡成交，而且不仅怀庆之围如此，甚至到静海、独流之围依然如故。太平军在静海驻扎期间，"每日将晚时，静海西边有人将粮草猪鸡等物挑负载运，卖给贼匪，尚有大米二百石、小米二百石、活猪二百口，俱系买来"。[2]由此看来，太平军出钱购买粮草，确实获得当地老百姓的暗中响应。钦差大臣胜保对此无不感叹："奸民接济贼粮，如此肆行无忌，且牲畜活物即暗中运送，岂无声息？该官兵等毫无觉察，疏懈玩忽，殊堪痛恨"。[3]综上所述，高价换来的"平买平卖"，使太平军与民众之间形成一条秘密粮食通道，从而一度保持了不间断地供应着军需物资。

三　行驻各段的粮草盈缺实态

根据"急趋燕都"的战略部署，北伐前期基本上是处于行军北上的进军状态，有时甚至是一日一城。除攻打怀庆之外，一般不作长期扎驻某地的准备和安排，"贼以因粮宿饱，倍道疾趋，过而不留"。[4]无论是北伐前期的挺进或后期的撤退，太平军对行军途中携带的粮草辎重会有所选择，相比之下，一般都尽可能多地携带上武器，并不会刻意携带大量军粮，粮草则难抵军火的重要性。而北伐前期的大批粮草补充主要来自攻陷的县城，因为相对于沿途乡村而言，城镇更富庶，财富更集中一些。有的清朝官员发现，太平军"一切应用物件，随处抢掠百姓者固多，至若大宗银两、米

① 《退崖公牍文字》卷4，张守常：《太平军北伐资料选编》，齐鲁书社1984年版，第279页。
② 《胜保奏请饬僧格林沁严饬西路官兵认真巡缉断敌接济片》，中国第一历史档案馆编：《清政府镇压太平天国档案史料》第12册，社会科学文献出版社1994年版，第223页。
③ 同上。
④ 《匪氛纪事》卷5，张守常：《太平军北伐资料选编》，齐鲁书社1984年版，第5页。

石、铳炮、刀箭等物，皆取自失守城中，始得用之不竭"，①所以，建议对守土官员弃城逃跑者，除了旨定拟罪名外，还要令其赔补失物。北伐前期，太平军往往是走哪里吃哪里，够吃就行，充其量只携带几日干粮而已。譬如，到直隶晋州时，连府库的粮食都没动，"城郭衙署俱无，而仓谷独完"。②北伐前期，过五关斩六将，破城拔寨，太平军主要靠打先锋方式筹集粮草，并不需要用钱购买粮饷。所以使用银两机会不多，以致出现了北伐军嫌银两累赘而主动放弃的现象。例如，北伐前期，"至州县仓库，银两反嫌累赘，不带著，如有零星银两带著些"。③太平军在临洺关，因掳抢银两难以携带，竟将八百三十六锭，共计四万一千八百余两银元宝，沉埋在临洺关同知署内的废井之中掩藏。④

北伐军一直把粮草是否充足作为选择扎驻地的重要考量因素，无论北伐前期的怀庆、深州，还是后期的阜城、连镇、高唐、冯官屯概无例外。例如，从束城撤至阜城时，一方面迅速修建防护工事，加强城防；另一方面也立刻进行了粮草储备征集。"阜城北关为粮食会集之所，贼搬运入城，势益鸱张"。⑤等清军大队人马追至城下，太平军已经做好备战，严阵以待。从阜城退至连镇，"连镇盖藏素丰，粮食充足，该逆藉以据守"。⑥从高唐退至冯官屯时，李开芳亲自打探粮草信息，"遇到该处百姓一人，私问他：前路是何地名？他说，是冯官屯。问他：有粮草没有？如肯实说，给你银两。他说：粮草甚多。我给他银一百两，他就带我们攻入冯官屯踞守"。⑦

在各地扎营之初，北伐军征集的粮草充盈，"现在独流的贼，都磨麦

① 《保极奏请将轻弃疆土各官照军例定罪并按成赔补所失钱物折》，中国第一历史档案馆编：《清政府镇压太平天国档案史料》第7册，社会科学文献出版社1993年版，第13页。
② 方炳奎：《说梦录》，张守常：《太平军北伐资料选编》，齐鲁书社1984年版，第381页。
③ 《张维城口述》，《近代史资料》1963年第1期（总30期），中华书局1963年版，第15页。
④ 《胜保奏报于临洺关署内挖出井银拟分别作为充赏各饷片》，中国第一历史档案馆编：《清政府镇压太平天国档案史料》第12册，社会科学文献出版社1994年版，第428页。
⑤ 张集馨：《道咸宦海见闻录》，中华书局1981年版，第141页。
⑥ 《僧格林沁军营抄存谕折稿》，《僧王奏折》第3册，张守常：《太平军北伐资料选编》，齐鲁书社1984年版，第83页。
⑦ 《绵愉等奏续讯李开芳等人供词折》，中国第一历史档案馆编：《清代档案史料丛编》第5辑，中华书局1980年版，第168页。

子吃面"，① 由于实行统一的粮食配给制，吃饭一般都没有问题。僧格林沁说："探得逆匪始到之时，每人皆给饭食"。② 但是，随着时间的推移，清军包围封锁越来越严密，一方面军营圣库的粮草消耗在持续减少，另一方面又无法保证粮草的源源不断，所以，太平军口粮一般也会伴随着库存总量降低而逐渐递减。在天津扎住待援期间，南方援军迟迟不到，北伐军因"裹胁既众，口食日繁。初则每日夜四餐，今则减为再食，是其食不足之明征也。"③

北伐军自北向南的撤退行动，并非都是因为粮草短缺所致，有的撤离转移主要是从军事战略角度考虑的。北伐军从静海、独流撤出，决非粮草已绝，而是由于独流地势三面环冰，季节如若变暖，冰化冻开，再作南下转移恐怕就难以实施了。所以，尽管当时的独流"贼粮充足，尚敷数月之用"，④ 静海的粮草"现在粮米尚敷一月食用"。⑤ 太平军还是不顾天寒地冻，于正月初踏冰南撤了。据天津探马报告，独流"所遗粮食甚多，静海城门大开，贼已全窜"。⑥ 北伐军从高唐撤出之时，也远未到粮草已绝的程度，指挥突围的北伐主帅李开芳说，"那时，我们因粮草尚多，尚不十分思窜。后僧王爷带着兵勇围攻愈紧，恐不能久守。我带着我的马步队全股闯出东门，向东南逃窜，想要渡河南下。"⑦ 北伐军转移途中的吃饭问题，一般都会提前做一些必要的准备，譬如制作干粮等便于携带食品等。"每贼作黄

① 《张兴保供词》，中国第一历史档案馆编：《清代档案史料丛编》第 5 辑，中华书局 1980 年版，第 171 页。
② 《僧格林沁奏报近日探查敌情及筹办布置折》，中国第一历史档案馆编：《清政府镇压太平天国档案史料》第 11 册，社会科学文献出版社 1994 年版，第 353 页。
③ 《钱庆善奏陈静海一带军营布置并敌穷蹙欲窜等情折》，中国第一历史档案馆编：《清政府镇压太平天国档案史料》第 11 册，社会科学文献出版社 1994 年版，第 214 页。
④ 《僧格林沁奏报查探近日独流敌军情形折》，中国第一历史档案馆编：《清政府镇压太平天国档案史料》第 11 册，社会科学文献出版社 1994 年版，第 566 页。
⑤ 《僧格林沁咨呈王自发供词文》，中国第一历史档案馆编：《清代档案史料丛编》第 5 辑，中华书局 1980 年版，第 176 页。
⑥ 《文瑞等为太平军在津活动情事致绵愉呈文》，《历史档案》1990 年第 2 期。
⑦ 《绵愉等奏续讯李开芳等人供词折》，中国第一历史档案馆编：《清代档案史料丛编》第 5 辑，中华书局 1980 年版，第 168 页。

布褡裢，装食路用"。①

　　面对清军的密集围困和大兵追剿，北伐军在选择坚守与撤退之间，显然不会轻易转移，因为撤退途中毫无防护可言，很容易成为被清军追杀的一个死穴。在从静海南下向束城转移途中，"计自子牙镇至张家庄六十余里，贼尸枕藉，络绎不绝，约毙长发贼匪一千余名，生擒一百七十余名"。②在束城南下向阜城转移途中，"因足痛落后者，悉为官军斩首无遗。是夜陷死悍贼数逾万计。"③相比之下，采取防御坚守待援的损失更小，所以一般情况下，北伐军会选择坚守驻地。然而，能否坚守住阵地粮草储备是关键因素之一，如果粮草一旦消耗殆尽，失去了基本物质保障，太平军决不会坐以待毙，哪怕付出再大的牺牲，也会拼死突围转移。太平军在束城、连镇、冯官屯等地的突围，都与粮草几近断绝有直接关联。太平军从束城突围之前，僧格林沁根据出逃人员获知，"贼因粮食将尽，欲于数日内他窜"。④太平军连镇失陷之前，"贼内圣粮馆已报粮绝，无粮可发。"⑤南下转移成为迫不得已之举。

　　北伐军随着在某地坚守时间的推移，不仅可供消耗的粮草数量会日益减少，而且可供充饥的食物种类也越来越单一，可食之物都是少盐寡味，几乎没有任何副食。"贼有粮无草，无柴、菜、油、盐"。⑥太平军偶尔为了调整改善一下食物结构，有时还要派人外出设法寻找或购买一些蔬菜等副食。例如，太平军贾大说，在静海驻扎时期，"李贼目叫我出来找菜"。⑦如能侥幸采购到一些蔬菜或油盐酱醋等副食品，那是非常难能可贵的，尤

---

① 《东光县为探报事》，中国第一历史档案馆编：《清代档案史料丛编》第5辑，中华书局1980年版，第207页。

② 《僧格林沁奏报于舒城村连日进剿大获胜仗折》，中国第一历史档案馆编：《清政府镇压太平天国档案史料》第12册，社会科学文献出版社1994年版，第252页。

③ 陈思伯：《复生录》，《近代史资料》1979年第4期（总41期），中华书局1980年版，第42页。

④ 《僧格林沁等奏报连日击退扑营之敌及初一日获胜折》，中国第一历史档案馆编：《清政府镇压太平天国档案史料》第12册，社会科学文献出版社1994年版，第398页。

⑤ 陈思伯：《复生录》，《近代史资料》1979年第4期（总41期），中华书局1980年版，第46页。

⑥ 《周尔塘周士键父子致瑛棨》，《瑛兰坡藏名人尺牍墨迹》第114册，第15信。张守常：《太平军北伐资料选编》，齐鲁书社1984年版，第456页。

⑦ 《京城巡防处奏审录贾大王四供词折》，中国第一历史档案馆编：《清代档案史料丛编》第5辑，中华书局1980年版，第184页。

其是到了北伐后期，清军对太平军围困极为严密，如到木城和防护壕之外寻找或采购，显然是要冒着极大风险的。在高唐坚守时期，李开芳曾多次派人到冯官屯外的菜地收摘白菜，屡屡被胜保所部兵勇所截杀。这在胜保奏折中有明确记载，咸丰四年十月十四日，太平军"夜间用本地裹胁潜出十余人，至近城村野地，偷割白菜等物，形同鼠窃，叠次经我巡哨兵勇截杀擒获杀伤，并将所窃菜物夺回"。[①] 别说副食极其缺乏，就是主食也会随着困守时间的延续日益匮乏的。在冯官屯坚守的李开芳所部，不仅面临水淹房塌的环境，而且还出现了弹尽粮绝的危机，"该屯米粮将尽，惟剩白麦数袋、黑豆数袋，盐甚短缺"。[②] 太平军将麦子磨成面粉吃，储存的麦子开始时没问题，后来发现有的粮食因为储藏不好，出现受潮霉变，非常难吃，太平军也无可奈何。"贼营粮米将尽，近日将静海存仓陈米并在各民房地中挖出粟麦研食，因多湿潮，蒸食不能下咽。"[③] 即便再难吃，毕竟也算有的吃，太平军在连镇坚守到最后之时，已经把高粱米、黑豆吃尽了，在再也没有任何可食之物的情况下，竟然吃起了士兵的尸体，太平天国北方战场上发生了"粮尽，人相食"[④]的悲惨恐怖一幕。

第四节　北方战场的食人性质

曾国藩的情报官张德坚在《贼情汇纂》里说：太平军中"有凶狠之贼食人肉，饮人血，燔人心肝以为馔"。[⑤] 虽然张德坚所言不无攻击太平天国

① 《胜保为督剿高唐州太平军情事奏折》,《历史档案》1990 年第 2 期。
② 《茌平县探报》, 中国第一历史档案馆编：《清代档案史料丛编》第 5 辑, 中华书局 1980 年版, 第 210 页。
③ 《胜保奏报难民供称敌粮已尽急图冲进天津等情片》, 中国第一历史档案馆编：《清政府镇压太平天国档案史料》第 11 册, 社会科学文献出版社 1994 年版, 第 599 页。
④ 李鸿章修, 黄彭年纂：《畿辅通志》卷 132,《前事略》2, 光绪十年刻本。张守常：《太平军北伐资料选编》, 齐鲁书社 1984 年版, 第 373 页。
⑤ 张德坚：《贼情汇纂》卷 6,《饮食》。中国史学会主编：《中国近代史资料丛刊——太平天国》第 3 册, 神州国光社 1953 年版, 第 187 册。

农民军凶残之意，然而"食人"当今确实已经变成为令人毛骨悚然的字眼，还是应该正视这种"反人性"现象。究竟太平天国北方战场上有没有这种现象发生？它是在什么情况下发生的？应该如何看待它呢？

一　食人现象的客观缘由

毋庸讳言，在太平天国北方战场出现过食人现象，这一现象主要是求生性的，并兼有习得性。美籍韩国学者郑麒来认为，世界上自古以来人类的食人行为分两大类：求生性食人和习得性食人。[①]求生性食人纯粹是由于天灾和战争等因素造成生存危机的形势下而产生的行为，通常它是受到禁止和谴责的。习得性食人是在文化上获得认可的一种风俗化的行为，导致这种恶俗行为的环境因素有憎恨、惩罚、宗教、迷信（认为人肉有医疗功效）、信念、尽忠、尽孝等情感和观念。

在食人类型上，中国与世界上其他民族没有太大的差异，但在弱肉强食的野蛮时代的食人与阶级社会的食人总归是存在区别的。阶级社会里发生的非饥馑性食人，虽与本民族或国家的历史文化有关，但又都与统治阶级的统治和思想有一定的联系。饥馑性食人虽缘于经济原因，但往往也与政治因素有某种程度的牵连，这是与国外学者观点的不同之处。以太平天国北方战场出现的食人行为为例，无论其饥饿求生性食人、习得惩罚性食人、仇恨性食人、医疗用药性食人等，都带有政治斗争成分或封建迷信的色彩，它是农民军在与清王朝统治势力较量中由时代局限和阶级局限连带产生的一种恶俗行为。

太平天国北伐后期，农民军在连镇被清军长期围困，粮草问题得不到解决，在这种特定的客观环境下，发生了求生性食人，它是由军队的生存需求引发的食人行为，这是历史事实。据清代档案史料《僧格林沁等奏攻占连镇生擒林凤祥等情形折》记载，被围困的北伐军"虽被围万分穷蹙，

---

① 〔美〕郑麒来：《中国古代的食人》，中国社会科学出版社1994年版，第109页。

粮米断绝，以人为粮"。^①当时，清军采取了包围战术，割断了太平军的一切粮草来源，以及与外界的一切联系，妄图将其活活困死，而天京的援兵却迟迟不到，致使北伐太平军在连镇的恶劣处境愈演愈烈。曾为当事人的陈思伯在《复生录》里回忆说："乙卯五年正月初二日，贼内圣粮馆已报粮绝，无粮可发。各军先杀骡马，次煮皮箱刀鞘充饥，或掘沙土中马齿苋、当归、一切野菜者。亦有剥榆树，取皮研末，造作面食者"。^②凡可以吃的东西都被吃完之后，就再现了历史上曾经出现过的吃人现象，这是在战争状态下由军事围困制造饥馑而导致出现食人的典型实例。

战争的残酷性是造成太平军食人行为发生的一个客观原因。一方面军事封锁形成了饥饿状况，另一方面军事斗争的严酷现实又增加了军人极度的仇恨情绪，因此在这种情况下出现的食人现象不单是充饥问题，它还成为发泄仇恨和实施报复的极端手段之一。在历史上，名将岳飞"壮志饥餐胡虏肉，笑谈渴饮匈奴血"的诗句，就是对封建时代英雄主义情绪及解恨手段的悲愤抒发和描述，吃掉敌人是那个时代战场上的所有军人发泄情绪以及解恨的一种极端方式。当时，连镇的太平军捉获不共戴天的清军官兵似乎也唯有吃掉，才能发泄心头之恨，唯有如此才能解决自己的饥饿，解决北伐军的生存问题。正如亲身经历者所记述的那样，"甚至捉获官兵、逃贼，无不割肉分食"。^③

除了吃清军官兵的肉，此时太平天国也吃"叛徒肉"、"出逃者肉"，进一步说明在解决饥饿的食人行为中包含着惩罚性的习俗成分。在太平天国北方战场上，清军将抓获的大批战俘整编后重新派往前线，实施所谓"以毒攻毒"的阴险策略，在清军阵营中有些太平军的叛逃者为了"立功赎罪"，而有意或被迫地站在了攻打北伐军的第一线，太平军对这类人恨之入骨，当抓获他们之后，为解心头之恨，往往要吃掉。此类食人行为

---

① 《僧格林沁等奏攻占连镇生擒林凤祥等情形折》，中国第一历史档案馆编：《清代档案史料丛编》第5辑，中华书局1980年版，第158页。
② 陈思伯：《复生录》，《近代史资料》1979年第4期（总41期），中华书局1980年版，第46页。
③ 同上。

明显属于惩罚不忠，就像宋初武将杨师璠惩处叛将张文表那样，"擒文表脔而食之"。① 李开芳所部在冯官屯期间，"将投诚毛勇石都司捉去，寸磔锅煮"，② 尽管当时冯官屯仍有部分粮草，作为惩罚手段的食人已不再单纯是个解决饥饿的问题了。

综观被太平军所食之人，可以分为四种情况：第一，是作战对手，仇恨的对象，即清军官员。第二，是太平军的叛徒和逃亡人员，或称"逃兵"，是被惩罚的对象。在无粮草的困境下，由于对抓获逃兵的人可以奖赏分吃其肉，有时甚至出现争抓逃兵的现象。例如，有一次，当太平军下级军官曾廷达行至前沿阵地时，竟发生了这样的事，"曾趋上前，约行里许即路遇逃人，而伏贼虑曾分肉，拦阻不容近身"。③ 第三，是驻地的婴幼儿和妇女。"迨连镇被围日久，至尽杀妇孺以充食。"④ 第四，最后一种情况是没有上述可吃之人，只好吃死亡士兵的尸体。僧格林沁奏稿中有记载说："据投诚人声称，贼巢骡马业经全数宰杀，现惟林逆及广西人食用黑豆，现已为数无多，余匪俱食草根树皮，并将历次打仗抢回贼尸及捉回欲行投出之人，俱被杀毙，割肉分食充饥，此现在贼垒中之实在情形也。"⑤ 另据从连镇出逃的太平军人员说："贼营近日遍掘新埋男女尸身，归入圣粮馆中，按人分肉。非饥饿至此，谅不忍为也。"⑥

由上述四种被食对象可知，太平军食人从根本上说缘于饥饿，也有军事斗争和饥饿派生的憎恨、泄愤、惩罚等原因。总起来看，饥馑性食人的因素要大大超过憎恨性、惩罚性食人。可以设想，如果太平军粮草接济有保证，便不会有大量妇孺、士兵尸体被当成食物，即使为泄愤出现吃俘获清军官兵的情况，恐怕也会是象征性地只食其某一个部位，譬如，心脏、

---

① 《宋史》卷483，列传第242，《世家六·湖南周氏世家附张文表》，中华书局1985年版，第40册，第13951页。
② 张集馨：《道咸宦海见闻录》，中华书局1981年版，第162页。
③ 陈思伯：《复生录》，《近代史资料》1979年第4期（总41期），中华书局1980年版，第47页。
④ 方炳奎：《说梦录》，张守常：《太平军北伐资料选编》，齐鲁书社1984年版，第383页。
⑤ 《僧格林沁军营抄存谕折稿》，《僧王奏折》，第7册。张守常：《太平军北伐资料选编》，齐鲁书社1984年版，第116页。
⑥ 陈思伯：《复生录》，《近代史资料》1979年第4期（总41期），中华书局1980年版，第48页。

肝脏等。清军的围困和军事对峙是导致这种饥馑的主要原因，所以首选的被食之人就是太平军最憎恨的人，吃掉他就是最严厉的惩罚。由此可知，太平军发生的食人现象既有粮草原因，又有政治原因，因为军队的粮草不足也是战争本身造成的，所以根本原因仍是政治性的。在没有任何可食之物时，也没有清军官兵和逃兵可吃的情况下，妇孺、士兵尸体便也当成一种食物作为补充。这种"补充"缘于军事斗争需要，是为军事斗争服务的。

二　食人方式的文化背景

太平军当时的食人方式，主要是烧烤、水煮、腌渍等，作为特殊的有限食物是由圣粮馆负责存储和保管的。每次分食奇缺的人肉都有限量，据有关史料记载，从军营逃出的太平军身上都携带着分配的腌制肉块。"续出之贼，各怀腌人肉一方。"[1] 清军攻破连镇后，在太平军地道中就发现了圣粮馆的这种存储物，"破巢后，军士犹搜获人腊数瓮"。[2]

古代传统医学有一种认识，认为人肉作药饵可以治疗一些疾病，可以益寿延年。在中国古典文学名著中，关于食人肉强身健体、延寿长生的说法俯拾皆是。在古代医药学著作《本草拾遗》中，也有用人肉治疗某些疾病的说法，正如俗语所说"医家有割股之心"，就是长期以来人们认同心理的反映。

太平天国受迷信传统和宗教因素的影响，也认为人肉具有医疗功效，因此吃人肉医病或将某些脏器配药的情况是客观存在的。太平军抓获各地顽固抵抗的官吏或豪强地主等，有时便从其身上摘取部分脏器，用于治病药引或制成药品。例如，在山东冠县，太平军逼迫知县傅士珍投降，"傅大骂不屈，敌乃反缚其手，剖腹挖心"。[3] 同时"逆贼当将家主母等五人戕

① 陈思伯：《复生录》，《近代史资料》1979 年第 4 期（总 41 期），中华书局 1980 年版，第 48 页。
② 方炳奎：《说梦录》，张守常：《太平军北伐资料选编》，齐鲁书社 1984 年版，第 383 页。
③ 侯光陆修，陈熙雍等纂：《冠县县志》卷 10，《杂录志》，民国二十三年刻本。张守常：《太平军北伐资料选编》，齐鲁书社 1984 年版，第 604 页。

害，砍头剖腹，取出心胆，同家主一样。……心为贼众分食，胆为贼目挖去洗眼"。① 与中外古代的愚昧恶俗一样，太平军相信吃人的心脏可以增加作战的勇猛并消除恐惧和胆怯，这是典型的"以形补形"的传统观念。其实，太平军和清军双方都存在食用俘虏心脏的现象，有一个在上海某西方贸易公司做事的退役清兵说，他就是因这个原因曾吃了很多太平军俘虏的心脏。② 这类食人行为充分反映了古代传统糟粕的影响，愚昧落后的迷信观念扭曲了"人性"，显露了人的"动物性"的一面。这种"食人"与饥饿无关，是以强心为目的，是为改善作战士兵的精神状况而强制性的"食人"。

食人作为一种违反人性的社会现象，在人类发展的漫长岁月里曾长期存在，并随着人类文明程度的提高而逐渐减少，但历史上食人恶俗的影响并没有在近代绝迹，它不仅在军队中存在，遇到天灾人祸，整个社会也时常重演着这种恶俗。食人现象在太平天国时期的社会上并不少见，北方、南方都广泛存在。如地方志记载：直隶完县（今顺平县），"（咸丰）三年，大水，饥，人相食"。③ 再如，咸丰三年新任安徽巡抚李嘉端在赴任途中所奏《请妥筹抚恤饥民以弭内患折》里说："窃臣二月十七日由京师起程赴皖，于山东境内即见有饥民沿途乞食，鸠形鹄面，嗷嗷待哺。及二十八、九等日，行抵山东、江苏交界处所，饥民十百为群，率皆老幼妇女，绕路啼号，不可胜数，或鹑衣百结，面无人色，或裸体无衣，伏地垂毙，其路旁倒毙死尸，类多断臂残骸，目不忍睹。臣思……何以饿殍情形较前更甚，且止有老幼妇女，罕见壮丁？又倒毙之尸何以率多残缺？种种可疑，询之居民，佥称……壮丁离乡求食，类多散走四方。其倒毙之尸，半被饥民割肉而食，是以残缺等语。臣听睹之余，不胜悲骇。小民流离失所，至

① 吴树声：《肥城县原禀》，《傅冠县殉难诗文略》，张守常：《太平军北伐资料选编》，齐鲁书社 1984 年版，第 607 页。

② E.D. 贝尔福：《印度和东南亚百科全书》（伦敦 1885 年），第 1 卷，第 570 页；R.B. 肖：《访问高塔塔里、雅克兰和卡什加尔》（伦敦 1871 年），第 48 页。转引自（美）郑麒来《中国古代的食人》，中国社会科学出版社 1994 年版，第 109 页。

③ 彭作桢等修，刘玉田纂：《完县新志》卷 9，《故实》第 7《大事记》，民国二十三年排印本；张守常：《太平军北伐资料选编》，齐鲁书社 1984 年版，第 502 页。

于以人食人，实为非常饥馑"。①

　　《平贼纪略》的作者记述自己南方家乡，在战争期间的景象是，"间有破壁颓垣，孤嫠弱息，以人相食，类多眼赤面黑"。② 一些地方甚至还出现了人肉市场，价格攀升很快，清同治初年，"皖南到处食人，人肉始卖三十文一斤，后增至一百二十文一斤。"③ 曾国藩日记、家书中也有反映苏皖集市出售人肉价格上涨的情况，例如，他在同治二年四月二十四日的家书里写到，"皖南食人肉，每斤卖百二十文，看来浩劫尚未满，天心尚未转也。"这些都说明食人行为在当时并不是一种罕见的现象。饥馑性食人大多出现在广大被统治、被剥削阶级的社会弱势群体，他们身无分文，缺吃少喝，要生存只有如此。杀食同类以求生存的饥民，如果尚能逃避指责的话，那么，导致这种现象发生的黑暗社会制度则难辞其咎。

　　综上所述，食人的行为是一个极为复杂的问题，它不单是中国历史上长期沿袭存在的一种反人性的恶俗现象，也是世界上其他国家民族历史上长期存在的一种反人性的恶俗现象。以往我们讳言农民起义军中残忍的一面，从而使太平军的食人问题长期得不到研究。其实，战争中军队的存亡和胜负是第一位的，为了生存将士们似乎可以不择手段，当这些被太平军视为顺理成章的时候，就难免发生上述反人性的食人行为。在这一点上，太平天国农民军与历史上其他军队没有什么两样，学术研究中没有什么可以忌讳的。

---

① 李嘉端：《请妥筹抚恤饥民以弭内患折》，张守常：《太平军北伐资料选编》，齐鲁书社 1984 年版，第 157 页。
② 佚名：《平贼纪略》，《西南乡人相食》。太平天国历史博物馆：《太平天国史料丛编简辑》第 1 册，中华书局 1961 年版，第 317 页。
③ 陈康祺：《郎潜纪闻初笔二笔三笔》（下册），中华书局 1984 年版，第 570 页。

第七章
清朝政府北方战场的军事策略

清朝政府为了镇压北伐军,在围剿战中采取了以逸待劳、兴办团练、驱使监犯、招降纳叛、分化战俘等一系列军事策略手段。在北伐前后期清军分别采取了哪些围剿战术?为什么清政府在筹办北方团练之初曾踌躇不定、狐疑不决?北方各地团练到底发挥了哪些作用?清政府是如何驱策和奖敕监犯与北伐军作战的?清政府采取了哪些羁縻手段对北伐军实施分化瓦解?他们采取了哪些所谓"以毒攻毒"的策略?

第一节　实施军事围剿的策略

面对太平天国轰轰烈烈的北伐，清军在前后期分别采取了不同的军事应对策略。在太平军北上挺进的前期，无论是胜保的尾追，还是僧格林沁的拦截，均处于明显被动的防御地位。林凤祥、李开芳率领北伐军抵达天津后，便停止了继续进攻，扎驻于此等待援军，由此军事双方的态势出现了逆转。特别是 1854 年 2 月以后，北伐军开始南撤突围，先后在束城、阜城、连镇、高唐、冯官屯据守，清军则开始采用围困策略，逐步包剿擒获，最终太平军被僧格林沁围歼。

一　前期的分路追堵战术

自从北伐军北上出征之后，清军采取的基本策略为设防、堵截、尾追。清军一般堵截的行动就是将兵力布防在北伐军前行方向，以迎头拦阻方式迫使北伐军迂回改道，基本上都是处于被动防御的地位。在堵截策略指导下，除了在怀庆、深州等地与太平军进行过一些不同程度的交锋外，清军几乎没有与北伐军发生过像样的正面交战，对前期北伐军的实力未能构成太大的削弱。清军的追击更不可能阻止住北伐军前进的步伐，林凤祥和李开芳率领着北伐军，一路直抵了天津。

1. 扼守防堵，截击拦阻

北伐前期，清政府最担心的是太平军一路北上，挺进畿辅，威胁其统治中心北京，所以最主要的战术是堵截北伐军。北伐出征伊始，首先在浦口登岸，冲破了琦善的江北大营的封锁。清军派出了察哈尔督统西凌阿等将领率黑龙江马队负责防堵，没想到不堪一击，由浦口逃往滁州。太平军攻克滁州，西凌阿等再由滁州逃往定远。安徽告急，咸丰皇帝命令山东巡抚李僡，"督饬带兵各员，扼要驻扎，严密防堵，以为皖省声援"。[1] 并急令河南巡抚陆应穀妥为布置，"扼要驻扎，即著妥为布置，相机调遣，无稍疏虞"。[2] 安徽巡抚李嘉端恰巧初任，工部侍郎吕基组建的地方武装尚未成军，兵部侍郎周天爵可支配的兵力不足 1000 人，所以安徽的防堵清军势单力薄，难以阻挡太平军北上。太平军北伐前期势头迅猛，清军难以及时调集各路防堵，由于相对分散的缘故，根本难以构成阻截太平军北上的有效防线。

清军采取的最主要的防堵举措，莫过于借助黄河天险的扼守战术。太平军由安徽亳县进入河南，攻克豫省东大门的归德府之后，连夜挺进黄河刘家口，准备由此渡河北上。归德府失守后，河南巡抚陆应穀被革职留任。此前，清军采用山东巡抚李僡"遏贼北窜，莫如扼守黄河"的主张，将黄河所有船只收至北岸，使太平军无船可渡。尽管如此，太平军抵达黄河沿岸的消息，还是让咸丰皇帝忐忑不安，坐卧不宁，开始重新调兵遣将，急令各路兵马严加阻拦，强化严密防堵。为阻止太平军北进，令直隶总督讷尔经额、陕甘总督舒兴阿、山西巡抚哈芬以及胜保、恩华、善禄等各统官兵赴豫堵截协剿，并下旨"令奕经迅赴徐、邳一带，托明阿迅赴永城。此时皖境之贼直扑豫省汴梁，切近大河，该抚虽经带兵折回，第该省兵力甚单，贼势猖獗，急需大兵会合追截，方不至过河北窜"。[3] 很快"直隶大兵已云集大河之北，讷相已颁给钦差大臣关防，总统河北诸军"。[4] 此时的河南、山东、河北、山西四省，由于频繁的调兵遣将，从而都进入紧急防堵布置状态。

其实，清军各路调往河南的防堵兵马远未及时到位，根本无法实施对太平军北上的拦截，只是借助黄河天险，封禁渡河的措施，"将南岸船只撤归北岸"，将太平军拦阻于南岸。清军也意识到唯有严防黄河渡口，才

① 《寄谕李僡凤阳失守徐州吃紧著即督饬带兵各员扼要驻扎以防北窜》，中国第一历史档案馆编：《清政府镇压太平天国档案史料》第 7 册，社会科学文献出版社 1993 年版，第 2 页。

② 《寄谕陆应穀著统筹全局先其所急派兵入皖救援并将归德防堵妥为布置》，中国第一历史档案馆编：《清政府镇压太平天国档案史料》第 7 册，社会科学文献出版社 1993 年版，第 2 页。

③ 《寄谕奕经等接旨后速带兵驰赴河南救援防其过河北窜》，中国第一历史档案馆编：《清政府镇压太平天国档案史料》第 7 册，社会科学文献出版社 1993 年版，第 111 页。

④ 《贾臻致瑛棨函》，《瑛兰坡藏名人尺牍墨迹》第 27 册，第 7 信。张守常：《太平军北伐资料选编》，齐鲁书社 1984 年版，第 247 页。

能真正有效地扼住太平军北上之路。与此同时，黄河北岸也要进一步加强布控防御，尤其是理藩院尚书因惊慌失措出现太平军渡河的误报，也促使清军格外重视调集兵力在北岸堵截。吏科给事中雷维翰在上奏中就提出："黄河以南既有官兵剿堵，而黄河以北尤须层层布置。一面飞调重兵固守北岸，一面虚张声势，作为疑阵，使贼匪不能测我之虚实。"①

面对清军封禁黄河天然屏障的阻碍，太平军采取的对应战术是绕道而行。为了寻找渡河船只，大举向西部挺进，沿黄河南岸向上游寻渡，转移行军5百里左右，直到巩县取得渡船，才得以渡过黄河。至此，清军封禁河防的战术宣告彻底失败。

太平军突破黄河以后，清政府任命直隶总督讷尔经额为钦差大臣，统领河南、河北诸军，前往正面堵截太平军北上。特别是太平军在怀庆驻扎期间，清朝北部兵力采取不断南下施压的战术，再次构成了防堵阻截之势。面对清军在前方的大兵堵截，太平军避免与之正面冲突，从怀庆撤围，改变北上进兵方向，依然采取了西进山西绕道而行的战术。太平军挺进山西后，北上连克临汾、洪洞，而胜保、善禄、西凌阿等清军则一路绕道于前，在洪桐县城北的上纪落镇扎营拦截。"奴才与善禄密商，亟须连夜绕出贼前，方可杜其北窜。遂密令西凌阿等率领马队，于北关外扼要设伏。"②太平军于是放弃北上太原的路径，再次转而东折，由潞城、黎城、涉县、武安出太行山，攻克临洺关，进入直隶。清军在山西的防堵战术，又一次失算落败。山西巡抚哈芬被革职拿问。

太平军从临洺关攻入直隶，势如破竹，京师震动。清军深知太平军意在北京，便在正定府设立了直隶第一道防线。除直隶提督保恒带兵进驻正定外，清军不仅令直隶总督讷尔经额迅速到正定防剿，还将新任山西巡抚恒春暂留正定会同防御。清廷还调令理藩院侍郎培成、护军统领多尔济那

---

① 《雷维翰奏报黄河以北宜调重兵固守片》，中国第一历史档案馆编：《清政府镇压太平天国档案史料》第7册，社会科学文献出版社1993年版，第145页。

② 《胜保奏报平阳失守现带兵追剿并请速饬重兵前来会剿折》，中国第一历史档案馆编：《清政府镇压太平天国档案史料》第9册，社会科学文献出版社1993年版，第250页。

木带领京营旗兵以及 4000 察哈尔马队，奔赴正定拦堵；并令副都统达洪阿率领 2000 京营旗兵，也奔赴正定阻截。还催促由山西绕道截堵的胜保，由井陉、获鹿一线赶到正定防堵。确切地说，正定这道防线布置过于仓促，大军几乎都没有部署到位，躲在广平府的直隶总督讷尔经额依然迟迟甩落在后边。太平军沿顺德、隆平、柏乡、赵县、栾城一路，已经兵临正定城下，与滹沱河隔岸相望了。面对清军在正定布设的这道防线，太平军依然是采取避实而虚的应对之策，放弃直接北上保定的路径，再次改道，向东挺进。由于清军在正定堵截失利，直隶总督讷尔经额、恩华便被清政府革职拿问。

太平军由正定东折后，连续攻下藁城、晋州，到深州时再度准备北上。清军不仅令钦差大臣胜保带领善禄、西凌阿、维禄、经文岱等在深州北面截击拦阻，还派出僧格林沁屯兵涿州防堵，"约在涿州一带布置，兼顾保定、易州等处"。① 僧格林沁在涿州的设防，应该是清军大本营部署的最后一道防线。太平军采用避实就虚的战术应对，又一次通过绕道方式，从深州东南突出，再转向东北，直至兵临天津城下。

总之，太平军依照放胆灵便的战略方针，回避与防堵清军硬碰硬交火，绕道而行，避难就易，多次破解了清军的扼守防堵、截击拦阻战术。

2. 追击逐剿，尾随不舍

面对太平天国北伐军的长驱直入，纵横驰骋，清军除了扼守防堵、截击拦阻之外，还一直采取了尾随逐剿、穷追不舍的战术。与其说这也是剿灭北伐军的战术，倒不如说是在"扼守防堵，截击拦阻"战术难以奏效的情况下，清军无奈的被动之举，或补救性军事行动。防堵拦击是战术目的，而截堵不住就只能是迫不得已的尾追了。

从南方一路尾追太平军至天津静海的清军将领，有江宁将军托明阿、贵州提督善禄、察哈尔都统西凌阿、江北大营帮办军务大臣胜保等。察哈尔都统西凌阿，起初率黑龙江马队在浦口防堵，因未能截阻北伐军登岸北

① 《寄谕胜保著派得力将弁赴河间天津一带并与僧格林沁相机夹击》，中国第一历史档案馆编：《清政府镇压太平天国档案史料》第 10 册，社会科学文献出版社 1993 年版，第 99 页。

上，被褫职留营。后来奉命一路尾追太平军，直至河南、山西、直隶。江宁将军托明阿，起初率兵增援安徽滁州，由于堵截太平军北伐不成，便一直尾追太平军至河南、山西、直隶。最典型的忠实执行尾追者就是胜保，清帝咸丰鉴于他"竭尽忠勇"，任命为钦差大臣，要求他统筹全局，"悉心筹办，无误事机"。①

胜保是从扬州北开始追击北伐军的，起初是奉命赴安徽截剿太平军，当太平军进入河南，并西渡黄河围攻怀庆时，胜保与各路清军追兵会合于此。怀庆解围后，太平军进入山西，胜保被加都统衔，赐黄马褂，继续尾追，时而还绕至太平军之前堵截。太平军见胜保在前方堵截不得北上，转而东进入直隶境。攻破直隶临洺关后，太平军长驱北上，一路攻下沙河、顺德、任县、隆平、柏乡、赵州、栾城等，胜保则由井陉、获鹿一路迎截，继而在正定阻拦，转而追踪太平军直至静海。

一路尾追太平军北上的清军，即便有时绕到太平军前面形成拦阻之势，也并不愿意与北伐军主力直接交锋，所以从没有摆出过决战的架势。尾追成为胜保的不得已之举。太平军对此心照不宣，这似乎成为一种公开的默契。所以，《粤匪降临清纪略》附记的《贼东窜过神头岭》记载说："……胜有偏师缀，时劳免送书（胜帅以孤军追贼，贼常刊本书'胜保免送'字）。"姚宪之在《粤匪纪略》也曾记述说，尾追太平军的胜保并不敢与之作战，仅仅局限于履行着跟踪的任务。"胜保从后追赶，相距止（只）一两程，贼行亦行，贼止亦止，任其沿途杀掠，不能救援一处。贼目笑之，以为送行，尝植四大字木牌于其来路，曰：'胜保免送'。"②北伐军刻写'胜保免送"木牌，既有太平军对胜保的讥讽，也可以算作是对清军尾追战术的一种泰然自若的蔑视。

客观地分析清军的尾随逐剿、穷追不舍战术，实际上对北伐军也造成了某种程度的逼迫压力，特别是对落队的、分散的太平军构成了极为严重

---

① 《寄谕胜保著统筹全局务将深州窜出之股赶紧殄灭》，中国第一历史档案馆编：《清政府镇压太平天国档案史料》第 10 册，社会科学文献出版社 1993 年版，第 257 页。
② 姚宪之：《粤匪纪略》，张守常：《太平军北伐资料选编》，齐鲁书社 1984 年版，第 457 页。

的威胁。尾追的清军一旦抓住机会，就会对断后的太平军发动围剿，采取步步紧逼，逐渐蚕食方式，零敲碎打地将其加以歼灭。例如，托明阿等在河南汜水追剿时，"奴才托明阿与西凌阿等督率驰行在前，相机追截，奴才善禄督催步队随后接应，沿途擒斩探信贼匪及落后之长发贼八十余名"。①

太平军对清军的追袭也不得不格外小心，予以提防清军的这种战术。撤离怀庆时，太平军"恐被追袭"，采取了隐秘撤退行动，一方面在各军营悬挂羊犬，使脚击鼓，制造动静；另一方面焚草入灶，伪造各种做饭假象。从而避免了撤离怀庆时被偷袭的险境，"贼去数日，官军始探知"。②胜保在山西平阳府，"派出追贼之黑龙江、西安马队禀报，在风门山口以东，又追杀贼匪百余名，夺获黄旗二杆、抬炮二杆。"③清军追兵在一定程度上对太平军外围小股部队形成了遏制，特别是对太平军的侦察、找粮、探路等行动具有杀伤力。胜保等追至在直隶深州之时，"查该逆大股窜踞深州，晋州余匪尚多，经西凌阿等尾追击杀，遂俱归并深州。其窜扰蠡县境内及张登地方皆系零星余匪，窥伺北窜。经奴才等督兵分路前进，该逆已丧胆奔回深州城内。"④清军尾随逐剿、穷追不舍的战术，还对北伐军抢渡黄河造成了很大影响。由于托明阿、善禄、西凌阿等尾追，使北伐太平军的后卫部分大约2千多人未能及时渡河，竟然折回南返。清军追兵五月二十五日赶到汜水，"托明阿、西凌阿等随即分兵三路进攻，大股逆贼见大兵追到，直奔渡口欲上船只，经我兵追杀紧急，该逆忽即转回，并有东西两土山内贼匪一齐扑下，连放枪炮，抗拒我师。自辰至未，连扑三次，俱被我兵施放枪箭击退，共剿杀该逆三百余名，贼势穷迫，争上船只。因西北风大作，船不能开，亦被我兵枪炮齐施，击毙殆尽，落水者不计其数。烧毁

---

① 《托明阿等奏报连日督兵追剿汜水股众获胜情形折》，中国第一历史档案馆编：《清政府镇压太平天国档案史料》第 7 册，社会科学文献出版社 1993 年版，第 359 页。

② 陈思伯：《复生录》，《近代史资料》1979 年第 4 期（总 41 号），中华书局 1980 年版，第 39 页。

③ 《胜保奏报在风门山杀敌百余名片》，中国第一历史档案馆编：《清政府镇压太平天国档案史料》第 9 册，社会科学文献出版社 1993 年版，第 154 页。

④ 《胜保奏报深州进剿获胜待催兵到齐即行围剿等情折》，中国第一历史档案馆编：《清政府镇压太平天国档案史料》第 10 册，社会科学文献出版社 1993 年版，第 186 页。

逆船十三只"。①

3. 前后夹击，四面兜围

除清军的堵截和追击等被动战术之外，清朝咸丰皇帝最希望清军能够变被动为主动，在堵截时，主动向南迎击；在向北追剿时，主动发起攻击；特别是主张采取"厚集兵力"，企望对太平军实施前后夹击，"四面兜围"，"痛加剿洗"，一举歼灭北伐太平军。在军机处调度指挥时，咸丰皇帝一再强调要"歼除净尽"；"勿令乘隙窜逸"、"冀获全功"。其实，在北方战场前期的作战中，清军要实现这种战术打法简直就是一种奢望，纯属一厢情愿。实际上，真正对太平军四面兜围的机会，只在怀庆、深州、静海出现过三次，清军都没能够实现"围歼剿灭"的战术目的。

太平军挺进到怀庆期间，在四方城关分散驻扎，处于内攻外守状态，即对内要设法围克久攻不下的怀庆，对外则要筑城掘濠防御外线清军的包围。咸丰皇帝鉴于太平军被清军内外夹击之势，要求清军迅速会剿，将太平军一举围剿。"各路进剿官兵驰抵河北者不下万余，亟应迅速会剿，乘其蚁聚怀郡，一鼓歼除。"② 先后赶到怀庆对北伐军第一次实施包围的清军领兵大员，有直隶总督讷尔经额、理藩院尚书恩华、山东巡抚李僡、山西巡抚哈芬、江北大营帮办军务大臣胜保、江宁将军托明阿、贵州提督善禄、察哈尔都统西凌阿、西安副都统双成、大名镇总兵董占元、正定镇总兵双禄、太原镇总兵乌勒欣泰、陕安镇总兵郝光甲等。先后聚集在怀庆对太平军实施反包围的清军总数已近 5 万人，清政府任命直隶总督讷尔经额为钦差大臣节制军务，准备与城内守军呼应，实施内外夹击战术。

驻扎在怀庆包围圈东面的一路清军是托明阿、西凌阿、善禄率领的兵马，驻扎在包围圈西面的是胜保的西安副都统双成部，驻扎在包围圈南面的是江北大营帮办军务大臣胜保本人率领的兵马，驻扎在包围圈北面的

---

① 《托明阿等奏报连日督兵追剿汜水股众获胜情形折》，中国第一历史档案馆编：《清政府镇压太平天国档案史料》第 7 册，社会科学文献出版社 1993 年版，第 359 页。

② 《寄谕讷尔经额著恩华等带兵迅速进剿并飞催慧成遄行毋延》，中国第一历史档案馆编：《清政府镇压太平天国档案史料》第 8 册，社会科学文献出版社 1993 年版，第 94 页。

是大名镇总兵董占元，驻扎在包围圈东北面的是理藩院尚书恩华和山东巡抚李僡，驻扎在包围圈西北面的是太原镇总兵乌勒欣泰。清朝咸丰皇帝希望利用反包围之势，毕其功于一役，全歼太平军，一再强调"各路官兵四面兜围，务期聚而歼旃，勿任窜逸"。① 但是，清军在怀庆实施的反包围相持中，并没有在兵力上占到绝对优势，各路兵马各有各自的打算，狐埋狐搰，裹足不前，迟迟未能实现合围。太平军由于久攻不下，外围压力逐渐增大，便选择包围圈相对稀疏薄弱的西侧突围，采用了金蝉脱壳之计，避其锋芒，绕道而行，义无反顾地攻入山西。清军这次四面兜围的战术布局便化为泡影。

　　太平军驻扎直隶深州 14 天期间，再次出现了清军前后夹击、四面兜围的机会。胜保在深州北侧的西午村扎营，西凌阿在深州西北侧扎营，善禄在深州正西扎营，"其南路有水阻隔，东路饶阳有团集乡勇万余人堵御"。② 此时钦差大臣胜保督率清军在深州北东西三面严密布置，只因感到兵力仍然不足，所以迟迟不敢对包围于深州的太平军发起攻击。胜保明知深州"南面虽有水隔，而隔水仍有路可通"，③ 却在督促各路大军到齐发动围攻之前，留下了一个缺口。他故意放弃东南方向的设防究竟意欲何为？有的学者认为，这说明胜保"并没有在深州击败北伐军的决心"。④ 作为围剿深州太平军的总指挥，胜保可以掌控的实际兵力将近 1.5 万，⑤ 在绝对数量上并不占优势，如果对太平军发动围歼决战，根本没有必胜的可能，所以钦察大臣

① 《寄谕讷尔经额等严饬各路官兵兜围聚歼勿令西窜》，中国第一历史档案馆编：《清政府镇压太平天国档案史料》第 8 册，社会科学文献出版社 1993 年版，第 109 页。

② 《胜保奏报深州进剿获胜待催兵到齐即行围剿等情折》，中国第一历史档案馆编：《清政府镇压太平天国档案史料》第 10 册，社会科学文献出版社 1993 年版，第 187 页。

③ 《胜保奏请饬讷尔经额办理直省团练片》，中国第一历史档案馆编：《清政府镇压太平天国档案史料》第 10 册，社会科学文献出版社 1993 年版，第 191 页。

④ 苏双碧：《北伐风云》，光明日报出版社 1993 年版，第 95 页。

⑤ 据《胜保奏报深州进剿获胜待催兵到齐即行围剿等情折》记述，胜保在深州亲自带领的兵马有 2500 余名；恩华带领的步兵 700 名，马队 900 多人；西凌阿等带领马队 1100 余人；维禄、经文岱所带领 700 余名。此外，还有胜保所带 500 余名练勇，蕴秀带领的 1500 名直隶官兵，盛京官兵 500 名，绵洵、桂龄带领的陕甘官兵 1700 余名。另有郝光甲带领的 2500 名官兵，董占元带领的 800 名官兵，双成、德坤带领后队 800 名。这些已在的、刚到的、将到的清军总数为 1.42 万至 1.5 万。已催令准备前来的还有托明阿、恒春、庆祺等兵马，以及安平、饶阳的团练。

胜保在兵力调集不齐的非最佳时机，只好继续等待。太平军则不想与之纠缠，迅速摆脱包围之势，履险如夷，趁夜由东南方向突围，直扑运河，继续绕道北上了。清军在深州实现四面兜围的战机转瞬即逝，刚刚初显的围剿优势即刻付诸东流了。

　　太平军到达静海、独流驻扎待援期间，清军第三次获得了团团包围太平军的机会。当时基本形成了僧格林沁前堵和胜保后截的形势，僧格林沁的大本营驻扎在距独流正北方向的王庆坨镇，"胜保现督天津兵勇扎营在独流东面相距八里之梁王庄地方进剿，庆祺之兵在独流西面三里许隔淀堤之第八铺截剿"。①培成驻扎在距杨柳青10余里的三河头，善禄、西凌阿扎营在静海城南面，经文岱在西面扎营，达洪阿驻扎于刘家口。②主持围剿的钦差大臣胜保自安徽追踪北伐军以来，已经与林凤祥、李开芳反复交手，多次斗智斗勇之后，他对清军战术运用的思虑颇多。他向咸丰皇帝奏道："夙夜萦思，忘废寝食，凡他人意料之所及，皆奴才窬寐所熟筹。"③胜保认为，太平军一路北上，"善于狂奔，肆志窜扰"，清军堵截不灵，追剿也无效，唯有设法将其包围，使其无路可走，才有可能悉数灭尽。林凤祥、李开芳分据独流、静海以牵制清军，中间还设有据点连接，相互能够联系照应。由于战线拉得太长，胜保与僧格林沁统率的前线清军总数约为3万兵马，根本无法合围，所以只有通过重点攻剿，逼迫太平军收缩据点，将独流与静海两处合二为一，才有可能实现合围夹击。"倘能设法夺回独流，使全股窜入静海城中，或静海余贼并入独流，两面夹击，以期克日歼除。"④由此可见，当时清军除收缩包围圈之外，没有任何其他特殊战术可言。

　　作为负责前线总指挥的钦差大臣，胜保名义上有权调兵遣将，节制前

① 《僧格林沁奏报酌拨官兵协助庆祺进剿等情折》，中国第一历史档案馆编：《清政府镇压太平天国档案史料》第10册，社会科学文献出版社1993年版，第478页。
② 《达洪阿奏陈督兵往返稽滞日期缘由及会剿情形折》，中国第一历史档案馆编：《清政府镇压太平天国档案史料》第10册，社会科学文献出版社1993年版，第464页。
③ 《胜保奏陈目前敌情及攻剿对策片》，中国第一历史档案馆编：《清政府镇压太平天国档案史料》第11册，社会科学文献出版社1994年版，第522页。
④ 《胜保奏报督兵攻剿独流大获胜仗情形折》，中国第一历史档案馆编：《清政府镇压太平天国档案史料》第10册，社会科学文献出版社1993年版，第484页。

线所有清军，支配管辖粮饷，但他要完成合围并非易事，实际上是处处受掣肘，事事有阻挠。首先，无法实现统一指挥，因为僧格林沁的地位远比胜保要高，僧帅还不时地越过胜保而直接指挥其他前线清军，两位统帅互相告状，相互指责。两者不仅缺乏默契配合，还充满内顾之忧，完全不可能形成统一的合力。其次，要实现合围，就要继续添兵。"所患兵力尚形单薄，每遇有机可趁之时，辄苦无兵可拨"，"奴才惟有殚竭血诚，不惜驱命"。① 胜保屡次上奏并未得到增援，加上军饷保障维艰，手足无措，日坐愁城。再次，胜保并非主张合围之后马上攻剿，而要长期困守，即"万全之策莫若围而不攻"，"冒死冲突，夷伤必多"，"俟其食竭力尽而取之"。② 要围而不攻，相持困守，一方面清朝皇帝极力反对，在胜保奏折上批复曰："汝欲保汝首领，惟将此贼速灭。"再说，太平军也不会坐以待毙，任其困局长期持续。故而，清军对太平军貌似形成了包围之势，致使太平军毅然决然地主动撤出静海、独流，实则始终未能合围。总之，清军前期的策略实施，可谓：追之既无方，堵之亦不力。

二 后期的各种围攻战术

自从北伐军南撤突围之后，清军主要采取的基本策略是紧追不舍，形成对太平军的困围之势，将处于围顿境地的北伐军切断退路，最后关门成擒。在这种包围策略指导下，清军在束城、阜城、连镇、高唐、冯官屯实施围困时，先后采取了一些不同的包剿战术，逐步削弱了北伐军实力，然后实施围歼，最终活捉了林凤祥、李开芳北伐军主帅。清军采用的具体围攻战术主要有以下几种：

1. 挖沟筑墙，兜围严守

北伐后期，清军每次追踪太平军转移到一个新据点，都会通过挖濠筑

---

① 《胜保奏报十八日攻剿独流之敌获胜情形折》，中国第一历史档案馆编：《清政府镇压太平天国档案史料》第11册，社会科学文献出版社1994年版，第610页。
② 《胜保奏陈目前敌情及攻剿对策片》，中国第一历史档案馆编：《清政府镇压太平天国档案史料》第11册，社会科学文献出版社1994年版，第522页。

墙来围困太平军，指望太平军弹尽粮绝以后，自动缴械投降。僧格林沁与北伐军在束城交手之后，就意识到顽强的太平军如果坚守不出，其营垒难以攻克，清军如果硬攻则伤亡太大，而且徒损无济。因此，他主要采取了挖沟筑墙，兜围严守，以逸待劳的战术。僧格林沁向皇上说，唯有开挖深濠，以资围困，"奴才自王家口追剿逆匪，在束城、阜城、连镇等处扎营，屡次挑挖环濠，修筑炮台，每处周围均三四十里不等，分段修理"。①

在束城包围太平军期间，僧格林沁亲自监督挑挖工程，因东南方一片积水不能施工，就修筑了三面包围的壕沟，以将太平军严密包围隔离。当时他就认为："我兵只须严此长围，不日贼巢粮尽，即可不攻自溃。"②但事与愿违，恰巧太平军就是由束城东南的壕沟缺口突出重围，转移到了阜城。

在阜城围攻太平军期间，清军依然命令各营督带兵丁挑挖环濠，其长围濠沟工程量巨大，该壕沟"宽广三十余里"。③僧格林沁曾亲自视察验收，"连日挑筑长濠，业经竣事，奴才等亲往周历。其宽深足资堵御，间有一二处未尽如式者亦已一律加挑，严饬各官兵昼夜严防，毋令乘隙潜窜。"④太平军后来还是借助长梯、木板、棉花包等器械，填平了阜城东南方的包围圈壕沟，从而实现突围，转移到了连镇。

清军在连镇外围仍然采用了挖濠筑墙的战术策略，"僧亲王筑围困之"。⑤太平军跨运河修建防护城濠，清军则用更大的一个包围圈困之，"官兵夹河筑墙围之"。⑥据史料记载，清军在连镇修筑的围城是以濠沟外侧用

① 《僧格林沁军营抄存谕折稿》，《僧王奏折》，第8册。张守常：《太平军北伐资料选编》，齐鲁书社1984年版，第143页。

② 《僧格林沁等奏报敌受创负固不出现仍设法进击折》，中国第一历史档案馆编：《清政府镇压太平天国档案史料》第12册，社会科学文献出版社1994年版，第437页。

③ 《僧格林沁等奏报阜城东面一律设防并设法解散胁从折》，中国第一历史档案馆编：《清政府镇压太平天国档案史料》第13册，社会科学文献出版社1994年版，第272页。

④ 《僧格林沁等奏报探闻东豫敌情并请令胜保暂缓南下折》，中国第一历史档案馆编：《清政府镇压太平天国档案史料》第12册，社会科学文献出版社1994年版，第641页。

⑤ 祝嘉庸修，吴浔源纂：《宁津县志》卷8，《人物志·义行》，光绪二十六年排印本。张守常编：《太平军北伐资料选编》，齐鲁书社1984年版，第446页。

⑥ 张景沂：《守城纪略》，耿兆栋修，张汝漪纂：《景县志》，《艺文志·杂记录》，民国二十一年排印本。张守常编：《太平军北伐资料选编》，齐鲁书社1984年版，第449页。

土堆成的墙，此项土方量巨大，"周围土城不下六七十里，高一丈五六，厚八九尺"。① 据清政府派出的青县密探报告，僧格林沁等将领指挥在连镇周围四面挑挖了两道战壕，并筑有一道套堤。②

2. 狂轰滥炸，极度摧毁

清军在包围濠墙的外围四周都筑造了炮台，会使用大炮发起火力攻击，通过向太平军守城之内狂轰滥炸，企图一举摧毁北伐军有生力量和修建的各种防护设施。例如，清军追踪太平军到束城之后，僧格林沁即"调到大炮向排回等村轰打，击塌屋宇甚多，压毙逆匪无算"。③ 在围攻连镇期间，清军每日早晚向太平军驻地施放枪炮不休，不到三个月的时间里，"炮子毙贼五六百人，有睡至次早无头者；有子过胸胁，未伤皮肤，而药毒内攻身死者；有一炮子连伤数人，遇坚折回，又断人肢体者。"④ 胜保不仅在高唐城外高筑炮台，安置了所谓"神威"、"五城"、"永固"等火炮，向城内昼夜轰击，还下令让当地官员捐铁铸重炮，将附近三五十里村民的釜甑之器砸碎运抵军营铸成了一门一万八千斤的重炮，结果此炮并未发挥太大威力，只是击碎了高唐城墙的数块城砖而已，于城墙而言毫发无损。僧格林沁接替胜保之后，调来了清军的专业炮队车辆，一番猛轰后，竟将高唐城墙炸塌了约十丈宽的豁口。李开芳等当夜出城转移到了冯官屯。

在冯官屯，僧格林沁依然采取了这种战术，用猛烈的炮火将"所有贼踞村内楼房屋宇，皆击坍塌，无一椽完整"。⑤ 当然，清军的狂轰滥炸，也有很大的盲目性，有时炸弹不响，有的炸不到目标。清军在冯官屯曾使用了一种叫做"空心西瓜大铁子"的炮弹，内装火药、铁片、毒药等，它落地即炸，有时会给太平军造成极大伤亡。但是，正如张集馨所说："奈炸

---

① 谢兴尧珍藏的《太平军连镇被围图》文字说明，见张守常编《太平军北伐资料选编》，齐鲁书社 1984 年版，第 666—667 页插图。

② 《青县探报》，中国第一历史档案馆编：《清代档案史料丛编》第 5 辑，中华书局 1980 年版，第 204 页。

③ 《僧格林沁等奏报敌受创负固不出仍设法进击折》，中国第一历史档案馆编：《清政府镇压太平天囯档案史料》第 12 册，社会科学文献出版社 1994 年版，第 437 页。

④ 陈思伯：《复生录》，《近代史资料》1979 年第 4 期（总 41 号），中华书局 1980 年版，第 44 页。

⑤ 《僧格林沁等奏报近日围剿情形并设法引水灌淹冯官屯折》，中国第一历史档案馆编：《清政府镇压太平天囯档案史料》第 17 册，社会科学文献出版社 1995 年版，第 160 页。

无定准，或未至贼巢而堕，或已至贼巢而不炸，每每虚糜火药。前数日，炸弹飞去，适落群贼环聚之屋，中堆火药数篓，顿时火发，轰毙多贼。"①面对清军的炮火，太平军无法抗拒，只好被迫转入地道以躲避敌军的密集炮火。在冯官屯，李开芳指挥挖掘的地下通道，不仅盘旋纡绕，相互连接，而且有观测孔，可以通过掩体向外瞭视。当炮轰之后清军攻至近前，太平军即开枪射击，所以清军炮轰之后的每次进攻，依然不能得手。他们一旦进入前沿壕沟，仍会受到太平军的火力攻击。最后，僧格林沁不得已便改为水攻战术。

3. 挖洞埋雷，穴地攻城

除了从空中向太平军营垒内打炮轰炸之外，清军还采用了从地下挖地道的战术。例如，胜保在高唐围攻太平军时，为了在攻城中减少伤亡，指挥清军从地下挖掘地道，直达城墙底下，准备用地雷轰塌城墙。他曾向咸丰皇帝奏报说："各处营盘暗挖地道，距城远者一百数十丈，近者八九十丈。现在各处工程已有十之六七及十之四五不等，约计月杪月初，可望蒇事。"② 将地道挖至城根后，再将火药运至城墙下部地道内，并安装导火索。一切准备就绪，胜保传令点放地道中的地雷，转瞬间火药爆炸，"大声震发，烟焰腾起数十丈，砖石蔽空而下"，俟炮火硝烟散尽，"始见城垣已轰开五丈有余"。③ 而太平军不等烟尘散去，就要乘着硝烟弥漫之际，冲到炸塌的城墙豁口处，一面向城外开枪放炮，投掷火弹，压制清军冲锋，一面还要用大小树枝封堵隘口，阻断攻城之路。此次轰塌城墙清军却没能趁势冲入城内，而后再也没有能够炸毁城墙，特别是清军在地道内发生自我爆炸事故后，胜保更没有机会了。清军发生此次事故完全是由于安放炸药人员失误所导致的，"夫役弁兵因地道深黑崎岖，各携手灯蛇行匍匐，不料地风忽起，将灯吹灭，夫役倾跌，灯煤碰至药筐，一时并著，数十百人登时灰

---

① 张集馨：《道咸宦海见闻录》，中华书局 1981 年版，第 162 页。
② 《胜保奏报近日督兵用地雷攻剿高唐情形折》，中国第一历史档案馆编：《清政府镇压太平天国档案史料》第 16 册，社会科学文献出版社 1994 年版，第 343 页。
③ 奕䜣等修，朱学勤等纂：《剿平粤匪方略》北京中国书店 1985 年影印本，第 106 卷，第 41 页。

烬。"①因此，没等高唐局势翻盘，胜保就被革职解京。

僧格林沁在围攻冯官屯时期，也曾一度使用地攻之法，由包围圈外向内挖地道，企图以此开辟进攻太平军的地下通道。但是，他启用的地下施工人员，都是所谓投诚义勇，其中挖掘地道的首领刘自明，原本就是北伐军中的土官将军。地攻之策开始实施后，不料在清军地道挖至太平军壕沟之时，发生了施工人员叛逃。其实，刘自明在连镇就是假投降，他借助此刻挖地道的时机，在与太平军地道挖通之后，带领 6 名挖掘人员逃回李开芳营垒。"因刘自明挖至贼壕，该犯畏罪携带同挖地道六人，乘夜逃入贼垒。"②这个事件让僧格林沁感到地攻之法断不可为，彻底放弃了地道对攻计划。

4. 急攻猛闯，强冲硬击

以咸丰帝为首的清政府，最不愿听到前线以挖壕筑墙、穴地掏洞等为借口拖延进攻；最期待僧格林沁、胜保等领兵大员，能够利用太平军撤退的慌乱之际，猛闯直击，一举将其歼灭；或者太平军刚刚退至某地立足未稳之时，一鼓作气，硬攻强冲，将其拿下，早日实现扫除北伐军的意愿。咸丰帝多次下谕旨表达对围攻战况进展的不满，认为以数万清军剿杀太平军，若竟任其死守，不图进取，日久相持，兵粮支绌，思之愤懑，故此屡屡督促清军主动进攻。

北伐军撤退至河间府之束城镇，并占据了桃园、西成等六七个村庄。这一带村落稠密，大小相连，且树木丛生。僧格林沁紧追而至，见太平军列队迎战，连放枪炮、火箭喷筒。此后，每次再攻近太平军营垒，就会遭受密集枪炮的压制，"从周围墙孔中施放枪炮死拒，我兵亦有伤亡，势难扑入"。③

清军的拼死硬攻战术在连镇表现得最为强烈，冲锋在前的主要是投诚

---

① 张集馨：《道咸宦海见闻录》，中华书局 1981 年版，第 157 页。
② 《僧格林沁等奏报近日围剿情形并设法引水灌淹冯官屯折》，中国第一历史档案馆编：《清政府镇压太平天国档案史料》第 17 册，社会科学文献出版社 1995 年版，第 160 页。
③ 《僧格林沁等奏报连日进剿获胜敌股不能突围折》，中国第一历史档案馆编：《清政府镇压太平天国档案史料》第 12 册，社会科学文献出版社 1994 年版，第 289 页。

的太平军，当时规定只有在攻营中杀死一名北伐军，才准许剃去长发。据陈思伯在《复生录》记载，僧格林沁前后共收编了12000名投诚的太平军，编为前后左右中五营，由先出立功者担任哨官。清军攻陷连镇的一战最为惨烈，投诚义勇莫不踊跃用命，林凤祥所部四面受敌，仍在拼死抵抗。清军先将太平军木城焚毁，枪炮向内猛轰，遍地火光，双方兵刃相接，死伤无数。清军最终攻克连镇后，五营投诚义勇阵亡5000人，轻伤者不计其数，负重伤的400余人不能继续随征再战。[①]

李开芳占据高唐州城，胜保在临清消灭了北伐援军后，前来督剿围攻。胜保亲督将兵冒死攻扑数十次，无济于事，几于无计可施，久攻不克，被清政府逮京问罪，发配新疆。李开芳从山东高唐转移冯官屯后，僧格林沁尾追跟进，急于成功，本想趁太平军喘息未定，直接冲入村内，一鼓荡平。不料北伐军英勇作战，抵挡住了清军连日发起的猛烈冲击。"该逆依前剽悍，抵拒甚力，以致副都统衔乾清门头等侍卫克兴阿、副都统衔营总额图浑巴图鲁乌兰都均经受伤。"[②]还有头等侍卫苏彰阿巴图鲁达崇阿、吉林协领委营总丰山、委参领丰玉等30余名官兵，被太平军当日在阵前杀死，100余名官兵受伤。几经搏命强攻未果，僧格林沁只好改弦更张，使用以柔克刚的水攻等战术。

5.调虎离山，欲擒故纵

僧格林沁在高唐接替胜保的指挥权后，却出人意料地采取了一个调虎离山的策略。他认为，李开芳据守的高唐城垣坚固，而且密布壕坑和角栅，虽然太平军人数并不太多，但是储粮较丰，所以相持已久。如果单靠兵勇硬攻，徒致伤损，断难得手，"必须诱其全股出巢，再行痛剿"。[③]当月二十九日夜间，僧格林沁让南面防守官兵分散队伍，做出疏放之势，结果使李开芳率领全体太平军趁机冲出城来，急速南下。清军马队五百余名尾

---

① 陈思伯：《复生录》，《近代史资料》1979年第4期（总41号），中华书局1980年版，第48—49页。

② 《僧格林沁等奏报收复高唐敌窜冯官屯官军追剿获胜折》，中国第一历史档案馆编：《清政府镇压太平天国档案史料》第17册，社会科学文献出版社1995年版，第80页。

③ 《僧格林沁等奏覆查访胜保贻误军机及高唐军情折》，中国第一历史档案馆编：《清政府镇压太平天国档案史料》第17册，社会科学文献出版社1995年版，第57页。

随其后，穷追不舍，直到太平军占据了茌平县冯官屯为止。

李开芳部在高唐据守了九个半月，围攻的胜保绞尽脑汁，无可奈何。僧格林沁放弃了胜保曾使用过的所有战术，采取了欲擒故纵之计，放其逃走。他认为，清军骑兵的追杀，相对于守城围攻更易于得手，太平军的逃跑定会大大削弱其原有优势。只要让太平军离开高唐城，就能够再次寻找到更好的包围机会，他断定李开芳走则减势，散而再擒，结果只花了三个月清军就最终攻克了冯官屯，扫清了太平天国的北方战场。

6. 引河浇灌，水攻浸淹

在清军实施的长濠围困策略中，为了强化围堤严密性，有效增强濠墙工程的防护性，同时也为了增加进攻太平军的力度，僧格林沁还在连镇、冯官屯先后使用过水攻战术。

例如，从连镇上游德州地面四女寺因河宣泄，以水浸灌，以水为兵。调用东光、吴桥、景县、宁津等地民夫施工。后因决口的河水冲毁了修筑的套堤，僧格林沁在调集兵力加强东南方向堵截的同时，赶紧挑挖河道并修复套堤。清军在连镇引水灌濠的做法，使壕沟起到了护城河的功效，大大增加了太平军越濠跨堤突围的难度。太平军如想实施突围，不仅需要应对围墙上的守卫清军，还要清栅、涉水、爬墙，困难重重。特别是入冬以后，守卫土城墙的清军夜晚还会在城墙上洒水，故意将土墙冻成一堵冰墙，使得爬墙翻越更加难乎其难。清军在运河的"水口"上布置了密密麻麻的钩网，试图由水路潜出的太平军屡屡被俘，"悉为滚钩渔网捉去"。[①]最终，连镇太平军在僧格林沁布下的天罗地网面前，始终未能实现突围，坚持到了弹尽粮绝。

僧格林沁为什么在冯官屯围剿中决定采用水攻之法？主要基于两点原因：其一，避免清军兵勇伤亡太大，面对着用尽所有力量做最后拼死相争的北伐军，一味强攻无异于冒死搏命；其二，水攻虽显笨拙，确有实际效果，在连镇曾尝试水围得手。如若利用旧有河道，加以修筑，引运河之水至冯官

① 陈思伯：《复生录》，《近代史资料》1979年第4期（总41号），中华书局1980年版，第44页。

屯，将其地道和濠沟灌满，定使北伐军无处潜匿，势必会出逃投降。所以，即便修建各项设施旷日持久，收益见效较慢，他依然决意用水攻之法。

僧格林沁积极为水灌冯官屯做起了准备，该工程分为两个组成部分：其一是，在屯子的四周修筑土墙，用于水淹村庄的基础包围工程，在土墙之外挖掘宽濠，挖濠之土，用于加固外墙的厚度和高度；其二是，修筑水坝和挖掘引水的沟渠，特别是挑挖水道的工程量巨大，经河东总督（即河东河道总督，负责管辖河南、山东等地黄河、运河防治工作）和山东巡抚等仔细勘察，从东昌府三孔桥引水，至冯官屯石桥为止，共计 123.2 里，水道长度约合 22176 丈。如果挖掘的引水河道两旁有低洼坑池，还需要培垫筑埝，以防旁泄。实际修筑的水道，"口宽一丈八尺至七尺，底宽八尺至五尺，深六尺至三尺不等，所需土方工价、夫役饭食等项，共计用过京钱五万二千五百五十二千零"。[①]工程所需费用由革职官员前广西左江道张祥晋独自主动捐资，工程由天津道张起鹓负责督办，随营的革职留用直隶布政使张集馨、副将史荣椿等委员分别负责监工督察，每日至军营当面向僧格林沁"禀报情形"。[②]

挑河引水工程开工后，僧格林沁一方面对上承诺挖掘河道在十日左右完工，另一方面对下则发令箭分段交与各地方官员，从周边村庄雇佣民夫速掘水沟，每日夜发钱三百文，限期完工。例如，距冯官屯 30 里的博平县，分派修筑河道 42 里，指定期限为五日。时任知县的蒋庆第，"朝出暮归，日驰马督工作，分段插木标详记尺丈于簿及应发佣钱，以一单分给工头。每段毕，即缴单验工发价，民争先趋，如期而竣"。[③]整个挖河引水工程自咸丰五年二月初始，至三月初四竣工。僧格林沁立即开始实施引水倒灌行动，仅用一天时间就将最外环的围濠注满了水，此后用水车提水灌入围墙，向屯内浸淹。与此同时，不仅派人严密巡守维护河道，以防跑水浸

① 《僧格林沁军营抄存谕折稿》，《僧王奏稿》，第 8 册。张守常：《太平军北伐资料选编》，齐鲁书社 1984 年版，第 142 页。

② 张集馨：《道咸宦海见闻录》，中华书局 1981 年版，第 160 页。

③ 蒋庆第：《友竹草堂集》附录，张守常：《太平军北伐资料选编》，齐鲁书社 1984 年版，第 571 页。

没民田，更担心水量流失影响围剿北伐军，还在围墙外筑高台墩，排列枪炮，令兵勇站台瞭望水势，预防李开芳率部挖墙泄水。张集馨这等随营委员的差事是"每日早饭后，至桥头察看水势，即赴大营回禀"。[①]

清军兵勇日夜在围墙之上值守，随着冯官屯村内水势升高，太平军的生存环境日益恶化。清政府水改之术奏效了，李开芳等官兵"屡次凫水外扑，俱经僧王爷亲督兵勇，开炮击回，其添土修壕之贼亦多被击受伤"。[②]由于多次突围不成，最终束手被擒。清军以水攻战术终结了北方战场的战事。

第二节　利用地方团练的策略

清政府为了镇压太平天国农民起义，防范和应对北方战场出现的复杂局面，在咸丰二年广西、湖南举办团练的基础上，于咸丰三年开始也在北方各省组织兴办了地方团练，利用地方绅士的策略，借助广大城乡民众的人力物力，以协助官兵镇压太平天国北伐军。

一　北方团练的兴起

在太平天国攻占武昌沿长江东下，尚未打下南京和开辟北方战场之前，清政府就向北方诸省发出了劝谕团练的旨令。清政府认为，由于嘉庆年间实施民间团练的坚壁清野等有效保御之法，平息了川楚的动荡。当下广西和湖南的许多地方亦因有团勇守御，致使太平军不敢肆意逼近，所以，决定昭告各直省兴办团练，以资御防。

当时北方因"贼氛尚远"，包括近畿在内的许多地方并未立刻议及办

---

① 张集馨：《道咸宦海见闻录》，中华书局 1981 年版，第 160 页。
② 《茌平县探报》，中国第一历史档案馆编：《清代档案史料丛编》第 5 辑，中华书局 1980 年版，第 210 页。

团，只有为数不多的地方启动了团练。究其原因有两点：其一，南北地理环境不同，人力物力贵贱有差；其二，主要是南北所处军事形势不同，南北战场开辟有先后，军事冲击程度有轻重，办理团练和劝谕捐输存在明显的难易差别。客观地说，清政府在决定昭告各直省兴办团练之前，对各地普遍兴办团练可能会带来的一系列连锁问题，也曾存有许多疑虑，踌躇不定，狐疑不决。

首先，兴办团练的最大问题不是操习武艺，而是团练资费问题。正如曾国藩所说，团练之难，不难于操习武艺，而难于捐集资费。一方面清政府在全国各地组织防堵，调兵遣将，多地大兵频繁过境，支应兵差过境已经很难承受了；另一方面兴办团练更需民间出资，有些地方署抚出自体恤民情纷纷上奏请求蠲免。清朝中央政府如果加恩一省一地不难，难就难在他省他地均冀望得到恩泽。各直省都须要办理防堵和团练，而且太平天国的军务战事一两年未必能够结束。所以，由办团练请蠲请缓的窒碍难题，实在令清政府反复掂量，再三思忖。

其次，清政府希望各地绅士会同官方兴办团练，一方面官方需要依靠绅士办团练，另一方面哪些绅士办团练，要获得官方认可。而社会与国家之间隔阂久矣，诸多窒碍何以能取得互通互融？即便清政府正式颁发谕旨，各地官府依然为此纠结不已。有些省份或州县推进团练迟迟未果，劝谕捐输裹足不前。刑科掌印给事中陈枚曾为此奏参山东巡抚李僡督办团练不力，"山东为畿辅保障，布置防守宜何如倍加详慎。乃臣闻抚臣李僡过年以来，一切办公心力即不及从前，而于此际防堵团练事宜，尤属漫不经心。……是以由京保举在籍各绅士，延至于今未尝饬司行文府县，以至众绅士观望不前，所有捐输团练均尚未举行。"① 所谓"官绅一心合力"，仅是清政府的一种期待而已，其实并未做好各种具体准备。

最后，自秦汉以来，历朝政府一直都是采取收缴民间兵器，禁止地方

---

① 《陈枚奏参抚臣李僡于捐输团练事宜漫不经心折》，中国第一历史档案馆编：《清政府镇压太平天国档案史料》第6册，社会科学文献出版社1992年版，第257页。

拥有武装，将国家的所有兵权牢牢集于中央。各地兴办团练武装后，一旦团勇聚集民众后，如何把控才能稳妥筹置团练组织，做到既用民间武力，又防止团练尾大不掉，就成为一个严峻的问题。清廷咸丰二年给陕西巡抚上谕中，就曾不无忧虑地提出过团练的经费由何而出，还考虑到办团练是请神容易送神难，将来如何遣散团练等。"经费何出？并将来如何遣散之处，亦应豫为筹及。"① 清廷特别希望先期试办的官员，要体察地方情形，各地应设法稳妥探索适合本地办团练勇的模式。

那么，为什么清政府思前想后、权衡轻重之后，最终决定在各直省广泛兴办团练呢？主要有以下三个原因：

第一，军队捉襟见肘，官兵不服调遣。太平天国攻占武昌之后，整个长江流域军事态势骤然发生了很大变化，太平军沿江东下，水陆并进，逼近南京。清政府明显感到自身的势穷力竭，岌岌可危，而且难保太平天国不再图谋北上，进兵京城。清廷原来部署在北方诸省的兵力大多被抽调协防，拆东墙补西墙又导致了许多新的空挡和防御漏洞。北方地域平坦辽阔，许多城乡并无险可守，此时清政府几乎没有用于再派遣的兵力，根本不能再处处设防，固此，"必须团练壮勇，以济兵力之不逮"。② 唯有劝谕绅民组织地方团练，借助民间力量以弥补不足。

太平天国围攻武汉之时，因河南与湖北毗邻，水陆皆通，故迅速抽调兵力赶往河南与湖北交界要隘防堵。清廷咸丰二年（1852年）十一月二十日上谕，命河南陆应榖"迅速派往交界处所，择险布置。俟新调兵到，仍可撤令归汛。现令琦善署理河南巡抚，复调直隶、陕甘精兵不下万人，交琦善统带不日即可赶到。该署抚即督同郑敦谨、柏山、崇安等严密防守。并晓谕近楚居民团练保卫，无致惊惶迁徙。"③

---

① 《寄谕张祥河广西等省现办团练无效不如力行保甲著将陕省团练及简明章程详细具奏》，中国第一历史档案馆编：《清政府镇压太平天国档案史料》第4册，社会科学文献出版社1992年版，第9页。

② 《寄谕李傪著责成兖沂曹济道万恩官等会同绅士认真办理团练》，中国第一历史档案馆编：《清政府镇压太平天国档案史料》第5册，社会科学文献出版社1992年版，第367页。

③ 《寄谕陆应榖著再调河南兵一二千名速往鄂豫交界择要布置并晓谕居民团练保卫》，中国第一历史档案馆编：《清政府镇压太平天国档案史料》第4册，社会科学文献出版社1992年版，第135页。

太平天国围攻南京之时，因山东与江苏毗邻，故迅速抽调山东兵力赶往与江苏交界要隘防堵。清廷咸丰三年（1853 年）二月初一上谕，命山东巡抚"李僡仍须出省，前往扼要处所，择地驻扎"，以防堵太平军北上。地方大吏李僡感到举办团练势在必行，"逆匪由楚北窜入江、皖，东省兖、沂、曹三府壤连江省，济南府为省会要地，东昌府、济宁州、临清州水陆交冲，防堵尤为吃紧。该五府二州地方辽阔，城乡村镇无要可扼，不能处处派兵设防，惟劝谕绅民团练壮勇，以资守御。"①之所以如此，就在于官兵的确已经不服调遣。所有北方劲旅皆集中于琦善、陈金绶军营，"现在山东已无可调之兵"。②其实，何止山东无兵可调，山西同样无兵可调。当北伐军挺进山西逼近平阳府时，"平阳以北至省城（太原）一路平坦，各州县存城之兵多者七八名，少者一二名"。③各地只能依靠兴办团练武装实现自保，根本不能指望官兵前来救援。

第二，军饷消耗巨大，度支不继，入不敷出。自军兴以来，清廷用于镇压太平天国起义的军费甚巨，"近复军兴三载，糜饷已至二千九百六十三万余两"。④而且军务未竣，遥遥无期，调兵和筹饷屡屡告急，财政缺口越来越大。翰林院编修梁国瑚说："皇上轸念黎元，不惜兵饷数千万，原期尽灭群丑，指日荡平，登斯民于　席之上。不料统帅者督兵三年，劳师糜饷，坐失事机。……迩来调兵不为不多，筹饷不为不广，而兵无实效，饷多虚糜，藏事尚难预卜。何日各路纷纷请兵请饷，其将何以继之？"⑤不言而喻，清军大兵云集，钱粮开销日渐匮乏，一切补给无从措办。清廷军饷运转不开，只好调整或进一步压缩财政正项开支。"军兴三年，度支告竭，

① 《李僡奏请饬在籍绅士刘韵珂等帮同办理团练事宜折》，中国第一历史档案馆编：《清政府镇压太平天国档案史料》第 5 册，社会科学文献出版社 1992 年版，第 267 页。

② 《寄谕胜殿邦山东已无兵可调著俟琦善兵到即可互为声援》，中国第一历史档案馆编：《清政府镇压太平天国档案史料》第 5 册，社会科学文献出版社 1992 年版，第 135 页。

③ 徐继畲：《特参晋抚诒误岩疆疏》，《松龛先生全集》，《奏疏》，卷下。张守常：《太平军北伐资料选编》，齐鲁书社 1984 年 8 月版，第 341 页。

④ 《寄谕各直省督抚户部度支短绌著各省力筹济急权宜变通》，中国第一历史档案馆编：《清政府镇压太平天国档案史料》第 8 册，社会科学文献出版社 1993 年版，第 43 页。

⑤ 《梁国瑚奏陈节财用广团练等管见折》，中国第一历史档案馆编：《清政府镇压太平天国档案史料》第 4 册，社会科学文献出版社 1992 年版，第 562—563 页。

部臣无款可筹，惟请汰除正项，即赏赐外藩亦在裁减之例。"① 然而通过开源节流成效甚微，于是连年广开纳资捐官，甚至官员频频报恩效力奉献。直隶总督讷尔经额说，"臣查直隶官绅四次捐输军饷"，均不敢仰邀甄叙。但是，依然是杯水车薪，依赖财政支饷似无余力可挖。讷尔经额所言进一步证明，"调赴南省官兵防剿，经由直隶以及毗连豫东地方，派兵防守应需一切经费，司库无款可筹，委系实在情形"。②

第三，土匪蜂拥而起，各地动荡不已。太平天国起义的影响不断扩散，引发了各地反清斗争风起云涌，不仅南方和东南沿海各省有天地会及其支派的起义，北方有捻军等大规模的起义，而且不少地方还相继出现了众多小股土匪。军务扩大不仅严重影响了地方统治秩序，直接或间接地影响到清朝赋税和军饷征收。咸丰三年（1853 年）三月讷尔经额奏报称：直隶省府保定"城北贼匪肆劫唐县、完县、阜平、曲阳、通州、宝坻各地方，或掳掠衣物，或抢掠妇女，或打劫钱铺，或连劫客商，并有白昼入室，奸淫妇女，以致该妇女自尽。等语。果如所奏，是盗贼纷起，土匪肆行，地方文武形同聋聩。当此逆氛未靖，畿辅重地，尤宜加意肃清，以杜外匪勾结。"③ 河南学政张之万奏称，直隶的"沧州、交河、盐山等处，平素盐贼盐贩在在多有，近因交河、沧州相继失守，该处土匪因而愈肆"。④ 据《栾城县志》记载，直隶栾城"时新经乱离，政多废坠，土匪趁机抢掠，闾里不安"。⑤ 又如，咸丰三年（1853 年）初的山东，"风闻山东兖、沂、曹三府匪徒聚扰，巡抚李僡带兵往捕，未能惩创，其猖獗情形虽未甚著，而当逆氛孔炽之时，心怀观衅，亟应防其勾结潜煽。"⑥ 再如，咸丰

---

① 朱泰：《北窗呓语》，第 7 页。张守常：《太平军北伐资料选编》，齐鲁书社 1984 年版，第 537 页。
② 《讷尔经额奏报续捐军饷并查明直隶四次捐输银数等情折》，中国第一历史档案馆编：《清政府镇压太平天国档案史料》第 6 册，社会科学文献出版社 1992 年版，第 217 页。
③ 《寄谕讷尔经额著派员迅缉保定伙党并饬地方官毋得以团练藉词科派》，中国第一历史档案馆编：《清政府镇压太平天国档案史料》第 5 册，社会科学文献出版社 1992 年版，第 452 页。
④ 张之万：《严惩土匪以靖地方折》，《张文达公遗集》卷 2，张守常：《太平军北伐资料选编》，齐鲁书社 1984 年版，第 377 页。
⑤ 陈咏修，张惇德纂：《栾城县志》卷 9，《职官志》，《宦迹·俞曰诚传》，同治十一年刻本。张守常：《太平军北伐资料选编》，齐鲁书社 1984 年版，第 403 页。
⑥ 李联琇：《保在籍绅士团练折暨附片》，《好云楼初集》卷 26，张守常：《太平军北伐资料选编》，齐鲁书社 1984 年版，第 567 页。

三年（1853 年）初的安徽，"现在庐、凤等处土匪蜂起，若带兵远离，该匪等必至肆行无忌，万一粤匪潜行勾结，为害更巨"。①清朝官兵面对太平天国军事冲击已经应接不暇，实在难以抽身来应对和镇压各地风起潮涌的各地土匪，只能责成各地团练，实现武装自保。

有鉴于此，咸丰三年（1853 年）正月初八，清廷正式向各省督抚发布上谕，立即兴办团练，要求"分饬所属，各就地方情形妥筹办理"。②咸丰三年（1853 年）正月三十日，又连续发布了《谕内阁著在京各部院官员各举各省在籍绅士办理团练如办有成效即由该督抚奏请奖励》、《谕内阁著将本年正月初八谕旨并此旨刊刻颁发各直省广为刊布分饬官绅遵办》两道上谕。宣布了"谕令各直省仿照嘉庆年间坚壁清野之法办理团练"，"邀集众绅士，酌办团练事宜"，"并命武英殿刊刻明亮、德楞泰筑堡御贼疏、龚景瀚坚壁清野及所拟出示晓谕条款。著将本年正月初八日谕旨并此旨一并刊刻，冠诸简端进呈，颁发各直省大吏广为刊布，转行所属体察地方情形，分饬官绅一体妥筹遵办"。由此，正式掀开了各地兴办团练的序幕。

苏北、皖北一带的团练兴办比较早。例如，在江苏六合县，邑令温绍原会同在籍御史，在太平军攻陷武昌之时，就已经开始实施"集民团，捕土匪，慰谕抚循"。③在江苏高邮，魏源在太平军攻破南京之后，立即兴办起本地的团练。"刺史出示安民，募雇壮勇，日日习练。"④安徽各地亦闻风而动，皖省成立了"安徽团练总局"，庐州府则"自闻知省城失守之后，严稽土匪，督办团练"。侨居安徽宿州的兵部侍郎周天爵，奉命配合地方组织防务，"号召宿州团练乡勇"。⑤咸丰三年（1853 年）二月他上奏说："业

① 《寄谕吕贤基等著同袁甲三等妥办皖省团练并著周天爵专办剿除各郡县伙党》，中国第一历史档案馆编：《清政府镇压太平天国档案史料》第 5 册，社会科学文献出版社 1992 年版，第 358 页。

② 《谕内阁本月上辛祈穀大祀朕躬咎自责著该部及各直省刊刻膳黄宣示中外》，中国第一历史档案馆编：《清政府镇压太平天国档案史料》第 4 册，社会科学文献出版社 1992 年版，第 364 页。

③ 贺延寿：《兵事纪略》，《六合县志》卷 8，光绪九年刻本。张守常：《太平军北伐资料选编》，齐鲁书社 1984 年版，第 209 页。

④ 姚承舆：《魏刺史高邮事记》，张守常：《太平军北伐资料选编》，齐鲁书社 1984 年版，第 160 页。

⑤ 李嘉端：《贼踞临淮遍扰滁凤折》，《皖抚疏稿》，第 3 本。张守常：《太平军北伐资料选编》，齐鲁书社 1984 年版，第 181 页。

经遵旨通行团练,互相保卫,现在办理略有头绪。"①山东巡抚李僡,于咸丰二年(1852年)冬间,即与司道官员协商筹办此事,并"刊刻章程,严札谆饬该府州县剀切遍谕",启动了筹建团练,"已据各属次第筹办"。②

虽然说在北伐军出征之前,北方诸省的第一批团练组织已经产生,其实各地团练的大批兴办,主要是在太平军开辟北方战场之后。随着太平军从浦口登陆北上,苏北、皖北、河南、山西、山东、直隶等省,才真正开始大规模办起团练,并伴随北伐军的推进而迅速波及开来。

在安徽,凤阳县"同知廖新奉委于临淮、郡城两处设局募勇";"粤匪进犯府城,庐凤道奎绶、知府裕恭、知县黄元吉,广集练勇"。③蒙城县知县宋维涛,鉴于北伐军逼近,形势渐危,"维时盗氛日炽,公练兵民为守御计",④迫不得已开始招雇团丁,组建团练武装。

在河南,开封府的地方官,"招集乡勇回民六千余名"。洛阳地方官组织了"乡团万余"。⑤在河内县清化镇,钦差大臣"出示募乡勇"。⑥在温县,"太常少卿李棠阶、武举任殿扬等,招集乡勇二万余人"。⑦在许昌府,"细检人四百,分局练炮枪","设立四局,练勇四百"。⑧

在山西,清廷针对大学士祁寯藻遵保山西在籍绅士筹办团练的奏折,于北伐之前就发布谕旨,令"山西在籍绅士前鸿胪寺卿贾克慎、大理寺少

① 《周天爵奏陈徐淮一带河防紧要遵旨办理团练等情折》,中国第一历史档案馆编:《清政府镇压太平天国档案史料》第5册,社会科学文献出版社1992年版,第191页。
② 《李僡奏请饬在籍绅士刘韵珂等帮同办理团练事宜折》,中国第一历史档案馆编:《清政府镇压太平天国档案史料》第5册,社会科学文献出版社1992年版,第267—268页。
③ 张之万:《贼匪由巩渡黄宜严防各渡折》,《张文达公遗集》,卷2,张守常:《太平军北伐资料选编》,齐鲁书社1984年版,第215页。
④ 《宋维屏传》,《重修花县志》,卷9,《人物志·列传》,张守常:《太平军北伐资料选编》,齐鲁书社1984年版,第217页。
⑤ 张之万:《贼匪由巩渡黄宜严防各渡折》,《张文达公遗集》,卷2,张守常:《太平军北伐资料选编》,齐鲁书社1984年版,第257页。
⑥ 李棠阶:《李文清公日记》,第13册,张守常:《太平军北伐资料选编》,齐鲁书社1984年版,第269—273页。
⑦ 王兰广:《致祭河北温县柳滩等处御贼阵亡殉难诸绅民题名碑文》,《王香山先生文集》,卷3,张守常:《太平军北伐资料选编》,齐鲁书社1984年版,第275页。
⑧ 庐硕煦:《纪乱略》,曹慕时修、张庭馥纂:《许昌县志》卷18,《艺文.诗词》,民国十二年石印本;张守常:《太平军北伐资料选编》,齐鲁书社1984年版,第304页。

卿田雨公、内阁侍读学士郭景僖、太仆寺少卿徐继畬、御史王通昭、前陕西巡抚陈士枚、江苏布政使武棠、安徽凤阳府知府王楒、湖北候补知府李兆元、江苏江防同知候升知府周维新，均著会同各该地方官倡率督办捐输团练事宜。"①据《长治县志》记载，太仆寺少卿徐继畬负责"总办山西团练，驻潞安府"，其徐继畬本人在《上党即事留别诸绅士》的诗注中对此也有记述，"潞安团练局举贡生监数十人，皆自备资斧，首尾二年，长治绅民捐练费前后合三万余金。"②山西省城之外不少的州县亦办起了团练，例如，屯留县咸丰三年（1853年）"奉旨办理团练"；③襄垣县团练"募勇固守"。④

在山东，清廷针对户部尚书孙瑞珍遵保山东在籍绅士筹办团练捐输的奏折，于咸丰三年（1853年）二月发布谕旨令"山东省在籍前任闽浙总督刘韵珂、广东巡抚黄恩彤、江苏巡抚傅绳勋、湖南巡抚冯德馨，均著会同各该地方官倡率督办团练捐输事宜。现任礼科给事中毛鸿宾、户部员外郎丁守存，均著暂行回籍办理团练。"⑤

在直隶，广平府"复募民勇八百名"。⑥正定府"举办团练，操演民兵，号令严明，忠义愤发"。⑦保定府"劝办四乡团练至三万数千人"。⑧沧州"团

① 《谕内阁著山西在籍绅士贾克慎等督办捐输团练事宜》，中国第一历史档案馆编：《清政府镇压太平天国档案史料》第5册，社会科学文献出版社1992年版，第62页。
② 李桢等修，杨笃纂：《长治县志》卷8，《大事记》，光绪二十年刻本；张守常：《太平军北伐资料选编》，齐鲁书社1984年版，第357页。
③ 李安唐编：《屯留县志补记》，《耆旧录》，民国二十三年油印本；张守常：《太平军北伐资料选编》，齐鲁书社1984年版，第356页。
④ 李汝霖修：《襄垣县续志》，卷9，《职官》，光绪六年活字本；张守常：《太平军北伐资料选编》，齐鲁书社1984年版，第360页。
⑤ 《谕内阁著山东在籍前任闽浙总督刘韵珂等会同地方官督办团练捐输事宜》，中国第一历史档案馆编：《清政府镇压太平天国档案史料》第5册，社会科学文献出版社1992年版，第123页。
⑥ 夏诒钰修：《永年县志》卷24，《兵事》，光绪三年刻本；张守常：《太平军北伐资料选编》，齐鲁书社1984年版，第385页。
⑦ 贾烆彰等修，赵文濂纂：《正定县志》卷35，《名宦》，民国三十年排印本；张守常：《太平军北伐资料选编》，齐鲁书社1984年版，第408页。
⑧ 李逢源修，许崇俭纂：《清苑县志》卷13，《兵制》，同治十二年刻本；张守常：《太平军北伐资料选编》，齐鲁书社1984年版，第503页。

练汉、回勇三千数百人"。①天津府"捐练铺勇三千余名。"②临榆县"诏令天下普行团练，本城练勇六百名，四乡民团二千人"。③

　　总之，太平天国开辟北方战场后，北方各地纷纷办起了团练武装，其组织构成错综复杂，五花八门，这些团练的共同之处即为奉旨兴办。

二　团练武装的构成

　　督办地方团练的组织者，皆为在籍丁忧官员、候补官员、休致显官、本地富绅、功名士绅等。作为团练的组织者，需要依靠官府授权，或凭借捐资募勇，获地方官员认可。掌控指挥基层团练的实权者，并非是一般捐助者，皆为当地有威信有影响力的团练发起者和地方官。他们一般也都会带头捐资，有些还做出了较大贡献。直隶长芦盐运使杨霈，"捐廉倡率，制造抬枪五百杆，招募壮勇，逐日在署教演，名曰芦团"。④天津邑绅张锦文，"捐资助经费，并上守御各策于盐政文公谦。公善之，遂发令箭一枝，令锦文照办。锦文悉心布置，独力捐练铺勇"。⑤一些地方上太学生也参与了召集乡勇的组织工作，如邯郸县苏里人张廷元，为太学生，北伐军由河南武安进入直隶永年境时，"廷元招集乡勇，助饷项，巡缉邯边"。⑥有些地方会借助特殊的武举身份来号召募集乡勇，例如，河南温县邀请武举任殿扬出面，希望借武举威信，与乡绅共议谋划兴办乡团。直隶盐山县激励绅民与本县武举刘光勋共同倡导团练。另外，安徽怀远县举人新选东流县教

---

①　董友筼：《沧州失城纪略》，《沧城殉难录》卷1，张守常：《太平军北伐资料选编》，齐鲁书社1984年版，第423页。

②　吴惠元：《天津剿寇纪略》，附编，载于张焘：《津门杂记》卷上，清光绪十年刻本；张守常：《太平军北伐资料选编》，齐鲁书社1984年版，第459页。

③　仵塘修，高凌霨等纂：《临榆县志》卷9，《舆地编·纪事》，民国十七年排印本；张守常：《太平军北伐资料选编》，齐鲁书社1984年版，第527页。

④　吴惠元：《天津剿寇纪略》，《续天津县志》卷17，《艺文》上，清同治九年刻本；张守常：《太平军北伐资料选编》，齐鲁书社1984年版，第457页。

⑤　吴惠元：《天津剿寇纪略》附编，张焘：《津门杂记》卷上，光绪十年刻本；张守常：《太平军北伐资料选编》，齐鲁书社1984年版，第459页。

⑥　毕星垣等修，王琴堂等纂：《邯郸县志》卷10，《人物上·孝义》，民国二十二年刻本；张守常：《太平军北伐资料选编》，齐鲁书社1984年版，第388页。

谕林士班，由于咸丰三年春林士班会同督办凤阳府属团练事宜，因关系重
大未便遽易生手，而东流县教谕一职也不宜久悬，故报经清廷批准，"将
该员教谕暂行开缺，俾得专心办理团练，以期实效"。① 这起码说明在官员
任用上，团练与教育相比，前者摆在首位，更为重要。

　　由于北方各地情况不一，举办团练的省份在兴办进度上有快有慢。例
如，山东有些东部地方远离战场，尚属安稳平静，可能当下不急需组织
团练整日操演。有官员就主张，武定及登、莱、青三府的境内此时比较安
谧，只要实行联庄之法即可，而兖、沂等处位于交通要道，关乎调兵防堵
的军事形势，在实行联庄基础上还应该办团和练勇。山东巡抚李僡为了区
别对待不同情况，采取了区分轻重缓急，逐步实施的步骤。"臣现办团练
及坚壁清野，先行于兖、沂、曹、济，次及于济南、东昌、泰安、临清等
府州。至登、莱、青、武四府，再与各绅士妥商办理，不使稍涉纷扰。"② 清
朝中央政府基本上也认可这种因地而制宜、因时而变通的处置方法。

　　北方各地城乡差异较大，乡镇村庄有大小，城市街道有长短，因而其
团练组织规模结构并非整齐划一。一般会根据村庄大小设团，大村庄自为
一团，小村庄亦可联合数庄为一团。据当时山东筹办团练的毛鸿宾报告，
省会济南城内分设练局四处，城厢东关、南关、西关三关亦设四局，城外
另设练局二处，专练乡勇。乡村则是数十庄为一团，或百数庄为一团。据
《济宁直隶州续志》的《兵防志》记载，山东济宁州设置了智、仁、勇三
团；城关设义勇局二十处，择四关要隘十二处，或分或合共设九卡；练勇
十人为伍，长曰练目；每卡的统领者，曰练总。据山东《巨野县续志》记
载，"联合汶、嘉百余村为一气"，"奉宪练团"，"团曰义和"。据直隶《正
定县志》记载，该县设团练总局，在城关东西南北四门分设四局。据直隶
《容城县志》的《团练纪事》记载，该县团练共设了二局，每局为 3000 人。

① 《吕贤基奏请将督办团练之东流教谕林士班暂行开缺片》，中国第一历史档案馆编：《清政府镇压太平天国
　档案史料》第 8 册，社会科学文献出版社 1993 年版，第 160 页。
② 《李僡奏覆遵查东省地方情形分别团练招募折》，中国第一历史档案馆编：《清政府镇压太平天国档案史
　料》第 5 册，社会科学文献出版社 1992 年版，第 477 页。

其一为县城，以西南各乡抽丁划归一团；其二，为白沟河，以东北各乡抽丁划归二团。据《沧县志》的《文献志》记载，直隶沧州兴办的是联庄团练，据其保甲团练章程约定，"州境所属五百七十二村庄，分五十四镇，每镇各令举设乡长一人，董司其事"。

各地团练组织结构不仅五花八门，没有统一的模式，各地练勇成分也存在某些差异。虽同为团练，但民团与官团不同，练勇与募勇亦有所不同。所谓"民团"，以保卫本邑村庄为己任，按户出练勇，团费完全由民间自筹。所谓"官团"，以地方官与民间共同为之，主要是指那些以保卫省府州县城池为主的团练，其团勇以日发银米来招募。募勇与练勇的区别主要是：募勇是一种由招募而来的练勇，是否招募录用，以其作战是否骁勇以及技艺熟练程度为标准，有的只是在操练之时管饭，有的则发微薄薪水。练勇则为按户口抽丁之法组建，较之募勇的费用少之又少，几至于无。有些省府州县，则把在城练勇，称为"城勇"；把在乡练勇，称为"乡勇"。还有些省府州县，则直接根据技艺程度，简单地把操练演习者称为"练勇"，把非操练演习者称为"团丁"。有些省府州县，把在城的称"练勇"，把在乡的称"练丁"。还有些省府州县，干脆把练勇中那些基本不食官粮、不取薪水者称之为"义勇"。据《清苑县志》记载，直隶保定府的团练，即"铺勇民团，自备军械，号称守城义勇，共得三千余人"。由于各地练勇情况存在较大差异，不仅称谓极不统一，而且团练组织亦不整齐划一。特别是筹集经费不足的地区，对抽丁练勇之法，都存在一些相应变通之策。山东济宁州设立的"义勇"，与"练勇"相辅而行，据《济宁直隶州续志》记载，"练勇为义勇纲领，义勇为练勇犄角。二者相权，义勇尚可长办，以出费无多，人自为卫"。[1]

从练勇的技艺种类上区分，北方练勇多为陆勇，水勇极少。其中，天津团练中有一部分群体是沿海渔户和盐民，其使用鸟枪射击的技艺较熟

---

[1] 卢朝安纂修：《济宁直隶州续志》卷1，《兵防志》，咸丰九年刻本；张守常：《太平军北伐资料选编》，齐鲁书社1984年版，第626页。

练，他们在阻击北伐军进攻天津的交战中发挥了不小的威力。据相关史料记述说，天津团练"广募沿海渔户为勇，善用鸟枪，贼攻三昼夜，枪下死悍逆数千"。[1] 无论各地组建的是何类练勇，其犒赏练勇演习的口粮，皆为团练经费的重要支出项目。尤其是那些招募在城练勇的团练，如果平日操练当日不管口食，或没有任何犒赏，他们就不会参加操练。直隶容城县的团练组织，把练勇壮丁分为在乡练勇壮丁、在局练勇壮丁两类，"各村庄壮丁系于闲空时练习技艺，每遇合操，始酌为犒赏，不给口食。惟两局常川轮转练习壮丁，按名议给薪水"。[2]

　　按清廷相关规定，各省府州县的团练都需要对练勇进行详细登记造册。据咸丰三年（1853 年）九月京城部分大臣筹议的团练章程条款规定，宜令每户各出 20 岁至 50 岁之间的壮丁一人或二人，鳏寡孤独除外，团勇要详细登记。"书写姓名，各呈报各段办理人员。所出壮丁，应由各家长、各铺主严为约束，毋许在外滋事。并通行晓谕，俾商民等皆知备丁本意，不过街市比邻互相保卫，并非派充兵勇；所备丁壮，概不准官为征调。至贫寒无力之家及小铺户二三人者，应免其出丁，以示体恤。"[3] 例如，顺天府通州团练的登记事项是："各董事将一街团练之人查造草册，注明年貌，并所用器具。"[4] 各省府州县呈报的登记数字显示，各地组织起了一支规模极其庞大的团练武装，以直隶省为例，"据清苑县禀报团练二万八千余名，宁津县、定州团练四万余名，平山、肃宁等县团练三万余名，安平县团练二万余名，容城、饶阳、乐亭、永清、沙河、东光、故城、景州等州县团练一万有奇，其余数千、数百不等，共计八十七州县统共团练四十余万名。"[5]

---

① 陈思伯：《复生录》，《近代史资料》1979 年第 4 期（总 41 号），中华书局 1980 年版，第 40 页。

② 詹作周修，王振纲纂：《容城县志》卷首，《团练纪事》，咸丰七年刻本；张守常：《太平军北伐资料选编》，齐鲁书社 1984 年版，第 508 页。

③ 翁心存：《复奏筹议防守章程折》，《知止斋折稿》，第 30 册。张守常：《太平军北伐资料选编》，齐鲁书社 1984 年版，第 534—535 页。

④ 《全庆等奏报遵旨督办通州团练情形折》，中国第一历史档案馆编：《清政府镇压太平天国档案史料》第 10 册，社会科学文献出版社 1993 年版，第 430 页。

⑤ 《桂良奏覆各属查拿土匪奸细及办理团练情形折》，中国第一历史档案馆编：《清政府镇压太平天国档案史料》第 12 册，社会科学文献出版社 1994 年版，第 74 页。

按照清廷最初的设计要求，团练成员应须择要有身家户口之人，主要基于其遇事可资抵御，无事即可归农，不至别生事端。据直隶《任县志》记载，"练勇尤必出自户口，按户口抽丁。丁壮皆同乡共井之人，非族邻子弟即姻娅友朋，痛痒相关，患难相恤"。[1] 清政府之所以要求练勇须择有身家户口的可靠之人，其一，因无业游民多非本籍，无身家之念想，他们与其他练勇彼此互不关心，参加团练只图糊口，不会用心和拼命，一旦遇警极为可能作鸟兽散。其二，之所以要杜绝外来无业者受雇充数，也是考虑到军务结束，外来无业人员难以遣散安置。

尽管清廷对团练招充练勇具有一定界限，其实操中对此把控并不严格，许多地方的招募实际上处于多种混搭的状态，特别是越往后越放松。在安徽主办团练的吕贤基，就承认各地招募外来练勇的情况普遍存在，"臣自抵宿后，体察皖省情形，大都以招募为团练，或数百人，或千余人，虽足以壮声势，究非团练乡勇守望相助之本意"。[2] 后来，为了解决灾民安置问题，清政府也逐步认同了酌量招充难民入练勇。之所以后来逐渐放宽了严格户口的前提条件，主要担心难民因走投无路转而为匪，于是出现了"以勇代赈"的情况。例如，"至被灾难民，荡析离居，深堪悯恻，著即设法妥速抚恤，勿致被贼党及土匪暗相煽诱。其丁壮酌量招充练勇，勿令流而为匪"。[3] 再如，在一些地方就曾把筹办团练当成了赈灾的手段之一。据李嘉端奏报，"现在丰工合龙，田庐虽已涸复，而无业穷民仍如此流离颠沛，即筹办团练或可收集壮丁"。[4] 在天津等地的城区，甚至还有一些地痞无赖被团练吸收。这种招录团勇的现状，尽人皆知，地方官亦不避讳，他们不承认仅为凑数，美其名曰为了借机对其加以约束管教。例如，长芦盐

---

[1] 马昆：《团练议》，谢炳麟修，陈智纂：《任县志》卷8，《艺文》，民国四年排印本；李惠民编：《河北地方志中的太平天国捻军史料（二）》，1984年油印本，第11页。

[2] 《周天爵等奏报皖省办理团练情形并拟往凤庐巡查片》，中国第一历史档案馆编：《清政府镇压太平天国档案史料》第6册，社会科学文献出版社1992年版，第251页。

[3] 《寄谕杨以增查奏丰工漫决实情严参失事员弁并抚恤灾民招充练勇》，中国第一历史档案馆编：《清政府镇压太平天国档案史料》第7册，社会科学文献出版社1992年版，第554页。

[4] 李嘉端：《请妥筹抚恤饥民以弭内患折》，张守常：《太平军北伐资料选编》，齐鲁书社1984年版，第158页。

政文谦有过如此表白："其内虽间有无赖之人，若辈素性好斗，正可藉此收摄其心，以免意外之虞。"①

兴办团练之初，为了确保不给地方加重扰累，清廷曾明确规定，所有团练壮丁不得远行征调。后来有些省府州县的一些练勇突破了征调限制，即开始随官兵出征协助作战。起初，有些远行征调的练勇，并不服调遣，须有本地官绅一同前往，才肯随队成行。例如，僧格林沁的大营调用津勇，后者竟然不从，只好让地方官一并随队前行。"大帅调津勇，津勇大哗：'我辈受父母官恩，冒死杀贼，不愿隶大帅麾下。'大帅并调公，勇乃行。"②再如，在胜保大营中有许多从各地招募的练勇，他们随官兵作战，其装备明显不及官兵，而且处处受气。当时被革职遣戍又因军务留营免遣的直隶布政使张集馨，曾对胜保军营中征调的练勇有如下记述："练勇多系步队，赶站颇难"；"余所带练勇，死伤逃亡者甚多。当日招集时，原大费心力，到营后，余既不得志，而所带之勇，亦不为人所重。侍卫恭钰见之，必加挑剔，并有径行诛戮，死不当罪者。"③由此可见，被征调随军的练勇待遇很低，所要付出的代价却很高。

除了上述招募的官勇之外，各地练勇使用的武器多数不是官府发放的，而是民间自行制备的武器，一般包括枪炮、器械、旗帜、号衣、号帽等。民间私造武器，本属例禁，既然团练勇丁，就不能徒手作战。团练使用的火器，不便私制，一般只得购置。例如，山东济宁团练为各个分团都购置了抬枪、抬炮，以便防堵之际各团相互策应。对于一般的长矛、短刀、弓箭、牌棍等器械准许制造，制备军火器械所需费用，构成了团练经费中一笔不小的开支。团练武器精良程度直接与其经费充盈程度相关，如果劝捐经费短缺，该团练勇的武器自然是比较粗糙、低端。从团练武器装备的总体状况看，基本以传统刀枪盾矛为主，拥有火器装备的团练实属寥寥无几。

① 《文谦等奏报现办天津布置防堵情形折》，中国第一历史档案馆编：《清政府镇压太平天国档案史料》第10册，社会科学文献出版社1993年版，第129页。
② 李榕：《谢忠愍公死事状》，《十三峰书屋全集》卷1，《文稿》。张守常：《太平军北伐资料选编》，齐鲁书社1984年版，第465页。
③ 张集馨：《道咸宦海见闻录》，中华书局1981年版，第141页。

　　无论各个团练的武器装备如何，一般都有其各具特色的操练制度。有的团练组织操练，还专门聘请教练指导。山西太原府团练，"招募得壮勇二千数百名，逐日教练"。① 山东济宁州团练要求练勇平时组织演习操练，即"分期轮赴教场，合阵操练"，时间一般是"按二五八、三六九卯期，齐集义局，演习枪炮技艺"。直隶容城县团练章程约定，各村的乡勇于农闲空余时间练习技艺，城勇除每日练勇三百名轮转参加演习外，每月初二，还要"齐集本城并附近各村庄壮丁，合操一次"。据《容城县志》的《团练纪事》记载，该团练演练，"以二百五十人为一队，前敌五队，后应五队，左右翼各一队。令观旗旄以定趋向，听金鼓而节进止，授以击刺之法，习其枪炮之捷。不十日而步武进退阵图之式，或方或圆，或聚或散，凡在金鼓旗帜号令之中者，无不如手之使臂，臂之使指也"。

　　团练操练之时，各个团练一般都会打出各自的称号和团旗。据山东《单县志》记载，该县团练"名曰震勇团"。各地团练的团旗形制不一，所书写镌绣的旗号亦不同，以示相互区别。"各团做旗，一面载明某街民勇字样，以便呼应。"安徽合肥团练组建的"孙家岗、八科椿、王家大影、柏树柯、谢家岗五团，各团立大旗一面，上书'奉示团练'四字。又立小旗一面，预备领带民勇出约拿匪，各随各旗，不致混乱。"② 山东济宁团练会操之时，各团簇拥各自团旗。"每遇大会合阅，旌旗飞扬，矛戟森列。"③

三　团练施展的作用

　　太平天国开辟北方战场时期，各地团练兴办时间有早有晚，规模结构有大有小，经费筹集有多有少，办团成效有轻有重。那么，从总体上归纳北方各地团练所施展的作用，主要有以下六个方面：

---

① 徐继畬：《特参晋抚贻误岩疆疏》，《松龛先生全集》，《奏疏》，卷下，张守常：《太平军北伐资料选编》，齐鲁书社 1984 年版，第 341 页。

② 周天爵：《揭参府县未会衔折》，《皖抚疏稿》，第 4 本，夹单，张守常：《太平军北伐资料选编》，齐鲁书社 1984 年版，第 167—169 页。

③ 卢朝安纂修：《济宁直隶州续志》卷 1，《兵防志》，咸丰九年刻本；张守常：《太平军北伐资料选编》，齐鲁书社 1984 年版，第 626 页。

第一，保桑梓卫乡间，维护一方平安。咸丰初年，清政府兴办团练的基本诉求是清查保甲，坚壁清野，协助官兵剿杀太平军，以维护清廷的统治秩序。其基本思路是号召和委派在籍官绅，倡率督办各地团练，取民间之资，练本邑之兵，团本乡之勇，守本境之土。怎样才能做到"保卫民生，示以镇静"？[①] 清政府提出："杜外匪之窥伺，绝土匪之窃发，方足以收实效而固人心。"[②] 由于各地团练的成立，基本体现了保卫乡间安缉的功能，所以说，维护本地治安秩序是北方团练发挥的最基本作用。

在太平天国开辟北方战场时期，一些未波及兵事的乡村虽有土匪出现，但由于兴办了团练，稳定了基本生产秩序，农民尚能渐安生业。有些曾经大兵过境的州县，由于兴办了团练，平定了局势，恢复了秩序，因而农民能够及时补行栽种，也减少了田地的部分损失。咸丰三年督办安徽团练的周天爵上奏说："业经遵旨通行团练，互相保卫，……现在宿、亳、蒙、怀一带人心亦皆奋励，从此守望通行，自一邑以至众邑，由一省以至各省，团一村以至千百村，练一勇以至千万勇。"[③] 又如在直隶保定省城，"现在存兵虽少，所有官绅练勇颇为足恃，铺户居民亦极安静"。[④] 再如在山东德州，北援军北上临清州以及北伐军南撤高唐州之时，"发匪逼州境，州侯令办团练，布置有方，贼不敢犯，境赖以安"。[⑤]

第二，协助官兵剿匪，防御守护城池。除了维护本地治安外，不少团练在防堵、守城、围剿中，配合清军发挥了重要作用。各地由于兴办了团练，"无事则足以壮声威，有事亦可以资攻剿"。在京师和部分省府州县城

① 《寄谕张祥河广西等省现办团练无效不如力行保甲著将陕省团练及简明章程详细具奏》，中国第一历史档案馆编：《清政府镇压太平天国档案史料》第 4 册，社会科学文献出版社 1992 年版，第 9 页。

② 《寄谕李僡著责成兖沂曹济道万恩官等会同绅士认真办理团练》，中国第一历史档案馆编：《清政府镇压太平天国档案史料》第 5 册，社会科学文献出版社 1992 年版，第 367 页。

③ 《周天爵奏陈徐淮一带河防紧要遵旨办理团练等情折》，中国第一历史档案馆编：《清政府镇压太平天国档案史料》第 5 册，社会科学文献出版社 1992 年版，第 191—192 页。

④ 《桂良奏报庆祺带兵由任邱赴河间并深州练勇围敌等情折》，中国第一历史档案馆编：《清政府镇压太平天国档案史料》第 10 册，社会科学文献出版社 1993 年版，第 119 页。

⑤ 李树德修，董瑶林等纂：《德县志》，卷 10，《人物志》，民国二十四年排印本。张守常：《太平军北伐资料选编》，齐鲁书社 1984 年版，第 639 页。

所举办的团练，一般参与防剿行动时都要归属官府统一指挥调度。例如，咸丰三年（1853年）京师城南外所设团防总局，其团防经费虽皆来自民间，其活动则须巡防处统一节制。"佐兵巡逻而戢暴诘奸者，又有团防之设，虽出自捐办，均请于巡防处，领总办团防木镌钤记，受节制焉。"①在北伐军攻打河南开封府、于山西怀庆府、直隶天津府之时，都是主要依靠当地团练的守城抵抗，才得以保城池免遭失陷。正如礼部左侍郎、光禄寺卿宋晋所说："天津掣贼，尤全赖练勇之力。"鸿胪寺卿齐承彦在评价天津城防时对团练予以大加赞赏："贼匪猝至，直扑府城，若非盐政文谦、天津县知县谢子澄即刻带勇出城迎剿，立将贼匪击退，则天津府城能否保全，令人不堪设想。"在安徽，"本省练勇亦可协助官兵。该侍郎及赵畇等所办团练，已有成效，且人数尚多，务即妥为劝谕激励，令各该绅士等随地堵截，严密扼守，总以保卫庐巢，遏贼北窜为要"。②山西布政使郭梦龄为了守御太原，"偕同众绅士招募得壮勇二千数百名，逐日教练，现又添募数百名，期于同心合力保守城池"。③在河南武安县，"咸丰癸丑，粤匪窜武安，应升（知县）率练勇出城迎击"。④当北伐军挺进直隶中部之时，在正定府遇到当地团练列队阻击，"知县周灏招集乡团，于滹沱南岸列阵十余里"。⑤太平军驻扎深州之时，周边附近的"本地乡勇聚集万余人，将城围困"。⑥北伐军逼近天津之时，团练武装"昼夜严防，人自为兵，家自为战，逆匪无间可乘"。清军在河南怀庆、直隶静海、山东高唐等地围剿太平军之时，

---

① 成琦：《主善堂主人年谱》，附录，《巡防纪略》。张守常：《太平军北伐资料选编》，齐鲁书社1984年版，第553页。

② 《寄谕吕贤基等著将总兵玉山革职留任并激励团练扼守庐巢》，中国第一历史档案馆编：《清政府镇压太平天国档案史料》第10册，社会科学文献出版社1993年版，第122页。

③ 徐继畬：《特参晋抚贻误岩疆疏》，《松龛先生全集》，《奏疏》，卷下。张守常：《太平军北伐资料选编》，齐鲁书社1984年版，第341页。

④ 唐煦春修，朱士黻纂：《上虞县志》卷12，《列传八·人物》，光绪十六年刻本；张守常：《太平军北伐资料选编》，齐鲁书社1984年版，第297页。

⑤ 李鸿章修，黄彭年纂：《畿辅通志》卷132，《前事略》2，光绪十年刻本；张守常：《太平军北伐资料选编》，齐鲁书社1984年版，第370—371页。

⑥ 《桂良奏报庆祺带兵由任邱赴间河并深州练勇围敌等情折》，中国第一历史档案馆编：《清政府镇压太平天国档案史料》第10册，社会科学文献出版社1993年版，第119页。

各地团练武装都成为配合官兵作战的重要助手。

　　第三，缉拿当地盗贼，镇压零星土匪。各地方团练都以"保卫乡闾，捍御土匪"为己任自我标榜，在缉拿盗贼和镇压土匪的方面，团练的确发挥了比较重要的作用。据各地方志记载，不少团练几乎都在缉拿盗贼镇压土匪行动中发挥了作用，咸丰四年（1854 年），直隶邯郸县"土匪蜂起"，"民大惊溃，知县卢运昌饬尉陈□□率绅民守城"以及剿匪。[1]北伐军挺进直隶之际，定州出现了"土匪张吉汰、卢二鲁、马撅子等首肆抢掠"，[2]乘机倡事，结果被直隶定州知州刘衡督率的乡团擒获立斩，从而"人心稍靖"。据《容城县志》的《团练纪事》记载，直隶容城县团练声势浩大，对盗贼土匪产生了极大震慑作用，"自团练以来，窃案无闻"。据《文安县志》的《艺文志》记载，直隶文安县在籍病退知县王秋元，因"粤匪窜扰畿境"，捐资兴办团练，将"邻村其素不法，啸聚数百人，将乘机为变"之人，送军前正法。

　　第四，设团卡置岗棚，巡逻盘稽奸细。团练负责对途经本地岗卡的行人进行严密盘查，特别是有些重要交通枢纽地区的团练，对要隘关津都进行了重点防范，在抓获北伐军外出侦察或购物人员等方面，也配合官兵发挥了重要作用。北伐军南撤和北援军接应，使直隶与山东交界州县成为防御重点，附近周边各处团练对防范太平军通信员通行尤为严密。"民间均自办联庄，百十余村声势联络。"正如河南学政张之万所说，此等团练"固足以御土匪之抢夺，亦可以断粤匪之奸细"。[3]山东济宁州南连徐州，西接豫省，水陆交冲之地，举办团练以后，设卡值岗，盘查巡警。该团在"城外设立九卡，昼司盘查，夜守望。城内四隅设立四卡，昼则协同委员营汛，于四门稽查出入，夜则登城巡警"。[4] 一些沿江沿河的地方团练，承

① 毕星垣等修，王琴堂等纂：《邯郸县志》卷4，《军旅志·兵革》，民国二十二年刻本。张守常：《太平军北伐资料选编》，齐鲁书社 1984 年版，第 388 页。
② 王榕吉修、张朴蓁：《定州续志》，卷2，《职官》，咸丰十年刻本；张守常：《太平军北伐资料选编》，齐鲁书社 1984 年版，第 500 页。
③ 《张之万奏请饬直隶督臣谕令静海东南各联庄协办奸细折》，中国第一历史档案馆编：《清政府镇压太平天国档案史料》第 11 册，社会科学文献出版社 1994 年版，第 441 页。
④ 《车克慎等奏报办理捐输团练情形折》，中国第一历史档案馆编：《清政府镇压太平天国档案史料》第 8 册，社会科学文献出版社 1993 年版，第 593 页。

担起了渡口沿岸的巡检职责，严格监督并实行了不可任由摆渡制度，从中截获不少前往渡河的太平天国通信员。直隶顺天府的通州是运河漕粮码头，当地团练鉴于沿运河商船易于混入奸细，责成船行经纪人或老大，检查每天到埠船只，询问船户姓名、装载客商货物、运赴何地等，并将每天登记册报告通报地方政府备案。在陆路设岗置卡的直隶定州团，在例行检查中，曾查获途经此处的太平军侦察员数人，"盘获奸细余孝儿、耿万善、曹寿儿等"。① 由于团练在各地设卡盘诘，形成行人往来的重重关口，不仅切断了太平军之间的联络，也使原来时常出现的小股土匪明显收敛。②

第五，修郭筑城垒堡，建寨浚壕清野。清政府认为，太平军一路北上挺进，连破数省多地，如入无人之地，都是没有落实坚壁清野之策的必然结果，不坚壁清野则不足以御贼，如果乡村团练实施坚壁清野，非设立寨堡不为功。所以"皇上轸念民艰，谕以练勇筑堡为自保计"。③ 一些地方团练在进行坚壁清野的工程建设方面，也发挥了一定的作用。尽管设施建设需要大笔经费投入，有的团练还是进行了诸如筑城、建寨、修堡、挖壕等一些基础性防御准备。对于建造何种设施当地政府没有一致要求，需要各团练因地制宜，"山东、山西、直隶三省，均已有旨饬办团练，除各乡村现已浚壕筑堡，应否建碉，各听其便"。④ 顺天府通州组建了修城团练，即专门用于修建城防工程的练勇壮丁，在筑砌砖墙的工程中，"先修敌楼门扇，并以浚濠之土坚筑短墙"。⑤ 连距兵氛较远的陕西团练，亦被动员起来，大兴土木工程，"一律修理村堡，添置栅栏，挑壕筑垒"。⑥

① 王榕吉修，张朴纂：《定州续志》卷2，《职官》，咸丰十年刻本；张守常：《太平军北伐资料选编》，齐鲁书社1984年版，第500页。
② 《寄谕翁心存等著照所议办理修城团练事宜》，中国第一历史档案馆编：《清政府镇压太平天国档案史料》第10册，社会科学文献出版社1993年版，第388页。
③ 耿之光修，王重民纂：《无极县志》卷18，《金石志》，《东侯坊村新修墙濠碑记》，民国二十五年排印本。张守常：《太平军北伐资料选编》，齐鲁书社1984年版，第413页。
④ 《祁寯藻等奏代递郎中易文溏呈请于河北等省建碉折》，中国第一历史档案馆编：《清政府镇压太平天国档案史料》第7册，社会科学文献出版社1993年版，第489页。
⑤ 《寄谕翁心存等著照所议办理修城团练事宜》，中国第一历史档案馆编：《清政府镇压太平天国档案史料》第10册，社会科学文献出版社1993年版，第388页。
⑥ 《王庆云奏报陕省团练动用捐输银两并请就款划除折》，中国第一历史档案馆编：《清政府镇压太平天国档案史料》第13册，社会科学文献出版社1994年版，第507页。

第六，随军征调作战，赴前线送粮草。为了阻击太平军于本地境外，不使掳掠逼胁各白的城乡，各地一些"发逆窜扰之地"及临近州县的团练，或多或少都参与过在本邑境外的防堵行动。例如，河南许多团练均参加了随军官兵的助战，"自粤匪滋扰楚皖以来，豫省接壤州县处处设防，因兵额无多，皆系募勇协助"。①清廷在咸丰三年（1853 年）八月曾专门颁发上谕，对团练壮丁的远行征调予以了界定。一般情况下，按照府州县境为界，若本邑城池有警，附近乡村镇堡的团练应该聚集练勇合力应援。各路统兵大臣督抚等要"剀切晓谕办理团练各绅士，凡附近郡县乡村，一遇贼匪窜扰城池，即行会同官兵，拼力攻击，慎勿株守一隅，致有疏失。盖城池为一方保障，官民联为一气，斯即众志成城之效。乡团中如有援城杀敌立功者，即行奏请优奖，以示鼓励。其隔府州县，仍不得远行征调，以免扰累。将此通谕知之"。②其实，后来官兵跨境征调各地团练的情况，并不鲜见。例如，直隶沧州联合了四十余庄团练，组织乡勇万余人，并调派部分团练乡勇随官兵出境剿匪，即"随大营破贼于高唐"。③原钦差大臣胜保被革职后，裁撤在其大营效力的川、楚、直隶、河南、江南等省练勇就达五千余名。僧格林沁在围剿李开芳所部时，因冯官屯太平军为数不多，也曾奉旨将山东一千名练勇选派至豫省防堵，"现拟选派官兵一千名、东勇一千名，即日驰赴河南"。④

据直隶大城县地方志记载，在僧格林沁包围束城镇之时，大城县团练的练勇曾向其大营"送草料数十车"。据直隶《交河县志》记载，僧格林沁军营缺饷，交河团练绅士吴梅，"备粮草，载赴通州，不遇，解送连镇始得交割"。直隶交河县绅士龙玉锴，"出资募勇"，在清军大营缺饷时，

---

① 《英桂奏报筹议募勇口粮经费分别正销摊捐缘由折》，中国第一历史档案馆编：《清政府镇压太平天国档案史料》第 14 册，社会科学文献出版社 1994 年版，第 435 页。

② 《谕内阁著各路统兵大臣等晓谕乡村练勇配合官兵保卫城池》，中国第一历史档案馆编：《清政府镇压太平天国档案史料》第 9 册，社会科学文献出版社 1993 年版，第 89 页。

③ 张凤瑞等修，张坪纂：《沧县志》卷 8，《文献志·人物》，民国二十三年排印本；张守常：《太平军北伐资料选编》，齐鲁书社 1984 年版，第 429 页。

④ 《僧格林沁等奏覆冯官屯近日攻剿并派拨兵勇赴豫折》，中国第一历史档案馆编：《清政府镇压太平天国档案史料》第 17 册，社会科学文献出版社 1995 年版，第 208 页。

曾"辇送粮草赴连镇献纳"。主持天津团练的绅士，在津城防守战役时，一次就自费"购买馍饼八万枚，咸菜四大包，冰糖四十斤，派人解赴大营，以充饥渴。又闻贼洒妖药迷人，复送去大蒜二石，令兵勇塞鼻，以解其毒。并送各官点心、水果，以代茶饭。并虑上阵兵勇难保不伤，先与东关外素精外科苏医士约其疗治，豫付钱二十缗，以备药料"。①

总之，北方各地团练响应清廷号召，协同配合官兵绞杀太平天国北伐军，在许多方面起到了清军所无法发挥的作用。正如清廷所设想的，"以官设卫，不若民自为卫得力也"。但是，评判团练所发挥的作用要实事求是，不应过分夸大。时任都察院左副都御史的周祖培认为，如果真正从实行坚壁清野的成效标准来考评，各省团练多数都属于有名无实。他说："各省自奉旨以来，有团练之名，而无团练之实。即有一二处认真者，亦不过聚集乡民，加以操练，而于坚壁之法，并未讲求。"②直隶总督桂良也承认，"至团练事宜，州县大半已经劝办，亦恐未必一律认真"。③所以，尽管各省无处不办团练，而真正能够对太平军构成严重威胁的并不太多，因为一般团练组织多数仅为走形式，有名无实，滥竽充数。除了团练由于经费等原因致使各地基础设施建设不足之外，团练也根本无法取代清军在镇压太平天国过程中所发挥的作用，充其量仅是清军的配角而已。正如安徽巡抚李嘉瑞所说："虽团练颇不乏人，每自谓拿土匪则有余，杀粤贼则不足。"④事实也已经充分证明，"团练之举，只可用以弹压土匪，抗拒零贼；若遇大股贼匪，未有能济者也"。⑤尤其是太平天国北伐军、南归军、北援军未涉足地域的团练组织，只是设局树旗，雇勇丁充数，虚张声势。其

---

① 丁运枢等编：《防剿粤匪》，《张公襄理军务纪略》，卷2，张守常：《太平军北伐资料选编》，齐鲁书社1984年版，第473页。

② 《周祖培请饬各省核实团练立堡寨各绘图说折》，中国第一历史档案馆编：《清政府镇压太平天国档案史料》第9册，社会科学文献出版社1993年版，第353页。

③ 《桂良奏覆各属查拏土匪奸细及办理团练情形折》，中国第一历史档案馆编：《清政府镇压太平天国档案史料》第12册，社会科学文献出版社1994年版，第74页。

④ 李嘉瑞：《剿办股匪文武出力员弁请奖折》，《皖抚疏稿》，第6本。张守常：《太平军北伐资料选编》，齐鲁书社1984年版，第226页。

⑤ 马昆：《谕铺户》，谢炳麟修、陈智纂：《任县志》卷8，《艺文》，民国四年排印本；张守常：《太平军北伐资料选编》，齐鲁书社1984年版，第394页。

中，还有许多团练皆因经费短绌，聚团而不练，遽行而止。由于太平天国开辟的北方战场仅存数载，在直隶、山东、山西、河南、皖北、苏北等地的团练，未能与其相持多久。后来，为应对捻军分支或小股土匪而继续留存下来的部分团练发挥的作用也出现了较大改变。

四 团练捐输的奖赏

各地举办团练的基本原则是不支官饷，自出经费，实行富者出财，贫者出力。由于团练不食军粮，不领奉银，本无战守之责，因而要充分发挥团练的协助剿匪等多种作用，需要予以及时多方奖赏，才能产生激励效应。清廷对与团练相关的奖赏主要分为三类：其一，对兴办团练抵御太平军卓有成效之地，以及被扰严重且为官军围剿做出较大贡献之地，予以国家赋税政策的优惠，并酌扩乡试中额及生员学额，这属于对某地域的集体奖励；其二，对兴办团练捐输报效贡献较大的官绅予以奖赏；其三，对建立各种功勋的团练成员予以奖赏。

河南怀庆等地因成功抵御太平军的攻城，在防剿中有突出表现，"蒙恩赏加府县学额"。[①] 有些府州县在清军围剿太平军中，从人力和物力上都贡献巨大，做出了较大牺牲，从而获得蠲免钱粮或缓征钱粮。例如，直隶的河间、东阜城、东光、吴桥等地即获得了这些政策性照顾。"逆贼窜踞连镇，经僧格林沁等挑筑套堤，四面围剿。所有圈入套堤各村庄及上年被扰地方，自应分别加恩，以纾民力。吴桥县圈入套堤之连镇等六村庄，东光县圈入套堤之东光口等七村庄，并附近套堤之吴桥县夏家庄等七十七村庄，东光县秦家庄等六十八村庄被扰灾民，均著赏给一月口粮。至河间县属被贼扰害之舒城等八十八村庄应完本年下忙粮租，同阜城县被贼扰害之城关并西马厂等一百十三村庄下忙粮租，均著缓至来年麦后启征。"[②] 在太平军北

① 《吴惠元奏请奖恤天津保城出力绅勇并赏加学额折》，中国第一历史档案馆编：《清政府镇压太平天国档案史料》第13册，社会科学文献出版社1994年版，第557页。

② 《谕内阁著将吴桥东光河间等被贼扰地方分别赈卹蠲缓》，中国第一历史档案馆编：《清政府镇压太平天国档案史料》第16册，社会科学文献出版社1994年版，第582页。

伐时期，山东东平州因办团练勇严防州境，加上遭遇黄河水灾，也获得了政策性奖励。据该州志记载，"奉旨缓征下忙钱粮"，"奉旨截留东漕赈济贫民"。①

自太平天国开辟北方战场以后，清地方政府最为紧迫的两项事务，就是办理团练和捐输报效。随着各地军务的不断蔓延，需要源源接济方解急需，北方各地团练普遍短缺经费，亦需不断续捐补充。正如由京城下江南沿途考察的吴若准所奏："臣自出京后，值河间防剿吃紧，由保定、正定、顺德、广平、大名等府经行入山东、江南省境，所过州县地方均办团练，总以经费短绌为虑。"② 若不及时奏请奖励，便不足以昭激励。所以，清朝中央政府不断催促各地官员加快劝捐步伐，妥速办理劝捐事宜，速解军需。清廷不仅强调地方官会同绅士劝捐的职责，也明确表示对捐输报效业绩突出者可以从优奖励。"传旨饬令劝谕绅士商民人等竭力捐输，随时奏请优奖。"③ 清政府为了督促各地团练和捐输，为此刊发了筹饷新例、捐助军饷章程、银米兼收各成案等奖励措施，让捐输者报效国家后，也得到官职、官衔等多种报酬。清廷还有针对性地拟定了一些优奖内容，例如：规定可以加广中额、学额，甚至封爵位等。根据"该省所捐总数及各州县捐数，加广中额、学额。如富家巨族有能捐资至百万或数十万者，即赏加五等封爵，其次赏加轻车都尉等官，并准予以袭次，俾民间咸知捐资助饷与效力行间无异。"④ 凡贡生、禀生、增生、附生捐银五千两者，赏给军功举人，准许一体参加会试。而平人有捐银三百两者，可赏给军功附生，归入学册，准许参加科考和岁考。咸丰三年四月，清廷又宣布："凡绅士、商民捐资备饷，一省至十万两者，准广该省文武乡试中额各一名，一厅州县

---

① 左宜似等修，卢鉴纂：《东平州志》，卷23，《大事记》，光绪五至七年刻本；张守常：《太平军北伐资料选编》，齐鲁书社1984年版，第627页。
② 《吴若准奏报山东江南办理团练及上海夷人起衅缘由片》，中国第一历史档案馆编：《清政府镇压太平天国档案史料》第14册，社会科学文献出版社1994年版，第101页。
③ 《寄谕舒兴阿等著遴委公正绅士劝谕绅商竭力捐输奏请优奖》，中国第一历史档案馆编：《清政府镇压太平天国档案史料》第6册，社会科学文献出版社1992年版，第359页。
④ 同上书，第359—360页。

捐至二千两者，准广该处文武学额各一名，……倘捐数较多，……分别酌加永广定额。"①

　　地方官员是捐输的带头人，也是劝导工作的主要执行者，更是参照相关规定兑现奖励的实际操控者。执行请奖手续和过程，因各地官员办公程式习惯不同，因而及时办理的方式不尽一致。直隶保定府、天津府按照筹饷事例规定，捐输者经审核后一般会分别授给虚衔官阶或实职官位，除呈明报捐级衔封典，还照常例给予奖叙。按照直隶省局章程，将那些愿意按照筹饷事例标准报捐者，"按半月一次，将捐生籍贯、姓名、官阶、银数，暨上兑日期造册，送由省局汇总咨部，归入本月卯期一同掣签分发开选"。②早捐可以早抽签，早日获邀甄叙。各地办理奖励，一般要将捐生姓名，并报捐银两数目张榜公布。此前陕西省办理捐资之时，都没有登记捐生的履历，因有外省在陕西捐资者均须确查，才能够酌议应叙京外官阶职衔请封加级，故需补登履历。按照捐输章程规定，捐银六百两至数百两的绅民，则会"谨分别等差开缮清单，恭请御览"；捐银五百两以下者造册咨部议叙，其中捐银不到一百两的绅民另缮清册，一并附咨请叙；其捐数不够议叙者，由本省自行奖励。对所有捐输者的姓名、所捐银数都要榜示通衢，俾众咸知，以杜弊端。此外，如能借给政府使用，亦能先行获得奖励，"如有力能多捐不愿荣身者，即明白晓谕，给予藩司印照，填写借用银数，俟军务告藏，即行如数发还，仍先行酌请优奖。"③清廷企望能从民间获取大量专项捐资，以解决新添武器的经费，特别鼓励民间捐资铸炮。譬如，宛平县商民李煜、大兴县商民赵武祥等因呈请捐资铸炮，被僧格林沁称赞"洵属急公好义"，奏请保举，"著赏给六品顶戴"，"著该部核议从优请奖"，所

① 以上见清文宗朝：《清实录》卷89，第12页，转引贾熟村：《太平天国时期的地主阶级》，广西人民出版社1991年版，第54、58页。
② 《文谦等奏陈遵办劝捐军饷请仿照省局章程并报倡捐银数折》，中国第一历史档案馆编：《清政府镇压太平天国档案史料》第8册，社会科学文献出版社1993年版，第18页。
③ 《寄谕舒兴阿等著遴委公正绅士劝谕绅商竭力捐输奏请优奖》，中国第一历史档案馆编：《清政府镇压太平天国档案史料》第6册，社会科学文献出版社1992年版，第360页。

以，很快就获得清朝皇帝的"依议"认可。①

清政府对在籍团练官员的奖励，一般情况下只升衔加俸，不迁其职，以保持办团的延续性和稳定性，使其尽心固守。对于团练绅民中涌现出来的奋勉立功而且具才可用者，由地方官核实保奏，清廷予以适时施恩。特别是对于太平军经过地方的团练中能够奋勇杀敌者，随时分别保奏，"必立加优奖"。清廷对各地团练成员予以的奖励，有的被授予实职，有的授予虚衔，有的获得了翎顶，有的获得了封典，有的获得了加级，以示奖励。

具体核实奏报团练立功请奖的操作程序，按照吏部候补主事夏家泰拟定的团练六条之规定：由各地乡间团练的首领以及绅耆共同详细呈明，"谁属尤出力，谁为次之，谁为又次"；地方官再据实禀报，保奏文职知州、知县、府经，武职守备、千总、把总等官；"其乡民应赏银两，照官兵一例给赏"。据《密云县志》的《事略·氏族》记载，直隶顺天府密云县举人宁琦，奉旨兴办团练，招募乡勇千名，悉心教演，在自保家园中立功，"蒙贾中堂奏准钦赏同知候选知府"。山东东平县团练总长李会龙，因在操持团练期间，"昕夕从事，以功得六品衔，本州奖以'保卫桑梓'匾，合团亦以'德孚闾里'额颂之"。②山东馆陶县的贡生高景芩，因咸丰初年办团练，"时土匪滋扰，募军剿捕，公分别泾渭，阖境无炎昆之灾。事竣，保举五品衔，蓝翎顶戴"。③在各地团练保卫乡间之中事迹突出者，这种捍卫地方之功与效力军营同其赏赉。凡属兵氛邻近州县团练，在堵截守御中，"倘遇败逃贼匪，及先来探路之贼，有能生擒长发老贼一名者，赏银五十两；杀死一名者，赏银二十两。其临界州县官及绅士，能率领团勇擒捕多名遇其他窜者，即奏明照守城之例，分别优加擢奖"。④对团练阵亡练勇享

---

① 《谕内阁著将捐资铸炮之商民李煜等赏带优叙并著柏葰等妥议应造火器》，中国第一历史档案馆编：《清政府镇压太平天国档案史料》第7册，社会科学文献出版社1993年版，第22页。

② 左宜似等修，卢釜鋆：《东平州志》，卷15中，《人物志》，光绪五至七年刻本；张守常：《太平军北伐资料选编》，齐鲁书社1984年版，第631页。

③ 丁世恭等修，刘清如纂：《馆陶县志》，第10册，《人物志·义行》，民国二十五年排印本；张守常：《太平军北伐资料选编》，齐鲁书社1984年版，第610页。

④ 《宋晋奏陈应严申纪律明定赏罚并进乡守编呈览片》，中国第一历史档案馆编：《清政府镇压太平天国档案史料》第9册，社会科学文献出版社1993年版，第270—271页。

受随同官兵打仗例同样的抚恤，"其有激于义愤杀贼殒身者，无论防剿逆贼、土匪，悉准令绅民于各该地方建立总坊，一并题名，并从祀各州县忠义祠，以昭激劝"。[①] 例如，山东巨野县团练长李于上，在与太平天国北援军交手时阵亡，当时他"把守南门，与贼接战，力竭阵亡。呈报顺天府，奏请议恤，赏云骑尉世职。"[②]

五　约束限制与失控

事关军务的团练是清政府最急切要筹办的措施之一。办理团练虽以绅民自主，而督劝之责在于官。兴办团练之初，各地大多数官员普遍缺乏经验，略显畏手畏脚，故此"畏葸退缩者多，勇往任事者少；指陈利弊者多，曾经阅历者少"。清政府意识到只有选拔大批才识谙练、精明能干、心地诚朴者，派至各省各地督办团练，勤勉工作，劝谕团练和捐助才有成效。所以，再三号召各地官员向中央推荐得力人选，保举绅士办理团练和捐输事宜。清廷一再强调，让官员推荐保举绅士的目的，"原为帮同地方官办理更可得力"。[③] 起初，清政府只是侧重于督促兴办，为了调动当地富绅捐资办团的积极性，主张地方官与其共同筹商制定章程，使其稍藉权威，从而掌控各级团练的指挥权。由于未曾料到日后团练会对地方官府构成威胁，故缺乏对团练有效的管控举措，团练管理仅仅停留在一般性制度建设上。

为约束团练不致滋生事端，由绅官会商共同拟定各地团练规章。各地团练规章内容涵盖广泛，拟定的条款格式侧重不同，难拘一格。概括而言，章程大致涉及编查保甲、择设户长、选举团总、捐输集资、抽丁募勇、造牌制炮、训练勇丁、设卡轮值、巡逻侦查等。例如，安徽蒙城团练议定的章程有八条："一、派雇团丁，以资保卫；一、酌分段落，以便呼

---

① 《谕内阁著各路统兵大臣等迅速查明保奏乡团绅民人中奋勇进剿者》，中国第一历史档案馆编：《清政府镇压太平天国档案史料》第 13 册，社会科学文献出版社 1994 年版，第 336 页。

② 郁浚芬纂：《巨野县续志》，卷 5 上，《人物志·团练》，民国十年刻本；张守常：《太平军北伐资料选编》，齐鲁书社 1984 年版，第 581 页。

③ 《寄谕哈芬著拣选精兵驰赴直隶应援并速饬地方官会同绅士劝捐》，中国第一历史档案馆编：《清政府镇压太平天国档案史料》第 7 册，社会科学文献出版社 1993 年版，第 140 页。

应；一、置给器械，以资捍御；一、严查匪屋，以清盗窝；一、添设棚卡，以期周密；一、轮班防警，以均劳逸；一、分股稽查，以专责成；一、预筹经费，以垂久远。"①各地团练都根据各自情况议定了章程，例如，安徽合肥议定了《合肥团练议单》，以兵部侍郎衔在安徽督办团练的周天爵，则表示"臣自奉命团练以来，申明宿迁之旧章，倡行宿州之新法"。②严格地说，各地团练制定的章程，大多侧重于操作事项，并非考核团练成效的具体准则，对办团绅士依然缺乏严格有效的约束。咸丰初年担任过"协办团练"的直隶任县教谕马昆，曾对此评论说："贼不至则冀以捐资出力，坐邀议叙；贼至则去诸，亦并无失守处分。各省团练，迄无成效，弊多由此。"③

虽然清政府对团练使用自备武器解禁，但是，同时依然实行了严格的登记武器监管制度。"至私藏军器，例禁极严，现在举行团练，民间自不能不储备器械。该督抚仍当饬令地方官编号稽查，一俟军务告藏，应如何遣散练勇，收藏军械，并著先事豫筹，各就地方情形，妥议章程办理。"④虽然对练勇们使用的武器予以解禁，但清廷依然希望通过武器登记管理，以便于掌控和日后收缴。例如，京城团练的练勇需要制配何种武器，必须将式样和标准"报知各段办理人员，标写名条，盖用戳记，发交该铺。制造成就，仍由办理人员将器械编列字号，发给家长、各铺户领收。至制造之费，即由各家长、各铺主制办"。⑤

清廷将督办团练事宜列入各直省督抚大员重要管理的项目范围，对各项捐输费用的管理，要求有详细账目，并要分项、分年造册上报存案。各地团

① 汪篪修，于振江等纂：《重修花县志》，卷9，《人物志·列传·宋维屏传》，民国四年排印本；张守常：《太平军北伐资料选编》，齐鲁书社1984年版，第217页。
② 《周天爵奏陈徐淮一带河防紧要遵旨办理团练等情折》，中国第一历史档案馆编：《清政府镇压太平天国档案史料》第5册，社会科学文献出版社1992年版，第191页。
③ 马昆：《团练议》，谢炳麟修，陈智纂：《任县志》卷8，《艺文》，民国四年排印本；张守常：《太平军北伐资料选编》，齐鲁书社1984年版，第392页。
④ 《寄谕直省各督抚传知各绅士招集团练须择身家堪靠之人并将军器编号稽查》，中国第一历史档案馆编：《清政府镇压太平天国档案史料》第6册，社会科学文献出版社1992年版，第231页。
⑤ 翁心存：《复奏筹议防守章程折》，《知止斋折稿》，第30册，张守常：《太平军北伐资料选编》，齐鲁书社1984年版，第535页。

练总局以及分局支销经费数目，无论多寡，均须详细登记，事后开具清账，分送捐户知晓并存案。例如，济宁直隶州，对于"捐输总数及制火器军械若干，练总、练长、练目、练勇薪水和饭食杂用若干，通计用过钱数，俱经分年造册，报州报司存案。"[1] 为了将对团练管理的各项重要制度和举措确切落实到位，翰林院侍读学士讷尔济建议建立了不同等级的旬报和月报制度。据此建议规定，"或十日、二十日，即迟亦不过一月之内，据实奏报一次，俟平定而后止"。[2] 建立这种各省定期汇报制度，主要为了全方位加强地方团练监测，了解各地兴办团练进展以及各省办团练的实效，即"各省团练是否真心"，使得"一乡一邑断无匪徒隐跃其间之处"，从而达到"庶知无事之省，可以无从生事矣"，以有利于维护各地社会的稳定。

各级团练无论其规模大小，头等大事皆为筹集经费。各地团练是否能够顺利展开操练，能否取得办团成效，很大程度上取决于团练经费的筹集。由于经费主要来自绅商捐助，如果不是熟悉信赖的办事公道的本籍绅士，难以做到官绅之间声息相同，官绅之间缺乏互信，就难以做到守望相助。对于团练经费的筹集和团练训练的督率，清廷要求由本籍公正绅士自行主持筹办。然而，对于劝捐钱款来说，无论何等公正的绅者也都不会是件轻松的差事。如果劝捐之人过于温良恭俭让，很难让富商痛快地把钱捐献出来。如曾国藩所说，商民倚财为命，苦口劝谕的结果很可能会是迟疑而不应。如果劝捐之人倚权强征亦不可行，很容易变成一种科派的抑勒行为，甚至导致"商贾逃避，人心惶惑，是靖乱适所以至乱，更属不成事体"，[3] 让所谓"善举"转成"弊政"。

对各地捐输者而言，团练捐输与军务捐输一样，不分彼此，均为捐助。在实际劝捐过程之中，乱派、勒索、恫吓、瞒隐等各种手段或行径

---

① 卢朝安纂修：《济宁直隶州续志》，卷1，《兵防志》，咸丰九年刻本；张守常：《太平军北伐资料选编》，齐鲁书社1984年版，第625页。

② 《讷尔济奏请饬令应防堵之省将团练等情随时奏报折》，中国第一历史档案馆编：《清政府镇压太平天国档案史料》第8册，社会科学文献出版社1993年版，第56页。

③ 《寄谕讷尔经额派员迅缉保定伙党并饬地方官毋得以团练藉词科派》，中国第一历史档案馆编：《清政府镇压太平天国档案史料》第5册，社会科学文献出版社1992年版，第452页。

并不鲜见。例如，泰宁镇总兵兼总管内务府大臣庆祺所派遣的劝捐委员，"每到一处，勾串劣绅，指户挨索，富户等有私馈委员银钱者，即瞒隐不报；不遂所欲，即多派多捐，送州县勒追，州县官不遂意，即以阻扰为词。委员把总李德英在南沧等处自贴告示，并有宿尼纵酒及勾串劣绅兰吕二姓私设捐局勒派等事。从九衔王锡在肃宁县勒索孔姓规费银两，寄顿程典史署内，孔姓告发，典史畏累自尽。该委员又伪造庆祺咨札参稿，藉以恫官绅。河间劣绅陈擢之，与该委员等朋比为奸，所捐银两，有勾串绅士私索者，多半无从稽核。"① 所以，清政府针对团练经费之事反复强调，"无得假手吏胥"，"不准经手书吏"，既避免强逼科派使商民滋受扰累，又避免委用蠹虫，侵渔百姓，自肥蠹囊。最终目的则是劝得捐输维持团练运行。

各地团练在实际运作过程中，雇勇经费资不抵支的情况非常普遍，若想长期依赖绅士捐办，实属力有未逮，也极不现实。经费长期不继的现象，无疑会给团练发展带来两种结果：其一，是经费亏累甚巨，无法为继，团练运行自动停摆。即"粮来则聚，粮完则散"。② 例如，河南许昌团练，"因局费不敷，暂停局事"。③ 其二，各地自筹办理的团练日久费繁，若要维持不散，就必须通过其他途径解决，这就自然会出现攘夺民财、草菅人命、抗粮抗差等非法越轨行为。实际上这两种结果都出现了，尤其是那些通过非常规解决途径的团练，其负面作用随之产生，违法行为公开浮上台面，由于它突破了清政府现行法规的设置，不仅使地方官颜面和威望扫地，而且对地方政府的行政行为构成了掣肘。再进一步发展，便演化成为团练之乱。有的学者根据咸同之际山东的团练之乱曾指出，团练之乱在严重侵害官府利益和权威的同时，亦引起了传统社会结构与社会控制的显著变动。④

---

① 《寄谕僧格林沁等著查办劝捐勒索一案并迅克连镇》，中国第一历史档案馆编：《清政府镇压太平天国档案史料》第 15 册，社会科学文献出版社 1994 年版，第 624—625 页。

② 《全庆等奏报遵旨督办通州团练情形折》，中国第一历史档案馆编：《清政府镇压太平天国档案史料》第 10 册，社会科学文献出版社 1993 年版，第 430 页。

③ 庐硕煦：《纪乱略》，曹慕时修，张庭馥纂：《许昌县志》卷 18，《艺文·诗词》，民国十二年石印本；张守常：《太平军北伐资料选编》，齐鲁书社 1984 年版，第 304 页。

④ 崔岷：《"靖乱适所以致乱"：咸同之际山东的团练之乱》，《近代史研究》2011 年第 3 期，第 27 页。

　　既然清廷明知团练自筹经费不逮，却又要借助团勇弥补各地兵力之不足，那么只得将团练自负口粮的规定撕开一道口子。这道破规之口，先是由山东团练逼迫山东巡抚撕开的，继而河南巡抚英桂便随后效仿也请旨办理。"所有各州县原续雇募壮勇，并调赴归、陈、光、固与楚皖交界处所防堵练勇，及添募之勇日需口粮。查上年山东省筹议防堵经费，经前抚臣李僡奏奉谕旨，雇募壮勇口粮经费作正开销。此时豫省情形较上年山东更为吃重，请仿照山东办理。"① 山东练勇口粮动用官款改变了开支途径，这事与当时军务有着直接关系。当时，官兵正在临清州围剿太平天国北援军，其军务正紧尚酣，尤需借助团练剿匪和防御，而此时团练经费吃紧难以为继，团首与地方官之间出现了合作中的博弈。山东布政使刘源灏在与诸位团总较量中，畏首畏尾，苦于无计可施，迫不得已做出了让步，而团练首领哓哓不休，群起而攻之，得寸进尺，得陇望蜀，不仅获得官支口粮，并得请领部分军械。"前任藩司刘源灏自督办以来，接见商民　谦失礼，各团长良莠不齐，便生觊觎之见。而刘源灏意欲以此沽名，有求必遂。其初不过三处请领军械、账房，向后效尤纷来，无不照数发给。渐至每日口粮亦竟由官支领，阅操奖赏，亦系动用官项，月计所费颇巨。"② 清中央政府发现这一问题后，由于连镇、高唐军务尚未结束，况且练勇问题积重难返，也只好先维持官给经费的现状，以继续借助团练维护各地的重点防卫。实际上，此时地方官府已无法让团练募勇再完全退归至最初旧章状态。后来，清廷因皖省需兵甚急，不得不对在豫省速行添募的壮勇彻底放开口粮，并指示"其赴皖兵勇口粮，务须源源接济，毋得以库款竭蹶，任令缺乏"。③ 在这场官绅围绕经费展开的博弈中，也有的团首因无力抗争退出了，团练由此直接散伙。例如，直隶清河团练，"虽屡经县尊晓谕，

---

① 《英桂奏报筹议募勇口粮经费分别正销摊捐缘由折》，中国第一历史档案馆编：《清政府镇压太平天国档案史料》第 14 册，社会科学文献出版社 1994 年版，第 436 页。

② 《景霖奏陈东省现在办理团练情形折》，中国第一历史档案馆编：《清政府镇压太平天国档案史料》第 15 册，社会科学文献出版社 1994 年版，第 420—421 页。

③ 《寄谕英桂著前往陈州居中调度并速行招募壮勇开往皖省》，中国第一历史档案馆编：《清政府镇压太平天国档案史料》第 16 册，社会科学文献出版社 1994 年版，第 619 页。

绅耆劝说，而愚民无知，可与乐成，难与图始，团练之法不行"。①

清廷除了在民团改食官粮的途径上出现失控之外，地方官的治安权、司法权在剿匪防堵的大背景下，也开始被团练武装逐步蚕食。团练本有协同官府盘查之责，为了保障地方平安，需要承担协助官府稽查奸细和抓捕土匪的事项，但是，"惩办责在有司"。无论团练乡勇抓获的是外地流窜的形迹可疑之人，还是本地的土匪，原本一律都要送官。后来有些团练抓获了所谓奸细、土匪，则不经送官，就便以私刑予以处死。例如，在直隶，据《盐山县志》记载，直隶盐山县与沧州接壤，在北伐军攻破沧州之后，土匪蠢动，四方骚然，"此时沧郡无官，人心震骇"，"某乡擒匪三人至"，团练首领尹式芳"立毙之杖下"。据《武清县志》记载，团练"屡获间谍诛之"。安徽寿州团练首领孙家泰，假托防剿，越境肆扰，擅杀人命，私用官刑。据巡抚福济的报告说，孙家泰"门首贴钦差字条，讬言袁甲三委派访办事件，在屋内私设公座，用刑拷问陈大伦、孙福、田利、吴照横四人，先后斩枭。又乘该州在乡捕匪，解去大枷，枷示鲍同全一名，管押陈大正、陈际五二名，并贴木印告示，前列钦命帮办团练防剿事务、刑部员外郎、加三级孙字样"。②在河南，竟然还出现了团练抗差、抗粮、抗官的事变。咸丰四年甲寅，太平军"过后，民心思乱，河、武、温、获、新、辉、汤阴各县悉聚众立团，抗差抗粮"，"建旗抗官"。③巡抚福济认为，各邑劣绅往往藉团练之名，擅作威福，甚且草菅人命，攘夺民财，焚掠村庄，无异土匪。办团绅士毕竟归属部民，若无视纪纲法度，长此目无长官，渐成梗化凶顽，势必严重损坏官府威信，颠覆传统吏治民风关系。而"地方官不敢过而问者，以其假托钦差之名，不受牧令约束，以致一切公

---

① 郭兆藩：《团练总叙》，王镛修，郭兆藩纂：《清河县志》卷4，《兵纪》，同治十一年刻本；张守常：《太平军北伐资料选编》，齐鲁书社1984年版，第560页。

② 《福济奏请将越境擅杀之捐纳员外郎孙家泰革职讯究折》，中国第一历史档案馆编：《清政府镇压太平天国档案史料》第16册，社会科学文献出版社1994年版，第208页。

③ 王兰广：《自著年谱》，《王香圃先生文集》，卷1。张守常：《太平军北伐资料选编》，齐鲁书社1984年版，第275页。

事掣肘多端"。①

　　总之，由于这些劣绅把持团练，给当地百姓增添了新的灾难，即"百姓先残于粤匪，继残于土匪，又将残于劣绅，不知闾里何辜受此荼毒"。②为扭转各地出现的团练混乱局势，加强地方官对各地团练的控制，安徽巡抚希望通过限制其权限等方式，明确将团练首领划归州县节制差委，以遏制劣绅的跋扈之风。清廷面对"群盗蜂起，诸邑团长多畔"③的局势，也试图设法对于这种团练向地方各级官府权威反叛的诸多乱象严加控制，但是，中央政府将官绅冲突的仲裁控制权没有下移给州县，而是交予各省督抚一级。明确下令全部帮办团练绅士，无论其职分多高，功劳多大，都要总归各省督抚统帅，各州县团练与官府倘若出现意见分歧，"致相掣肘，著该督抚严行参奏"。④

　　连镇和冯官屯的北伐军先后被清军剿灭之后，北方主要军务随即解除，清政府立刻将京城团防局以及所有京城办理巡防事务裁撤，诸省大部分团练也量予裁撤。"现在北路肃清，直隶、山东、山西等省距贼较远地方，自应量予裁撤，以息民力。河南省除与皖楚毗连之州县仍宜举办团练，藉资捍卫；其余各州县所办联庄团练，著该抚出示晓谕，酌量裁撤，俾小民各安农业，无妨生计。并著直隶、山东、山西各省督抚，各就地方情形，斟酌妥办。"⑤团练遣散后，昔日使用的武器被收缴，练勇则归农。

　　然而，那些依然保留下来的部分团练，随着时间的推移和问题的积累，日后至同治年间又逐渐发生了一些新变化。由于部分团练群体产生了

①《福济奏报各邑绅士藉团之名草菅人命请归州县节制片》，中国第一历史档案馆编：《清政府镇压太平天国档案史料》第16册，社会科学文献出版社1994年版，第209页。

②《福济奏请将越境擅杀之捐纳员外郎孙家泰革职讯究折》，中国第一历史档案馆编：《清政府镇压太平天国档案史料》第16册，社会科学文献出版社1994年版，第209页。

③ 杨世骧等修，孙葆田等纂：《山东通志》，卷75，《职官志·国朝宦迹》，民国二十三影印本。张守常：《太平军北伐资料选编》，齐鲁书社1984年版，第638页。

④《谕内阁著各省督抚严参藉办团练营私扰累之绅士》，中国第一历史档案馆：《清政府镇压太平天国档案史料》第16册，社会科学文献出版社1994年版，第267页。

⑤《谕内阁著将直隶等省距敌较远地方团练量予裁撤》，中国第一历史档案馆：《清政府镇压太平天国档案史料》第17册，社会科学文献出版社1995年版，第410页。

新的利益诉求,团练与官府矛盾持续激化,对清廷的负面作用逐步增生,地方团练与地方官府的关系日趋紧张,危局升级日益加剧,由团练酿成更大乱局的后果正在一步一步逼近。

第三节　驱使战区监犯的策略

一　处置监犯的基本态度

太平天国北伐之役对清政府统治秩序的冲击,首先就是扫荡官署摧毁监狱,狱囚复出成为统治阶级镇压工具失败的象征,监犯出狱后的举动会进一步动摇地方政权的统治。随着北伐军的纵深挺进,清地方政府的危机感骤然剧增。"各州县监禁命盗重囚,半皆桀骜不驯之人,如地方有警,自必伺隙而动,殊为各该州县腹心之虑。"①

在太平军到达前夕,河南、直隶等地已成风满楼之势,有的州县已出现"监犯越狱多名,尚未弋获",大军临近的州县"狱犯喧哗"。越狱监犯不同于以往销声匿迹,而出现大肆焚杀,抢夺财物,或"从贼入伙",或"以为向导"。由于"患殊非浅鲜",②处理监犯之患成为清政府面临的火烧眉毛、迫不及待的棘手难题。

北伐战役前期,太平军挺进风驰电掣,清朝地方官员对监犯处置的态度,基本上是胶柱鼓瑟,不知所措。有些官吏曾提议从速处置,免留殃祸,但又迟迟不敢自作主张,大军横扫之后对不知变通的失策而叫苦不迭。例如,《粤氛纪事》附记所载:

---

① 《僧格林沁等奏请饬直督将敌近各州县监犯分别办理片》,中国第一历史档案馆编:《清政府镇压太平天国档案史料》第 13 册,社会科学文献出版社 1994 年版,第 188 页。

② 同上。

"咸丰三年春，贼破安庆。是时值皖抚查办捻匪，其重犯多在合肥及怀宁省狱中。贼至，开狱门，每犯授以一刀，令其逢人即搠。合肥大令闻变，度其必纠众至庐劫狱，欲按狱中重犯悉诛之，而太守不可。不数日，捻党果闯入县署，劫狱中一百数十人，悉破械而逸，于是宿州、凤阳、太和、蒙城一带，乘衅而起。"①

与此判若云泥的另类处理方式，是天津地方官吏的情随事迁：

"（邑绅）锦文黉夜入县署，谒邑侯谢公子澄曰：寇近矣，计将安出？公曰：妙手空空，奈何？……复入署见谢公商议机宜。谢公曰：昨夜狱犯喧哗，恐生变，何以处之？锦文曰：莫若择其罪不至死者出之，激令杀贼赎罪。公以为然，请于各宪。盐政文公谦曰：谁作保者？锦文挺身任之。"②

于是，便有"拔出狱中重犯以为向导"的决策。其实，"罪人前驱"的现象，古今中外皆有之。商纣王的俘夷徒迎周，秦少府章邯编驱山刑徒，凡此皆为统治者的以毒攻毒之计。地方官吏善自为谋先斩后奏的驱使之策，虽比患得患失、束手无策、消极茫然的做法有主动性，但也不是没有风险，一旦作战失利，驾驭不当，地方官罪责难逃。钦差大臣胜保后来被参的一条罪状，就是源于选拔狱中重犯赴军营效力。当然那些不能有效堵御太平军，使所辖地监犯逸出的地方官更难逃罪责。譬如，直隶南皮县监内重囚逃出 18 名，青县因管狱禁卒俱行逃避，监犯砸开狱门逃出 8 名。这两地官吏均因对监狱防守失职，被从严参惩。南皮县知县赵士桐、典史刘锡维，青县知县邓春林、典史郑国辅被一并革职拿问。

太平军北上沿途的监犯处置，成为清政府亟待采取统一措施予以解决

---

① 谢山居士：《北路奏肤》，《粤氛纪事》卷5，张守常：《太平军北伐资料选编》，齐鲁书社 1984 年版，第 18—19 页。

② 吴惠元：《天津剿寇纪略》附录，张焘：《津门杂记》，卷上，光绪十年刻印本；张守常：《太平军北伐资料选编》，齐鲁书社 1984 年版，第 460 页。

的重大问题。经军政大员反复斟酌层层奏报，清政府决定采取统一处理监犯的三项措施：其一，对情罪重大法无可逭之人随地处决。将斩绞重犯且法无可贷者立即随地正法，以免逃出后成为太平军的"死党"。其二，将太平军渐近各州县监禁罪犯属遣徙者立即起解，押送其流徙地。对有情可怜悯的罪犯减轻处罚，对清律规定老幼废疾者犯罪或因救护父母而犯死罪的人，减等从轻处置，免予一死，发往徙流地。其三，对犯罪较轻的监犯进行挑选，如有营中堪备驱策之人，则解营充军，借其力与太平军作战，准其立功赎罪。

以上三条处置措施体现了清政府解决监犯问题的指导思想，"总期狱无羁囚，免令凶狡之徒转为贼用"。似乎处理了监狱的囚犯，狱无留滞，就解决了棘手问题，其实也不尽然。处决重刑犯存在着如何行刑问题，迁徙流地的监犯也有押解问题，轻刑犯如何收录利用更是极为难办的问题。清政府于是针对地方官吏在操作上的困难，提出了两项处置原则：第一，不可因有上谕，就对军流以下人犯滥行宽纵，当权宜办理，应详加体察，酌量收录。俾得效力行间，立功赎罪。第二，不可因处决重犯转致别滋事端，引起监狱暴乱，导致地方骚动。

清政府处理监犯问题的指示下达后，各地军政官员雷厉风行。天津地方官吏以重罪者立即处斩的原则，"将罪应斩决尚未勘转之盗犯杨侉黑、王八、高七秃子、赵和、李四五名，又杀死一家二命赵原桔一犯，均先行正法"。[1]直隶总督桂良也将斩犯徐挺举等就地处决。军方大员僧格林沁在阜城围剿太平军时，便用监犯入营打仗。他在奏折中汇报说：

"奴才前经咨询得宝坻县监禁军犯丁二成、哈吧李五、王二即王渭，三名尚未定案之贼犯王四即王大群一名、徒犯李四朦、张付录即张茀录二名，武清县军犯刘二格即刘详、韩自平即韩治平二名等，共八名，甚为健

① 《文谦等奏报天津打仗出力之兵勇并请将随同打仗出力之监犯免去原罪折》，中国第一历史档案馆编：《清政府镇压太平天国档案史料》第11册，社会科学文献出版社1994年版，第82页。

捷。当经提禁来营，屡次打仗，俱能奋勇直前，杀贼多名，现将丁二成等八名留营差遣。"①

　　对直隶军政利用监犯的举措，清政府不仅降旨允行，还将其做法推及太平天国活动的其他诸省。

　　"著各该督抚于接奉此旨后，无论已题未题，即将本年应入秋审人犯并上年停止各省分，一概查照直隶省现办章程，其例应情实者立予正法，若情有可矜及例应缓决各犯，即按照应减罪名先行减等发配。至旧事情实免勾，并新事例应情实向俱免勾各犯，亦即由该督抚开单奏请减等，仍将查办原由迅速奏明遵办，总期狱无留滞，毋得稍事拘泥，至有疏虞。"②

二　对监犯的驱策和奖救

　　清政府确立的"罪轻者令其随营立功"之策，使天津地方官收罗了一大批在押罪犯，组成了一支数量不小的敢打敢拼的先锋队。"于是出狱中囚，许立功自赎，编入籍，乃有三千人，号津勇。"③

　　在解营的监犯中，有的是由清军官兵凭关系指名调取的，礼科掌印给事中毛鸿宾在奏参胜保折中指出，胜保所带兵勇，"因其党羽就获，巧为开脱，乃献以毒攻毒之计，胜保听之，遂将东省系禁待决之盗犯，指名调取，檄令各州县脱其桎梏，送至大营听用"。④以上记载除反映了清朝官员之间相互诋毁的情况外，也说明将监犯解营需要在一定的过程与手续。武清县监犯宋万清是经托明阿和盖禄会札饬，提名让该犯效力，县吏才能提禁

---

① 《僧格林沁等奏请饬直督将敌近各州县监犯分别办理片》，中国第一历史档案馆编：《清政府镇压太平天国档案史料》第13册，社会科学文献出版社1994年版，第188页。
② 《寄谕两江等督抚著将秋审各犯情实者正法例应缓决者减等发配》，中国第一历史档案馆编：《清政府镇压太平天国档案史料》第15册，社会科学文献出版社1994年版，第169页。
③ 李榕：《谢忠愍公死事状》，张守常：《太平军北伐资料选编》，齐鲁书社1984年版，第464页。
④ 《毛鸿宾奏参胜保折》，中国第一历史档案馆编：《清代档案史料丛编》第5辑，中华书局1980年版，第215页。

解运行营。

扩编后的清军，统辖监犯也并非轻而易举。相对清军长官而言，监犯之伍更听命于地方官吏，因为地方官吏能更多地影响监犯的生计和前途。在监犯眼里，编入清军只是临时的用武之地，是乌合之众。例如，以天津监犯的态度为证：

"贼窜静海，分屯独流镇，树木栅，坚不能拔。大帅调津勇，津勇大哗，我辈受父母官恩，冒死杀贼，不愿隶大帅麾下，大帅并调公（知县谢子澄），勇乃行"。①

清军对监犯的利用，主要是借以当炮灰，因而这种利用都带强迫性。同时又许其立功赎罪。此外，监犯主要从事一些风险较大的军事使命，比如，到太平军军营侦察，到两军阵前抓舌头，或者执行偷袭以及放火等特殊行动。清人笔记里有相关记载："凡出城黑夜斫营及置毒井中，乘风纵火燔贼所踞民房，囚之功居多。"②钦差大臣胜保也曾承认，他调用监犯的目的就是为了利用监犯攻城，"本系胜保以毒攻毒之计。原因其中多性情强悍，爬城较为得力"。③清军以立功自赎为诱饵，利用监犯作战，既防杜奸萌，免其为太平军所用，又可驱策，自誉为善驭人才，可谓一石二鸟。

在解营效力的监犯中，不乏一技之长者，用其所长是清政府驱策监犯之术的一个特点。太平军围攻怀庆时，挖地道十余处，通往坚厚的城墙，埋雷轰城。怀庆知府余炳焘、河内知府裴宝铺火急火燎地谋求能破太平军地雷地道之人，到狱中提监犯询问之。有个叫任遂成的，素在煤窑佣工，能识煤脉，因擅杀窃贼下狱。他觉得有操之必胜的把握，请令效力，被释放出狱，以立赎前愆。该监犯"每于昧爽时验之，谓草上无露则下有地

① 李榕：《谢忠愍公死事状》，张守常：《太平军北伐资料选编》，齐鲁书社 1984 年版，第 465 页。
② 方宗诚：《记任遂成事》，《柏堂集》续编，卷 14，张守常：《太平军北伐资料选编》，齐鲁书社 1984 年版，第 294 页。
③ 《胜保亲供》，中国第一历史档案馆编：《清代档案史料丛编》第 5 辑，中华书局 1980 年版，第 224 页。

道，远近曲折，一目了然"，①并"于城内迎掘，其地道无或舛者"。②他还为清政府出谋，在城墙外围深掘一道堑沟，从横向切断太平军地道，破除太平军攻城的一贯战法，最终解除了怀庆面临的地道攻城的危机。

充军效力的监犯从牢狱到战场，环境变化很大，物换星移，因利乘便。有些监犯利用这次"杀贼赎罪"机会，以战场拼杀之功，来换取官府之宽免。例如，天津县监犯刘积德的努力得到清朝官员的认可，"刘积德等本系因案羁禁人犯，经天津县知县谢子澄暂行提禁，令其立功赎罪，虽随同兵勇出力接仗，若遽请议叙，似涉过优。臣等公同酌议，拟请将刘积德等四十二名，仰恳天恩，免其原罪，仍令在营效力，如果始终奋勉，再为保奏。"③当然戴盆望天者有之，有些监犯上阵实属被逼无奈，上战场胆战心惊，感悟自己人命危浅，既不能冒死搏杀，又不敢非议官府所为，这批监犯实际上"未能效用"。由于有些监犯担心清政府不能兑现承诺，可又成骑虎之势，便采取浑水摸鱼之策，趁机逃脱。更有甚者，早与官府有刻骨之仇，根本不会甘心听命驱使，寻两军交战之机，"竟有投入贼营者"。这等情况出现又成为清朝官员内部反对借助罪囚上阵的利器，也使主张驱策罪囚的领兵大员落下了被人攻击的口实。鉴于囚犯临阵脱逃的实况，胜保等人也不得不承认"疏于防范"，只能亡羊补牢，以图补救。

监犯们被当成清军作战的炮灰，使有些囚犯没有因犯罪死于大清律的刑罚，而是丧命于太平天国北伐军的刀枪剑戟之下。其实，这是预料之中的事，是使用"以毒攻毒"之计的必然。清军领兵大员总结战死沙场之监犯约有七分之一，这个死亡比率虽然无法详细核查，但可以肯定囚犯战死的人数要大大超过囚犯逃脱的数额。

随着太平军北伐战役趋于尾声，对北方地区监狱的构成威胁逐渐消除。作战双方态势对比发生了明显变化，清政府于是便收拢监犯解营的举

---

① 方宗诚：《记任随成事》，《柏堂集》续编，卷 14，张守常：《太平军北伐资料选编》，齐鲁书社 1984 年版，第 294 页。

② 李棠阶：《李文清公日记》，第 13 册。张守常：《太平军北伐资料选编》，齐鲁书社 1984 年版，第 273 页。

③ 《文谦等奏保天津打仗出力之兵勇并请将随同打仗出力之监犯免去原罪折》，中国第一历史档案馆编：《清政府镇压太平天国档案史料》第 11 册，社会科学文献出版社 1994 年版，第 82 页。

措。"即将其余各犯，饬发各该地方官照旧收禁办理，仍严拿逸犯务获"。对少数作战有功的监犯，清政府出自以一持万的需要，给予赦免和奖赏。监犯免罪请功的程序相当严格，必须层层报审，清朝政府最后才予"恩准"，且最终获奖免罪的人数极少。

免罪与请功施恩是两个不同的概念，有程序。监犯以戴罪之身效力官府，表现极为突出者方可批准免罪。咸丰三年（1853 年）十一月初五日内阁奉上谕，恩赏守卫天津战役之中出力的文谦等官员时，一并宣布，"其帮同官兵打仗之监犯刘积德即刘继得等四十二名，均著加恩准其免罪，仍留营效力，如果始终奋勉，续有劳绩，再行奏请施恩"。① 免罪监犯中也有重刑犯，如斗殴杀人犯宋万清，判绞监候，奉准部覆，已入秋审缓决的二次之犯。因随军作战奋勇，到咸丰四年（1854 年）十一月奉硃批，准免其罪，随军营继续效力。经清政府批准免罪的监犯并不多，而此后立功又能获其他奖赏的更是凤毛麟角。目前尚未发现官方有封赏立功监犯官职的任何记载，只是在地主文人日记和笔记中有点滴叙述。例如，在河南怀庆守城战中立有头功的监犯任遂成，被官员"以千总保用"，但任遂成本人未敢接受，他表示"小人一朝之念，触法网，自谓此生已矣；今免罪庆幸甚，尚敢偷荣入仕籍邪"。② 知府官为其上报六品军功，一直未有下文。知县裘宝镛了解到任遂成尚未成家，便"赐金与婢"，让他回了济源老家。

三 透视监犯利用的实质

监犯是统治阶级正在执行镇压的主要对象，在押期间活动范围一般只限牢狱之中，最基本的行为特征是丧失自由。历代统治阶级出自利用监犯的剩余人力资源的需要，也存在戴罪戍边或强迫从事人型工程劳役的支配利用方式。纵观中外监狱管理史，天下太平之时统治阶级除驱使某些囚犯

---

① 《谕内阁着将保卫天津出力之文谦等人分别恩赏》，中国第一历史档案馆编：《清政府镇压太平天国档案史料》第 11 册，社会科学文献出版社 1994 年版，第 94 页。
② 方宗诚：《记任遂成事》，《柏堂集》续编，卷 14，张守常：《太平军北伐资料选编》，齐鲁书社 1984 年版，第 294 页。

参加一些劳动强度较大的奴役之外，大多数监犯往往是被束缚在图圄之中苦度监期，而战乱年代的囚犯被驱赶到战场充当炮灰则极为普遍。从丧失自由的惩处到效命沙场的炮灰，是战争给监犯提供了改变苦度刑期的一种方式。清朝咸丰年间，北方各地的监犯们由于太平天国北伐战争的爆发，出现了这种改变班房惩处方式的契机。

　　面对战争，所有作战人员都将接受生与死的选择。监犯加入作战者的行列，意味着像普通清兵一样共同面临战火，而生存与伤亡的比例中，监犯充当伤亡的分子数额，则要大于分母数额。立功赎罪是统治阶级允诺监犯的奖赏，实现将功折罪只能是囚犯的一种意愿和侥幸，认可权掌握在统治者手中。当囚犯们感到侥幸不现实或得到赎罪奖赏的代价过于巨大时，便出现趁机出逃。清朝统治者迫使监犯用生死运气换取了苦度监期，这也不是统治阶级太平时期心甘情愿的赏赐，而是在太平天国北伐军的巨大压力之下，清政府迫不得已的一种权宜之计。

　　"许立功自赎"是清政府驱使囚犯的手段，用监犯与太平军"以毒攻毒"是清政府最终的目的，所以，它驱使阶下囚充当炮灰带有强迫性。太平天国北伐军虽然采取了"去留两便"的放囚态度，但对监犯入伍也或多或少带有强迫性。太平军"砸狱劫囚"的目的，从根本上讲是为了增强反清力量，绝不是单纯放监犯各自逃命。由于太平军捣毁的监狱和劫持的监犯，毕竟只占清朝地方监狱中的一小部分，故此，清政府在战场上利用的监犯数量大大超过太平军所利用监犯的数量。清政府和太平军对监犯的利用差别在于，加入太平军的"监犯"不再受歧视，其地位并不低于一般各地的裹胁者。相对而言，大批被编入清营的监犯，根本不可能与清兵平起平坐，处于军队最低等级地位是毫无疑问的，监犯们永远不会在军队中拥有主人的地位。比如，在怀庆守城之役建立大功的监犯任遂成，根本不敢奢望"偷荣入仕"。

　　显然，在太平天国北方战场上，作战的双方都在利用监犯为自己的军事目的服务，都在争取利用监犯的人力资源扩充自己的战斗力。监犯作为被镇压的特定社会角色，在战争中又是一支不确定的力量，属于军事斗争中的一个正负数，既可以被北伐军吸收作为反清力量，也可以被清政府驱使到战争前沿对付太平军。从上文可知，监犯的特殊社会地位和特殊的心理要求决定了他们在作战中能发挥某些特殊作用，在一些具体战役的某一个环节上能发挥某些具体能量，如部分监犯参加太平军后在侦察、通信、"打先锋"等方面功不可没。被清政府利用的监犯在怀庆之战、天津静海之战以及对阜城、连镇的围攻中，都发挥出了一些明显的特殊作用。但是不管怎么说，监犯们只能是一支被利用的力量，而且人数有限（不是所有监犯都能利用），监犯们绝不会成为影响太平天国北方战场上决定胜负的因素。因此，要正视监犯在太平天国北伐史上的特殊作用，但绝不能任意夸大监犯对战争结局的影响作用。

第四节　处置北伐战俘的策略

　　太平天国轰轰烈烈开辟的北方战场，历时两年之久，最终被清政府镇压而遭失败。北伐军落得全军覆灭的悲壮结局，后来的研究者无不为之扼腕叹息。当时除了成千上万的太平军将士拼死抗争血洒疆场付出巨大伤亡外，还有逾万名太平军先后被清军俘获。清政府是如何处置这些太平天国北方战场上的战俘？采取了哪些处置方式？清政府处决战俘的方式都有哪些？认定处决的原则及其作用又是怎样的？这在以往的太平天国研究中是个被忽略的问题。

一　战俘构成与被俘方式

　　在太平天国北方战场上，被俘的将士众多，战俘构成较为复杂，五行八作各种角色俱全。从职位看，有北伐主帅"天官副丞相"林凤祥、"地官正丞相"李开芳，并有检点、指挥、将军、总制、监军以及各种不同等级的将官和首领。从士兵种类看，有一般战士、炮手、骑兵、工兵、通信员、侦察员、采购员、医生、侍从、文书、伙夫及其他勤杂人员。被俘太平军的籍贯，涉及广西、湖南、湖北、江西、江苏、安徽、河南、山西、直隶、山东等数省。从被俘人员的"资历"看，其参军时间可分为四类：第一类是参加广西起义的"老长毛"；第二类是出广西至开辟北方战场前的入伍者，即两湖、两江、安徽籍太平军；第三类是开辟北方战场进攻阶段的入伍者，即安徽、河南、山西、直隶籍太平军；第四类是北方战场转入防御撤退阶段的入伍者，即在静海、独流、束城、阜城、连镇、高唐、冯官屯等沿途被裹胁和自愿入伍者。从被俘人员的民族成分看，主要是汉族，还有壮族、回族等，也有个别被裹胁的满洲人。从职业成分看，主要是农民，还有船工、矿工、手工业者、小商人、僧人。被俘人员中，除了少数儿童和未成年者外，绝大多数是青壮年，老年人也不多见，女俘在资料中更是极为罕见。[1]在被俘人员中，除身体健康者外，还有些伤员和病人。从被俘人员的政治立场看，有始终不渝地忠诚于太平天国的反清斗士，也有铁心报效北伐军搭救之恩的清朝监狱囚犯；还有被俘后摇身一变的叛徒，更多的是缺乏明确政治意识的被裹胁者。根据各种史料记载粗略统计，先后被俘的北伐太平军总数在万人以上。

在北方战场上，如此众多的太平军北伐将士被俘，主要分为五种情况：

其一，由于战术失误，致使太平军处于不利地位，被清军包围而被俘。如咸丰四年（1854年）九月二十二日，据京城巡捕营探报所言，"静海县盘踞贼匪前来，迎敌。经马队官兵圈围贼匪萧姓等七名，该贼匪弃放刀矛、器械，俱愿归降"。[2]

其二，突围时，中敌埋伏；或在撤退转移途中，被清军追兵围截；或伤兵因掉队落伍等情由而被俘。例如，北伐太平军从静海撤退时，从子牙

---

① 京城巡防处东路领认大臣于咸丰四年正月十六日的呈报中，提到"拿获贼妻二名"。见中国第一历史档案馆编：《清代档案史料丛编》第5辑，中华书局1980年版，第193页。
② 《京城巡捕北营千总来文》，中国第一历史档案馆编：《清代档案史料丛编》第5辑，中华书局1980年版，第197页。

镇到张家庄的六十余里中，"贼势（尸）枕藉，约毙长发贼千余名，生擒一百七十余名"。① 再如，怀庆之战后，北伐太平军悄然撤军西进，但是个别将士因未得通知，没有及时转移，而被搜查的敌人所俘。据《粤匪犯怀实录》记载，前来搜查的清军"见杜家院内，有长发七人看守行李，亦即绑缚"。②

其三，在战斗结束后，由清军搜查战场时，部分太平军被俘获。清政府强调在战后，"搜捕余匪，严密防守，毋得稍有松懈"。而僧格林沁等领兵大员确实尽心竭力，一直坚持常备不懈，"严督官兵搜捕余匪，务期尽绝根株，不使一名倖逃"。③ 所以，很少有太平军能够幸免躲过清军的搜捕，而从战场逃离。例如，林凤祥等北伐太平军首领就是在连镇由清军在打扫战场时，经过清军反复搜寻在隐藏的地洞里被逮捕的。当天已刻，大战停息，连镇已完全被清军占领，在清理现场时，"唯未见林逆尸身。僧王亲临督阵，谕令施肇恒等不准收队，必须查实林逆下落，方准撤兵"。④ 僧格林沁下令挖地三尺也要找到林凤祥，活要见人，死要见尸。"兵勇逐一穷搜窖内，或只水缸，或系空洞。至未刻，经官兵方将林凤祥在极深地洞内搜获。"⑤ 又如，冯官屯之役结束，清军也是"穷搜余党，无一名漏网者"。⑥

其四，被俘的通信员和侦察员，主要是在交通要道和哨卡的清军所俘获。虽然北伐军通信员和侦察员出发前都乔装打扮了，但是大多数都未能躲过清兵和地方团练的盘查。直隶绝大部分地区均在清政府严密控制之下，北伐军深入清廷腹地，所遇困难可想而知。清政府为防止北伐军

---

① 李鸿章修，黄彭年纂：《畿辅通志》，《帝制纪·诏谕六》，河北人民出版社 1985 年重印版，第 1 册，第 412 页。
② 《太平军攻围怀庆府史料二则（三）》，《档案管理》1992 年第 2 期。
③ 《僧格林沁等奏攻占连镇生擒林凤祥等情形折》，中国第一历史档案馆：《清代档案史料丛编》第 5 辑，中华书局 1980 年版，第 159 页。
④ 陈思伯：《复生录》，《近代史资料》1979 年第 4 期（总 41 号），中华书局 1980 年版，第 48 页。
⑤ 《僧格林沁等奏攻占连镇生擒林凤祥等情形折》，中国第一历史档案馆：《清代档案史料丛编》第 5 辑，中华书局 1980 年版，第 159 页。
⑥ 谢山居士：《北路奏肤》，《粤氛纪事》卷 5，张守常编：《太平军北伐资料选编》，齐鲁书社 1984 年版，第 10 页。

潜逃，采取了高度戒备、严格稽查的措施，"著巡防王大臣、步军统领衙门、顺天府五城、直隶总督，将现在剿办贼匪情形刊刻宣示，剀切晓谕城乡商民人等，各安生业，互相稽查，倘有形迹可疑及造言生事之人，一体严拿，从重惩办"。①因此，太平军外出执行任务很难蒙混过关，大多数通信员都由盘查而被捕。陆上不通，通信员只好改走水路。北伐军首领林凤祥"又选水贼，由运河出探，悉为滚钩渔网捉去"。②由于通信员和侦察员屡屡被俘，致使太平军"音信难通"，加剧了军事行动的难度，迫不得已增加通信人员和增加外出次数，以冒险为代价的行动也终未奏效，其结果就是被俘人数剧增。咸丰四年（1854年）五月二十三日，仅午后几个时辰，僧格林沁安置的排查人员，就先后抓获六名太平军侦探。③清军主帅之一的胜保，在高唐一地就先后抓获太平军的"探信、探路者，已不下五六十名"。④在京城巡防处档案中，有大量被俘北伐军侦探的审讯记录，这些供词中一般都有在交通要道和哨卡被俘经历的详细记录。

其五，在清政府的诱降政策下，绝大多数的被俘人员是出逃时束手就擒的。在清政府"投诚免死"的诱骗下，自动投出的太平军先后达数千人之多。自动投出不仅减轻了清军的消耗，还由于迅速地瓦解北伐军，而极大地缓解了清政府的压力。太平军被俘人员数量剧增，显然对北伐军构成了巨大的威胁，这是不言而喻的。为此，北伐军也采取了一些严厉的防范措施，可惜并未能从根本上制止和杜绝叛逃现象。

二 战俘受降与受降条件

清政府设置了专门处理被俘太平军的审讯机构，京城巡防审案处有官

---

① 李鸿章修，黄彭年纂：《畿辅通志》，《帝制纪·诏谕六》，河北人民出版社1985年重印版，第1册，第391页。

② 陈思伯：《复生录》，《近代史资料》1979年第4期（总41号），中华书局1980年版，第44页。

③ 《京畿巡防各路及各州县探报》，中国第一历史档案馆编：《清代档案史料丛编》第5辑，中华书局1980年版，第159页。

④ 《胜保等致京城巡防王大臣信》，中国第一历史档案馆编：《清代档案史料丛编》第5辑，中华书局1980年版，第213页。

员十人，书吏五名，皂役六名。① 清军中也设有行营发审局。作为被俘太平军和自动投出者在听候处理前或受降前，都由清军在特殊地点派重兵看守。有的是停留在被限定的阵前工事内，有的被指定集中看守。据《复生录》记载，清军在连镇的一次招降宣传之后，"次日逃出贼七十余人，三日唤出三百余人，王命在百里围城内扎一小营。"② 对暂不受降的被俘太平军，清军"不准其出壕，即在奴才僧格林沁及庆祺、绵洵、经文岱营墙埠内扎营四座，每夜即令放卡巡哨"。③

首先，被俘人员要办理上缴所带军械事宜。待上缴兵器后，便要接受清军的有关登记手续和审问。清军安排了大批人员办理战俘登记手续，一般情况下登记与审问一并进行。太平军被俘人员花名册，登记内容较为简明，主要有姓名、年龄、籍贯、何时加入太平军、目前身体状况等。投降清军的陈思伯，在回忆当时受降登记的情景时说："问予能否打仗？予禀两足已成残废，蒙王亲验，于册内姓名下注'废足'二字。"④

清军对他们认为比较重要的战俘，都要一一进行详细的审问。审问的主要内容是：核定被俘者的家世、被俘者加入太平军的时间和地点、在太平军中担任什么职务以及主要经历，并询问被俘者是否存在伤亡官兵的"罪行"。最重要的是了解北伐军内部的现状，诸如军队作战士气、粮草储备、弹药数量、行动计划以及实施步骤等。有时专门审问以往的一些重大事件的前因后果，一些重要军事行动的来龙去脉。在审问中，对一些认为有价值的口供都要形成详细笔录材料，向上级提交汇报。对某些重要俘虏的口供，还须要进行二审和三审的续询。例如，《绵愉等奏续讯李开芳等人供词折》中说："臣等以李开芳……诡诈多端。复将该犯再四研鞫。据

---

① 《巡防处大臣奏遵旨将核定顺天粮台支放款目总数开单呈览折稿》，中国第一历史档案馆编：《清政府镇压太平天国档案史料》第 12 册，社会科学文献出版社 1994 年版，第 288 页。
② 陈思伯：《复生录》，《近代史资料》1979 年第 4 期（总 41 号），中华书局 1980 年版，第 48 页。
③ 《僧格林沁军营抄存谕折稿》，《僧王奏稿》，第 7 册，张守常编：《太平军北伐资料选编》，齐鲁书社 1984 年版，第 114 页。
④ 陈思伯：《复生录》，《近代史资料》1979 年第 4 期（总 41 号），中华书局 1980 年版，第 47 — 48 页。

李开芳又供称……。所有臣等复讯续取该犯等供词，谨恭折具奏。"①由此可见，李开芳供词应不只有一份，其他供词目前尚未发现。

　　任何时期的军事斗争策略和方针，都是随形势变化而变化的。清政府在围剿北伐军的过程中，由于不断及时调整宣传策略，加上太平军处境日益艰难竭蹶，使得清军的诱降攻势接连得逞，大批投降者纷纷脱离北伐军而加入到清军的俘虏行列。招降纳叛事宜，遂成为清军前线的一项重要军务内容。清军的诱降政策、受降条件和手续，皆因时间先后而迥然不同。北伐军挺进天津前，北方清军主力倾巢出动，共同协力防堵太平军，并没能俘获多少太平军。当时被俘和投降的零星太平军，一般皆在审问之后均会遭到诛戮。太平军在静海、独流驻扎后，虽然前来围堵的清军遏止了太平军继续北上，却有大量清军被牵制。因太平军驻地距京城甚近，仍对京师构成了很大的实际威胁，这使清王朝各级官员日日不得安宁。在这个阶段，清朝皇帝每次下谕都要强调，"迅殄贼氛"，"剋期殄灭"，"毋再延误"等迫于巨大压力，为了迅速扭转局势，于是僧格林沁等前来围剿官员开始采用羁縻手段，实施分化瓦解的手段，以加速攻剿太平天国北伐军的进程。

　　清政府对北伐军诱降宣传的方法主要有三种：第一，用文字宣传品对北伐军进行煽动。清军将大量的宣传品用箭射入北伐军大营。"用箭缚扎手谕，予限三日，投诚免罪。"②第二，派遣部分可信的投诚者重返北伐军中，暗地里进行宣传蛊惑活动，介绍清军的劝降政策。据清方在东光县坐探汇报，咸丰四年（1854年）十月初一，清军抓获一名冒雪投出的太平军，当经过僧格林沁审讯后，"僧王仍放其回巢，大约系明诱暗攻之策"。③第三，在两军阵前，公开劝降。让先行投出的太平军向北伐军大营内喊话、招呼。例如，僧格林沁就曾命令投出之人萧良芳等，在出队作战

---

① 《绵愉等奏续讯李开芳等人供词折》，中国第一历史档案馆编：《清代档案史料丛编》第5辑，中华书局1980年版，第168—169页。

② 《僧格林沁军营抄存谕折稿》，《僧王奏稿》，第5册，张守常编：《太平军北伐资料选编》，齐鲁书社1984年版，第134页。

③ 《东光县坐探为围剿连镇太平军情事送巡防处探报》，《太平军北伐史料选辑》（上），《历史档案》1990年第2期，第54页。

阵前,"向贼垒谕以利害,散其党与,使知被胁者有可生之路"。① 为增加宣传效果,在阵前有时还使用旗帜和标语等宣传品。"王当命速办白旗四面,上书'投诚免死'四大字,派令马队护卫施肇恒、周隆廷等同予往唤。"②

随着北伐军节节向南退却,势力逐渐削弱,出逃日众,俘虏骤增。僧格林沁极其阴险地提出了受降赦免的附带条件,而且不断拔高条件,受降的标准也愈来愈严。咸丰四年十二月二十七日,僧格林沁在连镇上奏时说:"近日投诚人为数较多,奴才出示晓谕,投诚人无器械不收,旋即陆续投出八百余名,俱持有抬枪、鸟枪、刀矛。……奴才等复又出示晓谕,投诚俱着携带广西人首级。"③ 这些鼓动投诚者在内部杀戮措施的出笼,加剧了北伐军军营中的矛盾和分裂。有向清军投诚的个别北伐军士兵,为了得到宽恕和赦免,竟然履其苛约,在太平军内部搞起暗杀和火并。"近日陆续投到多名,并有割取长发首级来降者。"④ 最后攻克连镇前夕,僧格林沁等停止了受降。除在年龄上稍有宽待外,即年老及十五岁以下幼童准收,其他一律不赦免。"(咸丰四年)十二月三十日以后,投出之犯,亦即随时正法。"⑤ 至此清军终于彻底关上了受降之门。

那么,为什么清军要在此时停止受降呢? 随着太平天国北方战场军事态势的发展变化,清军看到北伐军弹尽粮绝,感到自己已经稳操胜券,准备随时对连镇发动总攻,并认为剩余的太平军皆死党难予宽待,便要"尽歼丑类"。同样,负责围攻高唐的清军主帅之一的胜保,是这样解释在发动总攻之前不再受降的原因,"是日(咸丰五年正月十四日),我兵于城边拾获贼禀一纸,内称:三楚愚民跪诉冤屈,自知罪该万死,思想投出,恳求赦准再生之恩,不攻自散。等语。奴才察其辞意,实系情急势屈计无,

① 奕䜣等修,朱学勤等纂:《剿平粤匪方略》第82卷,中国书店1985年影印本,第5页。
② 陈思伯:《复生录》,《近代史资料》1979年第4期(总41期),中华书局1980年版,第48页。
③ 《僧格林沁军营抄存谕折稿》,《僧王奏稿》,第7册,张守常编:《太平军北伐资料选编》,齐鲁书社1984年版,第113—114页。
④ 奕䜣等修,朱学勤等纂:《剿平粤匪方略》第110卷,中国书店1985年影印本,第13页。
⑤ 《僧格林沁等奏攻占连镇生擒林凤祥等情形折》,中国第一历史档案馆编:《清代档案史料丛编》第5辑,中华书局1980年版,第159页。

复之乞贷一死。惟该逆攻陷城池，戕害官兵，累月终年，罪大恶极，且结成死党，与他处被胁勉从者不同。今粮尽援绝，灭亡可待，乃穷蹙乞降，即属语出至诚，亦难稍从宽贷。"① 寥寥数语，凶态毕露。所言"罪大恶极"、"与他处被胁勉从者不同"、"粮尽援绝，灭亡可待"，正是清军对太平军停止受降要斩尽杀绝的原因所在。

三　战俘利用与羁縻手段

清政府对被俘太平军人员的处置，有两个明显的不同阶段，即攻克连镇和冯官屯前后，有着极为明显的区别。此前主要是以收录利用为主。下面分析前期战俘处置中的收录利用问题。

"数月以来，陆续投出投诚人三千余名。奴才等查其并无异心，且打仗颇为得力，是以收录。"② 清政府收录利用被俘者，是其迅速剿灭北伐太平军的一个重大的阴险举措，所以清军在处置中极为小心谨慎。在实施中他们采取了稳妥实施的方针，既要最大限度地分化瓦解北伐太平军，又要提防诈降。

被俘太平军被清政府利用的形式主要有三：

首先，最为阴险的形式是选派一些被俘人员重新打入北伐军营垒，充当清军围攻的内应。"李采卿招降贼中药总制萧桂芳、小头目林姓等七人，胜帅派余与采卿询问，意在勾降逆目，或令为内应，乃竟不行。胜帅奏明各给顶戴，以羁縻之。"③ 对经过筛选的一部分被俘太平军，给予封官奖赏后，重新打入了北伐军营垒。清军派遣这批重返太平军军营卧底的战俘，主要希望他们发挥两个作用：其一，是从内部离间太平军，鼓动太平军叛逃投降；其二，是配合清军攻剿，里应外合。咸丰四年（1854年）十月，僧格林沁利用遣回太平军大营卧底的战俘，顺利地导演了一场闪电般的伏

---

① 《胜保为督剿高唐州太平军情事奏折》，《太平军北伐史料选辑》（上），《历史档案》1990年第2期，第57页。

② 《僧格林沁等奏攻占连镇生擒林凤祥等情形折》，中国第一历史档案馆编：《清代档案史料丛编》第5辑，中华书局1980年版，第158页。

③ 张集馨：《道咸宦海见闻录》，中华书局1981年版，第137页。

击战，给连镇北伐军造成了巨大伤亡。"二十日寅刻，僧王设计遣从前投诚之人奔进贼巢，向贼诱称：高唐之贼业已来救，不得进堤，正与官兵接仗，令贼赶紧里应外合。贼信以为实，即全股出巢，我兵埋伏，俟诱贼之人先回送信。贼队往河西北面扑窜，将近套堤，我兵突起奋击，伤毙逆贼无数。贼折回，复往南扑。僧王亲督大兵往南抄击，复将贼杀毙四五百死尸，拿获活贼二人，一名寥受凌，一名郑昌英，俱湖南人。余贼回巢，我兵未伤一名。僧王立将诱贼之人全赏顶戴，此系近来之最大胜仗也。"① 由此可见，"打进去"的利用方式甚毒，虽遣派人员不多，但对北伐军造成的杀伤力极大。不过也有借机顺水推舟"自告奋勇"骗取敌人信任，重返大营继续与清军进行英勇斗争的将士。例如，北伐军土将军刘自明在连镇被擒，免死收录，被清军派遣到冯官屯军营挖掘地道，刘带领其他数名同伴趁机重新投入太平军，与李开芳一同坚持斗争。

其次，清军利用受降的大批太平军战俘为其冲锋陷阵，直接与太平军作战。为了减少清军伤亡，达到"以俘攻城"的目的，清军让被俘太平军"攻贼赎罪"，并以阵前表现如何决定战俘能否获得最终赦免。从被俘太平军中挑选出来的"强壮奋勉"之人，成为清军战场上的作战炮灰，凡遇到杀伤性较大的激烈恶战，清军都会派遣被俘者充任。譬如，攻打东连镇时，僧格林沁"令投诚义勇，分扎西连镇及灶户、陈庄，并将大炮运至西连镇，高筑炮台，隔河轰击"。② 再如，李开芳所部转移冯官屯后，"僧邸带兵追至冯官屯，令毛勇攻击，互有杀伤"。③ 充当首领的宁宗扬带领7名投诚义勇，曾被清军派遣于夜半深入潜伏在太平军营地塔儿头、红叶屯旁，不停地向内高声叫喊引诱，并用火点燃太平军设立的鹿角树栅。在被俘太平军中，有的是降志自辱者，更有成为桀犬吠尧者。胜保曾奏曰："前经遵示，投出之肖良芳、林来、沈惠、沈五群、沈廷、方窗等六名，奴才胜保

---

① 《东光县坐探为攻剿连镇太平军情事送巡防处探报》，《太平军北伐史料选辑》（上），《历史档案》1990年第2期，第56页。

② 《僧格林沁等奏攻占连镇生擒林凤祥等情形折》，中国第一历史档案馆编：《清代档案史料丛编》第5辑，中华书局1980年版，第158页。

③ "毛勇者，乃逆匪投诚，编为诚勇是也。"见张集馨：《道咸宦海见闻录》，中华书局1981年版，第159页。

随时体查，见其痛改前非，诚心向顺。二月初一日，进攻束城，奴才等令其随队打仗，肖良芳等力杀七贼，沈惠、林来、沈廷等三名，奋勇向前，身受重伤。似此悔罪自新，尚属可嘉。可否免罪仍请法外施仁，量予恩施之外，出自圣裁。"①

再次，还有的被俘太平军，被安排在清军前沿把守营垒。连镇外围的一些太平军营垒被攻克后，主要是由被俘人员来把守的，这样可以减少占用清军兵力。譬如，灶户、陈庄等被清军攻破后，皆"令毛勇把守"。②

凡是被收录驱使利用的太平军被俘人员，均须经过筛选。收录的起码条件，不仅需要体格健壮、年龄适宜、善战亦勇，而且必须是诚心向顺，能痛改前非的投诚者。被收录利用的太平军，被分隶中、左、右、前、后五营。清军还使用"以俘治俘"的驾驭手法，从中挑选出一些他们认为得力的勇目，实现对战俘营的约束管带。由于战俘冒死为清军充当炮灰，因而在交战中伤亡比率甚大。被俘太平军陈思伯，在《复生录》中说："连镇肃清后，五营投诚义勇，阵亡五千"，"（僧）王在连镇，点查义勇，伤亡过多，知其咸出死力，不胜叹惋"。③由此可见，被俘人员在被驱使作战中，伤亡数量极为庞大。咸丰四年十二月二十六日，仅此一天，"奋勇前敌之投诚义勇，阵亡受伤至二百余名之多"。④清政府对"真心投顺"的受伤者，也采取了相应的医疗救护措施，对那些重伤兵勇不能继续随征者，便派员厚发医药之资，就近赴德州等处调养，愈后归营。⑤

还有一些被俘太平军，被清军外围的各营收录，处在防堵太平军的"二线"位置。这类被俘人员是经挑选之后的剩余之人，情况较为复杂。僧格林沁上奏汇报说："其被胁各省难民，分别发交德州、吴桥防堵官员管

① 《僧格林沁军营抄存谕折稿》，《僧王奏稿》第1册，张守常编：《太平军北伐资料选编》，齐鲁书社1984年版，第59—60页。
② 《东光县奏报》，中国第一历史档案馆编：《清代档案史料丛编》第5辑，中华书局1980年版，第209页。
③ 陈思伯：《复生录》，《近代史资料》1979年第4期（总41期），中华书局1980年版，第49页。
④ 《僧格林沁军营抄存谕折稿》，《僧王奏稿》，第7册，张守常编：《太平军北伐资料选编》，齐鲁书社1984年版，第116—117页。
⑤ 陈思伯：《复生录》，《近代史资料》1979年第4期（总41期），中华书局1980年版，第49页。

带。"① 对这批人信任程度远不如"留营驱使者"。把他们交由"二线"官兵管带,既有利用,又有监督的意图。不仅具有拆散战俘整体,预防不测的作用,也可以随时听候差遣,一旦前方需要,能够及时补充前线。对于新近投出的被俘太平军,清军采用专门编队的方法,"现除发交宁宗扬、施绍恒等留营,随时进队外,至新近投出各犯,现拟扎交附近连镇之景州、吴桥、交河、德州等处防堵各营,分营管束,留神羁绊,以免疏虞"。②

以上几种利用战俘的方式,在清军镇压北伐太平军的最后阶段,发挥了不同程度的作用,使"以毒攻毒"的策略得以奏效。清政府在实施利用战俘的过程中,也采用了一些相应的羁縻手法,借助各种奖赏策略诱惑太平军被俘人员,从而调动被俘人员死心塌地为清政府效力。

为鼓励投诚人员奋勇作战"真心归顺",首先采取的一个策略手法,是对留营反戈攻"贼"者准予剃发。作为初级的一项奖励措施,准予剃发的主要作用是解除被俘人员的心理负担。胜保早在静海时,对被俘投降的太平军就采取了允许剃发方法,以减轻其精神压力,"俱令归降贼匪剃去长发,连日跟随出队打仗"。③ 而僧格林沁则提高了被俘人员的剃发条件,"面谕杀贼一名,准予剃发。……施肇恒亦约各营每日攻贼,连破旁立小营四座,取回首级投功。旬日间,逃出之人咸剃发焉"。④ 僧格林沁运用准予剃发和其他物质奖赏的方法,划分出一些不同的奖励等级,他规定:"其打仗出力者酌定剃发、衣服、银两三等奖,该勇等无不亟思立功,剃去长发"。⑤ 清军还推出了对投诚人员更高级的奖励,即封官赏衔,即"派

---

① 《僧格林沁军营抄存谕折稿》,《僧王奏稿》第 7 册,张守常编:《太平军北伐资料选编》,齐鲁书社 1984 年版,第 114 页。

② 同上书,第 113 页。

③ 《京城巡捕北营千总来文》,中国第一历史档案馆编:《清代档案史料丛编》第 5 辑,中华书局 1980 年版,第 197 页。

④ 陈思伯:《复生录》,《近代史资料》1979 年第 4 期(总 41 号),中华书局 1980 年版,第 47 页。

⑤ 《僧格林沁军营抄存谕折稿》,《僧王奏稿》第 7 册,张守常编:《太平军北伐资料选编》,齐鲁书社 1984 年版,第 114 页。

先出得功者，充当哨官，施肇恒为义勇统带，赏给口粮、号褂、并火印腰牌"。① 对作战中立功较大，并在投诚人员中具有影响力的，便以清政府的名义正式赏给顶戴。咸丰四年二月初四日，奉上谕对表现突出的有功人员实施了六品顶戴奖赏，"其前由贼营投出之肖良芳、林来、沈惠、沈五祥、沈廷、方窗等六名，随同官兵打仗杀贼，尚能悔过自新，着免其治罪，并赏给六品顶戴，以示法外之仁"。② 清军赏予投诚者顶戴衔，既属于主观上的荣誉，客观上也意味某种程度上的管理权力实授。授衔者对被俘人员有不听命者，可以"召至皆斩"，"故降卒人人畏惧，无敢有异志"。这有益于树立义勇首领的权威。"僧王之攻连镇，贼来投降者三千人，以宁立诚统之。……又虑立诚得众不可制，则使言其下之不听命者，召至皆斩，立诚跪请涕泣，不少贷，故降卒人人畏惧，无敢有异志，后竟得其死力。复就三千人拣得八百人，宁立诚及邓某者尤枭黠。"③ 清军对招降的义勇既有奖赏，也严加约束，这便是奖罚并用、恩威兼施。"（咸丰五年正月）初四日，僧王将管带毛勇之宁宗扬、施绍恒摘去顶翎，勒限务将连镇河东及早攻破，全股荡除。功成定予升擢，不成即行严参。"④ 攻破连镇后，僧格林沁再次为立功人员请赏，后来授予施绍恒以都司衔、周隆亭守备衔，均奖赏其换花翎。

　　总之，清政府运用"尽量利用"与"慎妥筹办"相结合的原则，兼顾制约与奖赏，把投诚人员推上"以毒攻毒"的前沿。可以毫不夸张地说，北伐军的连镇大营近乎是由被俘太平军组成的义勇所攻破的，因为冲锋陷阵的主力几乎就是由几千名投诚者充任的。

---

① 陈思伯：《复生录》，《近代史资料》1979 年第 4 期（总 41 号），中华书局 1980 年版，第 48 页。

② 《僧格林沁军营抄存谕折稿》，《僧王奏稿》第 1 册，张守常编：《太平军北伐资料选编》，齐鲁书社 1984 年版，第 61—62 页。

③ 黄彭年：《黄陶楼先生日记》，第 8 本，张守常编：《太平军北伐资料选编》，齐鲁书社 1984 年 8 月版，第 444—445 页。

④ 《东光县探报》，中国第一历史档案馆编：《清代档案史料丛编》第 5 辑，中华书局 1980 年版，第 209 页。

四　战俘处决与处决原则

清政府对被俘太平军官兵的处置，除了收录利用之外，最重的处理方式就是处决。清政府处决北伐军的各种残忍方式，淋漓尽致地暴露了统治阶级暴虐的本性。

一般的处决方式是斩首。例如，从阜城逃出后在涿州被清军盘查俘获的张米弓，因其"被贼裹胁，听从打仗，扎死官兵一人，实属罪无可逭。张米弓应照军法从事，即行处斩"。① 再如，对战场上抓获的俘虏实施立即执行的，亦是采取处斩方式。咸丰四年（1854年）二月十四日，"约毙一千六百余名，生擒三百余名，立即正法"。② 另外，对清理战场时抓获的俘虏，一般情况下也都采用斩首的处决方式。譬如，攻占连镇和冯官屯后，除将林凤祥、李开芳等北伐首领押解进京之外，"余皆在军营正法"。③ "余贼概不收录，传令分五处同时处斩。"④ 如果太平军被俘人员曾杀死官兵，或杀伤多人者，均属情况较严重，就采用枭首示众方式。例如，对京城巡防处抓获的荣雪儿、贾幅罍、王泳汏等均判处了枭首示众。⑤

对那些被清军视为"罪情尤重"的被俘将士，则采取凌迟的处决方式，有的还要加上枭首示众。例如，在京城抓获的直隶新乐县回民马二雪，"被贼裹胁，听从打仗，戕官，并点炮轰伤数十人，又刀砍二三十人，死伤不能记忆，及奸淫妇女一口，种种悖逆，罪不容诛。马二雪应拟以凌迟处死，枭首示众"。⑥ 再如，清军攻陷冯官屯后，将"其前次投入贼巢之

---

① 《京城巡防处奏审录张米弓供词折》，中国第一历史档案馆编：《清代档案史料丛编》第5辑，中华书局1980年版，第189页。
② 《僧格林沁军营抄存谕折稿》，《僧王奏稿》第2册，张守常编：《太平军北伐资料选编》，齐鲁书社1984年版，第69页。
③ 谢山居士：《北路奏肤》，《粤氛纪事》卷5，张守常编：《太平军北伐资料选编》，齐鲁书社1984年版，第10页。
④ 陈思伯：《复生录》，《近代史资料》1979年第4期（总41号），中华书局1980年版，第51页。
⑤ 《京城巡防处审录太平军人员供词》，中国第一历史档案馆编：《清代档案史料丛编》第5辑，中华书局1980年版，第185页。
⑥ 《京城巡防处奏审录马二雪供词折》，中国第一历史档案馆编：《清代档案史料丛编》第5辑，中华书局1980年版，第181—182页。

伪土将军刘子明一犯，同时擒获，凌迟处死"。① 林凤祥、李开芳等北伐首领被俘后，被押解京师，亦被凌迟处死。

更有甚者，清政府将北伐太平军被俘人员活活扒皮处死。其实剥皮的酷刑并不在《大清律》规定的死刑方式之列，但是，僧格林沁竟然动用如此酷刑，残害被俘的太平军将士。咸丰四年（1854 年）十一月二十九日三更时分，连镇太平军与围攻清军交战，此役清军"拿获活长毛老贼二名，俱系江西人，僧王立将二贼扒皮处死"。② 残忍之极，令人发指。

在处决北伐军时，僧格林沁所部清军甚至使用了剖腹等极其凶狠的方式，以发泄其报复心理。在围剿连镇时，他曾将"擒获之贼，剖视肠腹"。③ 真可谓，心狠手辣，暴戾恣睢。他在为连镇、高唐、冯官屯等处阵亡的官弁兵勇八千人祭奠时，竟然"将就擒贼匪从犯八十人并二贼童，一齐捆缚挖心活祭之"。④ 令人惊心动魄，毛骨悚然。

屠杀太平军战俘的刽子手们，杀人方式凶残至极，杀人手段诡秘多端。除公开残忍杀害战俘外，还许多战俘是被非公开处决的。咸丰五年（1855 年）四月十三日，驻扎在冯官屯的部分北伐太平军，准备投出请降，"伪先锋黄大汉等杂难民投营请降，王乃分别释之，而质黄大汉于营中，又将其同党一百四十余人分拨各营，悉数暗诛之"。⑤ 之所以采用秘密杀戮方式，其目的显然是为了避免节外生枝，以免影响太平军的继续投出，也可以减少被收编人员的内心不安。由此可见，清军主帅僧格林沁的狡诈之甚，非同一般。

对战俘中受重伤、患病、奄奄一息者，清军宁以死刑处置，也不愿让

① 《僧格林沁军营抄存谕折稿》，《僧王奏稿》第 5 册，张守常编：《太平军北伐资料选编》，齐鲁书社 1984 年版，第 137 页。

② 《沧州探报》，中国第一历史档案馆编：《清代档案史料丛编》第 5 辑，中华书局 1980 年版，第 205 页。

③ 《周尔塘致瑛棨信》，《瑛兰坡藏名人尺牍墨迹》第 16 册，第 12 信，张守常编：《太平军北伐资料选编》，齐鲁书社 1984 年版，第 650 页。

④ 谢山居士：《北路奏肤》，《粤氛纪事》卷 5，张守常编：《太平军北伐资料选编》，齐鲁书社 1984 年版，第 18 页。

⑤ 同上书，第 9—10 页。

其因病因伤而亡。咸丰四年（1854 年）十月初九日，胜保率兵督剿高唐，俘获太平军的圣马总制黄姓一人（广西永安州人）。当时，被俘的黄某已身受重伤，胜保便下令将其"立即正法"。① 再如，被俘的太平军将领刘士濂，本打算同李开芳一并押解进京，因病未能起解，便在军营立即处决。② 押解身负重伤且又服毒的林凤祥进京途中，清军做了两手准备，即"沿途查看情形，设若该逆奄奄将毙，立即就地凌迟，以免幸逃显戮"。③

从执行处决的程序看，在处死北伐军战俘前，一般须将其"捆绑"，"候令处斩"。执行斩杀，要专门指定刽子手执行，须"有令箭"，并有清朝官吏在场监斩。僧格林沁有时也指定投诚人员充任行刑者，即借太平军投诚人员之手斩杀太平军战俘。"前次斩戮广西等处贼犯，皆系派令投诚楚勇行刑，即系欲使其感德畏威之意。"④ 直隶的布政使张集馨，在现场目睹此况以后，将顿生的一番感慨写进了自己的日记，"僧王令楚逆而斩粤逆，使之为敌，将来必不勾结"。⑤ 由此可见，险恶用心何其毒也。

选择处决北伐军战俘的刑场地点，大致有三类情况：

其一，俘获地就地处决。绝大多数战俘都是被就地处决的，一般记载为："在军前正法"、"在营正法"。由于随处丢弃尸首，后事处理不当，夏日至清军大营，经常是"臭不可近"。⑥

其二，选择特定地点行刑。选择特定地点斩杀被俘人员的情况，其实，并不多见，凡属此类皆为公开执行，明显带有渲染气氛和祭奠等特殊意义。例如，怀庆之战后，敌兵抓获的太平军俘虏被押往北伐攻城炸塌的城墙处，将其杀害示众。再如，僧格林沁所部在撤离冯官屯时，"因沧

---

① 《胜保为督剿高唐州太平军情事奏折》，《太平军北伐史料选辑》（上），《历史档案》1990 年第 2 期，第 55 页。
② 《德勒克色楞等为李开芳患病并改水路押解进京事咨巡防处文》，中国第一历史档案馆编：《清代档案史料丛编》第 5 辑，中华书局 1980 年版，第 160 页。
③ 《僧格林沁等奏攻占连镇生擒林凤祥等情形折》，中国第一历史档案馆编：《清代档案史料丛编》第 5 辑，中华书局 1980 年版，第 159 页。
④ 《僧格林沁军营抄存谕存折稿》，《僧王奏稿》第 8 册，张守常编：《太平军北伐资料选编》，齐鲁书社 1984 年版，第 146 页。
⑤ 张集馨：《道咸宦海见闻录》，中华书局 1981 年版，第 163 页。
⑥ 同上。

州被难尤烈，奴才于生擒逆犯内，讯有伪职者，选出三十余名，交伊勒东阿、玉明囚解，顺赴该处正法致祭，以慰忠魂"。[1] 被押解到沧州的 34 名太平军将领，于 1855 年 3 月 12 日在沧州红孩口被清军凌迟处死。

其三，重要首领押解进京执行。为了邀功请赏，清军对俘获的太平军重要首领，几乎是全部押解入京。为此，清军不惜给服毒的林凤祥进行医疗抢救，并屡屡劝导患病的李开芳。沿途不仅谎骗他们进食保持体力，还专门改由德州上船，更换水路，以求得"似尚稳便"，减少颠簸，缓解李开芳"且复晕车，不进饮食"的问题。[2] 1855 年 3 月 14 日，林凤祥等被俘将领们由户部侍郎瑞麟亲自押解北京，3 月 15 日申刻，林凤祥等六人被凌迟处死。李开芳等被俘人员由德勒克色楞等清军将领押送，于 1855 年 6 月 9 日抵达京城，于 6 月 11 日遭凌迟处死。

综上所述，清军处置战俘的方式，除了受到上述受降条件、时间界限等因素左右之外，在实际执行过程中还有一些其他具体方法。清军在区分战俘类别，决定是否执行处决时，主要遵循的原则和参考的因素有以下几个方面：

第一，对北伐军首领严厉惩处，对一般士兵相对宽松。被抓获的林凤祥、李开芳等北伐太平军统帅和高级将领，无一例从宽，先后惨遭处斩或凌迟酷刑。

第二，对早期参加太平军的人员，譬如，广西籍"老长毛"无一例外地遭到严惩，而对后期一些加入者相对放宽惩处。正如，僧格林沁总结招降纳叛的经验时所说，"粤匪首先创逆，罪不容诛，断难宽贷。且此时各处窜扰，粤匪无多，自当无论擒降，概行歼斩，以彰国宪，而申天讨。其余两湖及各省之匪，人数过多，似宜剿抚兼施，军务方有就绪"。[3]

---

① 《僧格林沁等奏遣撤官兵分起日期等事折》，中国第一历史档案馆编：《清代档案史料丛编》第 5 辑，中华书局 1980 年版，第 165 页。
② 《德勒克色楞等为李开芳患病并改水路押解进京事咨巡防处文》，中国第一历史档案馆编：《清代档案史料丛编》第 5 辑，中华书局 1980 年版，第 160 页。
③ 《僧格林沁军营抄存谕折稿》，《僧王奏稿》第 8 册，张守常编：《太平军北伐资料选编》，齐鲁书社 1984 年版，第 146 页。

第三，对主动自愿加入太平军的北方捻党以及囚犯一律从严惩处，而对一般被动裹胁者处理时则相对从宽。例如，"林逆心腹人萧凤山、钟有年带领捻匪水手，携带大炮、抬枪、鸟枪、刀矛出降，奴才稔知系与林逆同恶相济之犯，当即凌迟处死，伙贼全数斩除"。① 再如，通州人杨明，"因营内太苦，起意投行贼营"，"投贼营小头目方姓"，外出找火药被俘。清军因他"甫至军营即杀人献贼，甘心从逆，已属罪不容诛……奸谋拟劫火药，实属罪大恶极"，将其凌迟处死枭首。② 而对被动加入太平军者，"如果被胁之众，悔过自新，奴才等惟有仰体皇仁，令其杀贼自效"。③

第四，对从事送信、探路、侦察和采购物资的被俘太平军一律严惩，对一般的伙夫、文书、杂务等处理则相对从宽。清军"拿获奸细，随时正法"。④ 胜保在高唐拿获的"探信、探路者已不下五六十名……俱审明先后正法"。⑤ 原为林凤祥当厨师的施肇恒，投出后非但未杀，还因攻城有功，赏赐为守备衔，后又提拔为都司衔。

第五，对同样被裹胁加入北伐军的，也会区别情况，分别处理。对太平军诚心归附并为其出过大力的概不赦免，特别是与官军作战中有人命者从严。对不愿胁从太平军，开小差出逃后被官兵拿获且没有人命者从宽。北伐军在直隶战斗的时间最长，在直隶被裹胁者也最多，其中"武勇者多，而且好胜，一经则夸其勇，即为贼出大力，所以后来投诚，僧王不允收录"。⑥ 从京城巡防处档案看，被审录的被俘人员供词中凡交代曾打死过官兵者，无一从宽，均被处决。清军处理被俘人员时，在判断被俘者是否

① 《僧格林沁等奏攻占连镇生擒林凤祥情形折》，中国第一历史档案馆编：《清代档案史料丛编》第5辑，中华书局1980年版，第158—159页。
② 谢兴尧：《总理巡防事宜处奏报——太平天国北伐新史料》，《近代史资料》总65号，中国社会科学出版社1987年版，第24—26页。
③ 《僧格林沁军营抄存谕折稿》，《僧王奏稿》第1册，张守常编：《太平军北伐资料选编》，齐鲁书社1984年版，第60页。
④ 《胜保亲供》，中国第一历史档案馆编：《清代档案史料丛编》第5辑，中华书局1980年版，第224页。
⑤ 《胜保等致京城巡防王大臣信》，中国第一历史档案馆编：《清代档案史料丛编》第5辑，中华书局1980年版，第213页。
⑥ 陈思伯：《复生录》，《近代史资料》1979年第4期（总41期），中华书局1980年版，第46页。

"诚心附贼"的问题上，往往取决于他们的主观判断。在他们看来，"其有为贼裹胁，代贼探路，实属有心附逆，法所难容。日内拿获数名虽系附近村民，讯明后即行正法"。①被查获者确属被胁民，因开小差逃离太平军营地者，又未曾杀伤过官兵，一般处理方式是准予返回原籍。例如，咸丰四年（1854 年）正月，在直隶晋州抓获不少太平军的出逃者，摄州篆的方炳奎，"令获逃寇不得擅杀，先后约数百人，惟询出间谍数人置之法，余悉赀遣之"。②

第六，对在交战中被擒者，或主动投诚者，在处置上有较大区别。交战中被擒者多数受严惩，对他们收编充营的比较少。

第七，对太平军投出请降的被俘人员"诚心归顺"者从宽，对诈降者无一例外地尽数处决。是否属于诈降，完全取决于清军决策者的主观臆断，一旦被视为诈降则无望幸存。咸丰五年（1855 年）四月十三日，冯官屯太平军营内逃出大批投诚者，结果却被僧格林沁视为诈降，"揆度形状，实系诈降，仍佯为信实，将投出之人全数渡引出墙。除茌平、高唐之人严看外，其余一百四十余名全数诛戮"。③

上述七项影响因素，在清政府实际执行过程中也有很大的随意性，并且因为时段先后有所不同，亦有某种程度的调整。清政府处置战俘的总体原则，是以剿灭太平军为目的，该惩处的予以惩处，能利用的则予以利用，其所担心的是区分处置不当遗留后患，"恐宽猛两难，易滋流弊"。④故此，战俘处置决定权相对集中，对大批投诚人员和零星俘虏的处置意见和处置结果，必须及时请示和汇报。直接掌握被俘人员生死大权的寥寥也，"或杀或否，悉听邸帅随时斟酌，他人莫喻其旨"。⑤

---

① 《僧格林沁军营抄存谕折稿》，《僧王奏稿》第 1 册，张守常编：《太平军北伐资料选编》，齐鲁书社 1984 年版，第 60 页。

② 方炳奎：《说梦录》，张守常编：《太平军北伐资料选编》，齐鲁书社 1984 年版，第 382 页。

③ 《僧格林沁军营抄存谕折稿》，《僧王奏稿》第 5 册，张守常编：《太平军北伐资料选编》，齐鲁书社 1984 年版，第 134 页。

④ 同上书，第 138 页。

⑤ 张集馨：《道咸宦海见闻录》，中华书局 1981 年版，第 162 页。

五 收编战俘与遣返发配

冯官屯的军事行动告藏,大部分被收编的原太平军被俘人员,又将面临一次处理。"此股窜孽既经荡平,奴才现统各营官兵内,除受伤患病必须遣回休养之外,尚可挑选精锐,并投诚义勇亦可挑选强壮奋勉之人,奴才拟即督带赴南协剿。惟江南、皖、楚近日何省待兵尤殷,奴才不能深悉,亦未敢专擅,伏乞皇上训示遵行。其应行遣撤之兵,奴才拟即先行饬令起程。其挑选余剩投诚义勇,亦即酌给川资,给予免罪手照,分别遣返回籍,各安生业,以节虚费,而示体恤"。①

前一阶段被收编的大部分原太平军被俘人员,此刻又将面临两种出路:其一是收编入营,随军南下;其二是遣返回籍。清政府审视与天京太平天国农民政权形成的对峙态势后,深恐自己兵力未逮,不得不继续奉行"抚剿兼施"的方针。准备挑选部分被俘者,来补充清军各营的缺额,所以部分北伐太平军投诚者就被充实到准备南下与太平天国作战的清兵行列。在这部分返回南方的太平军战俘中,不乏有人被派遣打入太平军内部刺探情况,以及进行各式投诚解散鼓动。僧格林沁"现派湖北人六品蓝翎勇目詹起伦等八名,于到楚后,暗探贼营一切情形,并可宣布皇仁,使两湖被胁之众,咸知圣恩高厚,或可及早解散"。② 毋庸讳言,部分北伐军的叛徒,在南下之后确实充当起了剿杀太平军的急先锋。例如,"惟启纶者,固剧盗。林凤翔(祥)之走连镇也,溃贼数千降,将拔一人统之,启纶超伍应,遂假六品衔为营校,一军骁甚,刀槊皆饰银,民则以长发勇呼之。旋从德兴阿走扬州,止于三汊河,分其部为六起,起五百人为三千人,号忠义勇。初无军服,夺掠强迫沿贼习,民特苦之"。③

---

① 《僧格林沁军营抄存谕折稿》,《僧王奏稿》第5册,张守常编:《太平军北伐资料选编》,齐鲁书社1984年版,第135页。

② 《僧格林沁军营抄存谕折稿》,《僧王奏稿》第8册,张守常编:《太平军北伐资料选编》,齐鲁书社1984年版,第146页。

③ 倪在田:《扬州御寇录》卷中,中国史学会主编:《中国近代史资料丛刊——太平天国》第5册,神州国光社1953年版,第125页。

　　清政府对遣返回籍的被俘人员，则不无戒心，于是采取了分期分批进行遣返的措施。有特殊情况者，已于此前处理。例如，连镇之役后，僧格林沁在准备札交地方官分别遣回原籍的数百名被俘人员中，发现年未及岁者数十名，内有江宁驻防旗人两名，即交泰宁镇总兵庆祺，顺带赴京呈送奉命大将军，发交该旗，妥为办理。最早释放的被俘人员者，一般都是当地居民。遣返回籍的被俘人员，以邻近几省为先，即"直隶、山东、山西、河南近省之勇"。当时，"其两湖、江南、安徽之人，离家较远，概不准其告遣，即系恐其迢迢长途另滋事端。"①交由随营文武管领看管。为防止遣返被俘人员在沿途骚扰，清政府指定了遣送管带。对准予遣返回籍的人员，一律发给免罪执照，作为清政府赦免证明，并可为沿途免予盘查之凭证。正如，湖北陈思伯在《复生录》记载的一样，在回乡前，"蒙王赏给出营路票一纸"。②这就从根本上解决了被俘人员返乡后被追究的问题。对获免罪执照的遣返回籍者，清政府还根据路途远近，酌给川资。同时，也严格收缴了遣返人员的一切军械，"全行撤留，不准携带"。③

　　在遣散的被俘太平军中，发配边疆的极少。只有两名被俘的太平军侍从人员，因年龄尚小属未成年，故未处死刑，但却因他们曾为林凤祥等北伐军高级将领服务效力，未获得释放，决定将其发配边疆。"林逆之幼仆二犯及上年拿获之张兴保一犯，俱发黑龙江。"④京城巡防处抓获涉嫌参与太平军侦探谋抢火药库案的翟荣顺，终因查无证据，以"该犯必非善类"为由，最后决定"发黑龙江给官兵为奴，咨送兵部即行为配"。⑤清政府还对两名所谓窝藏包庇他人的"从逆情事"者，判处了徒刑。其中，一名

① 《僧格林沁军营抄存谕折稿》，《僧王奏稿》第8册，张守常编：《太平军北伐资料选编》，齐鲁书社1984年版，第146页。
② 陈思伯：《复生录》，《近代史资料》1979年第4期（总41期），中华书局1980年版，第51页。
③ 《僧格林沁军营抄存谕折稿》，《僧王奏稿》第8册，张守常编：《太平军北伐资料选编》，齐鲁书社1984年版，第146页。
④ 翁心存：《知止斋日记》。张守常编：《太平军北伐资料选编》，齐鲁书社1984年版，第48页。注：张兴保，湖南人，13岁，1853年12月17日在独流被俘，见《张兴保供词》。
⑤ 谢兴尧：《总理巡防事宜处奏报——太平天国北伐新史料》，《近代史资料》总65号，中国社会科学出版社1987年版，第26页。

"拟为杖六十,徒一年。虽年逾七十,不准收赎。札交顺天府定地解配,折责拘役"。[1] 另一名"虽系不知贾幅壘从逆情事,惟与同行数日,复留贾幅壘在铺养病,未便轻纵。……问拟杖八十,徒二年,札交顺天府定地解配,折责拘役"。[2] 由此可见,清政府对涉嫌和受牵连的被俘人员处置,也都相当严厉,毫不手软。

六　透视战俘处置的方式

清政府在处置北伐军战俘的过程中,融汇历代统治阶级对农民起义血腥屠杀与招降的两种手段,软硬兼施,剿抚并用,最终采用了处决、编队南下、遣返、发配边疆四种处理方式,从而较为有效地瓦解了北伐太平军的势力,最终解除了太平天囯北方战场对清政府构成的巨大军事威胁。

经过综合考察分析可以发现,清政府对被俘太平军生与死的处置策略,几经调整不断翻新,先后存有较大差异。虽然为了防止宽猛不一的问题,遂将处置决定大权集中使用,但由于战事起伏变化无常,决策人的思想感情也会产生很大波动,所以在实际执行中仍然存在着很大的随意性,标准掌握上出现很大差异。同是未成年的战俘,有的被遣返回家,有的则发配边疆,有的被"立即正法",还有的则被"挖心活祭"。当太平军投出的人数骤增时,清政府受降条件便越来越苛刻。当怀疑投出人员无诚意时,便以"诈降"处之。在战事优势较大时,清军往往就不再接受太平军投降。譬如,咸丰四年十月初五,在连镇一次交战中,清军首领桂龄督率清兵向出营的太平军猛开枪炮,"贼匪纷纷倒地,余众诈作乞降,我军仍奋力攻击"。[3] 清军出自对北伐太平军的仇恨,杀害战俘的残忍程度近乎疯狂,有时竟然"将贼尸剁成肉泥",[4] 有时将太平军围困后,用火全行烧毙。

---

① 《京城巡防处奏审录杨可望赵信供词折》,中国第一历史档案馆编:《清代档案史料丛编》第5辑,中华书局1980年版,第177页。
② 《京城巡防处奏审录贾大王四供词折》,中国第一历史档案馆编:《清代档案史料丛编》第5辑,中华书局1980年版,第185页。
③ 李鸿章修、黄彭年纂:《畿辅通志》,《帝制纪·诏谕六》,河北人民出版社1985年重印版,第1册,第463页。
④ 《沧州坐探为官兵攻剿连镇太平军情事送巡防处探报》,《太平军北伐史料选辑》(上),刊载于《历史档案》1990年第2期,第53页。

　　清政府苛刻的受降条件和野蛮屠杀，当然也产生了一种强烈的反抗情绪，激起了相当一部分太平军将士誓死抗争到底的斗志。譬如，部分太平军士兵"后来投诚，僧王不允收录，悉战死于连镇矣"。① 特别是广西籍的太平军将士，闻听清营中有令，各省被胁百姓投出，还可不杀，惟广西人投出，多有不赦，于是"更不肯投诚"。② 所以，每当后人论及这段令人沉郁苍凉、低回感叹的太平天国北伐战史时，不免会对那些大义凛然、视死如归的被俘者们充满敬佩之情。身负重伤的北伐主帅林凤祥，见突围无望，奋而自杀。因自杀未遂，被清军逮捕后，"见王之倨傲，立而不跪也"。当被押解进京面对凌迟酷刑，他"刀所及处，眼光犹直视之，终未尝出一声"。③ 最终慷慨就义，显示了北伐主帅威武不屈的英雄本色。还有许许多多忠肝义胆的太平军，"见势已败，纷纷投河者无数"。④ 有的太平军被敌包围之后，宁为玉碎，不为瓦全，"其烧毙、投环、投井、自刎者不计其数"。⑤ 太平天国北方战场上的这些英勇将士们，充分表现了不愿苟全性命沦为清军俘虏的英雄气节。

　　清政府对部分被俘人员施行的赦免和收录政策，完全是出自"以孤贼势，攻剿较易"的考虑，所谓"圣恩高厚"、"以示体恤"、"法外之仁"等冠冕堂皇的欺人之谈，只不过是为镇压太平天国的最终目标服务而已。"以毒攻毒"的战俘利用策略及各项奖赏措施的出笼和兑现，使得清军攻剿连镇和冯官屯的恶战，变相地成为北伐太平军与被俘太平军之战。难怪清朝皇帝也不得不警告僧格林沁："不可专恃投诚人等之力。"⑥ 所以说，清

①　陈思伯：《复生录》，《近代史资料》1979 年第 4 期（总 41 期），中华书局 1980 年版，第 46 页。
②　《绵愉等奏续讯李开芳等人供词折》，中国第一历史档案馆编：《清代档案史料丛编》第 5 辑，中华书局 1980 年版，第 168 页。
③　《玉珍河钓徒见闻录》，转引自戴逸《中国近代史稿》第 1 卷，人民出版社 1958 年版，第 249 页。
④　《僧格林沁等奏攻占连镇生擒林凤祥情形折》，中国第一历史档案馆编：《清代档案史料丛编》第 5 辑，中华书局 1980 年版，第 159 页。
⑤　《僧格林沁军营抄存谕折稿》，《僧王奏稿》第 2 册，张守常编：《太平军北伐资料选编》，齐鲁书社 1984 年版，第 76 页。
⑥　《僧格林沁军营抄存谕折稿》，《僧王奏稿》第 7 册，张守常编：《太平军北伐资料选编》，齐鲁书社 1984 年版，第 127 页。

政府的招降纳叛策略发挥了极大效能，它瓦解了部分被俘者的斗志，加剧了农民军内部分化，扩大了出逃者人数，削弱了北伐军的整体实力，加剧了太平天国北方战场的困境。

太平天国北方战场的全军覆没，成为太平天国前期所遭受的一场大惨败。僧格林沁由此也成为清政府镇压太平天国过程中首位建功将领，并以"忠勇善战，名震海内"。他处置太平军被俘人员的一系列具体做法，由于得到清政府的首肯，对曾国藩、李鸿章、左宗棠等后来的清朝将领产生了一定影响。此后，曾、左、李对太平天国被俘人员的血腥屠杀手段比僧格林沁有过之而无不及，他们也借用了僧格林沁招降纳叛的招数，并在此基础上又如法炮制出了更多、更阴险的方式和方法，使太平天国后期由于叛徒问题所遭受的损失和危害更进一步加深。

附录：引征参考文献目录

一 专辑史料

中国史学会：《中国近代史资料丛刊——太平天国》第 1 册、第 2 册、第 3 册、第 4 册、第 5 册、第 6 册，神州国光社 1952 年版。

中国第一历史档案馆：《清代档案史料丛编》第 5 辑，中华书局 1980 年 8 月版。

中国第一历史档案馆：《清政府镇压太平天国档案史料》第 4 册、第 5 册、第 6 册、第 7 册、第 8 册、第 9 册、第 10 册、第 11 册、第 12 册、第 13 册、第 14 册、第 15 册、第 16 册、第 17 册、第 18 册，社会科学文献出版社 1992 至 1995 年版。

太平天国历史博物馆：《太平天国文书汇编》，中华书局 1979 年版。

太平天国历史博物馆：《太平天国印书》上、下册，江苏人民出版社 1979 年版。

奕訢等：《剿平粤匪方略》，中国书店 1985 年影印本。

太平天国历史博物馆：《太平天国史料丛编简辑》第 1 册、第 2 册、第 5 册、第 6 册，中华书局 1961—1963 年版。

太平天国历史博物馆：《平定粤寇纪略》（太平天国资料汇编第 1 册），中华书局 1980 年版。

太平天国历史博物馆：《中兴别记》上、下册（太平天国资料汇编第 2 册），中华书局 1979 年版。

中国科学院历史研究所第三所、近代史资料编辑组：《太平天国资料》（近代史资料增刊），科学出版社 1959 年版。

太平天国历史博物馆：《太平天国资料辑》，《近代史资料》总 30 号，中华书局 1963 年版。

陈思伯：《复生录》，《近代史资料》总 41 号，中华书局 1980 年版。

《总理巡防事宜处奏报》，《近代史资料》总 65 号，中国社会科学出版社 1987 年版。

田桂林：《太平军攻怀庆录》，《近代史资料》总 81 号，中国社会科学出版社 1992 年版。

张集馨：《道咸宦海见闻录》，中华书局 1981 年版。

张守常：《太平军北伐资料选编》，齐鲁书社 1984 年版。

罗尔纲：《李秀成自述原稿注》，中华书局 1982 年版。

黄彭年：《畿辅通志》，河北人民出版社 1985 年重印版。

中国史学会济南分会：《山东近代史资料》第 1 分册，山东人民出版社 1957 版。

王韬：《瓮牖余谈》，台湾商务印书馆 1976 年版。

王定安：《湘军记》，岳麓书院 1983 年版。

吟唎：《太平天国革命亲历记》（上、下册），上海古籍出版社 1986 年版。

赵尔巽：《清史稿》第 39 册、第 42 册，中华书局 1977 年版。

中国史学会：《中国近代史资料丛刊——捻军》第 2 册、第 4 册，上海人民出版社、上海书店出版社 2000 年版。

永年县文物保管所收藏：《刘氏族谱》，抄本。

李惠民：《河北地方志中的太平天国、捻军史料》（一）、（二）、（三），1984 年 6 月至 1985 年 8 月油印本。

彭作桢：《完县新志》，1934 年铅印本。

河南省档案馆：《太平军攻围怀庆府史料二则》，《档案管理》1991 年第 6 期。

中国第一历史档案馆：《太平军北伐史料选辑》（上），《历史档案》1990 年第 2 期。

中国第一历史档案馆：《胜保为督剿高唐州太平军情事》，《历史档案》1992 年第 2 期。

陈康祺：《郎潜纪闻初笔二笔三笔》，中华书局 1984 年版。

高华平等译注：《韩非子》，中华书局 2010 年版。

二　学术著作

范文澜：《中国近代史》（上册），人民出版社 1947 年版。

戴逸：《中国近代史稿》第 1 卷，人民出版社 1958 年版。

罗尔纲：《太平天国史》，中华书局 1991 年版。

罗尔纲：《困学丛书》，广西人民出版社 1989 年版。

罗尔纲：《太平天国史丛考甲集》，三联书店 1981 年版

简又文：《太平天国全史》，香港简氏猛进书屋 1962 年版。

简又文：《太平天国典制通考》，香港简氏猛进书屋 1962 年版。

郦纯：《太平天国军事史概述》，上编，中华书局 1982 年版。

张守常：《太平军北伐丛稿》，齐鲁书社 1999 年版。

张守常、朱哲芳：《太平天国北伐西征史》，广西人民出版社 1997 年版。

张一文：《太平天国军事史》，广西人民出版社 1994 年版。

苏双碧：《北伐风云》，光明日报出版社 1993 年版。

崔之清：《太平天国战争全史》，南京大学出版社 2002 年版。

河北、北京、天津历史学会：《太平天国北伐史论文集》，河北人民出版社 1986 年版。

贾熟村：《太平天国时期的地主阶级》，广西人民出版社 1991 年版。

马金生：《军事欺骗》，军事科学出版社 1992 年版。

军事科学院计划组织部：《战争与战略问题研究》，军事科学出版社 1988 年版。

康宁：《古代战争中的攻防战术》，人民出版社 1992 年版。

来新夏：《天津近代史》，南开大学出版社 1987 年版。

[美] 郑麒来：《中国古代的食人》，中国社会科学出版社 1994 年。

三 学术论文

严夫章：《关于太平天国北伐战略决策问题的考察》，《光明日报》1979年12月25日。

方之光：《论太平天国定都天京后的战略得失》，《光明日报》1982年9月27日。

黄国盛：《太平军北伐的战略意图和失败原因新探》，《福建师大学报》1982年第3期。

尹福庭：《太平天国定都天京后的战略重点究竟在哪里》，河北、北京、天津历史学会编：《太平天国北伐史论文集》，河北人民出版社1986年版。

苏双碧：《论太平军北伐的战略问题》，河北、北京、天津历史学会编：《太平天国北伐史论文集》，河北人民出版社1986年版。

黎仁凯、傅德元：《北伐太平军在直隶》，河北、北京、天津历史学会编：《太平天国北伐史论文集》，河北人民出版社1986年版。

刘民山：《试论北征太平军与直隶地区的群众关系》，河北、北京、天津历史学会编：《太平天国北伐史论文集》，河北人民出版社1986年版。

黎仁凯、傅德元：《北伐太平军在直隶》，河北、北京、天津历史学会编：《太平天国北伐史论文集》，河北人民出版社1986年版。

江地：《太平天国北伐军在山西》，河北、北京、天津历史学会编：《太平天国北伐史论文集》，河北人民出版社1986年版。

徐伟民：《太平军马队述论》，《历史档案》1998年第4期。

郭墨兰：《关于太平军北伐主帅的争论》，《光明日报》1983年12月12日。

邹身城：《太平军北伐主帅辨疑》，《南开学报》1981年第3期。

田禾：《太平军北伐主将应是李开芳》，《东岳论丛》1983年第5期。

吕坚：《太平军北伐主帅应是林凤祥》，《文物》1982年第8期。

亓长发：《太平军北伐主帅是李开芳吗》，《东岳论丛》1983年第5期。

李惠民：《对太平军北伐主帅问题的几点质疑》，《安徽史学》1985年第 3 期。

　　傅崇兰：《论太平天国北伐》，《中国农民战争史研究集刊》第 2 辑，上海人民出版社 1982 年版。

　　王树村：《太平天国时期的民间年画》，《文物》1959 年第 5 期。

　　罗尔纲：《杨柳青新发现的太平天国年画考证》，《文物》1959 年第 5 期。

　　徐伟民：《太平军马队述论》，《历史档案》1998 年第 4 期。

　　董丛林：《拜上帝教与太平天国的军纪教育》，《河北师范学院学报》1991 年第 2 期。

　　崔岷：《"靖乱适所以致乱"：咸同之际山东的团练之乱》，《近代史研究》2011 年第 3 期。

后记

甲午年季春时节，我在办理退休手续的同时，也完成了《太平天国北方战场》最后一节的修改，终于如释重负，了却了自己多年的一个心愿。

回首我对太平天国北伐史产生研究兴趣的源头，便要追溯到大学三年级的一门太平天国史专业选修课。当时这门课由河北师院历史系苑书义先生采用专题式讲授，内容有农民战争性质、《天朝田亩制度》和《资政新篇》评价、农民领袖评价、前后期军事战略问题等。选修课详尽地介绍了学界争议观点，引经据典，史论结合，引人入胜。由于课程考核采用了读书报告方式，这种撰写论文的基本训练，让我受益匪浅。在那个假期里，我几乎整天整天地钻图书馆查阅史料，开学时完成了《关于太平天国建都问题与茅海建同志商榷》论文初稿，同时还写了一篇关于评价曾国藩洋务思想的读书报告。苑老师对我初稿收集的史料以及论述逻辑等表示了肯定，对我积极探讨的勇气和兴趣也给予了鼓励，同时还指出了评价历史人物缺乏阶级立场等缺陷。其中论述太平天国建都问题的一篇作业，后经修改在《河北师范学院学报》1982年第2期的"学苑新芽"栏目发表，成了我的处女作。所以说，苑老师是我学习太平天国史的引路人。

1982年毕业参加工作之初，我供职的河北广播电视大学，还是一所仅限于新型远程教育的管理机构，当时从事学术研究也只能是业余时间进行。在研究之始，除了阅读前人出版的著述和编辑的史料，我还花了很大工夫从几十部河北地方志中抄录了十几万字的太平天国北伐史料，开始计划先将江苏、安徽、河南、山西、直隶、山东的地方志中涉及的相关记载一并收集，为下一步研究做准备，并拟定了整理出版的初步计划。1983年经苑老师推荐，我先后参加了两次全国太平天国史学术讨论会。第一次是当年3月在南京召开的太平天国建都130周年学术讨论会，我提交了会议论文《太平天国北伐主帅考》，此文经过修改后来在《安徽史学》1985年第3期上发表。第二次是当年8月在石家庄召开的太平天国北伐史学术讨论会，我提交了《太平天国北伐战略目标辨疑》、《太平天国建都地点的选择》两篇论文，其中北伐战略目标辨疑的文章入选了会后由河北人民出版社出版的论文集。参加这两次学术讨论会，可以说极大地开阔了我的眼界，提升了我的研究兴趣。在参加学术讨论会期间，我有幸拜见了好几位国内著名的史学家，当面聆听了他们的亲切教诲，前辈的鞭策使我受到很大鼓舞，增强了继续研究太平天国北伐史的信心。

20世纪80年代中期，苑书义老师已经开始进行李鸿章研究工作，他撰写李鸿章传采取的分两步走方法对我有很大启发作用，成为当时自己努力效仿的一种模式。我按照两步走的步骤，谋划了未来研究太平天国北伐史的目标，即首先采取专题研究，写出有关北伐史的系列论文，然后再在专题研究基础上，准备撰写一部系统研究太平天国北方战场的专著。在此后的十余年时间里，先后撰写发表了《李开芳出奔高唐州究竟带了多少兵马》、《关于北伐太平军的内部出逃问题》、《太平天国致北伐军通讯刍探》、《太平天国北伐军进行宣传活动问题考略》、《太平天国北伐军中的妇女》、《太平天国北伐军军功奖赏琐谈》、《太平军在北京》、《太平天国北方战场的战俘问题》、《太平天国在北方战场的夜战战术》、《太平天国北方战场的卫生勤务工作》、《太平天国在北方的地道战》等论文。

1985年，当我看到张守常先生编辑的《太平军北伐资料选编》出版后，便及时放弃了抄录整理地方志的计划。北京师范大学教授张守常先生是国内著名历史学家，是史学界公认的太平天国北伐史研究第一人。他在北伐史研究上倾注了半个世纪的心血，《太平军北伐资料选编》的出版成为该项研究课题的必备资料之一，为后人的研究起到了铺石筑路的作用，受到了众多太平天国史专家学者的关注。我第一次拜会张先生，是在1983年在石家庄召开太平天国北伐史学术讨论会期间。张老非常健谈，思维敏捷，还很风趣，笑称自己是长毛的后裔，给我留下了深刻印象。记得在会下休息时，他给我讲述过，20 世纪 80 年代初栾城县有人发现了被北伐军击毙的知县唐盛的石刻墓碑。清咸丰三年九月初三，太平军攻破栾城，时任知县的唐盛被杀。咸丰四年六月，清廷旌表唐盛，为其立祠于北关。同治六年九月，为其建立专祠。每年农历九月初三祭奠唐盛，后来竟然形成当地的一个庙会。新中国成立，庙宇被拆除，唐盛的墓碑被村民用作水渠上的过桥石，此碑后来下落不详。在参加学术会议期间，张先生接受了河北省社科联的讲课邀请，在准备上课的前一天晚上，还就如何讲述太平军在直隶战斗的历史，多次征求当地学者的意见。总之，这次拜见张先生的情景令我记忆犹新，难以忘怀。

此后，我多次写信向张先生请教北伐史研究中的一些问题，也曾打电话汇报我北伐史研究中一些进展，并于 1984 年和 1989 年先后两次到府上登门讨教。可能是爱屋及乌的缘故，他对学习研讨太平天国北伐史的晚生格外热心，让我受宠若惊。张先生平易近人，和我两次家中畅聊海阔天空，非常投机。当时我不知天高地厚地谈起了准备撰写北伐史的设想，他就如何谋篇布局提出了一些诚恳建议。张先生不仅坦率爽朗地回答了我的问题，还主动讲述了自己治学的部分经历，让后人从中借鉴经验和吸取教训。饱经风霜的张先生学问广博，记忆超群，天南地北地给我讲了大半天，既有他饱览群书中得到的快乐，也有教书生涯中遭遇的坎坷。当时他并没有忌讳自己遭受的挫折和磨难。我特别清楚地记得，张先生还饶有风趣地为我讲述了与史学家祁龙威先生、国画大师李苦禅先生、京剧大师奚啸伯、书法大家欧阳中石等名人交往的一些片段，娓娓道来，津津有味。听君一席话，真是胜读十年书。

自那次深谈以后，我每有研习北伐史的文章发表，便寄给张先生批评指正。例如，拙文《关于太平天国北伐战役的战俘问题》在《清史研究》发表以后，张先生直言不讳地批评说："题义不明白，是太平军如何对待俘获的清军呢？还是太平军被清方俘虏的呢？"拙文《透视太平天国时期的食人现象》在《河北师范大学学报》发表以后，张先生在来信中提出：

"吃人，可去连镇调查，别处尚无此事，因为只在连镇到最后严重缺粮。"拙文《论北伐太平军的马队》在《历史档案》发表以后，张先生在用毛笔和宣纸书写的回复中说："大作收到。此题尚无人研究过，补一空白，很好。"张先生的所有书信内容精炼，字迹工整、苍劲，至今我还珍藏着这些书信墨宝。因获悉张先生与京剧大师奚啸伯是好朋友，曾几何时，我跟着录音磁带反复练习过《范进中举》、《白帝城》等几段奚派老生唱腔，并特意录制了一盘学唱奚派老生的京剧录音带，并寄去为张先生消闲解闷。

1998 年收到张先生惠寄的大作《太平天国北伐史》，该书十章内容采用了纵向编排，边述边论，如数家珍，行文质朴，自然流畅，了然入怀。该书引证史料极为丰富，全书有九百多个注释，令人倍感考证精当，证据确凿，不可移易。通读了两遍之后，我尝试着写了一篇书评《五十年磨一剑——读张守常＜太平天国北伐史＞》，并先后修改了两遍。张先生在 1999 年 10 月 16 日回复的信中说："你的书评，比初寄来者好，优缺点皆谈，缺点指得也准，我很同意。当前书评常有请托之作，甚至花钱来'炒'，只捧不批，且吹捧不怕过分，有使人不能卒读者。所以，我的书不敢找人来写'书评'。你是一直注意'北伐'问题，所以都能说到点子上，不论优点和缺点。"这篇书评后来发表在 1999 年第 3 期《河北广播电视大学学报》上。2000 年又收到张先生惠寄的《太平军北伐丛稿》，这是他积数十年心血完成的一部论文集，可谓收山之作，专题研究中包含的一系列真知灼见，令我心悦诚服。张先生先后寄来的这两部精心雕琢的极品之作，不仅成为我效仿的样板，也使我最终放弃了在 2000 年出版《太平天国北方战场》的计划。虽然书稿当时已具雏形，而且已由台湾中华文化复兴运动推行委员会副会长、孔孟学会理事长陈立夫先生为拙作封面题鉴。当时，我之所以做出如此决定，一方面考虑到张先生《太平天国北伐史》的学术成就短时间内实在难以超越，拙稿在结构上略显雷同，形式上缺乏创新；另一方面，出版资金也出现一点问题，便断然推迟了出版。张先生得知以后说我不急于求成的做法值得肯定，集腋成裘，积土成山，等到自己修订满意再出版是件好事，应该提倡精益求精，厚积薄发。他还说自己的《太平天国北伐史》也存在一些缺憾，早年写成的东西未能充分利用《清政府镇压太平天国档案史料》，因为年纪大了未能及时修订，就交稿出版了。他还于 2000 年 5 月 27 日给我专门写信告知："我想，独流静海之战、南撤束城及阜城之战、连镇之战，我都未写过专题文章，你是否可以写一写？我在《北伐史》中虽勾描了个轮廓，你可以给它们写出深度来。"张先生一席话言近旨远，语重心长，至今思之，言犹在耳，获益良多。

进入新世纪的头十年，虽然我把主要精力放在城市史和地方史研究上，但是，《太平天国北方战场》的修改工作一直在断断续续进行，经过几年摸索修改，最终确立了专题研究的方式，书稿改为横向纵论结构，即太平天国北方战场的军事战略、信息沟通、战术实施、组织管理、军纪实态、军械粮草以及清政府应对北伐军的各项策略七章。2010 年加入中国太平天国史研究会以后，书稿改写进度明显加快。在这年夏天，陪同苑书义老师看望来石家庄旅游的方之光先生，得知纪念太平天国苏福省 150 周年学术研讨会将于 2010 年 11 月在苏州博物馆举行，经方先生介绍，我向秘书组提交了论文，赶上参加会议。会议期间正赶上研究会换届选举，于是我被吸收为中国太平天国史研究会常务理事。所以说，参加此次学术会议使我感到回归了太平天国史学的队伍，似乎找回了昔日的研究激情。自此次会后，我又连续撰文参加了 2011 年 8 月在南京大学召开的纪念太平天国起义 160 周年学术研讨会、2011 年 12 月在广州举行的纪念太平天国起义 160 周年学术研讨会、2013 年 10 月在南京召开的纪念太平天国定都天京 160 周年学术研讨会。伴随着这些研讨会的举行，到 2014 年岁初书稿终于杀青，使这项研究总算有了结果。

在撰写和发表《太平天国北方战场》部分阶段性成果过程中，得到山东临沂大学苑朋欣教授、《河北广播电视大学学报》编辑部宋悦编审的许多帮助。在书稿的后期修订过程中，得到了河北广播电视大学科研处历任处长武喜春、冯鸿滔、韩晓东等同志的大力支持。本书获得了 2012 年河北省社会科学基金项目的资助（项目编号：HB12LS013），并获得 2014 年河北广播电视大学学术专著出版项目的资助。尤其难得的是，得到了中国社会科学出版社武云博士的充分肯定和热情帮助，她读了书稿后提出了不少宝贵的修改意见，比如增加地方团练等内容，使拙著更加全面，她对书稿编辑加工精益求精，严谨认真，给我留下了深刻的印象。

在此还要特别介绍一个情况，早在1997年香港回归祖国之时，台湾中华文化复兴运动推行委员会副会长陈立夫先生，在与家父书信交流中欣然应邀于百忙之中拨冗为本书题签，并很快将墨宝原件邮递上门，没想到这幅题字在17年后才得以面世。承蒙导师苑书义先生厚爱，在眼疾渐重情况下依然为本书撰写了序言，学生深感荣幸，在此一并对给予我帮助的所有学界朋友表示诚挚谢意！同时深感遗憾的是台湾孔孟学会理事长陈立夫先生（曾为本书题签）、家父李仁斋先生（曾对本书前期阶段性成果提出了许多修改意见）、知名专家张守常先生（曾给笔者撰写本书以悉心指导）均已驾鹤西去，没能看到本书的最终出版。一想到这些，又会非常伤感！本书的最终问世，亦可谓笔者对他们在天之灵的一个告慰。

鄙人多年来虽为拙著费尽心机，然而资质驽钝，才疏学浅，疏漏和不当之处在所难免，恳请各位专家学者不吝赐教。

李惠民 谨识

甲午孟夏于石家庄凤凰城跬步斋